国家社科基金
后期资助项目

儒家文化传承视野下的西晋士人研究

Research on the Scholars in the
Western Jin Dynasty from the Perspective of
Inheritance of Confucian Culture

张 梅 著

中国社会科学出版社

图书在版编目（CIP）数据

儒家文化传承视野下的西晋士人研究／张梅著．—北京：中国社会科学出版社，2021.10

ISBN 978-7-5203-8345-5

Ⅰ.①儒… Ⅱ.①张… Ⅲ.①儒家—传统文化—研究—中国—西晋时代 Ⅳ.①B222.05

中国版本图书馆 CIP 数据核字（2021）第 076153 号

出 版 人	赵剑英
责任编辑	刘 艳
责任校对	陈 晨
责任印制	王 超

出　　版	中国社会科学出版社
社　　址	北京鼓楼西大街甲 158 号
邮　　编	100720
网　　址	http://www.csspw.cn
发 行 部	010-84083685
门 市 部	010-84029450
经　　销	新华书店及其他书店
印　　刷	北京君升印刷有限公司
装　　订	廊坊市广阳区广增装订厂
版　　次	2021 年 10 月第 1 版
印　　次	2021 年 10 月第 1 次印刷
开　　本	710×1000　1/16
印　　张	24.25
插　　页	2
字　　数	435 千字
定　　价	129.00 元

凡购买中国社会科学出版社图书，如有质量问题请与本社营销中心联系调换
电话：010-84083683
版权所有　侵权必究

国家社科基金后期资助项目
出版说明

　　后期资助项目是国家社科基金设立的一类重要项目，旨在鼓励广大社科研究者潜心治学，支持基础研究多出优秀成果。它是经过严格评审，从接近完成的科研成果中遴选立项的。为扩大后期资助项目的影响，更好地推动学术发展，促进成果转化，全国哲学社会科学工作办公室按照"统一设计、统一标识、统一版式、形成系列"的总体要求，组织出版国家社科基金后期资助项目成果。

全国哲学社会科学工作办公室

序

胡大雷

张梅的博士学位论文题目是《儒风与西晋文士及其文学研究》，其著作《儒家文化传承视野下的西晋士人研究》，是在博士学位论文基础上加工增写完成的，如陆机《鼓吹赋》的那一段，就是她推翻原文完全重新写过的，篇幅由四五千字到了一万多字，感觉比原来的要好许多。整部书稿也由原来的二十万字增至三十万字，内容有了较大的增删修改。《儒家文化传承视野下的西晋士人研究》交出版社，从出版社申报国家社科基金后期资助项目到成功立项，不恰当的比喻就是鲤鱼跳龙门，但不能这样说，因为从著作的质量来说，应该是名至实归；更确切地说，应该是实至名归。

张梅电告，请我作序，我推辞不作。这是自己指导的博士学位论文，称著作写得好，这是老王卖瓜，自卖自夸，无非是说自己指导得好；称著作还有可改进之处，那么人家说，为什么指导的时候不说，到写序时才说，不是成心在此处以提意见表示自己眼光深邃吗？张梅又来电邮，说："如果写序耽误您时间，您就简单写写吧。这是在博士学位论文基础上改写的我的第一本专著。平时得到老师很多提点和教诲，所以很希望老师写序，老师的序会让自己感到万分荣幸，也会让自己有更多的动力努力钻研，这是我内心一直抱有的想法，我认为老师的序就是最珍贵的题赠。""但真的想要您的'题赠'，哪怕您写的是批评的话语，我都会很开心，真的。"诚心可鉴，于是"题赠"数句。

张梅在我校读硕、读博，在她的同学中都是年龄较大者，当然也就最有姐姐样儿，在生活上关心她的那些同学，每次从家回到学校，都要带些好吃的分给大家，平时有点什么吃亏占便宜的事，根本不计较，从大家叫她"梅梅"就知道了。博士们说，她遇到好事，一定要与大家共享，如开学时办手机卡，会认真比较哪个套餐更合适，给大家讲一套公式和逻辑，介绍给大家。但她又具赤子之心，很有童心，很会和小朋友交流。她很善于讲故事，一件平常的小事，在她那里都可以娓娓道来，前因后果交代得明明白白，博士们也听得津津有味；遇到好玩的她也会很开心地玩起来。他们课余出去爬山，她自诩从小登山厉害，我因此开玩笑说，那就封你为"登山队长"，带大家去爬山。她毕业回校后一直坚持跑步，身体很不错。据那帮博士讲，大家在论文答辩结束之后，终于可以松口气了，那天晚上她就豪言说要玩个通宵，去喝油茶，后来在住所聊天，因为晚上喝的油茶，果然一晚上没怎么睡，不是玩得嗨，实在是因为睡不着。博士们跟我说起，我也乐得哈哈大笑。

张梅是个很细致、很认真的人，她的认真表现在做研究上，就是会揪着一个问题一直向老师发问、与同学讨论，一定要弄个水落石出才肯罢休。我记得她曾经想用西晋的灾异来考证当时文学的系年，在我家她说了很多，我也给出了力所能及的意见。那些博士说，出我家后，一路上又跟他们说了很多，并描述那时她眼神闪闪发光、认真执着的样子。现在想起来，对西晋的灾异的考察以及对朝廷防灾救灾的研究，应该是一个很好的研究课题。正是这种对学问的认真与执着，让她完成了博士学位论文，又让她把博士学位论文改造为国家社科基金后期资助项目，一步步更上一层楼！我们当指导老师的，总是希望学生们一步步更上一层楼的！

或许是张梅在写博士学位论文时经常与我讨论士人的问题，后来我领衔申报国家社科基金重大招标课题"桂学研究"，我承担的部分就是"粤西古代士人研究"，真可谓是教学相长啊！只是张梅重点在"儒家文化传承视野下"，而我的叙述则想面面俱到，显得没有特点与重心。张梅著作《儒家文化传承视野下的西晋士人研究》，讨论西晋的儒风与士风、儒风与学风、儒风与文风，《魏书》称"晋祚终于秦方，大魏兴于云朔；据汉弃秦承周之义，以皇魏承晋为水德"，北魏自称其文化是承西晋而来，此中自有与南朝争正统之义，但西晋的儒家文化确实达到了时代的最盛，北魏自称是传承西晋，也就证明了这一点。古代文学研究的前辈，多有某某时代文人心态研究，张梅的著作继前辈的研究而来，把文人心态研究落脚在儒风、士风、学风、文风，与文学史研究更为贴近；当然这方面还有好多工作要做，张梅勉之。

2020 年 10 月 4 日于广西师大寓所

目 录

绪 论 ……………………………………………………………… (1)
  一 选题动因：西晋——一个说而不休的时代 ………………… (1)
  二 选题意义：西晋士人与儒风关系辨 ………………………… (6)
  三 西晋士人研究的历史回顾 …………………………………… (9)

上编 西晋儒风与士风

第一章 西晋儒学传承的政治基础 ……………………………… (25)
  第一节 曹操时代：践行儒家思想，信任重用儒臣 ………… (25)
  第二节 曹丕时代：服圣人遗教，重视思想文化建设 ……… (33)
  第三节 曹叡及三少帝时代：重视礼乐文化建设与经学教育 …… (46)

第二章 西晋的儒家文化建设 …………………………………… (54)
  第一节 晋武帝敦倡儒学的举措 ……………………………… (54)
  第二节 西晋儒学建设得失谈 ………………………………… (65)

第三章 西晋政治对士人价值观的影响 ………………………… (71)
  第一节 西晋士人儒家价值观的裂变 ………………………… (71)
  第二节 西晋士人的事功观 …………………………………… (90)

第四章 玄学思潮背景下士人的仕与隐 ………………………… (100)
  第一节 西晋士人的仕宦与儒家人才观的弱化 ……………… (100)
  第二节 儒玄双修思潮下西晋士人的仕隐取向 ……………… (113)

中编　西晋儒风与学风

第一章　西晋博学之风论 …………………………………………（127）
　　第一节　西晋士人的博学与政治地位 ………………………（128）
　　第二节　西晋士人博学的文化基础 …………………………（135）
　　第三节　西晋士人博学的物质媒介 …………………………（149）
　　第四节　西晋士人博学的激励机制 …………………………（153）

第二章　西晋士人的学术追求 …………………………………（162）
　　第一节　西晋士人与典籍整理 ………………………………（162）
　　第二节　西晋士人的注疏与著述 ……………………………（178）

第三章　《三都赋》：儒学、博学、文学的典范结合 …………（193）
　　第一节　《三都赋》与左思博学的知识结构 ………………（194）
　　第二节　"洛阳纸贵"与社会博学之风 ………………………（204）
　　第三节　《三都赋》博学的典范意义 ………………………（214）

下编　西晋儒风与文风

第一章　儒家文艺思想与西晋文学创作评论 …………………（237）
　　第一节　西晋士人的儒家文学观 ……………………………（237）
　　第二节　儒家文学观下的西晋作品评价举隅 ………………（242）

第二章　西晋文学作品中的儒学意蕴 …………………………（252）
　　第一节　西晋"议"的儒学特质 ……………………………（252）
　　第二节　西晋四言诗的儒学功能 ……………………………（264）

第三章　礼乐文化与西晋文学的互动 …………………………（283）
　　第一节　西晋赋颂与礼仪 ……………………………………（284）
　　第二节　西晋诗文与礼乐 ……………………………………（295）

结　语 …………………………………………………………（324）

附录 《西晋士人及著述列表》 ………………………………（331）

参考文献 ………………………………………………………（363）

后　记 ………………………………………………………（377）

绪　　论

一　选题动因：西晋——一个说而不休的时代

唐太宗李世民选择《晋书》中的《宣帝纪》《武帝纪》《陆机传》《王羲之传》写了四篇史论，除《王羲之传》外，其余三篇均是关于西晋的。帝王撰史本已罕见，重心还偏偏是西晋，于此可见唐太宗的西晋情结。这同时也说明，西晋是个有影响力的话题。

从公元 7 世纪到 21 世纪，历史走过千年，西晋依然是人们探究的话题。以西晋的历史小说或传记为例，近十多年来就涌现了诸如张璟琳《八王乱——西晋那时的权谋诡计》（2010）、张立军《乱世——血色黄昏》（2010）、孙峰《西晋风云》（2011）、孙立群《从司马到司马：西晋的历程》（2011）、王方《西晋原来不风流》（2013）、张大威《司马家族——与魔鬼签约的西晋》（2013）、兰陵柳叶刀《原来你是这样的西晋》（2018）等一批著作。

本书也以西晋为话题，但更多的是以儒家文化传承为背景，以公元 265 年至公元 317 年之间去世的西晋士人①为研究对象，探讨他们在士风、学风、文风上的表现与传承。将研究目光定格于此，主要缘于西晋社会呈现出的两个巨大反差。

反差之一：战乱的惨烈与士人的风雅并存。

西晋的历史，一方面有着令人震惊的惨烈杀戮，另一方面又有着人们

---

① 本书中的士人，主要指的是西晋的知识分子，他们有的集官员、文士、学者身份于一身，有的仅为官僚或仅是文士、学者。他们或出身豪门士族，或出身寒族。正文中主要从士风、学风、文风三方面对士人进行论述；附表中主要是从文学、学术的角度对部分士人的文学与学术作品（包括可考的、简单的家世情况）进行粗线条的梳理。正文与附表中的"士人"不完全构成对应关系。特此说明。

绪　　论

津津乐道的风流未沫，这是一段令人爱恨交织的历史。

太康元年（280），西晋平吴，三国归晋，天下一统。左思《三都赋》中"日不双丽，世不两帝"[①]的文句反映了人们渴望统一与和平的真实心理，也是国家统一后那份喜悦之情的真实流露。平吴后，张载的《平吴颂》、挚虞的《太康颂》、枣据的《表志赋》等作品均如此，一方面是对新王朝的歌功颂德，另一方面也在一定程度上反映出国家统一后的欣喜之情。只是新生活的憧憬和梦想才刚刚开始，武帝时期的繁荣才维系了25年（以公元265年断限算起），新的梦魇就接踵而至。先是元康元年（291）开始的、持续16年之久的"八王之乱"，接着是永嘉之乱与五胡乱华，西晋就这样在动乱中走向灭亡。无数的生灵死于战乱和饥馑，贵为帝王之尊的怀帝、愍帝也不得不捡拾野草充饥，甚至任异族践踏欺侮。据《晋书》记载，战乱中几乎每一次杀戮，数量都可以用千用万计算，惨烈的莫过下表中所示：

时间	出处	事件	死亡人数
永康元年（300）	卷64《淮南王传》	（淮南王）允及三子皆被害	坐允夷灭者数千
永宁元年（301）	卷13《天文志下》	三王伐赵王伦	兵士战死十余万
太安二年（303）	卷4《惠帝纪》	张方入京城洛阳	死者万计
永兴元年（304）	《惠帝纪》	张方大掠洛中，还长安	军中大馁，人相食
建武元年（304）[②]	卷39《王浚传》	（王）浚乘胜，遂攻克邺城……鲜卑大略妇女	浚命敢有挟藏者斩，于是沉于易水者八千人
光熙元年（306）	卷4《惠帝纪》	祁弘等所部鲜卑大掠长安	杀二万余人
永嘉三年（309）	卷5《孝怀帝纪》	刘渊寇黎阳……王师败绩于延津	死者三万余人
永嘉五年（311）四月	《孝怀帝纪》	石勒追东海王越丧……	王公以下死者十余万人
永嘉五年（311）六月	《孝怀帝纪》	帝开华林门……欲幸长安，为刘曜等所追及	曜等遂焚烧宫庙，逼辱妃后……百官士庶死者三万余人
建兴二年（314）	卷5《孝愍帝纪》	石勒杀王浚	焚烧城邑，害万余人
建兴四年（316）冬十月	《孝愍帝纪》	京师饥甚，米斗金二两	人相食，死者太半

---

① （南朝梁）萧统编，（唐）李善注：《文选》卷6《魏都赋》，上海古籍出版社1986年版，第298页。

② 据《惠帝纪》记载："建武元年，安北将军王浚遣乌丸骑攻成都王颖于邺，大败之。"且主力均为乌丸祁弘率领的鲜卑部队，知"沉易水事"，发生于是年。

西晋起家以杀戮开始，辽水之役、高平陵事件、淮南三叛，直到弑杀高贵乡公，在一次次的杀戮与族诛中建立起王朝。然而历史却无情地开了一个玩笑，西晋王朝也在一次次的杀戮中走向灭亡。司马氏建国的杀戮，使得魏晋名士少有全者；同样，西晋的灭亡过程中，西晋名士也少有全者。

西晋历史由乱而治、由治而乱。巨大的时代落差惊心动魄，带给后人强烈的心理冲击。尽管如此，西晋也曾有过一段美好时光，它刻在东晋士人的记忆中，成为挥之不去的"西晋情结"，即：对已逝去的西晋风雅生活的追忆与怀念。这在东晋名相王导身上有鲜明的体现，不妨看《世说新语》中的有关记载：

> 王丞相过江，自说昔在洛水边，数与裴成公、阮千里诸贤共谈道。羊曼曰："人久以此许卿，何须复尔？"王曰："亦不言我须此，但欲尔时不可得耳！"①
>
> 王长史、谢仁祖同为王公掾。长史云："谢掾能做异舞。"谢便起舞，神意甚暇。王公熟视，谓客曰："使人思安丰。"②
>
> 王丞相轻蔡公，曰："我与安期、千里共游洛水边，何处闻有蔡充儿？"③

西晋武帝时期，洛水河边是士人欣赏自然、畅谈玄理的好去处，洛水见证了中朝的名士风流。西晋覆亡，洛水风流就成为幸存者永久的追忆与伤痛。王导"但欲尔时不可得耳"，话语中有多少留恋与惋惜！谢尚的翩翩起舞，让王导"熟视"，不是因为谢尚舞姿有多么曼妙，而是在这舞姿中，王导仿佛见到了王戎的身影，又回到了西晋那黄金般的岁月。同样，对蔡谟的轻诋，也缘于西晋情结。王导与中朝名士裴頠、阮瞻、王戎等洛水边畅谈玄理的生活，象征着一个美好的时代，是王导人生中自豪的一页，他以此轻视蔡谟，足见他对那段辉煌历史的认同。王导絮絮叨叨述说着西晋当年的往事，其心理渊源就是对武帝时代的追忆、对和平的企望。这样的西晋情结是故国情愫的萦绕，代表了战乱幸存者的共同心理。

---

① 余嘉锡笺疏：《世说新语笺疏》下卷《企羡2》，中华书局1983年版，第631页。
② 余嘉锡笺疏：《世说新语笺疏》下卷《任诞32》，中华书局1983年版，第747—748页。
③ 余嘉锡笺疏：《世说新语笺疏》下卷《轻诋6》，中华书局1983年版，第829页。

无独有偶，庾亮、王敦身上有着同样的西晋情结。据《世说新语·赏誉》载："庾公犹忆刘、裴之才俊，元甫之清中。"① 这是渡江后庾亮回忆在叔父庾敳家的情景。在那儿，他遇见了温几、刘畴、裴楷，他们的清谈成为他最为深刻的记忆之一。

王敦初遇渡江而来的卫玠，长谈一天，很感慨地对谢鲲说："不意永嘉之中，复闻正始之音。"② 这里所说的"正始之音"，其实就是西晋的清谈；王敦感慨的也就是西晋的一段历史。

王导、庾亮、王敦等念念不忘西晋的清谈及名士，其实也就是念念不忘当年洛阳城中风雅美好的生活。罗宗强先生在《魏晋南北朝文学思想史》一书中说："西晋的清谈，主要的已经演变为士人普通的一种生活享受，一种表示风流素养的手段了。"③ 是的，渡江诸人的往事回忆，在时空的转换中，已成为魏晋风流的一部分，流淌在岁月的河流中，供后人追慕与凭吊。

反差之二：士人悲惨的人生际遇与灿烂的文化交织。

刀光血影、政权迭变的历史带来了西晋士人命运的急剧变化，他们在权术与战火中求生存，由洛水河边的风雅之士一变而成为受命运拨弄之人。从元康元年（291）起至永康元年（300）之后，西晋无数优秀士人开启了他们悲惨的命运之旅。

元康元年（291），八王之乱初始，卫瓘、卫恒父子死于楚王玮之手。永康元年（300），张华、裴頠、石崇、潘岳、欧阳建等成为贾后政治事件的牺牲品，为赵王司马伦所杀；李重被赵王逼迫忧愤而死。太安二年（303），陆机、陆云兄弟战败，为成都王司马颖所杀。次年，嵇绍被害，死在惠帝身边。永兴、永嘉年间，曹摅、牵秀、张辅等战死，卞粹被杀，庾敳、枣嵩、王赞等为石勒所害，潘尼、江统避难病死于途中，阮修避难遇害，挚虞饿死洛阳城中，王尼饿死在逃难途中，张载、张协、左思等不知所终……政治的旋涡、战火的燃烧、灾荒的蔓延使得一大批优秀的士人游走在生与死的边界。这样的历史，这样的人生，让后人无限扼腕，嘘唏感慨。然而正是这些西晋士人的代表却创造了不菲的文化成就，诚如刘勰所说"晋虽不文，人才实盛"④，试看：

---

① 余嘉锡笺疏：《世说新语笺疏》中卷《赏誉38》，中华书局1983年版，第442页。
② 余嘉锡笺疏：《世说新语笺疏》中卷《赏誉51》，中华书局1983年版，第450页。
③ 罗宗强：《魏晋南北朝文学思想史》，中华书局1996年版，第84页。
④ 王运熙、周锋：《文心雕龙译注·时序》，上海古籍出版社2010年版，第218页。

王叔和的《脉经》、皇甫谧的《针灸甲乙经》等医学专著，至今仍是我国中医学的宝贵财富。

卫恒的《四体书势》探讨书法源流及风格，在中国书法理论史上具有开山意义。陆机《平复帖》、索靖《出师颂》是遗存至今的墨金。

裴秀的《禹贡地域图》开创了我国地理学上的地图绘制学。

吕忱、吕静兄弟①在小学上颇有建树，吕忱《字林》可补许慎《说文解字》的不足；吕静的《韵集》是我国较早的五声分类韵书。

哲学思想上，西晋士人对传统的儒学与道家学说的阐发与注释，"短时间的成绩，已经很可令人惊异"。②

文学创作上，通过《文心雕龙》《诗品》《文选》《全晋文》的一些统计数据，很能看出西晋文学的成就，看出南朝文学评论家对西晋文学成就的普遍认同：

《文心雕龙》论及的西晋作家达45人左右。

《诗品》选录两汉至梁代122位诗人，其中西晋26人。上品11人中，西晋有4人；中品39人中，西晋有12人。

《文选》38类文体中，诗赋无疑是最具文学代表性的。据本书笔者统计，《文选》赋类，选录作品57篇，作家29人，15个子类目。选录西晋的作品16篇，作家6人，12个子类。诗类，选录作品444首，作家66人，22个子类目，选录西晋的作品132首，作家22人，18个子类目。《文选》诗赋类作品选录的西晋作家人数几占东晋和南朝的总和，《文选》选录的西晋作家、作品及子类目都堪称翘楚。

"两晋赋家约150人，赋作500余篇，其中西晋赋作家约90人，赋作近400篇"③，西晋文章的彬彬之盛足以傲骄一时。

礼乐文化与政治制度上，西晋也同样颇有建树，并影响着后世。

《世说新语》记载：王坦之曾问末代前凉王张天锡，东晋过江诸人在治理国家上有何成果。张回答是："研求幽邃，自王、何以还；因时修制，

---

① （清）姚振宗《〈隋书·经籍志考证〉》，《二十五补编》，开明书店1936年版，第5212页）考证：吕忱为魏晋时人。
② 刘汝霖：《汉晋学术编年（下）》卷7，华东师范大学出版社2010年版，第669页。
③ 程章灿：《魏晋南北朝赋史》，江苏古籍出版社2001年版，第116页。

荀、乐之风。"① 也就是说：玄学继承了王弼、何晏以来的传统；因时制宜修定律令，继承了荀勖、乐广的遗风。东晋在礼仪建制上对西晋的因循，《晋书》中还有记载：

> 晋始则有荀𫖮、郑冲裁成国典，江左则有荀崧、刁协损益朝仪。
> 元帝渡江，太兴二年始议立郊祀仪。……事遂施行，立南郊于巳地。其制度皆太常贺循所定，多依汉及晋初之仪。
> 至元帝建武元年，又依洛京立二社一稷。②

梁普通六年（525），徐勉制定五礼完毕，在上书中也谈到东晋礼仪建制对西晋的因循："至乎晋初，爰定新礼，荀𫖮制之于前，挚虞删之于末。既而中原丧乱，罕有所遗，江左草创，因循而已。厘革之风，是则未暇。"③ 东晋的法律是对西晋的全盘接受，《南齐书》说"江左相承用晋世张杜律二十卷"④ 可以为证。

短暂而动荡的社会如同梦魇，掠走了无数士人的生命，却又留存下丰硕的文化遗产。灾难的时代造就了西晋士人不幸的人生，丰硕的成果却使他们有幸长存青史。西晋是特别的，是为人瞩目的，因为"这是最好的时代，也是最坏的时代。这是最光明的时代，也是最黑暗的时代。这是最波澜壮阔的时代，也是最默默无闻的时代。这是一个充满了名士高人的时代，也是一个充满了小人屠夫的时代。这是承接着上一个英雄世纪的时代，也是开启了下一个英雄世纪的时代。这就是西晋，中国历史上最扑朔迷离的时代"⑤。

二 选题意义：西晋士人与儒风关系辨

自汉武帝独尊儒术始，儒家思想逐渐成为官方主流意识形态，深刻影响着士人的思想与言行，进而成为衡量士人的准的。汉末大动乱，魏晋玄学兴起，儒学受冲击而中衰。在此种情形下，士人行为与儒家行为规范多

---

① 余嘉锡笺疏：《世说新语笺疏》上卷上《言语99》，中华书局1983年版，第150页。
② （唐）房玄龄等：《晋书》卷19《礼志上》，中华书局1974年版，第580、584、593页。
③ （唐）姚思廉：《梁书》卷25《徐勉传》，中华书局1973年版，第380页。
④ （南朝梁）萧子显：《南齐书》卷48《孔稚圭传》，中华书局1972年版，第835页。
⑤ 兰陵柳叶刀：《原来你是这样的西晋》（前言），当代世界出版社2018年版，第1页。

有背离，有识之儒士尤为痛心。西晋傅玄在《举清远疏》中担忧道："虚无放诞之论盈于朝野，使天下无复清议，而亡秦之病复发于今。"① 永嘉末年，西晋大臣王衍临终前沉痛反思："向若不祖尚浮虚，戮力以匡天下，尤可不至今日。"②

西晋灭亡后，东晋不少儒士从士风与儒风相背离的角度，总结西晋亡国的经验教训，指出违背儒家教义、尚玄清谈是西晋灭亡的主要原因。例如：

应詹认为："元康以来，贱经尚道，以玄虚宏放为夷达，以儒术清俭为鄙俗。……永嘉之弊，未必不由此也。"③

干宝认为："朝寡纯德之士，乡乏不二之老……学者以庄老为宗而黜六经，谈者以虚薄为辨而贱名检，行身者以放浊为通而狭节信，进仕者以苟得为贵而鄙居正，当官者以望空为高而笑勤恪。"④

范宁认为："王弼、何晏，二人之罪深于桀纣。""遂令……礼坏乐崩，中原倾覆。"⑤

卞壶认为："悖礼伤教，罪莫斯甚！中朝倾覆，实由于此。"⑥

王敦认为："遂使神州陆沉，百年丘墟，王夷甫诸人不得不任其责！"⑦

不仅东晋士人如此看西晋的灭亡，南朝士人亦作如是观。梁陶弘景《题所居壁》诗这样写道："夷甫任散诞，平叔坐谈空。不言昭阳殿，化作单于宫。"⑧ 诗讽咏王衍、何晏亡国之责。梁太子詹事何敬容也感叹道："晋代丧乱，颇由祖尚玄虚，胡贼殄覆中夏。"⑨ 这样的观点一直影响到后世，从唐代使臣的《晋书·儒林传序》，到宋元之际胡三省的《资治通鉴音注》，再到明代顾炎武的《日知录》、清代赵翼的《廿二史札记》等，这些史家几乎一致认定，西晋"清谈误国"。

---

① （唐）房玄龄等：《晋书》卷47《傅玄传》，中华书局1974年版，第1318页。
② （唐）房玄龄等：《晋书》卷43《王衍传》，中华书局1974年版，第1238页。
③ （清）严可均：《全晋文》卷35，商务印书馆1999年版，第354页。
④ （清）严可均：《全晋文》卷127，商务印书馆1999年版，第1368页。
⑤ （唐）房玄龄等：《晋书》卷75《范宁传》，中华书局1974年版，第1984—1985页。
⑥ （唐）房玄龄等：《晋书》卷70《卞壶传》，中华书局1974年版，第1871页。
⑦ （唐）房玄龄等：《晋书》卷98《桓温传》，中华书局1974年版，第2572页。
⑧ 逯钦立：《先秦汉魏晋南北朝诗》梁诗卷15，中华书局1983年版，第1814页。
⑨ （唐）姚思廉：《梁书》卷37《何敬容传》，中华书局1973年版，第533页。

追溯"清谈误国"论断之始,在东晋士人看来,"清谈"之所以亡国,主要是西晋士人行为不检,立身处世违背了儒家的价值观,致使礼崩乐坏。这是西晋士人与儒风关系的真实存在,诚如王鸣盛在《十七史商榷》中叹息所言"晋少贞臣"①。但这并不意味着西晋士人与儒风关系的全部,在背离儒家传统价值观的同时,西晋士人也有继承。正因此,西晋士人也活出了自己的精彩,创造了一代文化,他们"既体现了古代知识分子的辉煌,又表现了中国古代知识分子的堕落"②。

西晋士人与儒风的关系,正如钱币有两面一样,两者既有背离又有趋同,史学家的研究更多关注的是两者的背离对西晋亡国的影响,从中总结经验。事实上,在关注两者背离的同时,儒风对士人的正面影响、士人对儒家传统文化的继承也同样有研究的必要与意义,而这往往易于被研究者忽略。

首先,就儒家的思想地位而言,魏晋之际虽然玄学盛行,但儒学始终处于正统地位,是主流意识形态。曹魏时代,从曹操、曹丕到明帝曹叡乃至高贵乡公曹髦都曾致力恢复和提倡儒学、加强礼乐文化建设。西晋开国,从司马懿到武帝司马炎,一直延续并贯彻"以儒治国"的方略。即便是惠帝时代,国家重臣也以儒臣为主,诸如张华、裴頠、裴楷、傅祗、傅咸、陈准、荀藩、刘颂、刘寔、荀组、刘逵等③。这种主流意识形态的儒家文化,不可避免地会影响到当时的政治气候、社会风气、文化氛围,也影响着士人风气。

魏晋玄学兴起,清谈为尚,玄学风尚成为主要的社会思潮。但对违背儒家传统文化的行径,士人并不一味苟同。《晋书·五行志》载:"惠帝元康中,贵游子弟相与为散发裸身之饮,对弄婢妾,逆之者伤好,非之者负讥,希世之士耻不与焉。"④ 可见,任诞的行为并未得到人们的普遍认同,"逆之""非之""耻之"者,大有其人。王永平《西晋时期士风之任诞及其批判与反省思潮》一文,详细分析了西晋社会不同阶层对玄学风尚的批评,指出"从思想史的角度看,这种针对玄风的批评始终存在、持续不

---

① (清)王鸣盛:《十七史商榷》卷49"晋少贞臣条",商务印书馆1937年版,第448页。
② 徐公持:《浮华人生——徐公持讲西晋二十四友·开篇语》,天津古籍出版社2010年版,第2页。
③ 重臣名录见万斯同《晋将相大臣表》,《二十五史补编》第三册,开明书店1936年版,第3332—3336页。
④ (唐)房玄龄等:《晋书》卷27,中华书局1974年版,第820页。

断,是一股社会思潮,不容忽视"①。这样的社会批评思潮虽不是主流,但儒家思想的影响是明显的。

其次,就西晋士人的儒学素养而言,他们或谨守儒家根柢,或崇儒融道,或援儒入玄,表现出深厚的儒家学养。受玄学思潮影响,西晋士人热衷清谈与玄理,这更多的是一种时代风尚与个人趣尚及生活方式,并不代表他们儒学素养的缺失。即便是清谈,在陈寅恪看来,其内容"还是以对时事政治的关心与个人立场的表达为主的"②。仔细探究儒学衰微时士人言行中的儒家文化因子,应该能更深地感受到儒学潜移默化的影响力与代代相传的生命力。

西晋士人的儒学素养大多来自教育。从汉魏走来的西晋士人,其年青时必定经历过两汉经学的熏陶;在西晋成长起来的士人,也一定受到"崇儒"国策的沾溉,尤其是世家大族子弟。他们年少时大多有游学京师或入太学的经历,而魏晋的官学正是以经学的传授为主。世家大族的家学基本上也都以业儒相传,《世说新语》中可以看到不少这样的家学教育,诸如管宁、华歆对子女后代的教育,荀氏、裴氏、谢氏家族成员间的学习探讨等。

士人的儒学素养在日常生活中或多或少地传承、发展着儒家思想,这构成了儒家文化传承链上的重要一环,是不应该被忽略的。政治上,他们追求儒家事功观,有所建树。学术上,他们注重立言,解经注经,著书立说,阐释儒家思想,推动了经学的发展。文学创作上,他们阐发儒家教义、践行儒家文艺思想、承载礼乐文化、表达人伦亲情。日常生活与言行中,注重持身操守、秉持孝义之心、恪守清俭之风、谨奉致仕谦让态度。等等。研究西晋士人可以看到,西晋的儒学尽管衰微,但儒家文化仍在持续传承,这其中不乏西晋士人可圈可点的努力与贡献。因此,在儒家文化背景下,重新审视西晋士人,是有历史意义与现实意义的。

三 西晋士人研究的历史回顾

本书将西晋士人的研究大致梳理为三段,通过对各阶段研究成果的简要综述,可夯实本书的研究基础,发掘可开拓的空间。

---

① 王永平:《西晋时期士风之任诞及其批判与反省思潮》,《徐州师范大学学报》(哲学社会科学版) 2010 年第 2 期, 第 96 页。
② 戴燕:《魏晋南北朝文学史研究入门》, 复旦大学出版社 2009 年版, 第 52 页。

（一）东晋至明清时期：流于短亻丁，新意不多

从非严格意义上说，对西晋士人的研究可以上溯到西晋本朝。从东晋、南朝开始，一直到唐宋元明清，对西晋士人研究的主要内容包括三方面：西晋士风、西晋士人的文学创作及西晋士人的生平研究。

历代对西晋士风的关注与研究，重点是通过西晋士风探讨西晋亡国的原因。研究成果多为史学著作，如唐太宗的四篇《晋书》传论、宋司马光《资治通鉴》、元胡一桂的《史纂通要》、明顾炎武的《日知录》、清赵翼的《廿二史札记》等。一些经学著作在探讨原因的同时，还提出了解决的途径。如真德秀《大学衍义》说道："盖自晋及梁，其乱亡如出一辙，皆学老、庄氏而失之罪，推原其本，是亦老、庄之罪也。然则有天下者惩魏晋萧梁之祸，其可不以尧舜周孔之道为师哉！"[①] 在真德秀看来，儒学是救弊良方。宋代理学家在研究西晋士风时总是将士风与儒学联系在一起，这与本书的选题关系至切，然宋儒更多是将西晋士风与儒学作为对立面进行观照，这多少失之偏颇。

历代对西晋士人的文学创作研究成果主要表现在文学理论著作或诗论、诗话著作中。大体说来，南朝刘勰《文心雕龙》、萧统《文选》、钟嵘《诗品》等著作对西晋士人的文学创作赞赏居多，也指出了不足。唐代从儒家的文艺观出发，对西晋士人的文学创作评价不高，从陈子昂"汉魏风骨，晋宋莫传"（《修竹篇序》）开始，中唐及之后的柳冕、白居易、韩愈等都对西晋文士人及文学有所贬责。[②] 宋、元、明、清时对西晋文士的作品评价也不高，或由人品及文品，如元代元好问《论诗绝句三十首之六》评潘岳"心画心声总失真"；清代谢汝铨《诗海慈航》论潘岳："安仁诗品，在士衡下，又党于贾后，谋杀太子与有力焉，人品如此，诗安得佳。"[③] 或从自身的文学主张出发反对西晋的诗风，如明代许学夷《诗源辨体》批评陆机、潘岳、张协诗歌的"排偶""雕刻"[④]；沈德潜《古诗源》评陆机诗："意欲逞博，而胸少慧珠，笔又不足以举之，遂开出排偶一家，西京以来，空灵矫健之气，不复存矣。"[⑤] 这些研究成果仍以传统的衡文为重点，注重评价西晋士人的创作成就及诗风特点。

---

① （宋）真德秀：《大学衍义》卷13，华东师范大学出版社2010年版，第221页。
② 可参见肖占鹏《隋唐五代文艺理论汇编评注》，南开大学出版社2002年版。
③ 转引自张伯伟《钟嵘诗品研究》，南京大学出版社1999年版，第279页。
④ （明）许学夷：《诗源辨体》卷5，人民文学出版社1987年版，第92页。
⑤ （清）沈德潜选：《古诗源》卷7，中华书局2006年版，第133页。

两晋南朝撰史盛行，对西晋士人生平研究最有代表性的成果不外东晋王隐、南朝齐臧荣绪等九家《晋书》及刘义庆《世说新语》等史料编纂著作。它们中不少出自私家之手，并随着唐修《晋书》等正史的出现而散佚。隋唐之后对西晋士人的生平研究，主要是对史料进行辑佚、集评、考证和整理。例如：宋代司马光《资治通鉴·晋纪》逐年整理西晋大事（其中包含士人的行事）；宋代《历代名贤确论》卷58、59收集了唐代李德裕和宋代苏轼、苏辙、司马光等人对十几位西晋士人①的评价；元马端临的《文献通考·封建考》卷13考证了西晋60多位五等侯，对其生平、历官做了简单交代；清代汤球辑佚东晋、南朝的《晋书》成《九家旧晋书》对西晋士人多有传记；钱大昕、赵翼、王鸣盛著作中涉及西晋士人条目也多为考史、评点；等等。

除《晋书》等纪传体史书外，本阶段西晋士人研究的特点可以概括为碎片化。主要表现为对西晋士人的研究不成系统，只是片段的收集、整理、评点等，而且对西晋士人的研究只是作为魏晋或两晋士人研究的一部分。

田余庆先生认为：中国王朝时期，对魏晋史料系统地进行综合整理，做得最好的当推北宋的刘恕。之前之后无更多发明，即便是乾嘉考据风起，出现了钱大昕、王鸣盛、赵翼等家考史著作，"也多流于短饤，缺乏新意，没有导致魏晋南北朝史研究的重大发展"②。此观点也可视为本阶段西晋士人研究状况的总结。

（二）20世纪初至改革开放前：开启热点，有所突破

20世纪20—70年代对西晋士人的研究成果主要与魏晋南北朝史、魏晋南北朝文学及魏晋南北朝哲学研究结合在一起，单独研究西晋时段的史学及文学、哲学的成果并不是很多，但至少对以往的研究是有突破的。

从史学角度看，20年代初，从梁启超、鲁迅、汤用彤、容肇祖等开始，魏晋南北朝史研究出现了新的局面。此后，魏晋南北朝史研究出现了一批有影响的学者及前所未有的研究成果，形成了繁荣局面，这在邝利安《魏晋南北朝史研究论文书目引得》（台湾中华书局1971年版）一书中可见。该书将20世纪20—60年代魏晋南北朝史研究的论文书目，按民族、

---

① 主要是裴楷、卫瓘、贾充、山涛、嵇绍、阮籍、张华、唐彬、杜预、羊祜、陆机、王衍等人。
② 田余庆：《秦汉魏晋史探微》，中华书局2004年版，第404页。

政治、财经、军事、社会、哲教、经学、史学、诸子、文学、文物、书籍目录等十二类编为索引。

这时期专门研究西晋的成果相对较少，但有明显的突破，主要表现为研究热点的出现与持续。从论著看主要是：西晋的占田、课田、户税制度研究；西晋的九品中正制与门阀制度研究；西晋的政局与八王之乱研究；西晋的人口迁徙与流民暴动研究。当时著名的断代史著作，如吕思勉《两晋南北朝史》（上）（开明书店1948年版）、唐长孺《魏晋南北朝史论丛》（生活·读书·新知三联书店1955年版）、何兹全《魏晋南北朝史略》（上海人民出版社1958年版）、王仲荦《魏晋南北朝隋初唐史》（上海人民出版社1961年版）等几乎都包含上述内容。

从论文看，20世纪30—60年代初，知网上可查到的有关专门以西晋为研究对象的历史论文约30篇，研究热点集中在两个方面：一是关于西晋占田制、赋税制，研究论文约16篇，大多发表于50年代到60年代初。二是关于西晋末年的流民暴动，研究论文约10篇。

上述热点问题也成为西晋历史研究的传统问题，一直延续到今天。20世纪西晋士人研究的一个明显特点就是将士人研究与历史问题尤其是热点问题研究相结合。例如：唐长孺《〈晋书·赵至传〉中所见的曹魏士家制度》（出自《魏晋南北朝史论丛》，生活·读书·新知三联书店1955年版）从西晋赵至的传记探讨了曹魏时期的士家制度；唐长孺《范长生与巴氏据蜀关系》（《历史研究》，1954年第4期）则通过西晋儒士范长生讨论了当时的少数民族关系；洪序《西晋李重驳恬和一事发生时间的商榷》（《历史研究》，1958年第6期）通过《晋书》中的刘毅、石鉴、魏舒、荀恺等西晋士人的史料分析来考证李重驳恬和的时间，从而论述占田制。

从史学角度看，西晋的史学家也受到学者的关注。缪钺《陈寿与〈三国志〉》（《历史教学》，1962年第1期）对《三国志》记述历史人物时"取舍褒贬，有失公平"这一引起后人争议的问题进行了分析。白寿彝《陈寿、袁宏和范晔》[《北京师范大学学报》（人文社会科学版），1964年第1期]分析和评价了西晋陈寿的史才问题。

此外，对西晋士人的研究还结合教育、政治、心理、地理等方面展开，虽然不多，但显示出研究范围扩大的趋势。如毛礼锐《魏晋南北朝时期的教育》[《北京师范大学学报》（人文社会科学版），1962年第1期]论及西晋傅玄的教育思想，翦伯赞《论西晋的豪门政治》（《大学》，1947年第5期）、曾繁康《西晋时代士大夫的心理》（《学思》，1942年第8期）、贺次君《西晋以下北方宦族地望表》（《禹贡》，1935年第5期）等则就政治、心理、地望展开了研究。

研究热点"九品中正制与门阀制度"与世家大族研究息息相关，与本书选题关系较为密切。这类成果也比较丰富，如杨筠如《九品中正与六朝门阀》（上海商务印书馆1930年版）是研究九品中正制的第一本专著，其后有谷霁光《六朝门阀》（《国立武汉大学文哲季刊》，1936年第4期）、唐长孺《九品中正制度试释》（武汉大学编译委员会1951年版）等相继对"中正制"展开研究。王伊同《五朝门第》（金陵大学中国文化所1943年版）、毛汉光《两晋南北朝主要文官士族成分的统计分析与比较》（《中央研究院历史语言研究所集刊》，1966年）、毛汉光《我国中古大士族之个案研究——琅琊王氏》（《中央研究院历史语言研究所集刊》，1967年）等开启了对中古世家大族及其个案的研究，并在后世出现了此类研究的高潮。

从文学角度看，本阶段与西晋士人研究相关的成果主要是断代文学史的研究与单个作家研究。断代文学史以刘师培的《中古文学史》（北京大学出版部1920年版）、王瑶的《中古文学史论集》（古典文学出版社1956年版）等最富里程碑意义。此外，陈仲凡《汉魏六朝文学》（商务印书馆1929年版）、徐嘉瑞《中古文学概论》（上海亚东图书馆1925年版）、胡云翼《新著中国文学史》（魏晋南北朝部分）（北新书局1932年版）、萧涤非《汉魏六朝乐府文学史》（中国文化服务社1944年版）、刘永济《十四朝文学要略》（中国文化服务社1945年版）、罗根泽《魏晋六朝文学批评史》（商务印书馆1947年版）、章江《魏晋南北朝文学家》（大江出版社1971年版）等断代史著作都极富学术价值，对西晋文人或多或少有所介绍，当然研究对象主要还是集中在傅玄、陆机、潘岳、挚虞、左思等少数士人上。

对西晋单个作家的研究主要包括生平和思想研究，如朱东润《陆机年表》（《国立武汉大学文哲季刊》，1930年第1期）、姜亮夫《张华年谱》《陆平原年谱》（古典文学出版社1957年版）、陆侃如《左思评传》（《山东文学》，1963年第2期）、李长之《西晋大诗人左思及其妹左芬》（《国文月刊》，1948年第70期）、徐高阮《山涛论》（《中央研究院历史语言研究所集刊》，1969年第1期）等。

对西晋作家的研究还包括对文学作品及作家的创作研究，成果主要集中在陆机《文赋》和潘岳创作的研究上，如周汝昌《陆机"文赋""缘情绮靡"说的意义》（《文史哲》，1963年第2期）、郭绍虞《论陆机〈文赋〉中之所谓"意"》（《文学评论》，1961年第4期）、胡国瑞《论陆机的〈文赋〉》（《文学遗产》，1960年第309期）及李长之《西晋诗人潘岳的生平及其创作》(《国文月刊》，1948年第70期)等。研究成果虽然涉及的文人不多，研究的内容不广，但毕竟西晋士人开始成为学者专门独立的研究对象，这是以往研究中不多见的。

儒家思想与西晋士人的关系，是本书选题的重要内容。本时期西晋学术思想研究往往是紧扣学术思潮（玄学）中的学派及代表人物进行阐释的，且与魏晋南北朝学术思想研究是统一的整体，如侯外庐《中国思想通史·魏晋南北朝卷》、任继愈《中国哲学史·两汉魏晋南北朝卷》等，主要探讨了西晋学术代表人物嵇康、杨泉、裴頠、欧阳建、向秀、郭象等的学术思想和主张。

魏晋儒学研究成果不是很多，重在探讨儒家思想在魏晋南北朝时期的地位。不少学者认为，儒家思想在魏晋南北朝时期仍然占统治地位，如刘学智《简论魏晋南北朝时期儒学的地位和作用》（《哲学与文化》，2002年第6期）说"儒学在魏晋南北朝时期不仅没有中断，而且其本身也在延续、演变和发展着，并依然维持着其社会思想的宗主地位，这止是中国文化保持绵延不断、流风不绝的重要原因之一"。万绳楠《魏晋南北朝时代的思想主流是什么》（《史学月刊》，1957年第8期）认为"在魏晋南北朝时代，在思想方面，还是为儒家伦理主义、名教思想所支配，而不是为老庄玄学、佛教或道教思想所支配""魏晋南北朝时代的思想主流仍然是儒家思想"。汤用彤、任继愈《魏晋玄学中的社会政治思想和它的政治背景》（《历史研究》，1954年第3期），同样认为玄学没有"背弃儒家封建伦理的基本观念""儒家的社会伦理思想是中国封建统治者的文化支柱"。也有学者认为魏晋南北朝时期儒家学说是中衰的，如皮锡瑞《经学历史》（商务印书馆1928年版）、张仁青《魏晋南北朝文学思想史》（文史哲出版社1978年版）。事实上，魏晋南北朝时期儒学的地位至今仍是一个有争议的话题。

总体而言，本阶段"西晋"的史学、文学、学术研究作为独立的研究对象，成果并不丰富，但是，相较20世纪前的研究，已小有突破，研究范围有扩大趋势，部分热点研究一直持续至今，一些研究开启了后世的研究热潮，这些都为改革开放四十年的研究奠定了坚实的基础。

（三）改革开放四十年：成果丰硕，与时新变

改革开放带来了思想界、学术界的大解放，无论是观念上还是研究方法上，无论是研究视角还是研究内容上，西晋士人研究的深度和广度都得到长足的发展。检索四十年来西晋士人及相关研究成果，可见如下两个鲜明特点。

第一，西晋士人及相关研究成果呈爆发式增长。

这种爆发首先表现在西晋研究专著的出现上。以"西晋"为检索词在知网上检索①，改革开放四十年前几乎没有类似研究专著，而此期则有13部西晋文学研究专著，均出版于21世纪，可谓"零的突破"。以西晋士人姓名为检索词检索到的研究专著达77部，其中21世纪出版的专著54部。论著所研究的西晋士人按数量多少依次是陆机（14部）、郭象（12部）、皇甫谧（10部）、潘岳（7部）、傅玄（7部，4部出版于21世纪）、陈寿（5部）、张华（4部）、左思（4部，其中3部是与左棻、刘琨的研究合集，1部出版于21世纪）、"三张"（张载、张协、张亢3部）、刘徽（3部）、杜预（2部），羊祜、李密、潘尼、嵇含、欧阳建、褚陶各1部。众多研究专著的出现表明：西晋士人及西晋文学研究受到高度重视；西晋士人的研究范围在扩大，不再局限于陆机、潘岳等太康著名士人；西晋士人的研究出现新热点，即以郭象、皇甫谧、刘徽为代表的学者研究得到关注。

研究成果的爆发其次表现在论文上。改革开放四十年，在知网检索"西晋"，所得研究论文2700余篇。这个研究总量不是循序渐进所致，而是以激增回落的方式完成。据笔者统计，20世纪80年代，有关"西晋"的研究论文年均15篇左右，90年代年均20篇上下。21世纪第一个5年，年均37篇左右；第二个5年，论文年均已达67篇左右；2010—2015年，论文年均激增至104篇左右。从2016年起，研究论文有所回落，但至2018年末，年均仍在80篇上下。

单个西晋士人研究的论文也呈现出激增态势。据笔者不完全统计，改革开放四十年，论文成果中所研究的西晋士人达90余人，论文近3000篇。相较之前的研究，这是极大的飞跃。单个士人研究相关论文达70篇以上的情况如下：张华约76篇、杜预约84篇、陈寿约109篇、傅玄约132篇、皇甫谧约134篇、刘徽约138篇、潘岳约225篇、左思约289篇、郭象约456篇、陆机约671篇。这样的排序与研究专著基本对应，据此可以说明的是：对西晋士人的研究呈极度不平衡现象，与这10位士人相关的论文近2000篇，余下的80多位士人相关的研究成果仅1000篇左右。还可说明的是，郭象、刘徽等学者的研究后来居上，与专著情形一样，成为

---

① 注：本部分论著检索中，检索"西晋"得出的数据不包含有西晋士人姓名的论著。论文检索"西晋"时，数据中包含有西晋士人姓名的论文，但并非所有的西晋士人研究论文都含在"西晋"检索数据中。文中的统计数据不是十分精确，但也足以说明问题。特此说明。

新的研究热点。

西晋士人研究的爆发式增长，在学位论文上也得以充分表现。20世纪以西晋士人及相关内容为学位论文选题的寥寥无几，21世纪则多达200余篇。在2005—2015年这十一年间，年均学位论文14篇左右，2008年和2010年高达20篇，2016年后也呈回落态势。学位论文与论文、论著的研究成果有所不同：一是研究范围偏窄，约90%的论文研究西晋文学（含士人与文学创作）。二是研究对象偏少且以传统研究对象为主，约30人，尤以陆机、张华、潘岳、傅玄的研究为多。三是士人群体研究占据一定比例，如白崇《寒族作家依附心态研究》、张爱波《西晋士风与诗歌》、蔡卿《论元康名士》、杨帆《蜀汉入晋文士群体研究》等。

附：改革开放四十年，西晋士人及相关研究论文数量曲线图

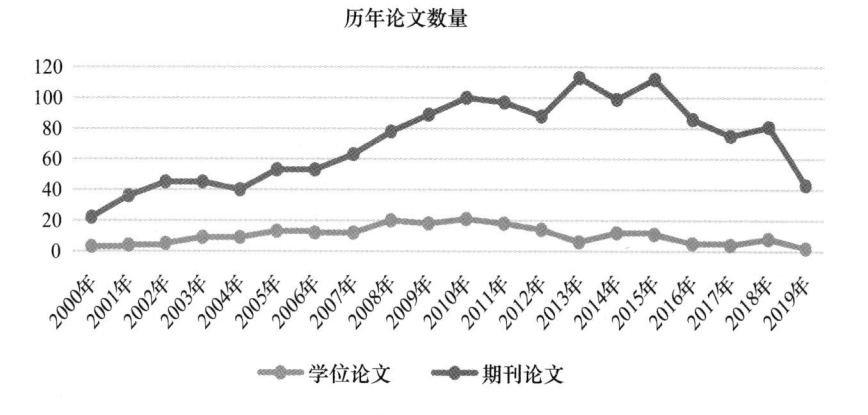

历年论文数量

第二，西晋士人及相关研究成果呈现新的增长点。

西晋享国短暂，研究史料不多，改革开放四十年研究成果却爆发式增长，原因是多方面的，研究方法和研究视角的多元化应是主要原因之一，这种多元化相应带来了西晋士人及相关研究的新变及新增长点。

从研究对象看，西晋士人研究的新变首先表现为对以郭象、皇甫谧、陈寿、刘徽等为代表的学者的重视，其次是对士人群体研究的重视。前者如汤一介《郭象与魏晋玄学》、王晓毅《郭象评传》；后者如徐公持《浮华人生：徐公持讲西晋二十四友》、冯源"西晋洛下文士"的系列论文等。对此，前文论著、论文的研究数据可为证，此不详加阐释。

从研究内容看，家族研究是本时期研究的热点。家族研究是士族研究的一个重要方面，早在20世纪40年代，王伊同《五朝门第》、陈寅恪《唐代政治史述论稿》就对此做了精辟论述。改革开放后家族研究方兴未

艾，代表性的论著如何启明《中古门第论集》（1978）、田余庆《东晋门阀政治》（1989）、江北辰《魏晋南朝江东世家大族述论》（1981）、毛汉光《中国中古社会史论》（2002）、王永平《六朝江东世族之家风家学研究》（2003）等。此后，家族研究成为持续热点，尤为学位论文所青睐。

本时期，以西晋为时段的家族研究成果不多，知网所见仅以下数篇：容建新《司马氏家族的兴起与西晋政治格局的关系》（1997）、胡志佳《惠帝羊皇后和西晋政局——兼论羊氏家族的发展》（2004）、范兆飞《西晋士族的婚姻网络与交游活动：以太原士族为中心的考察》（2009）、魏娜《西晋裴氏、荀氏和卫氏家族文学研究》（2012）、王伟琴《西晋河东裴氏研究》（2014）、王莉娜《荀岳墓志铭考：兼论西晋时期颍川荀氏家族》（2015）。但若以汉晋、魏晋南北朝、两晋为研究时段，涉及的西晋家族则约 44 个，研究论文约 260 篇。

成果中所研究的家族大多为北方的世家大族，无论是西晋时的高门，还是走向衰落的世家，抑或是即将崛起的势家，研究者都予以了关注。研究论文超过 10 篇的，主要有琅琊王氏、河东裴氏、颍川荀氏、泰山羊氏、陈留阮氏、太原王氏等北方大族。江东世家也有研究，主要以吴郡陆氏、顾氏、张氏为主，但研究成果远不如北方世家的多。蜀郡大族研究仅有谯氏家族的 1 篇研究论文。西北有北地傅氏家族数篇研究论文，辽东则无家族研究论文。

研究成果以个案家族研究居多，涉及的研究内容有家族的婚姻与仕宦、家风与家学、文化与文学、兴盛与衰亡、政治与教育等数方面，尤以家风家学、文学文化研究为多。这应与国家、社会对优秀传统文化、对家国情怀、对家风的重视与强调有关。学术研究植根社会现实，这是一种很好的务实学风。

本时期西晋儒学研究的成果也有变化。首先，西晋儒学研究从魏晋南北朝儒学研究中独立出来，出现了专门的研究成果。如程平和刘运好《西晋经学考论》、冯源《论西晋诗人的礼乐文化身份认同——以"雅颂"诗学观为中心》、孙宝《晋初儒运复振与文风新变》等。其次，无论是西晋的经学还是魏晋南北朝经学的发展问题，越来越多的学者不再执"中衰"一说，而是肯定其发展，吴雁南等主编《中国经学史》、田汉云《论六朝经学的发展历程——魏晋南北朝经学史论》、汤其领《魏晋经学探略》、张承宗《魏晋经学的演变》等都如此。最后，越来越多的西晋士人的儒家思想得到关注与阐释，尽管不少是从儒玄或儒道角度出发，但不可否认儒学思想的影响。例如：孙宝《杜预的儒家文艺观及其实践与影响》、任秀莲

《张华"儒者气象"及"博物君子"人格心路探析》,秦跃宇、龙延《张华与王戎玄儒兼治比较研究》等。这些变化有助于进一步审视西晋士人与儒学的关系,探讨他们在儒家文化传承中的作用。

从研究视角看,考古视角和接受史视角在本时期尤其是近十年来颇受关注。

改革开放四十年,越来越多的西晋墓葬得到发现与发掘,如1991年西晋刘弘墓的发现就是当年的十大考古发现之一。伴随着考古发现,利用出土文献进行相关研究的成果也在不断增加,尤其是近十年来。改革开放四十年来,此类研究论文成果90余篇,主要研究内容涉及石刻及出土文献(文物)的考释,墓主的生平与家世研究,与出土文献相关的西晋社会的政治、经济、教育、礼俗、职官等研究。研究者或从具体考古发现着眼展开研究,如渠传福《〈山西定襄居士山摩崖碑为西晋胡奋重阳登高纪功碑〉补正》;或从考古资料的整体出发进行研究,如福原启郎、王大建《西晋墓志的意义》。考古发现的摩崖石刻、出土文献与文物往往起到证史、补史并引发思考的作用。

本时期与研究相关的代表性的考古发现不但是这四十年的,也包含以往的发现,主要有河南安乡刘弘墓志、陕西华阴西岳庙《华百石都训造碑》、甘肃临泽的《田产争讼爰书》及湖南郴州晋简以及以往所发现的汲冢书、华芳墓志、荀岳墓志、晋辟雍碑、当利里社碑、居士山摩崖石刻等。这类成果在证史、补史方面收获较大,如汤淑君《西晋辟雍碑》所说"碑文又记载了皇太子再临辟雍是咸宁三年(277)及四年1月。碑文所记纠正和补充了史籍所记的年月次数及皇太子重临之缺失";《华芳墓志》中关于王浚两个儿子的记载,杜志强《西晋名士刘宝生平发微》等都可补史之缺。相对而言,利用考古资料对墓主、碑主生活时代及相关事件的开掘研究嫌深广不够。葭森健介《魏晋时期的中央政界与地方社会——围绕西晋刘弘墓的发掘问题》一文,在探讨刘弘墓葬湖南安乡的原因同时,对当时两类不同的地方官员做了分析,拓展了考古资料的意义,在该类研究成果中较为突出。福原启郎、王大建《西晋墓志的意义》也有同样的作用。

20世纪80年代初,西方接受美学传入中国,研究者就开始了作家作品的接受史研究,至21世纪遂成为古代文学尤其是学位论文研究的热点,西晋士人及相关研究也不例外。改革开放四十年,西晋士人的接受史研究论文有100篇上下,重点是前人对西晋士人及作品研究成果的再研究和对西晋士人及作品影响与接受的研究两方面。前者是学术史的研究,包括对历代批评家和现代研究者研究的阐释,如穆克宏《尽锐于〈三都〉拔萃于

〈咏史〉——刘勰论左思》、谢丹《论潘岳四言诗在历代诗话中的接受与影响》、曾毅《王夫之的潘岳、陆机比较批评分析》、方北辰《缪钺先生与〈三国志〉的整理研究》、程海《"辩名析理":冯友兰对郭象〈庄子注〉的解读方法》、曾春海《傅山对郭象〈庄子·逍遥游〉诠解的评论》、陈志刚《刘师培对陆机的推崇及其原因》等;后者包括西晋士人的当下和后世的接受与影响,如李剑清《从"赠答诗"看西晋时人对陆机的认同》、刘涛《两晋南朝陆机文学接受论》、王旭《明清时期左思〈咏史〉的流传与接受》等。

接受史的研究大大拓宽了西晋士人研究的范围,尤其是对现代学者研究的阐释。这类研究成果存在的不足,正如陈文忠《深化接受史研究的三个问题》一文中所说"往往流于'历代评论资料'的排比和梳理","只见'接受者'的自言自语,不见'接受对象'的独特问题,更未能从接受史深入时代和民族的精神文化史"。①

从研究方法看,在传统的文本研究、文献研究等方法基础上,二重证据法和比较研究方法在本时期得到越来越多的运用。

二重证据法,即地下新出土材料与地上纸质材料相互印证,该方法的广泛运用是与新的考古研究视角相一致的,也与现代资讯发达密切相关。一方面是越来越多的考古发现,另一方面是考古发现成果的迅速传播,这些是二重证据法得以运用的有利及必要条件。如2016年5月,依托三维数字技术,山西定襄居士山摩崖碑被确认是西晋"胡奋碑"。随着该成果的公布,相应的研究成果相继发表。渠传福《〈山西定襄居士山摩崖碑为西晋胡奋重阳登高纪功碑〉补正》,运用二重证据法,推论此为西晋咸宁二年(276)胡奋平鲜卑之役后,重阳登高勒石纪功碑。类似"二重证据法"的研究成果还有很多,这在前文"研究视角"的叙述中已述,可参看。

从20世纪七八十年代开始,比较研究的方法蓬勃兴盛,西晋士人及相关内容的研究亦不例外,比较研究的论文有100篇左右。

从比较对象上看,有西晋同代士人比较,如左思与潘岳、潘岳与陆机、左思与陆机比较等。也有异代士人比较,但多局限在汉魏至南朝这一时段的士人比较,如曹植与陆机、陶渊明与束皙、左思与鲍照等。还有少量的时间空间跨度较大的士人比较,如潘岳与纳兰容若比较,傅志宇《傅玄与亚当·斯密税收原则思想对比》,万路路、朱必法《〈实践理性批判〉

---

① 陈文忠:《深化接受史研究的三个问题》,《光明日报》2017年3月13日第13版。

中康德自由观与郭象自由观的比较》，芦婷《潘岳和托马斯·哈代悼亡诗的对比》等。不仅有单个士人的对比，也有群体的比较，如何童《金谷诗文与兰亭诗文的比较研究》、程丽芳《萧瑟悲凉与清幽秀丽——论西晋与东晋山水诗美学风貌的差异及成因》等。从整体上看，用比较法研究的西晋士人不是很多，主要是傅玄、张华、陆机、潘岳、左思等人。值得一说的是，运用比较法研究最多的士人是郭象，研究成果占同类成果总数的五分之二还多。

从比较内容看，研究成果往往是就某方面展开单向比较，主要包括文学创作比较（包括文学作品、文学体裁题材、文学风格、文学观等诸多方面）、心态比较、思想比较等，如戴建业《左鲍异同初探——比较分析左思、鲍照的人生境遇与人生抉择》、高胜利《克振家声的宗族意识——从士族门第探潘、陆附势心态之异同》、钟书林《陶渊明与束皙文学创作之比较》、劭天庆《曹丕与陆机的文体学思想比较论略：兼及魏晋文学思潮的发展轨迹》等。上述诸方面的比较中，以文学比较尤其是作品比较居多。比较研究可以凸显研究对象及研究内容的特点，加深对研究问题的认识。不过，西晋士人及相关内容的比较研究中，有些成果的比较主题嫌琐细、浅表，比较角度嫌单一、偏狭。一些研究论文只是就作品而作品的比较，不足以更好地认识西晋士人。

回顾研究历史，可以清晰看到西晋士人研究的深入与拓展。总结说来，对西晋士人的研究主要表现在两个层面：个体士人研究和群体士人研究。个体士人研究的内容主要有：生平研究、人格与思想研究、文学创作与学术著作研究、接受史研究等。群体研究则主要包括士风研究、士人集团研究、文人雅集研究、家族研究等。随着时代的进步与发展，研究人员的日渐增多，研究视角与方法的多元化，西晋士人与相关研究的成果也越来越丰硕，它们为后人的相关研究提供了丰富而扎实的基础。尽管如此，西晋士人的研究仍有一定的开掘空间。

首先，从研究对象看，虽然研究的西晋士人数量有所增加，但研究的重点，主要还是集中在太康至元康时期的傅玄、皇甫谧、张华、陆机、潘岳、左思、郭象等少数士人上。就内容而言，主要还是太康至元康时期士人与文学、士人与家族、士人思想与人格研究。西晋士人的研究在对象与内容上是失衡的，重复研究比较明显。去除重复，寻找新的研究增长点，这是西晋士人研究今后需要注意的地方。

其次，对已有研究成果的深化，也是今后西晋士人研究必须注意的。以西晋士人思想研究为例，不少研究者看到了玄学对士人的影响，看到了士人对儒学的背离，也有不少学者肯定西晋儒学是持续发展的，但却未对西晋士人与儒学关系做全面合理的阐释。

最后，西晋享国短暂，士人生活年代有的兼跨曹魏与西晋，有的兼跨东西两晋，这三个时代在社会风气、思想政治、学术文化等方面既相似又不同，西晋士人异代生活的遭际使他们成为一个复杂的群体。研究西晋士人应以发展的眼光，注意到社会环境变化对士人的影响及士人在不同时代的表现，但这在以往的研究成果中是有所忽视的。

综合上述三点，从儒家文化传承的角度研究西晋士人是一个不错的切入点。儒家文化历经短暂而动荡的西晋能始终传承下来，一方面表明儒家文化强大的生命力，另一方面也说明西晋士人有传承之功。研究儒家文化传承视野下的西晋士人，有助于全面把握西晋的儒学、学术、文学的发展状况，客观评判西晋士人的是与非、功与过，进而对东晋及南朝的"儒风与士人"研究起到借鉴作用。

上　编

西晋儒风与士风

第一章 西晋儒学传承的政治基础

任何一种占统治地位的思想文化与政治制度，在长期的实施中都会产生弊端。东汉末年，党锢之祸迭起，政局腐败，清流被压制，儒家名教产生信仰危机，缺乏维系人心、维护社会稳定的力量，但这并不意味着儒家思想的式微。事实上，儒家思想文化正是在否定之否定中得以传承、发展的。一方面，儒家名教的虚伪、法术思想的盛行，促使人们对名教直接否定，如魏明帝时代，学者多"师商、韩而上法术，竞以儒家为迂阔，不周世用"①。另一方面，汉末以来，统治阶层及社会有识之士，对否定儒家思想的行为又持反正态度，如陈蕃罪赵宣②，王符、徐干批判偷世盗名之风③等，又可见士人维护儒家思想文化的努力。

从建安元年（196）曹操挟天子以令诸侯，到咸熙二年（265）司马炎篡魏，曹魏政权历经曹操、曹丕、曹叡、曹芳、曹髦、曹奂六位君王，儒家思想文化在不同时期都有或多或少的彰显，有各自的主要表现形态。应该说，曹魏时期儒学仍是官方主流意识形态。

第一节 曹操时代：践行儒家思想，信任重用儒臣

建安元年（196），曹操挟天子以令诸侯，之后不到十年的时间统一中

---

① （晋）陈寿：《三国志》卷16《杜恕传》，中华书局2006年版，第302页。
② （南朝宋）范晔《后汉书》卷66《陈蕃传》（中华书局1965年版，第2159—2160页）载：赵宣守丧二十余年，博得"乡邑称孝"美名。然守丧二十年竟生五子，陈蕃知，"遂致其罪"。
③ （汉）王符著，汪继培笺《潜夫论》卷上《务本》（上海古籍出版社1978年版，第19页）说道："今多务交游以结党助，偷世窃名以取济渡。夸末之徒，从而尚之。此逼贞士之节，而眩世俗之心者也。"（汉）徐干著，龚祖培校点《中论》卷下《考伪》（辽宁教育出版社2001年版，第26页上栏）说道："……於是惑世盗名之徒，因夫民之离圣教日久也，生邪端，造异术，假先王之遗训以缘饰之，文同而实违，貌合而情远，自谓得圣人之真也。"

国北方。为了统一天下，曹操一生戎马倥偬，他的工作重心是军事，他的施政指导思想与措施多为名法之治，但他的思想根基是属于儒家思想范畴的。在他看来，"治平尚德行，有事赏功能"，"夫治定之化，以礼为首；拨乱之政，以刑为先"①。正因为此，建安二十年（215）曹操进驻长安欲西征刘备，刘廙劝阻时，他说道："今欲使吾坐行西伯之德，恐非其人也。"② 在统一之前，"西伯之德"这一仁术并非曹操的首选。但天下初定，曹操的策略就开始变化。荀彧曾从容地与曹操论治道："……若须武事毕而后制作，以稽治化，于事未敏。宜集天下大才通儒，考论六经，刊定传记，存古今之学，除其烦重，以一圣真，并隆礼学，渐敦教化，则王道两济。"③ 荀彧有不少类似主张，曹操常赞赏采纳。王晓毅先生认为，曹操以黄老刑名法术治国只是战乱形势下的权宜之计，待政局稳定后仍会以儒术为治国之本④，此观点是有史实依据的。

曹操儒家思想形成的原因

曹操儒家思想的形成应与其家传有关：他虽然出生于太监养子家庭，是宦官集团后代，但史载其太祖曹节"素以仁厚称"，其祖曹腾"忠孝彰著"，其父曹嵩"质性敦慎，所在忠孝"。⑤ 史书或有夸张、失实之处，但也不无是处。曹操自作家传，认为曹氏是周武公之弟曹叔的后代，这虽有抬高门第身价的意图，但多少也说明其家风由来有自。极其巧合的是，曹操的从弟曹仁、曹纯、曹洪表字分别为子孝、子和、子廉，"孝""和""廉"都有着浓郁的儒家文化色彩，且表字与孔子弟子的表字近似。其子表字也多近似，如子修、子桓、子建、子文、子威……这是否意味曹操及父辈传承家风、追慕圣人、尊崇儒学的心态？

曹操的儒学思想形成与其自身经历有关。万绳楠先生考证说：曹操曾入太学，为诸生，是党人的传人，接受了当时的经学教育。⑥ 曹操的青少年时代正值清流士人与宦官斗争，这些正直的名流成为士人的标杆，影响

---

① （清）严可均：《全三国文》卷2，商务印书馆1999年版，第13、20页。
② （清）严可均：《全三国文》卷2，商务印书馆1999年版，第32页。
③ （晋）陈寿：《三国志》卷10《荀彧传》注引《彧别传》，中华书局2006年版，第193页。
④ 王晓毅：《司马懿与曹魏政治》，《文史哲》1998年第6期，第93页。
⑤ （晋）陈寿：《三国志》卷1《武帝纪》注引《续汉书》，中华书局2006年版，第1页。
⑥ 万绳楠：《廓清曹操少年时代的迷雾》，《安徽师大学报》（哲学社会科学版）1988年第2期，第157—159页。

着一代人的成长。因此，曹操的太学经历使他"年二十，举孝廉为郎"①，"后以能明古学，复征拜议郎"②，"御军三十余年，手不舍书，昼则讲武策，夜则思经传"③。不仅如此，第二次党锢之祸中窦武、陈蕃为阉党所害，曹操慷慨上书灵帝，称颂正直，指责小人……凡此种种足见儒学对曹操立身处世的深刻影响。

曹操的儒学思想形成也与时代崇儒之风有关，曹操服膺三位儒学大师可兹证明。这三位大儒是：桥玄、卢植和蔡邕。

桥玄擅长识人，于曹操有知遇之恩。史载，桥玄初见曹操即异之，言："今天下将乱，安生民者其在君乎！"④ 由于桥玄的推崇，曹操声名大振。曹操常感其知己，一生铭记。建安七年（202），桥玄去世十九年，曹操率军驻扎谯，特意派人赴睢阳隆重祭悼桥玄。

卢植与曹操的关系，坊间有言，卢植举荐其出任骑都尉，惜缺乏史料。但曹操无疑是卢植的"粉丝"，他懂得卢植、尊重卢植。建安十二年（207），卢植去世十五年，曹操北征乌桓，途经涿郡，特意修缮卢植之墓，并撰文祭奠，称其为儒宗。这一评价恰如其分，直到唐宋，唐太宗和宋真宗还诏令卢植为配享孔庙的先贤先儒。

蔡邕年长曹操二十二岁，两人亦师亦友，为忘年之交。曹丕《蔡伯喈女赋》的序中所说"家公与蔡伯喈有管鲍之好"⑤，可证曹操与蔡邕不同寻常的关系。建安十二年（207），蔡邕去世十五年，曹操派人用重金赎回其女蔡文姬。

曹操对三位前辈的恭敬之情，固然出于报答知己之恩，但其中亦见其对儒学宗师的敬重。在《祀故太尉桥玄》文中说，自己求学之年"特以顽鄙之资为大君子所纳"⑥。文中将桥玄称为"大君子"，将桥玄对自己的称赞类比孔子对颜渊的称赞，师事之心可见。万绳楠先生考证曹操十五至十九岁在太学，结识洛阳为官的桥玄。想必当时的曹操见年长的大儒桥玄，必执弟子礼。

在《告涿郡太守》文中，曹操称卢植"学为儒宗"。曹操二十岁，即熹平四年（175），举孝廉，为议郎。这一年太学有轰动事件：由蔡邕、李

---

① （晋）陈寿：《三国志》卷1《武帝纪》，中华书局2006年版，第2页。
② （晋）陈寿：《三国志》卷1《武帝纪》注引《魏书》，中华书局2006年版，第2页。
③ （晋）陈寿：《三国志》卷1《武帝纪》注引《魏书》，中华书局2006年版，第32页。
④ （南朝梁）范晔：《后汉书》卷51《桥玄传》，中华书局1965年版，第1697页。
⑤ （清）严可均：《全三国文》卷4，商务印书馆1999年版，第40页。
⑥ （清）严可均：《全三国文》卷3，商务印书馆1999年版，第34页。

巡、卢植等人校勘的儒学经典书籍刻成石碑，立在太学门口，史称"熹平石经"或"太学石经"。熹平六年（177），马日磾、蔡邕、卢植、杨彪等人又在东观校勘儒家经典，并续写《汉记》。这两件大事无疑奠定了蔡邕、卢植一代宗师的地位。其时，曹操刚出太学不久，奉蔡邕、卢植为师自是情理使然。

三位大儒去世十多年后，曹操对他们依然尊崇有加，一方面是报答知遇之恩，另一方面就是对一代儒学大师的敬重。这份敬重之情可以说是时代崇儒之风的折射。

二　曹操对儒家思想的践行

曹操早年胸怀儒家政治理想，他的诗歌《度关山》《对酒》等描绘了国家统一、百姓安乐、社会有序的理想蓝图。不少诗句，如"天地间，人为贵""斑白不负戴"等直接化用孟子原文。《短歌行》其二、《善哉行》其一称颂了古代圣贤，表达了自己追慕圣贤之心。建安十五年（210）曹操发布《让县自明本志令》，这是一篇光明磊落的自明心志之文。文中说，他每读乐毅与蒙恬之书，"未尝不怆然流涕也"。感动曹操的正是乐毅、蒙恬的"忠义之心"，而"忠义"应该也是曹操当时的价值观。正因为此，曹操执政后，主要从以下几方面践行儒家思想。

第一，尚仁义，讲礼让，整肃社会风气。

曹操中平六年（189）陈留起兵，到其去世，征战三十多年，对战乱中的民生凋敝、社会混乱有切肤之痛。征战期间，他发布了一系列政令，安抚阵亡将士遗孤，减轻百姓负担，打击豪强势力，整顿社会风气，贯彻儒家思想。

建安七年（202），曹操发布《军谯令》，为阵亡将士立庙，抚恤遗孤。具体措施有四："将士绝无后者，求其亲戚以后之"，让阵亡将士后继有人；"授土田，官给耕牛"，保障阵亡将士遗孤的当下生活；"置学，师以教之"，使阵亡将士子女接受教育，为他们的未来打下基础；"为存者立庙，使祀其先人"，为阵亡将士立庙，使之得到永久的祭悼。①

短短的政令，兼顾生者与死者，兼顾当下与未来，体现仁义与孝道，读之令人动容。建安十二年（207）、建安十四年（209）发布的《存恤吏士家室令》《分租与诸将掾属令》与《军谯令》有着同样的精神实质，体现了曹操的仁政思想，在一定程度上也可视为对汉代军礼中抚恤制

---

① （清）严可均：《全三国文》卷2，商务印书馆1999年版，第12页。

度的传承。

这种仁政也惠及战乱中的百姓。建安九年（204），曹操打败袁尚，夺取冀州，平定河北，发布《蠲河北租赋令》和《抑兼并令》，免除河北百姓一年的田租和赋税，限制豪强大族的收租标准，禁止他们擅自征收租税，欺压贫困与弱小。这些政令客观上保证了普通百姓的利益。

即便是在战乱，曹操也兼顾到文治教化。建安八年（203）颁布《修学令》：

> 丧乱以来，十有五年，后生者不见仁义礼让之风，吾甚伤之。其令郡国各修文学，县满五百户置校官，选其乡之俊造而教学之。庶几先王之道不废，而有以益于天下。①

这是曹操有感于战乱带来的社会风气不正、仁义礼让之风衰颓而发布的政令。其中措辞可见曹操的儒家情怀。先看"文学"一词，它有多重含义。可指学问，汉代主要指以经学为主的学问。可指人，汉武帝时，为选拔人才特设"贤良文学"科目，"文学"指的就是精通儒家经典之人。可指官职，汉魏时期各州郡及王国设置有"文学掾"或"文学从事"，亦即后世的教官，由精通儒家经典之士担任。曹操政令中显然是指以经学为主的学问，他希望通过学校教育，传授儒家经典，恢复"先王之道"。

何为"先王之道"？据文意，当是与前文呼应的"仁义礼让"。对于"礼让"，曹操在《礼让令》中是这样解释的："里谚曰：'让礼一寸，得礼一尺。'斯合经之要矣。""辞爵逃禄，不以利累名，不以位亏德，之谓'让'。"②曹操对"礼让"的解释，注重的是"德"，要"以让得礼"，"得礼"就要懂"礼"。"礼"可以通过教育养成，曹操设置学校，目的就是培养"合经之要"的人才。这一做法实际是效法古代先王，看《四民月令》记载可知：正月，"农事未起，命成童以上入太学，学《五经》"。十月，"农事毕，命成童以上入太学，如正月焉"。③

懂"礼"之后更重要的是行"礼"，即"以让得礼"。"让"，就是有德行，不争名利、地位。为此，曹操还特意颁布《清时令》《整齐风俗

---

① （清）严可均：《全三国文》卷2，商务印书馆1999年版，第13页。
② （清）严可均：《全三国文》卷2，商务印书馆1999年版，第25页。
③ （汉）崔寔著，石声汉校：《四民月令》，中华书局2013年版，第9、68页。

令》,反对官员的结党营私、排除异己、谋取私利,强调为国尽忠、效力王事。

曹操对社会风气的整肃,主要是通过对仁义礼让的提倡来实现的。他有心以"礼"治国,但认为"礼"是天下太平时首选之策略,所谓"治定之化,以礼为首"①。因此,曹操时代仍以四方征伐为要,礼治尚未全面铺开。

第二,以儒家经典作为自己施政的依据。

从曹操的政令中可以看到,他常常借《诗经》《论语》《左传》等经书中的文句、人物阐明自己的观点和看法。例如:

《赐夏侯惇伎乐名倡令》:"魏绛以和戎之功,犹受金石之乐,况将军乎!"文章用《左传·襄公十一年》中晋大夫魏绛和戎受赏之事,说明赐夏侯惇伎乐的可行。

《原刘廙》:"叔向不坐弟虎,古之制也。特原不问。"文章用《左传·襄公二十一年》中叔向不受弟弟犯罪牵连的事例,说明刘廙亦可不被弟弟连累。

《与王修书》:"昔遏父陶正,民赖其器用,及子妫满,建侯于陈……"引郑玄《毛诗正义》(《毛诗注疏·陈宛丘故训传第十二》)对《陈风·宛丘》的解释,说明平凡的工作也能建功立业,鼓励王修安心盐铁工作。②

以上例子不但表明曹操对经书的熟谙,也表明曹操对经书的尊崇。现实生活中对下属的奖惩,在很大程度上是以经书中的先例为依据的。不仅如此,曹操的许多重要政令中的观点与态度,也是通过旁征博引经书来加以强调的:

《上书谢策命魏公》:"天威在颜,悚惧受诏。"化用《左传·僖公九年》中"天威不违颜咫尺",表达对汉献帝策封的感谢。

《论吏士行能令》:"所谓'可与适道,未可与权'者也。管仲曰:'使贤者食于能则上尊,斗士食于功则卒轻于死,二者设于国则天下治。'"引用《论语·子罕》和《管子·法法》中的原句,表达

---

① (晋)陈寿:《三国志·魏书》卷24《高柔传》,中华书局2006年版,第409页。
② (清)严可均:《全三国文》卷2、3,商务印书馆1999年版,第22、24、30页。

自己的奖惩原则。

《收田租令》:"有国有家者,不患寡而患不均,不患贫而患不安。"用《论语·季氏》中的话语表明自己打击豪强、抑制兼并的态度。

《求言令》:"《诗》称'听用我谋,庶无大悔',斯实君臣恳恳之求也。"引《诗经·大雅·抑》的诗句,表明广开言路的决心。

《求贤令》:"孟公绰为赵、魏老则优,不可以为滕、薛大夫。"化用《论语·宪问》中的句子,表明廉士不一定有才,应当量才授官。

《让县本自明》:"齐桓、晋文所以垂称至今日者,以其兵势广大,犹能奉事周室也。《论语》云:'三分天下有其二,以服事殷,周之德可谓至德矣。'夫能以大事小也。"引用《论语·泰伯》中的话,表明自己效仿前贤、效忠朝廷的态度。①

对自己的下属,曹操也常常引经据典,不吝溢美之词,赞美他们的德行与才干,将他们同儒学经典中的历史名人相提并论:

《请爵荀彧表》引《诗经·小雅·小旻》《诗经·周南·兔罝》中的诗句"如履薄冰""公侯腹心"赞美荀彧的处事和作用。

《授崔琰东曹掾教》化用《孟子·万章下》"伯夷,圣之清者也"、《论语·卫灵公十五》"直哉子鱼"等文句,赞美崔琰的品格。

《告涿郡太守令》用《尚书·武成》中武王表彰商容和《左传·召公二十年》中孔丘哭悼子产的事例,表达对卢植的尊敬。

《以蒋济为扬州别驾令》用《公羊传·襄公二十九年》中季札的事例,赞美蒋济。

《辟蒋济为丞相主簿西曹掾令》中"舜举皋陶,不仁者远"乃化用《论语·颜渊》的句子而来,用以称颂蒋济。

《下令增杜畿秩》用《论语·泰伯》中孔子赞美大禹的话赞美杜畿。

《下州郡》用《论语》中孔子赞美颜回的事例和《诗经·车辖》"高山仰止,景行行止"的诗句赞美杜畿。

《悼荀攸下令》用《论语·学而》子贡赞孔子的话和《论语·公冶长》孔子赞晏婴的话赞美荀攸。

---

① (清)严可均:《全三国文》卷1、2,商务印书馆1999年版,第10、13、13、15、17—18、18—19页。

《夏侯渊平陇右令》用《论语·公冶长》中孔子的话赞美夏侯渊的功绩。

《以徐奕为中尉令》中将徐奕比作《左传·僖公二十八年》中的楚国子玉,用《诗经·郑风·羔裘》中"邦之司直"称赞他。

建安七年(202)曹操祭祀故太尉桥玄,引《论语·公冶长》中孔子、子贡的对话,暗示其与桥玄的师生关系,表达对桥玄的尊敬与感恩。①

曹操现存的诏令不多,但却广泛征引儒家经典作为自己施政、奖惩、评价人物的参照,可见儒家思想的深深烙印。

第三,信任和重用儒臣。

应该说,曹操时代的儒学发展,主要表现在他对儒士的重视与重用上。尽管他三次发布"唯才是举"的政令,极大地冲击了儒家的价值观,但在实践中,曹操重视的仍然是德才兼备之士、忠义之士、仁德之士、清廉之士。检校曹操所用人才,很多是主张经术治国的儒学名士,他们中不少人成为了曹魏政权中的核心人物。

曹操对儒学名士的重视有两点鲜明的表现:

一是将他们纳入自己的权力核心,予以重任。试看建安十八年(213)的一份任命书:

> 以荀攸为尚书令,凉茂为仆射,毛玠、崔琰、常林、徐奕、何夔为尚书,王粲、杜袭、卫觊、和洽为侍中。②

上述诸人多为儒学名士,深受曹操的重视。除此,在曹操的权力中心中,尚有荀彧、郭嘉、邴原、陈群、蒋济、华歆、钟繇、贾逵、杜畿、卫臻等一大批儒臣,曹操对他们不仅重任而且爱护信任有加。如荀彧,为曹操制定了统一北方的蓝图,并多次修正曹操的战略,还举荐了钟繇、荀攸、陈群、杜袭、戏志才、郭嘉等大量人才,被曹操称为"吾之子房"。东晋王导曾赞说"昔魏武,达政之主也;荀文若,功臣之最也"③,荀文若

---

① (清)严可均:《全三国文》卷1、2、3,商务印书馆1999年版,第3、10、16、17、17、19、28、21、21、24、34页。
② (晋)陈寿:《三国志》卷1《武帝纪》注引《魏氏春秋》,中华书局2006年版,第25页。
③ (唐)房玄龄等:《晋书》卷65《王导传》,中华书局1974年版,第1746页。

即荀彧。又如毛玠，他以清廉公正著称。建安十七年（212）有人建议裁撤东曹，保留西曹，借以排挤毛玠，曹操却下令撤西曹，留东曹，对毛玠充分肯定。再如卫臻，他是卫兹之子。建安十八年（213），东郡朱越谋反，有人诬陷卫臻同谋，曹操的结论是：卫臻不与朱越谋反。表明他对卫臻的充分信任。

二是将这些儒士选作自己儿子的老师或属吏，意在培养儿子的德行。曹丕作为曹操的接班人，早年已得曹操的言传身教，他在《典论·自序》中这样写道："上雅好诗书文籍，虽在军旅，手不释卷，每每定省从容，常言：'人少好学则思专，长则善忘。长大而能勤学者，惟吾与袁伯业耳。'"① 曹彰好乘马击剑，曹操就课其读《诗》《书》，教导他"读书慕圣道"②。可见曹操属意于儒家经典，正因为此，"曹操整个家庭教育中的儒学特征是明显而浓厚的"③。

曹操不仅自己言传身教，还任命名士、儒吏教导子女。以曹丕为例：建安十一年（206），曹操征并州，曹丕留守邺城，任命崔琰担任曹丕的老师。建安十六年（211），曹丕为五官中郎将，曹操先后任用凉茂、邴原为曹丕的五官将长史，张范为议郎。建安二十二年（217）曹丕被立为太子后，曹操先后任用名士凉茂、何夔、邢颙和鲍勋等为太子二傅。其中崔琰、凉茂、邴原、张范、鲍勋等均为儒学名士，博通多学，立格高尚，为世人所称颂。

曹操晚年虽逼死荀彧、处决崔琰、废弃毛玠，但个中原因复杂，不足以说明他对儒臣的疏远。曹操的时代，以统一为中心目标，以军事为工作重心，在此前提下，他的施政措施中依然表现出了对儒学、儒士及儒家文化的重视。

第二节　曹丕时代：服圣人遗教，重视思想文化建设

曹丕禅代后，国内形式基本稳定，天下对手只余蜀汉与东吴，于是工作重心由曹操时代的军事方面转到思想文化建设上来。作为禅代的君王，为使自己的政权合法化，自然更多地希望得到人们思想上的认同，而恢复

---

① （清）严可均：《全三国文》卷8，商务印书馆1999年版，第80—81页。
② （晋）陈寿：《三国志》卷19《任城威王彰传》，中华书局2006年版，第333页。
③ 胡根法：《从世子曹丕所受教育看曹操的儒学思想——以建安二十二年之前为中心》，《北京社会科学》2017年第4期，第14页。

传统的儒家思想文化,则是很具说服力的途径。在曹操儒政的基础上,曹丕一方面循礼变礼,另一方面重视儒学及儒家文化的传承。

一 礼乐制度的遵循与变通

曹丕在《典论·自序》中说自己"少诵诗论,及长而备历《五经》《四部》,《史》《汉》诸子百家之言,靡不毕览"①,于此可见曹丕的知识素养与儒学素养。通观曹丕的诏令,多处以"礼""先王之道""圣人之道"等作为自己诏令的依据,从中可见他对礼乐制度的重视。曹丕执政以来,所行之礼撮要如下。

(一) 登基受禅礼

《文帝纪》注引《献帝传》对献帝禅位有较详细的记载,其中对曹丕受禅礼记载道:"辛未,魏王登坛受禅,公卿、列侯、诸将、匈奴单于、四夷朝者数万陪位,燎祭天地、五岳、四渎……"② 其后诏令三公,进行一系列改革:他将延康元年改元黄初(220),议改正朔、制礼乐、易服色、用牺牲。他下令:正朔用虞夏旧例;徽号、器械、礼乐、服色、牲币的使用随土德之数;郊祀、朝会服装如汉制,宗庙所服如《周礼》。据《三国志》注引《魏书》,黄初四年(223)宗庙音乐也做了如下改动:

> 有司奏改汉氏宗庙《安世乐》曰《正世乐》,《嘉至乐》曰《迎灵乐》,《武德乐》曰《武颂乐》,《昭容乐》曰《昭业乐》,《云翘舞》曰《凤翔舞》,《育命舞》曰《灵应舞》,《武德舞》曰《武颂舞》,《文始舞》曰《大韶舞》,《五行舞》曰《大武舞》。③

曹丕的除旧布新基本上是对旧礼制的沿袭,如《礼记·大传》就这样记载:"立权、度、量,考文章,改正朔,易服色,殊徽号,异器械,别衣服,此其所得与民变革者也。"④ 在《答桓阶奏改服色诏》中,曹丕认为此举是"圣人之制"。在《定服色诏》中,他又说:"孔子称'行夏之时,乘殷之辂,服周之冕,乐则《韶舞》',此圣人集群代之美事,为后王制法也。"⑤ 曹丕的诏令对自己的登基革命是赞许的,认为沿袭了圣人之

---

① (清)严可均:《全三国文》卷8,商务印书馆1999年版,第81页。
② (晋)陈寿:《三国志》卷2,中华书局2006年版,第46页。
③ (晋)陈寿:《三国志》注引《魏书》,中华书局2006年版,第51页。
④ (元)陈澔注,金晓东校点:《礼记》,上海古籍出版社2016年版,第392页。
⑤ (清)严可均:《全三国文》卷5,商务印书馆1999年版,第44页。

制。从形式上看，的确如此。曹丕的受禅礼，仪式多类古礼，这是形势使然，它意在表明新政权的合法性。实质上，这貌似庄严、合理的仪式，多少为曹丕的禅位行为做了遮掩，礼仪过程中的让禅可资证明。《三国志·文帝纪》注引《献帝传》记载：曹丕在受禅过程中曾发布让禅令，并三次上书让禅。"让"之虚伪，前人多有批评，不多言。值得一说的是，这作秀的禅让形式，在西晋司马氏篡权中再次得以上演，历史似乎开了一个玩笑。但在儒家文化看来，两次禅让还是有本质不同的。华喆先生在探究高贵乡公太学问《尚书》事时，对两次禅让得出如下结论：

> 西晋代魏与曹魏代汉，看似都采用了禅让的形式，但二者在过程上，有着很大的反差。如果从儒生对于禅让的构想来看，曹魏代汉无疑要比西晋代魏名正言顺得多。曹丕受禅，是对尧舜禅让的再现。……反观司马氏，司马昭父子表面上也在依从所谓的"汉魏故事"，其实却是禅让这场政治游戏规则的破坏者。①

这里，通过华喆先生的比较，可以看到曹丕登基受禅礼对古礼的沿袭，从一定意义上表明了曹丕的儒学素养。

（二）祭祀礼

《左传》言"国之大事，在祀与戎"，曹丕时代虽有统一天下的终极目标，但稳定政权下的大事更多的是"祀"，即吉礼中的祭祀。作为天子，祭祀的重要礼仪是郊祭，即如《礼记·曲礼下》中所言："天子祭天地，祭四方，祭山川，祭五祀，岁遍。"②《三国志·文帝纪》对于曹丕的郊祭有如下记载：黄初二年（221）正月，曹丕"郊祀天地、明堂。甲戌，校猎至原陵，遣使者以太牢祠汉世祖。乙亥朝日于东郊"，"（黄初二年）六月，初祀五岳四渎，咸秩群祀"。③

对曹丕黄初二年正月郊祀天地、乙亥朝日之事，裴松之认为："寻此年正月郊祀，有月无日，乙亥朝日，则有日无月，盖文之脱也。"④《晋书·礼上》认为：曹丕"黄初二年正月乙亥，朝日于东门之外，又违礼二

---

① 华喆：《高贵乡公太学问〈尚书〉事探微——兼论"天命"理想在魏晋的终结》，《中国史研究》2018 年第 2 期，第 61 页。
② （元）陈澔注，金晓东校点：《礼记》，上海古籍出版社 2016 年版，第 51 页。
③ （晋）陈寿：《三国志》卷 2，中华书局 2006 年版，第 47—48 页。
④ （晋）陈寿：《三国志》卷 2，中华书局 2006 年版，第 47 页。

分之义"①。陈戍国先生对此有辨正,以为:曹丕东郊祭日不一定是在春分朝日,故不必依古春分朝日之礼。②

陈戍国先生之说确可成立,然读曹丕《春分拜日诏》犹有疑惑。严可均《全三国文》辑有曹丕的《春分拜日诏》,其中可见曹丕对春分拜日礼仪的态度。诏令全文如下:

> 觐礼,天子拜日东门之外,反礼方明。朝事议曰:"天子冕而执镇圭,率诸侯朝日于东郊。"以此言之,盖诸侯朝天子,祀方明,因率朝日也。汉改周法,群公无四朝之事,故不复朝于东郊,得礼之变矣。然旦夕常于殿下东向拜日,其礼太烦。[《晋书》《宋志》作"烦",亵似家人之事,非事天交神之道也。]今采周春分之礼,损汉日拜之仪,又无诸侯之事,无所出东郊。今正殿即亦朝会行礼之庭也,宜常以春分于正殿之庭拜日。其夕月,文不分明。其议奏。③

诏令清晰可见"春分拜日礼"的沿革,要点有三:其一,周法,诸侯朝拜时,天子祭祀天地四方神灵后,率诸侯朝日于东郊。其二,汉改周法,群公无四朝之事,则不复于东郊朝日,但每日早晚在大殿东向拜日。其三,现在采用周代春分之礼,除去汉代日拜的仪式,无诸侯之事时,只是春分在正殿之庭拜日。

诏令见于《南齐书·礼志上》,中间与《晋书·礼志上》《宋书·礼志一》略有不同,其中传达的信息是:曹丕一方面遵循古礼,沿袭它的内容——朝日;另一方面也肯定汉代"得礼之变"——无诸侯之事,朝日于殿而非东郊;同时,曹丕也修正了汉代"日拜"的烦琐礼仪,诏令春分拜日于正殿之庭。

与上述诏令矛盾的是,黄初二年正月乙亥,曹丕拜日仍然是在东郊而非正殿之庭。个中原因,或如陈戍国先生所言:非春分时拜日。但这似乎又与曹丕诏令既沿袭古礼又简化礼仪的精神不符。推断来,当是曹丕称帝后礼制尚未健全,《春分拜日诏》又尚未颁布,因此拜日不是春分时的庭拜。

由《春分拜日诏》看得出曹丕既沿袭古礼又不墨守古礼,是以通脱的态度遵循礼制。这份通脱在礼制建设时,多表现为对汉制的变通。如黄初

---

① (唐)房玄龄等:《晋书》卷19《礼志上》,中华书局1974年版,第586页。
② 陈戍国:《中国礼制史·魏晋南北朝卷》,湖南教育出版社2002年版,第27页。
③ (清)严可均:《全三国文》卷5,商务印书馆1999年版,第45页。

二年，出现日食，有司上奏请求罪责太尉，曹丕却下令"后有天地之眚，勿复劾三公"①，一反汉朝天灾罪大臣的做法。在宗庙祭祀礼仪上，曹丕同样既循古礼，又有所变通。试看：

> 建安二十五年（220）正月，曹操去世。曹丕采用周代丧礼仪式——"卤簿既整，三官骈罗。前驱建旗，方相执戈"②，为曹操送葬。
> 延康元年（220）七月甲午，曹操去世半年，曹丕率军次于谯，"大飨六军""设妓乐百戏"③……可见曹丕未遵循"三年之丧"的古礼。

在行丧礼的时候，曹丕送葬之时用的是古礼，但半年之后却未行"三年谅暗"之古礼。对此，后儒多有讥评，但时人却并未非议。《全三国文》中有《大飨碑》一文，记载了曹丕军次谯、大飨六军的盛况。不过，时间上与《三国志》相差一个月，《三国志》记载是延康元年七月甲午，《大飨碑》则为八月辛未。《大飨碑》作者有言是大臣卫觊，有说是曹植。内容则全然歌颂，一派欢乐，其时曹操去世仅半年。可见，时风并不重"三年之丧"。

曹丕在祭祀曹操时，前后礼仪是不一致的。延康元年（220）七月丙申，（曹丕）亲祠谯陵。④ 黄初二年（221），"甲辰，以京师宗庙未成，帝亲祠武皇帝于建始殿，躬执馈奠，如家人之礼"⑤。延康元年，曹丕行墓祭；黄初二年则未行墓祭。

观其称帝前后，曹丕更倾向于反对汉代厚葬墓祭的做法。他的诏令中两次提到"古（礼）不墓祭"，其一是黄初三年（222），为恪守先帝省约遗诏，他下令"毁高陵祭殿"，并说"古不墓祭，皆设于庙"⑥。其二也是黄初三年，他表首阳山为寿陵，作《终制》说："礼不墓祭，欲存亡之不黩也。"⑦ 或因此，黄初四年（223）建祭祀宗庙，改革墓祭之法："辛酉，有司奏造二庙，立太皇帝庙，大长秋特进侯与高祖合祭，亲尽以次

---

① （清）严可均：《全三国文》卷5，商务印书馆1999年版，第46页。
② （清）严可均：《全三国文》卷7《武帝哀策文》，商务印书馆1999年版，第71页。
③ （晋）陈寿：《三国志》卷2《文帝纪》及注引《魏书》，中华书局2006年版，第36页。
④ （晋）陈寿：《三国志》卷2《文帝纪》及注引《魏书》，中华书局2006年版，第36页。
⑤ （晋）陈寿：《三国志》卷2《文帝纪》及注引《魏书》，中华书局2006年版，第48页。
⑥ （清）严可均：《全三国文》卷5，商务印书馆1999年版，第48页。
⑦ （清）严可均：《全三国文》卷8，商务印书馆1999年版，第85页。

毁；特立武皇帝庙，四时享祀，为魏太祖，万载不毁也。"①

曹丕黄初二年未行墓祭，也未在宗庙祭祀，而是在建始殿。原因恐怕是京师宗庙未建好。黄初四年所造二庙应在邺城。《三国志·明帝纪》明确记载："初，洛阳宗庙未成，神主在邺庙。（太和三年）十一月，庙始成，使太常韩暨持节迎高皇帝、太皇帝、武帝、文帝神主于邺……"裴松之注引："魏初唯立亲庙，祀四室而已。至景初元年（237）始定七庙之制。"②

古是否有墓祭，陈戍国先生认为"至迟春秋战国应有墓祭"，结合赵翼《陔余丛考·墓祭》，陈先生指出："陵寝制度远远早于秦朝。"③无论古有墓祭还是古无墓祭，曹丕无非是对东西两汉的陵寝制度做了一次改革。曹丕之后，宗庙祭祀外，仍有"墓祭"，"高平陵事件"就发生在曹芳拜谒明帝之墓时。

曹丕封王称帝后，循礼而变礼，其原因可归结为二。

首先是由于战乱之后，新兴的王朝礼制还不健全，各种礼法还不规范。黄初二年（221）曹丕迁葬曹冲诏书中言"葬礼未备"，可见一斑。

其次是由于曹丕通达的个性。西晋傅玄曾说："近者魏武好法术，而天下贵刑名；魏文慕通达，而天下贱守节。"④对此，王永平先生从戏弄言诵、喜好狩猎、违背礼乐制度三方面对其"通达"言行详细分析，指出：曹丕的"通达"本质上离儒家礼法规范相去甚远，推动了当时士风的变化，造成了文化多元的局面。⑤

此说固是，曹丕与儒家礼法制度相去甚远，在很大程度上体现为循礼又变礼的"通达"行为，这种"通达"行为与其巩固政权不无关系，"循"与"变"不能简单地一律视为"违背"。曹丕的循礼与变礼，有主观随意性，但客观上对儒家文化的恢复也起到了一定的推动作用。

二 儒家思想文化的传承

曹丕循礼而变礼，他的通脱在某种程度上能使他注意到礼的实践目的。黄初二年（221）军次于谯，下诏说"礼不忘其本"。何为"礼之

---

① （晋）陈寿：《三国志》卷2《文帝纪》及注引《魏书》，中华书局2006年版，第51页。
② （晋）陈寿：《三国志》卷3，中华书局2006年版，第59页。
③ 陈戍国：《中国礼制史·秦汉卷》，湖南教育出版社2002年版，第45页。
④ （唐）房玄龄等：《晋书》卷47《傅玄传》，中华书局1974年版，第1317—1318页。
⑤ 王永平、胡学春：《魏文帝曹丕之"慕通达"及其原因与影响考论》，《求索》2005年第11期，第191—192页。

本"？梁满仓《魏晋南北朝五礼制度考论》认为：尊祖敬宗为孝敬之本，教学为立国之本，尊师贵士为王教之本，孝敬仁义为立身之本，婚姻为人伦之本，治心为治国之本，农桑为国之本。所以，他说："可以称之为礼之本的东西，已经具体到祖宗、教学、儒者、道德、心灵、农桑等事务了。"①

从曹丕的诏令看，"礼不忘其本"，狭义的"本"当指谯郡百姓，所以他说："谯，霸王之邦，真人本出，其复谯租税二年。"② 免谯郡租税两年，"礼不忘本"就是要"本"生，这里，曹丕注重的是礼的实践目的。事实上，曹丕的"礼之本"，不单单指的是谯之民，更是他的治下之民，"礼之本"就是"民本"。他称王称帝的七年中，所颁诏令、所施政令，多与"民本"有关，实质上是"仁政"的体现。它们或及休养生息、百姓稼穑，例如：

> 延康元年（220）冬十月颁布《殡祭死亡士卒令》："其告郡国给棺椟殡殓，送致其家，官为设祭。"
> 黄初二年（221）正月壬午，复颍川郡一年田租。
> 黄初三年（222）七月，冀州蝗灾；黄初五年（224）十一月，冀州饥荒，均遣使者开仓赈灾。
> 黄初四年（223）魏吴江陵之役，曹军不克，曹丕下《敕还师诏》："今开江陵之围，以缓成死之禽。且休力役，罢省繇戍，畜养士民，咸使安息。"
> 黄初六年（225）二月，遣使者循行许昌以东尽沛郡，问民疾苦，贫者振贷之。③

或涉商贸关税、刑法律例，例如：

> 延康元年二月，曹丕颁布《除禁轻税令》，认为"设禁重税，非所以便民"，"遣使者循行郡国，有违理掊克暴虐者，举其罪"。④
> 延康元年前后，曹丕颁布《平准诏》，诏曰："百贾偷利喜贱，其

---

① 梁满仓：《魏晋南北朝五礼制度考论》，社会科学文献出版社2009年版，第35页。
② （晋）陈寿：《三国志》卷2《文帝纪》注引《魏书》，中华书局2006年版，第36页。
③ （晋）陈寿：《三国志》卷2《文帝纪》，中华书局2006年版，第37、47、49、51、50、52页。
④ （晋）陈寿：《三国志》卷2《文帝纪》，中华书局2006年版，第34页。

物平价，又与其绢，故官逆为平准耳"。①

黄初四年颁布《禁复私仇诏》，诏曰："宇内初定，民之存者，非流亡之孤，则锋刃之余，当相亲爱，养老长幼。自今以后……敢有复私仇者，皆族之。"②

黄初五年，曹丕下《议轻刑诏》，要求"广议轻刑，以惠百姓"。③

上述措施基本上是"礼不忘其本"的诠释，虽然杂有法术思想，但"法"是手段，法术是用来保证社会安定发展的，"天下归仁"才是目的。曹丕的惠民举措在当时很好地安抚了人心，社会相对稳定，经济有一定的发展。

儒家的"仁政"思想，本质上是缓和矛盾、加强统治的手段，因此，历史上意欲有所作为的君王往往将它作为思想统治的法宝，曹丕也不例外。事实上，曹丕的这些举措在曹魏时代是一脉相承的，诸如减免租税、反对淫祀、抚恤阵亡将士等，曹操、曹叡都施行过，这多多少少表明儒家仁政思想对曹魏统治者的影响。此是曹丕对儒家思想文化传承的表现之一，即仁政。

曹丕对儒家思想文化传承的第二个表现是礼贤。

儒家的重德、礼贤在敬老礼仪中多有表现，敬老实际上也就是重德。主要的礼仪有君王举行的"三老五更礼"和地方官吏及民间举行的"乡饮酒礼"。东汉永平二年（59）十月，汉明帝率领群臣在太学正式举行敬老之礼，自此，敬老、礼贤成为历代君王文治教化的重要手段与方式。曹魏时代的"三老五更礼"，《三国志》有明确记载的主要是：甘露三年（258）八月，曹髦以王祥为三老，以郑小同为五更。

事实上曹丕在位时，也曾举行类似礼仪。《三国志》注引《魏书》载："（黄初二年）己亥，公卿朝朔旦，并引故汉太尉杨彪，待以客礼。"这里的客礼，即古之宾礼。对照《后汉书·礼仪志》，曹丕所行客礼颇类"三

---

① （清）严可均：《全三国文》卷5，商务印书馆1999年版，第47页。案：诏令中称孙权为骠骑将军。据史料，曹操建安二十四年（219）末表孙权为骠骑将军、南昌侯。黄初二年（221）八月，曹丕封孙权为大将军、吴王。那么，称孙权为骠骑将军的诏令只能是在延康元年至黄初二年八月间。两道诏令都与"商旅"有关，当是建安末魏吴通好背景下制定的商贸关税政策。

② （清）严可均：《全三国文》卷5，商务印书馆1999年版，第49页。

③ （清）严可均：《全三国文》卷5，商务印书馆1999年版，第51页。

老五更礼"。根据曹丕诏书可知：该礼的目的是"宾礼黄耇褒崇元老"；实行该礼的原因是"（杨彪）世著名节，年过七十，行不逾矩，可谓老成人矣"；仪式的内容是赐"延年杖及冯几"，并允许杨彪"谒请之日，便使杖入，又可使著鹿皮冠"。①

杨彪在汉献帝朝，历官三公，见汉室将衰，诈病退居，耻为魏臣。曹丕称王，欲以为太尉，杨彪表明自己汉臣身份，曹丕极为宽宏，竟也不夺其志。黄初二年（221），宾礼杨彪，杨彪依然不合作，着布单衣、皮弁入见曹丕。

黄初四年（223），曹丕再次诏拜杨彪为光禄大夫，秩中二千石，朝见位次三公。杨彪依然拒绝了曹丕的厚待。尽管如此，曹丕依然对杨彪优崇有加，为其门施行马、派吏卒护卫。

曹丕礼遇杨彪，尽管目的是借杨彪的声望笼络人心，从而维护自身的统治威信，但过程及手段依然沿用古礼的实质，体现出儒家文化敬老、礼贤的色彩。

在《报何夔乞逊位诏》《赐桓阶》诏中，曹丕都表达了礼贤的态度。他认为："盖礼贤亲旧，帝王之常务也。"② 他不仅礼遇在世老臣，即便去世的先贤，曹丕也能做到尊崇有加。黄初六年（225）十二月，曹丕行军自谯过梁，派使者以太牢祭祀已故汉太尉桥玄，时桥玄已逝四十余年。对桥玄的祭悼与对杨彪、何夔、桓阶等的礼遇，或多或少都体现了曹丕对"重德""礼贤"的儒家文化的继承。

曹丕对儒家思想文化传承的第三个表现是：尊孔。

黄初三年（222），曹丕敕令豫州刺史，禁止吏民前往老子亭祷祝。黄初五年，下令禁设非礼之祭。两道禁令全文如下③：

> 先王制礼，所以昭孝事祖，大则郊社，其次宗庙，三辰五行，名山大川，非此族也，不在祀典。叔世衰乱，崇信巫吏，至乃宫殿之内，户牖之间，无不沃酹，甚矣其惑也。自今其敢设非礼之祭、巫祝之言，皆以执左道论，著于令典。

> 告豫州刺史。老聃贤人，未宜先孔子，不知鲁郡为孔子立庙成未？汉桓帝不师圣法，正以嬖臣而事老子，欲以求福，良足笑也。此

---

① 段中引文均出自（晋）陈寿《三国志》卷2，中华书局2006年版，第48页。
② （清）严可均：《全三国文》卷5，商务印书馆1999年版，第43页。
③ （清）严可均：《全三国文》卷5，商务印书馆1999年版，第51、54页。

祠之兴由桓帝。武皇帝以老子贤人，不毁其屋。朕亦以此亭当路，行来者辄往瞻视，而楼屋倾颓，傥能压人，故令修整。昨过视之，殊整顿，恐小人谓此为神，妄往祷祝，违犯常禁。宜宣告吏民，咸使知闻。

将两道禁令结合看时，可以得出以下的结论：老子虽贤，但不在祀典。祭祀老子属非礼之祭，是违禁的。孔子地位则高于老子，祭祀孔子属于合法行为。黄初二年，曹丕就令鲁郡修孔庙，任命孔子后人孔羡为宗圣侯，奉祀孔子。从禁令中可以看到，曹丕一直关注着孔庙的修建，他反对君王尊崇老子，认为汉桓帝事奉老子以求福是十分可笑的。

曹丕的尊孔是有传承基础的。汉高祖十二年（前195），刘邦经过鲁国，以太牢祭祀孔子。此后，西汉、东汉祭孔活动延续不断。曹丕黄初二年下诏祭孔，其目的是借助孔子的儒家学说，统一思想，维护统治。曹丕后，祭孔尊孔已然成为曹魏政权的传统。据史书载，曹叡、曹芳、曹髦多次举行释奠礼，祭祀孔子。当然，他们的祭孔与曹丕当时的祭孔略有不同，他们的祭孔与尊师是紧密联系在一起的。尽管如此，祭孔的实质仍然一致，都是对儒家思想文化的尊崇。

曹丕对儒家文化传承的第四个方面是：崇经。

刘振东先生说："自曹丕以后，在曹魏政权，尊崇儒学已成为固定的传统。"① 曹丕对儒学的尊崇，更多地表现为崇经。

曹丕崇经，有自己的学养基础。据《三国志》记载，曹丕"年八岁，能属文。有逸才，遂博贯古今经传诸子百家之书"②。他自己也说："余是以少诵诗论，及长而备历《五经》《四部》，《史》《汉》诸子百家之言，靡不毕览。"③ 翻阅曹丕诗文，引经据典随处可见，如《策命孙权九锡文》及惺惺作态的多篇《让禅令》中，就用了《尚书》《论语》《左传》《礼记》《诗经》等诸多经传典故。

曹丕不仅谙熟经学，从某种意义上说，儒家经传还是曹丕的一种精神依托。建安二十年（215），曹丕《与吴质书》回忆昔年南皮之游是"妙思六经，逍遥百氏"④。南皮之游不仅仅是纵情享乐，还有经传与诸子的文化滋养。建安二十二年（217）《与王朗书》中回忆"集诸儒于肃城门内，

---

① 刘振东：《中国儒学史·魏晋南北朝卷》，广东教育出版社1998年版，第51页。
② （晋）陈寿：《三国志》卷2《文帝纪》注引《魏书》，中华书局2006年版，第34页。
③ （清）严可均：《全三国文》卷8，商务印书馆1999年版，第81页。
④ （清）严可均：《全三国文》卷7，商务印书馆1999年版，第65页。

讲论大义，侃侃无倦"①之事；延康元年（220），曹丕又召集诸儒，编纂《皇览》。关于《皇览》，《三国志》是这样介绍的："初，帝好文学，以著述为务，自所勒成垂百篇。又使诸儒撰集经传，随类相从，凡千余篇，号曰皇览。"②《皇览》的编纂时间约始于延康元年（220），终于黄初三年（222）。编纂方式是将经传及群书内容分类汇编，"合四十余部，部有数十篇，通合八百余万字"③。

两次召集"诸儒"背景有所不同。建安二十二年（217）一场疾疫夺去了刘桢、陈琳、徐干、应玚诸人性命，有感于生命短暂，曹丕欲"著篇籍"以不朽。侃侃不倦，讲论经籍大义，可视为曹丕消解生命苦短这一忧虑的主要方式之一。延康元年（220）曹操已逝，曹丕已称王，禅位在即，召集"诸儒"编纂《皇览》，目的恐是为执政奠基。唐代司马贞释"皇览"为"宜皇王之省览"④，是有道理的，尽管曹丕尚未称帝。

一个有趣的巧合也可说明《皇览》的编纂目的。延康元年，曹丕有《敕尽规谏令》：

> 轩辕有明台之议，放勋有衢室之问，皆所以广询于下也。百官有司，其务以职尽规谏，将率陈军法，朝士明制度，牧守申政事，缙绅考六艺，吾将兼览焉。⑤

曹丕此令不啻为《国语·召公谏弭谤》的翻版，试看《召公谏弭谤》原文："故天子听政，使公卿至于列士献诗，瞽献典，史献书，师箴，瞍赋，蒙诵，百工谏，庶人传语，近臣尽规，亲戚补察，瞽、史教诲，耆、艾修之，而后王斟酌焉，是以事行而不悖。"⑥规谏令目的与召公进谏目的一致，无非是广视听以资执政。

值得注意的是，内容上，"缙绅考六艺，吾将兼览焉"，与《皇览》"使诸儒撰集经传"有直接的内在联系，均主要以"经"为关注对象。《敕令》要求缙绅考索"六经"，《皇览》要求诸儒撰集经传，即经书的传

---

① （清）严可均：《全三国文》卷7，商务印书馆1999年版，第67页。
② （晋）陈寿：《三国志》卷2《文帝纪》注引《魏书》，中华书局2006年版，第54页。
③ （晋）陈寿：《三国志》卷23《杨俊传》，中华书局2006年版，第396页。关于《皇览》还可参看卷9《曹爽传》注引、卷21《刘劭传》，第176、370页。
④ （汉）司马贞：《史记索隐》卷1《五帝本纪》"禽杀蚩尤"句下注，陕西师范大学出版社2018年版，第7页。
⑤ （晋）陈寿：《三国志》卷2《文帝纪》，中华书局2006年版，第36页。
⑥ （战国）左丘明：《国语》卷1《周语上》，上海古籍出版社2015年版，第7页。

注。当然,《皇览》并非经书,《隋书·经籍志》是将它列在子部的。时间上,《敕令》颁布与《皇览》始纂都在延康元年。它几乎就是"皇览"的注解。如此巧合,军法、制度、政事、六艺会是《皇览》的内容吗?随着《皇览》的散佚,这些已经不得而知。现存资料中,《皇览》内容言"冢墓"的最多,这在《史记索隐》和《水经注》等书籍中可见。其次,言"逸礼"的也有一些,如《五礼通考》卷31、《乐书》卷175、《七国考》卷10等可见其对礼仪的记载。下面的零星史料记载,也可以推测《皇览》可能有的内容:

《南史·齐本纪上》:(萧道成)又诏东观学士撰《史林》三十篇,魏文帝《皇览》之流也。①

《史通》:晋世杂书,谅非一族……皇朝新撰《晋史》多采以为书。夫以干(宝)、邓(粲)之所粪除,王(隐)、虞(预)之所糠秕,持为逸史,用补前传,此何异魏朝之撰《皇览》,梁世之修《遍略》,务多为美,聚博为功,虽取悦于小人,终见嗤于君子。②

《两汉博闻》:其书则有《万物录》,著五方所出,皆直述之。事见《皇览》及《晋中经簿》。③

《困学纪闻》:《皇览·记阴谋》:"黄帝《金人器铭》……"按《汉·艺文志》"道家"有《黄帝铭》六篇……《皇览》撰集于魏文帝时,汉《七略》之书犹存。《金人铭》盖六篇之一也。④

《汉制考》:周之本以齐古读正,凡五十事。郑本或无此注者,然《皇览》引鲁读六事,则无者非也。(考《论语》"传不习乎"之"传")⑤

吴全节《进龙虎山志表》:幸一经于《皇览》得,藏副于名山,益振玄风,少裨至治。⑥

---

① (唐)李延寿:《南史》卷4,中华书局1975年版,第113页。
② (唐)刘知几:《史通》卷5《采撰》,上海古籍出版社2008年版,第85页。
③ (宋)杨侃:《两汉博闻》卷3,中华书局1985年版,第83页。
④ (宋)王应麟著,栾保群、田松青校点:《困学纪闻》卷5,上海古籍出版社2015年版,第220—221页。
⑤ (宋)王应麟著,张三夕、杨毅点校:《汉制考》卷4《汉艺文志考证》,中华书局2011年版,第105页。
⑥ (魏)张揖撰,(隋)曹宪音:《江西通志》(第6册)卷114,成文出版社1989年版,第2120页。

上述材料表明，《皇览》涉及历史、博物、道教等多方面内容，诚如清代侯康对其部类的推测："《御览·礼仪部》三十九，引《皇览·冢墓记》二十余条；《水经注》引《皇览》十三条，言冢墓者十之九。冢墓，盖即四十余部中之一。《御览》卷五百九十，又引《皇览·记阴谋》，疑亦书中篇名也。《论语·三省章》释文：称《皇览》引鲁读六事，则兼及经义……盖后世纬书之滥觞，故无所不包矣。"①

当然，上述内容有待考证，毕竟材料中的作者多为唐宋之后的文人，而《皇览》在北齐时已失传②，后来所谓《皇览》已非曹丕时代《皇览》的原貌。尽管如此，《皇览》与经学有密切关系，这一点无可置疑。

作为类书的鼻祖，《皇览》对后世的影响是相当大的，南北朝时期，南齐高帝萧道成召集东观学士撰《史林》、南齐萧子良集五经学士编《四部要略》、梁简文帝集手下撰《法宝联璧》、北齐后主高纬编《修文殿御览》等，这些无不仿效《皇览》，书中经部的内容自然有助于经学的传播。

传播经学的有效途径莫过于教育。为此，曹丕也有可圈可点的事迹。曹丕践阼即接受华歆"存立六籍""崇王道""以经试孝廉"③的奏议。延康元年（220），曹丕聘请郑称担任太子的老师，"勉以经学辅侯（太子），宜旦夕入侍，曜明其志"④。黄初元年（220）诏公卿举独行君子⑤。之后"补旧石碑（熹平石经）之缺坏，备博士之员录，依汉甲乙以考课"⑥。黄初四年（223），以隗禧担任谯王的老师。诏令"博举天下俊德茂才、独行君子"⑦。黄初五年（224）夏四月，立太学，制五经课试之法，置春秋穀梁博士。⑧曹丕以其子为先例，以国家政令的形式推行经学，这些举措对儒学的传承无疑有巨大的影响。

从孩童到成年，从五官中郎将到太子到君王，曹丕一直都重视着经学，这从曹丕的诗文中可见，如：《策命孙权九锡文》多引经据典；《短歌行》多化用《诗经》成句抒发孝思，王夫之评之"乃欲与《蓼莪》(《诗

---

① （清）侯康：《补三国志艺文志》卷4，中华书局1985年版，第77页。
② 注：元代马端临《文献通考》卷228在考证北齐《修文殿御览》时明确指出："唐志类书在前者有《皇览》《类苑》《华林遍略》等六家，今皆不存，则此书当为古今类书之首。"
③ （晋）陈寿：《三国志》卷13《华歆传》，中华书局2006年版，第245页。
④ （晋）陈寿：《三国志》卷2《文帝纪》注引《魏略》，中华书局2006年版，第35页。
⑤ （晋）陈寿：《三国志》卷13《华歆传》，中华书局2006年版，第246页。
⑥ （晋）陈寿：《三国志》卷13《王肃传》注引《魏略》，中华书局2006年版，第256页。
⑦ （晋）陈寿：《三国志》卷2《文帝纪》，中华书局2006年版，第51页。
⑧ （晋）陈寿：《三国志》卷2《文帝纪》，中华书局2006年版，第51页。

经》)并峙"①。更重要的是,曹丕将崇经付诸他的政治实践,在人才的选拔中,经学素养成为重要的衡量条件之一。黄初三年(222),他一改曹操对人才选拔的模式,下令道:

> 今之计、孝,古之贡士也;十室之邑,必有忠信,若限年然后取士,是吕尚、周晋不显于前世也。其令郡国所选,勿拘老幼;儒通经术,吏达文法,到皆试用。有司纠故不以实者。②

曹丕的儒家人才观,在明帝景初年间的一次论难中也可清晰看到。时散骑常侍刘劭作考课法,傅嘏不赞同,难刘劭的考课法说道:"……昔先王之择才,必本行于州闾,讲道于庠序,行具而谓之贤,道修则谓之能。乡老献贤能于王,王拜受之,举其贤者,出使长之,科其能者,入使治之,此先王收才之义也……"③ 傅嘏所说的先王即曹丕,很明显,曹丕选拔人才是以颇具儒学色彩的"贤能"为标准的。

为了顺应时代统治的需要,巩固曹魏政权,曹丕在施政实践、教育制度、人才选拔与任用等诸多方面公开尊崇儒学,这些对魏明帝及高贵乡公乃至西晋都产生了深刻的影响。

第三节 曹叡及三少帝时代:重视礼乐文化建设与经学教育

行仁政、用儒臣、崇经术、立太学……从曹操外法内儒,到曹丕推崇儒学,儒家文化始终占据主流意识形态,这是曹魏政权维系人心、巩固统治的重要筹码。魏明帝及三少帝时代,儒家文化的传承与前朝既有共性也有自身的独特性。

一 魏明帝对礼乐文化建设的加强

与曹丕一样,曹叡的登基之路也历经坎坷;与曹丕不一样的是他的心胸气度。据《魏略》记载,太和二年(228),讹言明帝去世,卞太后欲追究谣言源头,明帝却不予计较。景初元年(237),对明帝徙铜驼、承

---

① 魏宏灿:《曹丕集校注》,安徽大学出版社2009年版,第8页。
② (晋)陈寿:《三国志》卷2,中华书局2006年版,第48页。
③ (晋)陈寿:《三国志》卷21《傅嘏传》,中华书局2006年版,第373页。

露、铸黄龙、凤皇（即凤凰）等行为，董寻抱必死之心，犯颜直谏，有司欲治罪，明帝却免之。① 对此，东晋史学家孙盛赞道："优礼大臣，开容善直，虽犯颜极谏，无所摧戮，其君人之量如此之伟也。"②

有大气量者亦有大智慧。虽不能与乃祖、乃父相抗颉，其功业也是有目共睹的。对外，他击退东吴进犯、平定各方叛乱、拖垮诸葛孔明、讨平辽东公孙渊。对内，重视法理与儒术。明帝自幼"好学多识，特留意于法理"③，在太和三年（229）到青龙四年（236）间，他常临听讼观听断狱，并多次下诏，要求执法"务从宽简""究理尽情"④。为此，缪袭在鼓吹曲辞《太和》篇中称颂道："天下狱讼察以情。"

明帝重视法治又讲究人情，在某种意义上仍是仁政的体现。明帝讲儒术，这种儒术包括对经学的重视。太和二年（228）六月，明帝诏曰："尊儒贵学，王教之本也。自顷儒官或非其人，将何以宣明圣道？其高选博士，才任侍中、常侍者。申敕郡国，贡士以经学为先。"⑤ 太和四年（230）春二月壬午，诏曰："世之质文，随教而变。兵乱以来，经学废绝，后生进趋，不由典谟。岂训导未洽，将进用者不以德显乎？其郎吏学通一经，才任牧民，博士课试，擢其高第者，亟用；其浮华不务道本者，皆罢退之。"⑥ 以经学修为选拔和任用官员，这与曹操、曹丕选拔和任用儒臣的政策是一脉相承的。

曹叡讲儒术，最具特点的是对礼乐文化建设的加强。一方面是对旧礼的施行，如太和元年（227）及太和五年（231），两行籍田礼。另一方面，也是更重要的一方面，是对礼乐的改革，这主要体现在景初改制上。景初元年是明帝礼乐文化建设极为重要的一年，这一年不仅完成了象征"受命"的正朔、服色、牺牲色、历法等的改革，还最终完成了文昭庙乐、圆丘郊祀乐及宗庙祭祀乐舞的重大改革。

（一）象征"受命"的改制

《晋书》言："及魏受命，改其十二曲，使缪袭为词，述以功德代

---

① （晋）陈寿：《三国志》卷3《明帝纪》注引《魏略》，中华书局2006年版，第58、68页。
② （晋）陈寿：《三国志》卷3《明帝纪》注引《魏略》，中华书局2006年版，第71页。
③ （晋）陈寿：《三国志》卷3《明帝纪》注引《魏略》，中华书局2006年版，第56页。
④ （晋）陈寿：《三国志》卷3《明帝纪》注引《魏略》，中华书局2006年版，第66页。
⑤ （晋）陈寿：《三国志》卷3《明帝纪》注引《魏略》，中华书局2006年版，第58页。
⑥ （晋）陈寿：《三国志》卷3《明帝纪》注引《魏略》，中华书局2006年版，第59—60页。

汉。"① 缪袭鼓吹曲写于何年，历来说法不一。其中"受命"各家理解相同，即"受天之命"，分歧在于何人何时"受命"：有说是魏武帝"受命"，有说是魏文帝建安二十五年（220）"受命"，有说是魏明帝太和初年"受命"。本书以为，这里的"受命"应是指魏明帝景初元年（237）的"受命"。②

一般来说，帝王"受天之命"往往意味着帝王登基、改朝换代，强调君王"应天承命"这一合法性。魏明帝景初元年并非登基之年，何以会成为受命之年？答案就在于汉代儒生所建立的"天命"理论体系。汉代儒生通过古史建构，借助五德终始说及谶纬说，指出君权神授，强调君权的神圣性与合法性。在他们看来，新王朝的建立，必须改正朔、牺牲色、服色……以此表明受天之命。

魏文帝受禅，沿用汉制，尚书令桓阶等奏："今新建皇统，宜稽古典先代，以从天命，而告朔牺牲，壹皆不改，非所以明革命之义也。"③ 剖析桓阶的奏折，要点有二：其一，依照古代典礼，改正朔、牺牲，意味着改朝换代，应天受命。其二，曹丕受禅未曾改正朔、服色，按照汉代儒生的理论，这不能彰明曹魏政权的合法性。

至明帝时，曹魏政权基本稳固，为显示曹魏政权的合法性，明帝开始了象征"受命"的改革。魏明帝继位之初，即有改正朔之意，久议不决，明帝下诏言：

> 朕在东宫时闻之，意常以为夫子作《春秋》，通三统，为后王法。正朔各从色，不同因袭。自五帝、三王以下，或父子相继，同体异德；或纳大麓，受终文祖；或寻干戈，从天行诛。虽遭遇异时，步骤不同，然未有不改正朔，用服色，表明文物，以章受命之符也。由此言之，何必以不改为是邪。④

在明帝看来，无论是子承父位、继大统，还是总领天子之事、纳大麓，抑或征诛、建立新政权，只有改正朔、服色才能表明是"受命"。

高堂隆引用多种典籍赞同明帝主张，其中所引《春秋元命苞》曰：

---

① （唐）房玄龄等：《晋书》卷23《乐下》，中华书局1974年版，第701页。
② 参见拙文《曹魏缪袭鼓吹曲辞系年的三重考论及意义》，《广西师范大学学报》（哲学社会科学版）2015年第5期，第131—135页。
③ （南朝梁）沈约：《宋书》卷14《礼志一》，中华书局1974年版，第328页。
④ （南朝梁）沈约：《宋书》卷14《礼志一》，中华书局1974年版，第328—329页。

"王者受命，昭然明于天地之理，故必移居处，更称号，改正朔，易服色，以明天命圣人之宝，质文再而改，穷则相承，周则复始，正朔改则天命显。"①

可见，明帝君臣的观念中，改正朔、服色、牺牲色，才是真正的"受命"。

《三国志》清楚记载明帝的改革："景初元年（237）春正月壬辰，山茌县言黄龙见。于是有司奏，以为魏得地统，宜以建丑之月为正。三月，定历改年为孟夏四月。服色尚黄，牺牲用白，戎事乘黑首白马，建大赤之旂，朝会建大白之旗。改太和历曰景初历。"②

裴松之注引《魏书》记载得更为详细："初，文皇帝即位，以受禅于汉，因循汉正朔弗改。帝在东宫著论，以为五帝三王虽同气共祖，礼不相袭，正朔自宜改变，以明受命之运。及即位，……帝据古典，甲子诏曰：'……今推三统之次，魏得地统，当以建丑之月为正月。考之群艺，厥义章矣。其改青龙五年三月为景初元年四月。'"③

景初元年，魏明帝的改正朔、服色、牺牲色及历法，恰是"受命"的具体表现，是明帝礼制建设中最重要的改革。其目的不仅仅是宣告改朝换代，更是昭告天下：自文帝受禅以来的曹魏政权，完全是受天之命，是神圣、合法的。缪袭的十二首鼓吹曲辞正是在该背景下创作的，通过记述魏氏三祖的功德，表明曹魏政权代汉的合理合法性。

（二）郊庙乐舞的改革

郊庙乐舞的改革始于太和元年（227），时明帝下诏议定庙乐及舞曲，改大予乐官为太乐。其后根据缪袭的建议改《安世歌》为《享神歌》；根据缪袭的奏议，确立文昭皇后的庙乐："文昭皇后庙，置四县之乐，当铭显其均奏次第，依太祖庙之名，号曰昭庙之具乐。"④陆侃如《中古文学系年》将缪袭《奏改安世歌为享神歌》《奏文昭皇后庙乐》及《乐舞议》系于景初二年（238）。理由是《宋书·乐志》载，缪袭上奏时为侍中，陆侃如先生以《三国志·甄后传》及《世说新语·言语第二》为材料，推断缪袭景初二年迁侍中。缪袭作品的系年大体如此，确切说应是景初元年（237）年末。

文昭皇后为明帝母亲甄氏，因赐死，故不列庙。明帝继位，于太和二

---

① （南朝梁）沈约：《宋书》卷14，中华书局1974年版，第330页。
② （晋）陈寿：《三国志》卷3《明帝纪》，中华书局2006年版，第66页。
③ （晋）陈寿：《三国志》卷3《明帝纪》，中华书局2006年版，第66页。
④ （南朝梁）沈约：《宋书》卷19，中华书局1974年版，第537页。

年（228）别立寝庙于邺，但文昭皇后的庙乐议革一直到景初元年才完成。史书中有两条材料明确记载《奏文昭皇后庙乐》是在景初元年：

> 景初元年夏，有司议定七庙。冬，又奏曰："……文昭庙宜世世享祀奏乐，与祖庙同，永著不毁之典，以播圣善之风。"于是与七庙议并勒金策，藏之金匮。①
>
> 至景初元年十二月己未，有司又奏文昭皇后立庙京师，永传享祀。乐舞与祖庙同，废邺庙。②

据此，文昭皇后的庙乐，景初元年末完全议定，缪袭之议最迟也只能在景初元年年末。

同样，缪袭的《乐舞议》的系年也应在景初元年。因为缪袭的《乐舞议》与王肃等人的乐议内容相同，都是关于"圆丘郊祀"乐舞的议革。这在《宋书·乐志》中有所记载。时王肃议曰："礼，天子宫县，舞八佾。今祀圆丘方泽，宜以天子制，设宫县之乐，八佾之舞。"③王肃所议得到卫臻、缪袭、左延年等赞同，并被明帝认可。据《广雅·释天》载："圆丘大坛，祭天也；方泽大折，祭地也。"④王肃等人所议是祭天地的郊祀之乐，和庙乐议革一样，在当时也是一个重大议题。联系《宋书》所载，可知此次议革发生在景初元年：

> 景初元年十月乙卯，始营洛阳南委粟山为圆丘。诏曰："盖帝王受命，莫不恭承天地，以彰神明；尊祀世统，以昭功德。故先代之典既著，则禘郊祖宗之制备也。……四百余年，废无禘礼。古代之所更立者，遂有阙焉。曹氏世系，出自有虞氏，今祀圆丘，以始祖帝舜配，号圆丘曰皇皇帝天。方丘所祭曰皇皇后地，以舜妃伊氏配。天郊所祭曰皇天之神，以太祖武皇帝配。地郊所祭曰皇地之祇，以武宣皇后配。宗祀皇考高祖文皇帝于明堂，以配上帝……"十二月壬子冬至，始祀皇皇帝天于圆丘，以始祖有虞帝舜配。自正始以后，终魏世，不复郊祀。⑤

---

① （晋）陈寿：《三国志》卷3《明帝纪》，中华书局2006年版，第99—100页。
② （南朝梁）沈约：《宋书》卷16《礼志三》，中华书局1974年版，第444页。
③ （南朝梁）沈约：《宋书》卷19《乐志一》，中华书局1974年版，第537页。
④ （魏）张揖撰，（隋）曹宪音：《广雅》卷9，中华书局1985年版，第114页。
⑤ （南朝梁）沈约：《宋书》卷16《礼志三》，中华书局1974年版，第420页。

景初元年十月"始营洛阳南委粟山为圆丘",十二月"始祀皇皇帝天于圆丘",于此可推知王肃等人所议应在景初元年十二月之前。除王肃《议祀圆丘方泽宜宫悬乐八佾舞》《告瑞祀天宜以地配》外,严可均《全三国文》还录有缪袭、卢毓的《奏祀天地乐舞》及卫臻、左延年、赵怡等人的《祀天乐用宫悬议》等作品,应该都是此次议革的作品,都应系于景初元年。

这次圆丘祀天,是在"四百余年,废无禘礼"之后,其目的,意在诏告天下曹魏政权的合法性:"曹氏世系,出自有虞氏""盖帝王受命,莫不恭承天地,以彰神明;尊祀世统,以昭功德"。

景初改制不仅完成了象征"受命"的改革,完成了郊庙祭祀礼乐的改革,还对宗庙祭祀乐舞进行了改革。《宋书》载:"公卿奏曰:'……今太祖武皇帝乐,宜曰《武始之乐》……高祖文皇帝乐,宜曰《咸熙之舞》……臣等谨制乐舞名《章斌之舞》……以当今成业之美,播扬弘烈,莫盛于《章斌》焉……又臣等思惟,三舞宜有总名,可名《大钧之乐》。'"① 此奏议未注明时间,但《晋书》有确切记载:"至景初元年,尚书奏,考览三代礼乐遗曲,据功象德,奏作《武始》《咸熙》《章斌》三舞,皆执羽籥。"②《三国志》也有如是记载:景初元年五月,"有司奏:武皇帝拨乱反正,为魏太祖,乐用武始之舞。文皇帝应天受命,为魏高祖,乐用咸熙之舞。帝制作兴治,为魏烈祖,乐用章斌之舞。三祖之庙,万世不毁。其余四庙,亲尽迭毁,如周后稷、文、武庙祧之制"③。对此,东晋孙盛有这样的评价:"夫谥以表行,庙以存容,皆于既没然后著焉,所以原始要终,以示百世也。未有当年而逆制祖宗,未终而豫自尊显。"④据《宋书》,"帝初不许制《章斌之乐》;三请,乃许之"⑤,想来与孙盛所说的原因有关。

改正朔、服色、牺牲色、历法在景初元年四月;宗庙祭祀用"三舞"在景初元年五月;建圆丘在景初元年十月,行圆丘祀天礼仪在景初元年十二月;京师立文昭皇后庙及庙乐舞曲议革在景初元年十二月……景初元年各种重大礼乐建设都彰明"受命"的浓厚色彩,缪袭的鼓吹曲辞、文昭皇

---

① (南朝梁)沈约:《宋书》卷19《乐志一》,中华书局1974年版,第535—536页。
② (唐)房玄龄等:《晋书》卷22《乐上》,中华书局1974年版,第694页。
③ (晋)陈寿:《三国志》卷3,中华书局2006年版,第67页。
④ (晋)陈寿:《三国志》卷3,中华书局2006年版,第67页。
⑤ (南朝梁)沈约:《宋书》卷19《乐志一》,中华书局1974年版,第536页。

后的庙乐以及郊庙舞曲之议，无论是改舞曲为《大均之乐》，还是议"祀天当用宫悬"，都是礼乐建设的一部分。

景初元年既为"受命"之年，明帝在改正朔之后，又议革祭祀乐舞，行废置四百余年的禘礼，命缪袭作新词、述功德自是理所当然。从儒家的礼乐文化角度看，至此，曹丕受禅后的曹魏政权最终顺理成章得到认同。

二 三少帝时代对经学教育的重视

曹氏三祖执政期间，有感于经学废弛，都曾下诏立学、崇经，曹操、曹丕之举措前文已述。明帝也有不少举措，例如：太和四年（230），明帝将文帝的《典论》刻石，立于庙门之外及太学。景初中，明帝因苏林、秦静年老，担心经学不传，下诏，以西汉名儒夏侯胜名言"士病不明经术，经术苟明，其取青紫如俯拾地芥耳"勉励学者，究极经道。① 尽管曹魏政权如此努力，但经学恢复却非朝夕可就。《魏略序》对明帝时代"学业沉陨"有较为详细的记述：

> 至太和、青龙中，……弟子本亦避役，竟无能习学，冬来春去，岁岁如是。……是以志学之士，遂复陵迟，而末求浮虚者各竞逐也。正始中，有诏议圜丘，普延学士。……见在京师者尚且万人，而应书与议者略无几人。又是时朝堂公卿以下四百余人，其能操笔者未有十人，多皆相从饱食而退。②

直到正始年间，曹魏政权的经学教育仍无太大起色，刘靖上疏陈儒训之本时就这样分析太学的教育现状："自黄初以来，崇立太学二十余年，而寡有成者，盖由博士选轻，诸生避役，高门子弟，耻非其伦，故无学者。虽有其名而无其人，虽设其教而无其功。"③

经学教育现状的好转，应该说始于曹魏三少帝时代，三少帝即齐王曹芳、高贵乡公曹髦、陈留王曹奂。当然，三少帝时代，真正执掌政权的已不是曹氏传人，而是司马氏。作为儒学世家大族，司马氏对儒学的扶持力度可想见之，三少帝的教育是极典型的明证。

据《三国志·三少帝纪》记载，齐王曹芳于景初三年（239）即皇帝

---

① （晋）陈寿：《三国志》卷25《高堂隆传》，中华书局2006年版，第428—429页。
② （晋）陈寿：《三国志》卷13《王肃传》注引，中华书局2006年版，第256页。
③ （晋）陈寿：《三国志》卷15《刘靖传》，中华书局2006年版，第280页。

位，时 8 岁。正始二年（241）、正始五年（244）、正始七年（246）分别通《论语》《尚书》《礼记》，并均使太常以太牢祀孔子于辟雍，以颜渊配。

高贵乡公曹髦正元元年（254）即皇帝位，时 13 岁，也接受了经学教育。正元二年（255），在儒学大师司空郑冲、侍中郑小同的亲授下，讲《尚书》业终。在儒学教育的熏陶下，曹髦本人也酷爱儒学，甘露元年（256）曹髦至太学，向博士淳于俊、庚峻、马照分别问学《易》《尚书》《礼》。甘露二年（257），幸辟雍，诏令群臣"玩习古义，修明经典"①。甘露三年（258），下诏强调"养老兴教"，以关内侯王祥为三老、郑小同为五更，并躬行古礼。

三少帝时代，不仅帝王学习儒家经典，尊师重教，儒学也在社会推广。齐王曹芳正始年间曾刊刻《三体石经》，即《正始石经》，用古文、篆、隶三种字体，刻《尚书》《春秋》和部分《左传》于碑上，立于太学以弘儒学；正始六年，又诏令学者课试王朗所作《易传》……如此举措，可见三少帝时代司马氏推崇儒学的努力。

除却儒学教育，三少帝时代其他不少政策也体现了鲜明的儒家文化色彩，诸如将六十岁以上的官奴婢免为良人；车驾巡行，体恤民情，赐谷高年；重视礼仪，祭祀配享大臣……其中不少政策在曹魏政权中是一以贯之的，正因为此，儒家思想才得以缓慢恢复，持续发展，为西晋儒学的复兴奠定了基础。

---

① （晋）陈寿：《三国志》卷 4《三少帝纪》，中华书局 2006 年版，第 85 页。

第二章　西晋的儒家文化建设

从汉末党锢之祸、董卓之乱到魏末司马氏高压政策，动乱中走来的西晋士人，其儒家思想与价值观遭遇空前危机。尽管如此，两汉以来形成的儒家文化传统依然植根于当时的社会。正因为此，曹魏政权以刑名治国，六代君王的执政过程看似打破了儒家的统治秩序，但内里却都不乏儒家文化的精神，儒学始终是官方主流意识形态。在这个基础上篡魏的西晋政权，本身是"由当时之儒家大族拥戴而成"，"可谓之东汉儒家大族之复兴"①，提倡以儒治国，以孝治天下，固是执政形势使然，同时也是儒学复兴的必然要求。

西晋享国五十二年，八王之乱、五胡乱华就占去一半的时间，所以西晋的儒家文化建设主要在武帝朝。其儒家文化内核既有对曹魏政权的延续，也有自身的特点。加强礼乐建设，重视儒学教育，注重吏治及社会风气等是西晋儒家文化建设的重点内容。

第一节　晋武帝敦倡儒学的举措

武帝登基伊始，重点就是要恢复儒家的传统地位，以巩固自己的统治。具体来说，在文化建设上强调礼乐；在官员选拔任用上注重德行；在官学教育上大兴儒学；在社会风气上提倡节俭。此外，由于弑君禅代，缺乏忠义，西晋统治者特别强调孝道，尤重丧服制。为构建新的政权体制，武帝在敦倡儒学方面做了大量努力。

---

① 陈寅恪：《崔浩与寇谦之》，《金明馆丛稿初编》，生活·读书·新知三联书店2015年版，第145页。

一 制礼作乐，重视礼乐文化

礼乐文化建设是儒学建设的核心。就礼制建设而言，西晋建国伊始，"隆礼以率教"乃"邦国之大务也"①。"隆礼率教"首先是制定礼典，因为它能明确上下尊卑的等级秩序，确定各种人伦关系，为世人提供具体的行为准则，从而在思想上更好地为统治者服务。

三国归晋前，晋文帝就命荀𫖮、郑冲、羊祜、任恺、庾峻、应贞等撰新礼。他们参考古今文献，撰成《五礼》，共165篇，成为当时真正意义上的国典。

所谓"五礼"，即吉礼、凶礼、军礼、宾礼、嘉礼。荀𫖮等人制定的《五礼》，墨守古礼，又较为烦琐，现实中不易施行。故太康初年，尚书仆射朱整上奏，请求将《新礼》交付尚书郎挚虞修订。元康元年（291），挚虞将《五礼》修订完毕，上呈朝廷，"所陈惟明堂五帝、二社六宗及吉凶王公制度，凡十五篇"②。挚虞认为丧服阙疑最多，故他的修订重点是凶礼中的《丧服》。

礼典的撰写与修订过程，一方面可见朝廷的重视，参与制定新礼的团队成员都是博涉经史、颇有修为的儒学之士；另一方面也说明礼典不是一朝一夕所成，它需要不断完善。挚虞后来想与傅咸继续修订新礼，因时局动荡而不果。东晋时，"仆射刁协、太常荀崧补缉旧文，光禄大夫蔡谟又踵修其事"③，礼典一直在修订完善中。

在制定新礼的同时，古礼也在恢复。西晋礼制建设中恢复的古礼大体如下：泰始二年（266）、泰始四年（268）武帝在为其父及皇太后的服丧中，行三年心丧之礼；泰始六年（270）冬十一月幸辟雍，行乡饮酒之礼；泰始四年（268）恢复耕籍礼（耕籍礼在惠帝时废止）；太康六年（285）恢复皇后躬蚕礼；泰始七年（271）、咸宁三年（277）、太康三年（282）太子行释奠礼；太康三年（282）武帝亲自行郊祀礼，太康十年（289）恢复明堂礼及南郊五帝礼，行祭祀礼仪。

作为礼制建设的内容之一，武帝恢复古礼意在垂范世人，倡导良好的社会风尚，诸如行孝、尊贤、重农、敬天等，以彰显其以儒治国的态度。

无论新礼还是古礼都不出"吉凶军宾嘉"五礼范畴。五礼之中，西晋

---

① （唐）房玄龄等：《晋书》卷19《礼志上》，中华书局1974年版，第581页。
② （唐）房玄龄等：《晋书》卷19《礼志上》，中华书局1974年版，第582页。
③ （唐）房玄龄等：《晋书》卷19《礼志上》，中华书局1974年版，第582页。

尤重凶礼。个中原因或如挚虞所言，"《丧服》最多疑阙"，"冠婚祭会诸吉礼，其制少变；至于《丧服》，世之要用，而特易失旨"①。更重要的原因当是西晋倡导以"孝"治国，《丧服》易于在仪式上体现孝道。凶礼的重视程度，在西晋的礼议中可以看到。严可均《全晋文》所录西晋礼议约150篇，其中涉及吉礼的祭祀、嘉礼的婚嫁、军礼的仪仗，但主要的还是凶礼中的谥法和丧服。因此，"死者议谥，生者议服"成为朝廷礼议的主要内容。

"议谥"的目的在于褒贬死者，劝勉生者。《晋书·职官志》说："王公已下应追谥者，则博士议定之。"② 这实际是博士们根据《谥法》对王公大臣的盖棺定论，对其一生的总结与评价。当然谥号的最终决定权不在博士，他们的意见仅供参考。博士秦秀曾为何曾定谥"缪丑"，为贾充定谥"荒"。武帝不从，后依博士段畅议，谥贾充"武"，并策谥何曾"孝"。秦秀的议谥带有鲜明的儒家感情色彩，他两次议谥，足见其疾恶如仇之品格，正因此，其居博士之职近二十年，不见升迁，卒于任上。管中窥豹，秦秀的遭遇说明了世风的变化。在《全晋文》中，议谥之文有：王济、成粲《太常郭奕谥景议》，荀𫖯《赐谥议》，张华《晋文王赐谥议》，嵇绍《陈准谥议》，孙毓《文献皇后谥议》，秦秀《何曾谥议》《贾充谥议》，蔡充《梁王肜谥议》等。

死者议谥，生者议服。《全晋文》中西晋关于丧服之礼的"议"文有70余篇，集中在以下议题上：

> 其一，泰始十年（274），武元杨皇后崩，议皇太子是否除服。参与讨论的博士有：张靖、陈逖、段畅等，大臣有杜预、卢钦、魏舒、贾充、山涛、石鉴等。
>
> 其二，泰始十年（274），荀𫖯去世，对其继孙是否服重丧，庾纯、成洽、吴商、刘宝、王敞等有《孙为祖持重议》。
>
> 其三，泰始四年（268），何桢、荀𫖯、何遵等因史恂为旧君鲍融服丧，议是否该为旧君反服。
>
> 其四，泰始六年（270）前后，程谅子对是否为前母服丧质疑，张华设《甲乙问》，郑冲、贾充、任恺、荀𫖯、荀勖有《甲乙问议》。
>
> 其五，太康元年（280），议东平相王昌是否该为前母追服。参与

---

① （唐）房玄龄等：《晋书》卷19《礼志上》，中华书局1974年版，第581页。
② （唐）房玄龄等：《晋书》卷24《职官志》，中华书局1974年版，第736页。

朝议的有晋武帝、齐王司马攸、汝南王司马亮、大司马陈骞、太尉贾充，博士有谢衡、许猛、段畅、秦秀、骆冲、秦秀、张恽，官员有刘智、虞溥、卞粹、崔谅、荀悝、荀勖、和峤、夏侯湛、山雄、陈寿、卫恒、刘卞、李胤等。

其六，太康年间刘智、杜琬、王敞、束皙有《孙为庶祖持重议》。①

其七，太康末年，韩寿、李彝、刘维、田岳、徐宣等对裴頠《乞绝从弟耽丧服表》展开议论。②

这些礼议几乎都发生在武帝时代，且围绕具体事件展开，主要强调丧服礼仪。参与讨论者多为礼官、儒臣，甚至宗王、武帝。礼议实为西晋礼制建设的重要途径之一，它实质是通过礼官、儒臣的廷议，对标礼典，规范世人的行为。就今天而言，这些丧服礼仪未免过于注重形式，其实际的效果未必能符合期待。

礼是一种行为规范，乐则是人的内心情感的节制表达，两者是互为表里、相辅相成的。因此，乐教也是西晋礼乐文化建设的重要内容。乐教的一个突出表现就是宫廷乐府的制作，例如：泰始元年（265）郊祀明堂时，武帝曾使傅玄为之辞；武帝禅位，令傅玄制22篇鼓吹曲，述功德代魏；泰始五年（269），傅玄、荀勖、张华、成公绥等各造《四厢乐歌》；泰始九年（273），荀勖完成了新律，又做新律笛12枚，同时与傅玄、张华作《正德大豫舞歌》，并将庙乐《宣文舞》《宣武舞》改造为《正德舞》和《大豫舞》。

西晋的宫廷乐府往往是配合礼仪而制作的，它以润色洪业、歌功颂德为主旋律，以雅乐颂声的方式宣告西晋的改朝换代，赞美着新时代的到来。作为官方意识形态，西晋宫廷乐府对维护当时新的统治秩序起到了很好的宣传作用，不失为统治者促进社会和谐的重要手段之一。

制定新礼，恢复旧礼，开展礼议，强调乐教，西晋统治者正是从上述各方面进行礼乐文化建设，以期营建良好的社会统治秩序，规范世人行为。

---

① 案：刘智卒于太康十年（289），太康元年（280）束皙19岁，以此推论，此议极可能在太康年间。
② 案：韩寿卒于290年，据裴頠墓志，裴頠卒于293年。由此可以推断，这次讨论应在太康年间。

二　以儒家思想为准绳，加强吏治建设

《晋书·儒林传序》对武帝任用儒林士人有一段客观的评价："荀颛以制度赞惟新，郑冲以儒宗登保傅，茂先以博物参朝政，子真以好礼居秩宗，虽愧明扬，亦非遐弃。"①引文中的荀颛、郑冲、刘寔（子真）、张华（茂先）均为博学硕儒，儒学根柢深厚，于此可见武帝任用人才的儒学标准。

事实上，以儒学选拔人才，武帝有明文规定。咸熙二年（265），武帝践祚前夕曾"令诸郡中正以六条举淹滞：一曰忠恪匪躬，二曰孝敬尽礼，三曰友于兄弟，四曰洁身劳谦，五曰信义可复，六曰学以为己"②。其后泰始元年（265），傅玄上书请求敦儒教选贤良，武帝诏答道："举清远有礼之臣者，此尤今之要也。"③对经明学修的儒林士人的渴求溢于言表，武帝的人才观于此可见。

依此标准，武帝登基前一举征辟了37人，除皇甫谧拒绝出仕外，余皆于开国后拜官赐爵。泰始四年（268）和泰始七年（271），武帝又两次举贤良方正。不仅如此，武帝还广征南金蜀秀，当时东吴西蜀士人纷纷赴命，人才之盛，确可大书于史。

武帝时代不单选拔人才注重儒家标准，考核官吏也强调以儒家思想为准绳。泰始四年（268）初，武帝下诏责成二千石"扬清激浊，举善弹违"，即："士庶有好学笃道，孝弟忠信，清白异行者，举而进之；有不孝敬于父母，不长悌于族党，悖礼弃常，不率法令者，纠而罪之"，"若长吏在官公廉，虑不及私，正色直节，不饰名誉者，及身行贪秽，谄黩求容，公节不立，而私门日富者，并谨察之"④。诏令明确提出衡量官员政绩的标准："田畴辟，生业修，礼教设，禁令行，则长吏之能也。人穷匮，农事荒，奸盗起，刑狱烦，下陵上替，礼义不兴，斯长吏之否也。"⑤可见，"礼教""礼义"的施行是考核官员的重要指征。

同年，武帝又下诏，再次重申为官之道，提出五条标准："一曰正身，二曰勤百姓，三曰抚孤寡，四曰敦本息末，五曰去人事。"⑥

---

① （唐）房玄龄等：《晋书》卷91《儒林传》，中华书局1974年版，第2346页。
② （唐）房玄龄等：《晋书》卷3《武帝纪》，中华书局1974年版，第50页。
③ （唐）房玄龄等：《晋书》卷47《傅玄传》，中华书局1974年版，第1318页。
④ （唐）房玄龄等：《晋书》卷3《武帝纪》，中华书局1974年版，第57页。
⑤ （唐）房玄龄等：《晋书》卷3《武帝纪》，中华书局1974年版，第57页。
⑥ （唐）房玄龄等：《晋书》卷3《武帝纪》，中华书局1974年版，第58页。

两道诏书充分说明，儒家礼乐教化是为官指南及衡量标准。作为皇帝的左膀右臂，执政官吏的清廉有助于皇帝的垂拱而治，为此，泰始二年（266）正月，武帝还派遣使者侯史光持节周行郡国天下，晓谕诏书意旨，考察官吏政教得失。

武帝的吏治建设一直持续到他去世前。太康九年（288），即武帝去世的头一年，他还下诏纠举群吏，对挟私、兴刑、贪浊、扰民的官吏予以罢黜，对公正清明的官员予以擢升。武帝在位期间一直强调以儒家思想加强吏治整顿，可以说这是其儒家文化建设的重要内容。

晋初，武帝在大力整顿吏治的同时，也亲力亲为、勤勉有加地总理万机，为群吏树立起良好的榜样：

> 朕在位累载，如临深川，夙兴夕惕，明发不寐，坐而待旦，思四方水旱灾害，为之怛然。勤躬约己，欲令事事当宜。常恐众吏用情，诚心未著，万机兼猥，虑有不周，政刑失谬，而弗获备览。百姓有过，在予一人。①

晋武帝的勤于国事、倡导儒风，使得西晋初年至武帝朝终国家机器运转模式继踵东汉遗风，出现了人口增长、财富增加、社会安定的"太康之治"局面。

遗憾的是，武帝之后，吏治建设废弛，崇儒举措后继乏力。永宁元年（301），赵王伦篡位，滥封官员，以致时人以狗尾续貂讥之。同年举秀才、孝廉、贤良、方正、良将皆废止，致令有志之士深以为恨。《晋书·王接传》载，王接去应举秀才，潘滔写信劝止，王接回答说："今世道交丧，将遂剥乱，而识智之士钳口韬笔，祸败日深，如火之燎原，其可救乎？非荣斯行，欲极陈所见，冀有觉悟耳。"②但王接最终未能如愿赴举。王接事例表明儒学建设与国家兴盛衰亡息息相关：儒学兴，国兴；同样，国衰，儒学衰。后来成都王司马颖执政虽复举贤良方正③，但衰亡的国运已不足以复振儒学。

---

① （唐）房玄龄等：《晋书》卷21《礼志上》，中华书局1974年版，第653页。
② （唐）房玄龄等：《晋书》卷51《王接传》，中华书局1974年版，第1435页。
③ 案：颖执政期间曾举贤良方正，从《晋书·江统传》卷56的记载可知。《江统传》言："统举高平郗鉴为贤良，陈留阮修为直言，济北程收为方正，时以为知人。"

三 以儒兴教，注重儒家文化传承与人才培养

东汉朱浮上书光武帝说"夫太学者，礼义之宫，教化所由兴也"①，这代表了两汉儒学之士的共同看法，汉代的太学是儒家文化的主要传播阵地，为封建国家培养了不少优秀人才。两汉主张以儒治国的统治者，没有不重视太学建设、不重视人才培养和文化传承的。出身东汉经学世家的晋武帝也同样如此。

泰始初年，傅玄上疏力主以儒兴教，他建议"自士已上子弟，为之立太学以教之，选明师以训之，各随其才优劣而授用之"。又说："夫儒学者，王教之首也。尊其道，贵其业，重其选，犹恐化之不崇；忽而不以为急，臣惧日有陵迟而不觉也。仲尼有言：'人能弘道，非道弘人。'然则尊其道者，非惟尊其书而已，尊其人之谓也。贵其业者，不妄教非其人也。重其选者，不妄用非其人也。若此，而学校之纲举矣。"②

傅玄的上疏，强调了儒学教育的重要性，阐明了学校教育的宗旨。武帝采纳了傅玄的建议，在位期间对学校教育采取了多条举措，史书有记载的概括如下：

第一，关于太学生管理。泰始初年广延诸生，生员达三千多人，泰始八年（272）学生激增至七千多，武帝对太学生进行了汰选，规定："已试经者留之，其余遣还郡国，大臣弟子堪受教者，令入学。"③其目的是整顿学风以保证太学生的质量，并从思想上控制太学，使其处于皇权的掌控之下。④

第二，关于学校设置。除太学，咸宁二年（276）又立国子学⑤。据《宋书·百官志上》，国子学最初隶属太学，惠帝元康三年（293）规定，五品以上官员子弟入国子学。国子学建立的目的也就由最初的整顿太学，逐步发展成为培养"上层子弟接受正统教育，进而从思想上巩固其政权赖以立足的基础"⑥。

第三，关于师友、博士。"晋初承魏制，置博士十九人。及咸宁四年

---

① （南朝梁）范晔：《后汉书》卷33《朱浮传》，中华书局1965年版，第1144页。
② （清）严可均：《全晋文》卷3，商务印书馆1999年版，第470—471页。
③ （南朝梁）沈约：《宋书》卷14《礼志一》，中华书局1974年版，第356页。
④ 胡克森：《西晋国子学建立原因初探》，《晋阳学刊》2003年第6期，第59、61页。
⑤ 案：立国子学时间，《晋书·武帝纪》为咸宁二年（276），《晋书·职官志》为咸宁四年（278）。余嘉锡《晋辟雍碑考证》认为是咸宁二年。
⑥ 方韬：《从〈晋辟雍碑〉看晋武帝立嗣》，《贵州文史丛刊》2011年第4期，第3页。

(278），武帝初立国子学，定置国子祭酒、博士各一人，助教十五人，以教生徒。博士皆取履行清淳，通明典义者，若散骑常侍、中书侍郎、太子中庶子以上，乃得召试。"① 由此可见，太学博士是一批高素质、高地位的儒学官员，如孔晁、秦秀、谢衡、段畅、程咸、成粲等。

宗亲王之师称之为师友，武帝时担任过太子及其他宗亲王师友的儒臣有卢钦、山涛、李胤、陈勰、伊说、王懋约等，他们通晓经书，儒学深厚，节俭行义，堪为国家楷模。

师友、博士的学生是宗亲王、五品以上官员子弟（入国子学）、六品以下官员子弟（入太学）等。可以说，师友、博士在传授儒家文化的同时，实际是为西晋培养后备接班人。

第四，关于尊师重教礼仪。晋武帝泰始五年（269）"诏太子拜太傅、少傅，如弟子事师之礼；二傅不得上疏曲敬"②。据《职官分纪》记载：武帝时太子二傅之间的礼仪曾有朝议，何曾主张太子少傅应臣拜太子，荀顗认为太傅与少傅没有区别，不主张臣拜。武帝赞同荀顗，诏令"秦汉以来，旧章废灭，随时改作，其旧不可依用，宜为古义，遂定二傅不拜"③，诏令太子拜师。

不论君臣，以师为尊的观点，足见武帝对传统文化的认同。武帝尊师重教之礼仪还表现为"经始明堂，经营辟雍"④，并于泰始六年（270）幸辟雍，行大射礼及乡饮酒礼。⑤

此外，值得一提的是，太子亲临辟雍行释奠礼，这在傅咸《皇太子释奠颂》中有记载，颂言"蒸蒸皇储……于国之雍。敬享先师，以畴圣功……"⑥。据《晋书·礼志上》，释奠礼古已有之，汉时不行其礼，魏时多为太常行礼，太子亲自行释奠礼始于西晋泰始七年（271）。就尊师重道而言，此举确有继往开来之功。

以儒兴教不仅表现于中央官学，也表现于地方教育。甘露之变后，王

---

① （唐）房玄龄等：《晋书》卷24《职官志》，中华书局1974年版，第736页。
② （南朝梁）沈约：《宋书》卷40《百官志下》，中华书局1974年版，第1253页。
③ （宋）孙逢吉：《职官分纪》卷27，中华书局1988年版，第549页。
④ （清）严可均：《全晋文》卷31，商务印书馆1999年版，第301页。
⑤ 案：《晋书》载武帝亲临辟雍只一次，《武帝纪》是泰始六年冬十一月，《礼志下》是泰始六年十二月。1931年河南洛阳偃师出土的咸宁四年碑《大晋隆兴皇帝辟雍碑》，则记载了武帝泰始三年十月、六年正月、六年十月三次行礼辟雍。皇太子司马衷咸宁三年十一月、咸宁四年二月两次观礼辟雍。《晋书·礼志下》载："咸宁三年，惠帝元康九年，复行其礼。"据《辟雍碑》，咸宁三年行乡饮酒礼者当是太子司马衷。
⑥ （清）严可均：《全晋文》卷52，商务印书馆1999年版，第548页。

沈为豫州刺史，多次颁布诏告，以忠、廉、仁晓谕百姓，敦学革俗，"于是九郡之士，咸悦道教，移风易俗"①；羊祜"率营兵出镇南夏，开设庠序，绥怀远近，甚得江汉之心"②；杜预"以天下虽安，忘战必危，勤于讲武，修立泮宫，江汉怀德，化被万里"③；郑袤"在广平，以德化为先，善作条教，郡中爱之。征拜侍中，百姓恋慕，涕泣路隅"④。唐彬为使持节、监幽州诸军事、领护乌丸校尉、右将军，"兼修学校，诲诱无倦，仁惠广被。遂开拓旧境，却地千里"⑤。王沈、羊祜、杜预、郑袤、唐彬的礼乐实践收效是明显的，但在西晋，类似者毕竟是少数。

魏末正始，玄风炽盛，儒学受到极大的冲击。武帝重视教育，以儒兴教，对延续两汉以来的儒学传统是有成效的。东晋荀崧《上疏请增置博士》对此有过这样的表述："世祖武皇帝应运登禅，崇儒兴学……西阁东序，河图秘书禁籍。台省有宗庙太府金墉故事，太学有石经古文先儒典训。贾、马、郑、杜、服、孔、王、何、颜、尹之徒，章句传注众家之学，置博士十九人。九州之中，师徒相传，学士如林，犹选张华、刘寔居太常之官，以重儒教。"⑥据此可遥想西晋当年藏书之富、学士之多、人才之盛、教育之兴的时代盛况。

四 移风易俗，提倡节俭

魏明帝统治时期可谓曹魏统治的全盛时期，但奢侈享受也盛于此时。据《三国志·明帝纪》，太和六年（232），明帝治许昌宫，起景福、承光殿；青龙年间又大治洛阳宫，起昭阳、太极殿……明帝大兴土木直接带动了社会奢侈享受之风，这种风气一直影响到晋初。王沈《释时论》、鲁褒《钱神论》、杜嵩《任子春秋》是晋初同时之作，对当时不良的社会风气都有描述。对此，注重儒学的司马氏政权自然不会熟视无睹，武帝践祚后颁布了一系列诏书整治社会风气，其中心仍在以礼节制奢侈，提倡节俭，以正风化。细加检阅武帝诏书，可见武帝是从三个层面倡导正面、积极的社会风尚的。

第一个层面，针对皇室成员，诏令节俭，反对铺张。相关诏令如下：

---

① （唐）房玄龄等：《晋书》卷39《王沈传》，中华书局1974年版，第1145页。
② （唐）房玄龄等：《晋书》卷34《羊祜传》，中华书局1974年版，第1014页。
③ （唐）房玄龄等：《晋书》卷34《杜预传》，中华书局1974年版，第1031页。
④ （唐）房玄龄等：《晋书》卷44《郑袤传》，中华书局1974年版，第1250页。
⑤ （唐）房玄龄等：《晋书》卷42《唐彬传》，中华书局1974年版，第1219页。
⑥ （唐）房玄龄等：《晋书》卷75《荀崧传》，中华书局1974年版，第1977页。

泰始元年（265）十二月戊辰"下诏大弘俭约，出御府珠玉玩好之物，颁赐王公以下各有差"①。

泰始元年十二月乙亥，《赦罪饬治诏》曰："省郡国御调，禁乐府靡丽百戏之伎及雕文游畋之具。"

泰始元年，《罢供奉诏》规定："乘舆厩离车，共田猎嬉游之事，凡若此类，皆悉罢之。"

泰始初，下诏徙陵勿烦扰居人，理由是"昔舜葬苍梧，农不易亩；禹葬成纪，市不改肆。上惟祖考清简之旨"。

泰始中，《公主嫁仪诏》规定："不宜皆为备物，赐钱使足而已。"

咸宁四年（278），太医司马程据上雉头裘一领，武帝下诏："此裘非常衣服，消费功用，其于殿前烧之。敕内外，有造异服，依礼治罪。"

《出清商掖庭诏》说："今出清商掖庭及诸才人、奴女、保林已下二百七十余人还家。"

太康元年平吴之后，卫瓘等三公大臣多次建议武帝封禅，武帝屡下诏书拒绝，理由之一是："望群后思隆大化，以宁区夏，百姓获乂，与之休息。"②

这些诏书所针对的对象、事件或与皇室成员有关，或与武帝自身有关，从吃穿用度、犬马声色的物质享受到徙陵、封禅等宗庙家国祭仪都予以规定，主要目的在于裨补时弊，反对铺张浪费、奢侈逸豫、劳民伤财。诏书无疑是在倡导正面的社会风气，尤其是对节俭的倡导。《晋书》史臣对武帝的举措如是评价：武帝"承魏氏奢侈刻弊之后，百姓思古之遗风，乃厉以恭俭，敦以寡欲"③。可见，武帝的举措是得到后人认可的。

武帝建国初期的这些措施在当时就产生了一定的影响。裴𬱟在《陈刑法过当》一文中对司马氏皇家陵寝的简陋有过叙述，"山陵不封，园邑不饰，墓而不坟，同乎山壤，是以丘阪存其陈草，使齐乎中原矣"④，斯可印证武帝诏书所言"祖考清简之旨"，也可见司马氏几代人对世风

---

① （唐）房玄龄等：《晋书》卷3《武帝纪》，中华书局1974年版，第52页。
② （清）严可均：《全晋文》，商务印书馆1999年版，第10、11、15、33、38、52、44页。
③ （唐）房玄龄等：《晋书》卷3《武帝纪》，中华书局1974年版，第80页。
④ （唐）房玄龄等：《晋书》卷30《刑法志》，中华书局1974年版，第934页。

救弊的努力。江统上书愍怀太子,曾举武帝烧雉头裘一事劝谏太子以俭为德。江统认为武帝的行为"能正天下之俗,刑四方之风"①。对此,武帝自我评价也相当高。太康年间,刘毅以武帝方汉桓帝、汉灵帝,武帝不以为忤,邹湛即此称颂武帝圣德超过汉文帝,武帝不以为喜,反而质问道:"我平天下而不封禅,焚雉头裘,行布衣礼,卿初无言。今于小事,何见褒之甚?"② 显而易见,武帝对自己不行封禅、烧雉头裘的行为是高自称许的。

第二个层面,针对百官大臣,寄予清廉期望。在前文所述整顿吏治的诏书中,武帝反复强调官员正身行己、清廉奉公就是明证,此不赘言。

第三个层面,面向社会各阶层,规范社会行为,尤其是百姓的宗教信仰。立国初年,武帝延续曹魏禁淫祀的举措,认为淫祀是"妖妄相煽,舍正为邪""僭礼渎神"③,发布《禁淫祀诏》。泰始二年(266)春正月,对有司所奏的春分祠厉殃及襄祠,认为不在祀典,诏令废除。泰始三年(267)又禁星气谶纬之学。咸宁四年(278)下《禁断立碑诏》:"既私褒美,兴长虚伪。伤财害人,莫大于此。"④

淫祀与立墓碑易助长虚妄与奢靡,禁止是为了提倡节俭之风,当然,更重要的是维护稳定的政治局面。淫祀与谶纬星气虽为不同的文化现象,但它们的共同点在于能"妖言惑众",成为动摇当权者统治的思想武器,王莽、光武帝以谶纬夺得政权就是典型的前车之鉴。因此,魏晋以来统治者往往塑造正统神祇,禁止谶纬星气之说,以确保民众思想在统治范围内,不至失去掌控。武帝诏书的用心自然也是如此。武帝曾要求张华删减《博物志》,认为它"惊所未闻,异所未见,将恐惑乱于后生……"⑤。武帝禁淫祀与谶纬星气的理由与此是相同的:恐惑乱于后生。

泰始初期,是武帝锐意进取的时代,从武帝颁布的一系列诏书中,从儒臣的礼议中,从礼乐建设、吏治建设、以儒兴教、世风整顿等诸多方面,可以看到武帝对礼乐教化的重视、以儒治国的决心。儒学的复兴造就了"太康之治"的繁盛,武帝的兴儒,可谓儒学兴国、文化强国。

---

① (唐)房玄龄等:《晋书》卷56《江统传》,中华书局1974年版,第1537页。
② (唐)房玄龄等:《晋书》卷45《刘毅传》,中华书局1974年版,第1272页。
③ (清)严可均:《全晋文》卷2,商务印书馆1999年版,第10页。
④ (清)严可均:《全晋文》卷5,商务印书馆1999年版,第38页。
⑤ (清)严可均:《全晋文》卷5,商务印书馆1999年版,第41页。

第二节　西晋儒学建设得失谈

魏晋玄学兴起，儒学受到冲击，但儒学的正统地位并没有改变。曹魏政权讲法术，但根柢不离儒家思想。武帝在此基础上的儒学复兴，在国家统治秩序、思想文化建设、伦理风尚等方面取得了不少成就。

一　西晋儒学建设成就说

在中国历史上，儒家思想文化历来占据主流地位。儒家思想及价值观影响着国家的发展和进步。武帝的儒学建设成就，首先也最明显的就是带来了二十五年的小康盛世。其时，"天下书同文，车同轨，牛马被野，余粮栖亩，行旅草舍，外闾不闭，民相遇者如亲，其匮乏者，取资于道路，故于时有'天下无穷人'之谚"①，"人咸安其业而乐其事"②。这样的太平盛世当然不可能仅仅是儒学建设就能创造的，但毕竟思想统一才是根本保证。

西晋的儒学建设其次表现为学术的繁荣。根据《隋书·经籍志》及丁国均《补晋书·艺文志》，可以看到西晋经学的辉煌：

第一，西晋经学的研究学者人数众多、成果可观。如《周易》研究者③有蜀才、栾肇、杨乂、邹湛、阮浑、宋岱、荀辉等；《尚书》的研究者有孔晁和伊说；《诗经》的研究者有袁准、袁乔、孙毓、杨乂等；《三礼》的研究者包括伊说、王懋约、陈劭、袁准、崔游、杜预、刘逵、卫瓘、刘智、吴商、孙毓、董勋、孔衍、王文长、荀颉、张靖等；《春秋》的研究者包括孙毓、杜预、刘寔、殷兴、张靖、刘兆、孔衍、孔晁、裴秀、京相璠、王接、王长文、郭琦等；《孝经》的研究者有荀昶④；《论语》的研究者有谯周、郭象、缪播、栾肇、卫瓘等；群经研究者有谯周、杨方、徐苗等。这些学者的注疏及研究成果多达 71 种。⑤

第二，西晋学者的经书研究内容广泛，研究方法多样。西晋学者对

---

① （清）严可均：《全晋文》卷 127《晋纪总论》，商务印书馆 1999 年版，第 1366 页。
② （唐）房玄龄等：《晋书》卷 26《食货志》，中华书局 1974 年版，第 791 页。
③ 案：《周易》的注疏，《两唐志》尚有宣聘的《通意象论》和应贞的《周易论》。
④ 《隋书》校勘，据《经典释文》，将荀昶改为荀勖。
⑤ 案：刘运好《深化·拓展：西晋经学发展再考论》（《中原文化研究》2016 年第 6 期）认为西晋可考的经学著作达 165 种。数据不同，主要与书目来源及对"西晋士人"界定不同有关。

《周易》《尚书》《诗经》《三礼》《春秋》《孝经》《论语》等儒家经典都有研究。他们有的专治一经，如刘智、刘寔等；有的众经兼治，如杜预、孙毓、袁准、谯周等。或个人注疏，如袁准《周官传》、王接《春秋公羊注》；或集解注经，如杜预《春秋左氏经传集解》、荀昶《集义孝经》等。其中不少研究成果有重大的突破，诸如杜预的《春秋左氏传》、裴秀的《禹贡地域图》中的"制图六体"说等。

此外，西晋儒学建设也带来了礼乐文化的繁荣，典型表现在宫廷乐府的创作上。据郭茂倩《乐府诗集》，西晋留存的宫廷乐府达135首之多，它们是：

  郊庙歌辞二十一首：傅玄《郊祀歌》五首、《天地明堂歌》五首、《宗庙歌》十一首。

  燕射歌辞七十一首：傅玄《四厢乐歌》十八首（章）、荀勖《四厢乐歌》十七首、成公绥《四厢乐歌》十六首、张华《四厢乐歌》十六首、张华《冬至初岁小会歌》一首、《宴会歌》一首、《中宫所歌》一首、《宗亲会歌》一首。

  鼓吹曲辞二十四首：傅玄《鼓吹曲辞》二十二首、张华《凯歌》二首。

  舞曲歌辞十八首：傅玄《正德大豫舞歌》二首、《宣武舞歌》四首、《宣文舞歌》二首、《鼙舞歌》五首，《云门篇》一首，荀勖《正德大豫舞歌》二首，张华《正德大豫舞歌》二首。

  相和歌辞一首：石崇《大雅吟》。

这些宫廷乐府诗关乎国体，是西晋儒家文化建设的有机组成部分。乐府的作者主要是傅玄、荀勖、张华、成公绥等，作为修养深厚的儒者，他们通过颂歌的方式赞美制度维新，主张文治教化，营造和乐气氛。乐府作品从正面引导人们积极健康的思想情感，为大一统国家机器的正常运转提供了思想保障。不仅如此，作为官方意识形态的代言，西晋初年的宫廷乐府在一定程度上确定了文学创作的方向，带动了西晋颂体雅言的四言诗的复兴。

西晋的儒学建设不说当时，即便是在后世也可圈可点。这样的成就取得与当时对儒臣的重视与任用有关。《晋书·五行志》言：帝师、帝友、三公、博士、太史，"此五者常为帝定疑议"[①]，是君王的智囊与股肱。翻

[①] （唐）房玄龄等：《晋书》卷11《五行志》，中华书局1974年版，第298页。

检《晋书》及万斯同《晋将相大臣年表》可以看到武帝所任用的这五者多为儒臣，诸如郑冲、司马孚、王祥、陈骞、裴秀、郑袤、荀𫖮、王浑、卢钦、陈勔、伊说、王懋约、李胤、卫瓘、张华、裴頠、魏舒、刘寔、刘毅、山涛、刘暾、庾峻、程咸、曹志、蔡克、秦秀、陈逵、孔晁、谢衡、段畅、程咸、成粲等，他们或为一代儒宗，或为博学鸿儒，或为太子宗亲师友，或为太学博士，他们议礼仪、举贤才、辅佐宗亲、教化子弟、著书立说。儒臣的重用亦是西晋儒学建设的成就之一，他们为武帝的以儒治国提供了人才保障、教育保障和思想文化保障。

然而遗憾的是，良好的愿望不能催生永恒的盛世花朵。尽管当时儒学人才济济，经学成果丰硕，礼乐文化丰富，不少礼法士人力主"严守儒家礼仪、重视儒学教育，并以此选举人才，扭转汉魏以来的弊风"①，但随着时间的流逝，元康元年（291）后丧乱的到来，儒家真正的精髓未能被继承，更多的是流于形式的繁文缛节及便于操作的仪式与程序。儒学要义日渐消解，儒家传统与学说日渐淡出政治舞台，儒家礼仪维系人心的作用也日渐削弱。儒臣们的奏弹已无力拨乱反正，儒学建设成果最终随着国运的衰微而衰弱。

二 西晋儒学建设反思，兼论武帝

武帝以儒治国，注重正面导向，其措施是可称道的，其成效是可察见的。可惜的是，西晋儒学建设最终不能一以贯之。个中原因是多方面的，就人为因素而言，武帝不能不任其责，真乃"成也萧何，败也萧何"。

首先，武帝既是制度的制定者，也是制度的破坏者。在儒学建设中，武帝十分强调节俭，也曾以身作则，他拒绝封禅、烧雉头裘，甚至"御牛青丝纼断，诏以青麻代之"②。武帝一方面努力倡导节俭，另一方面又极尽奢侈。《晋书》史臣认为，平吴后天下安定，武帝于是耽于享乐，荒于政事。其实不尽然，武帝的享乐之心建国之初已有端倪，试看：

泰始二年（266）正月丁亥，"有司请建七庙，帝重其役，不许"③。但同年秋七月营太庙却"致荆山之木，采华山之石；铸铜柱十

---

① 王永平：《西晋时期士风之任诞及其批判与反省思潮》，《徐州师范大学学报》（哲学社会科学版）2010年第2期，第93页。
② （唐）房玄龄等：《晋书》卷3《武帝纪》，中华书局1974年版，第80页。
③ （唐）房玄龄等：《晋书》卷3《武帝纪》，中华书局1974年版，第53页。

二，涂以黄金，镂以百物，缀以明珠"①。

追终慎远，人之常情。武帝却走上了极端，不但太庙修建如此，他还常常不顾开国功臣薄葬遗令而优恤大臣。王沈、王祥、郑袤、石苞、何曾、荀勖、卢钦、羊祜去世后，均赐东园秘器、朝服一具、衣一袭、钱三十万、布百匹（郑袤还有绢百匹）。如果说这是优宠大臣的话，尚可算勉强的借口。但这确实开了奢侈之风。下列两组数字对比可以很好地说明问题。《晋书·何曾传》以"日食万钱"说其奢侈，死后赐钱三十万不同样奢侈吗？西晋"户调制"规定："丁男之户，岁输绢三匹，绵三斤，女及次丁男为户者半输。其诸边郡或三分之二，远者三分之一。夷人输賨布，户一匹，远者或一丈。"② 大臣去世赐布百匹，这是百姓多少年的赋税呀！

在武帝看来"财欲可足"③，正是这种认知心理，使武帝在倡导节俭的同时又打破原则。如果说太康前的奢侈因励精图治尚能抑制收敛的话，平吴之后则无所顾忌。太康十年改筑太庙"于宣阳门内，穷极壮丽"④，不但如此，对大臣的赏赐也已不能用"优宠"来说了。太康三年（282）贾充去世，"赐东园秘器、朝服一具、衣一袭，大鸿胪护丧事，假节钺、前后部羽葆、鼓吹……葬礼依霍光及安平献王故事，给茔田一顷"⑤；太康四年（283）山涛去世，"赐东园秘器、朝服一具、衣一袭、钱五十万、布百匹""将葬，赐钱四十万、布百匹"⑥；太康十年（289）荀勖去世，"赐东园秘器、朝服一具、钱五十万、布百匹"⑦。

对死者，武帝厚加赏赐；对生者，武帝纵容有加。其舅王恺及外戚羊琇等"盛致声色，穷珍极丽"⑧，奢豪有加，武帝不但不制止，甚至在王恺与石崇斗富时还推波助澜。武帝本人，平吴后，后宫佳丽近万，竟然用羊车巡幸后宫，开宫廷奇观。可以说，武帝的行为是西晋奢侈享乐之风盛行的助推器。

作为统治者，武帝不能令行禁止，不能保证政策的一致性与连续性，这是儒学建设不能善终的主要原因。

---

① （唐）房玄龄等：《晋书》卷3《武帝纪》，中华书局1974年版，第54页。
② （唐）房玄龄等：《晋书》卷26《食货志》，中华书局1974年版，第790页。
③ （晋）常璩：《华阳国志》卷1《巴志》，齐鲁社2010年版，第11页。
④ （唐）房玄龄等：《晋书》卷19《礼志上》，中华书局1974年版，第603页。
⑤ （唐）房玄龄等：《晋书》卷40《贾充传》，中华书局1974年版，第1170页。
⑥ （唐）房玄龄等：《晋书》卷43《山涛传》，中华书局1974年版，第1227页。
⑦ （唐）房玄龄等：《晋书》卷39《荀勖传》，中华书局1974年版，第1157页。
⑧ （唐）房玄龄等：《晋书》卷28《五行中》，中华书局1974年版，第837页。

其次，断事不公，偏袒亲贵；无杀伐果断之魄力，多模棱两可之态度。干宝《晋纪总论》评价武帝说："仁以厚下，俭以足用，和而不弛，宽而能断，故民咏维新，四海悦动矣。"①《晋书》史臣也有类似评价："帝宇量弘厚，造次必于仁恕；容纳谠正，未尝失色于人；明达善谋，能断大事，故得抚宁万国，绥静四方。"②两位史臣的评价略嫌不当，武帝宽厚有长者风，正因为此，反倒使他处事优柔，当断不断。下面数事可见武帝行事与执政有失偏颇：

> 泰始年间，李憙上奏，言刘友、山涛、中山王司马睦、武陔各占官三更稻田，因武陔去世，李憙请求对刘友、山涛、司马睦进行处罚。武帝仅仅处置了刘友，对山涛及司马睦仅"不贰其过"带过。对李憙，武帝一方面赞其"邦之司直"，一方面却因事免其司隶之职。③
>
> 泰始、咸宁年间，刘毅为司隶，弹劾羊琇乘羊车应判重刑，因为旧恩，武帝只是罢免其官；多次弹劾何曾侈汰无度，武帝因何为重臣，一无所问；弹劾荀勖、冯纨结党营私，武帝不答。而刘毅因其峭直，竟有生之年不得入台辅。④
>
> 平吴之战胜利后，王浑与王濬争功，互相攻讦。武帝不予封赏，后请廷尉刘颂校其事，刘颂判王浑为上功，王濬为中功。武帝认为刘颂持法失理，贬其官。不久又增王浑邑八千户，进爵为公。王濬受抑制，上朝觐见，陈其功劳，述其委屈，武帝不听；王濬愤慨，不辞而退朝，武帝也不怪罪。后博士秦秀、太子洗马孟康、前温令李密上表陈冤，王濬始封镇军大将军，加散骑常侍，领后军将军。⑤
>
> 泰始年间，贾充与庾纯在酒宴上争执，庾纯责贾充杀高贵乡公，贾充责庾纯父老不归供养。御史中丞孔恂弹劾庾纯，庾纯以犯上免官。后，武帝召集大臣廷议庾纯不归养是否合礼。石苞主张"除名削爵土"；何曾、荀颛、司马伷、刘斌认为不归养不违礼律，但犯上应"讥贬"；庞札等认为不应处置。不久，武帝下诏原其罪，并复为国子

---

① （唐）房玄龄等：《晋书》卷5《孝愍帝纪》，中华书局1974年版，第133页。
② （唐）房玄龄等：《晋书》卷3《武帝纪》，中华书局1974年版，第80页。
③ 参见（唐）房玄龄等《晋书》卷41《李憙传》，中华书局1974年版，第1189页。
④ 参见（唐）房玄龄等《晋书》卷93《羊琇传》、28《五行中》、33《何曾传》、45《刘毅传》，中华书局1974年版，第2411、998、839、1277页。
⑤ 参见（唐）房玄龄等《晋书》卷42《王浑传》《王濬传》、卷46《刘颂传》，中华书局1974年版，第1202、1215—1216、1293页。

祭酒，加散骑常侍。诏书中"疑贾公亦醉，若其不醉，终不于百客之中责以不去官供养也"①之语，颇可玩味。似为贾充开脱，又似为庚纯复职找理由。

　　任恺与贾充之争，武帝同样态度暧昧。贾充诬陷任恺与刘友有关，尚书杜友、廷尉刘良为之申诉，三人并被免官。任恺朝请时，武帝"或慰谕之"。②

　　太康年间，后（杨皇后）党得势，山涛屡向武帝讽谏不任后党，武帝"虽悟而不能改"。③

　　上述事件的处置中，看上去武帝十分厚道，不伤争执的双方，但这实际上是不讲原则的和事佬作风，似仁实不问是非。有研究者认为，这是武帝的政治策略，他是在做政治平衡。不管怎样，武帝是不能摆脱"宠爱后党，亲贵当权"的嫌疑的。

　　武帝一方面强调吏治，另一方面又徇私纵容。执政上不讲原则，对重臣及皇亲国戚的犯罪不是严惩不贷，反而是徇私偏袒。对朝廷党争不是解决矛盾，而是以看似温和的平衡激化矛盾。王浑与王濬的战功未得到公正评判致使两人同为朝官却彼此视如仇雠；贾充、沈纵与任恺、庚纯之间矛盾未能得到调节反倒激化得势如水火。不公正的执政寒了大臣之心，称了小人之意，王濬、任恺由原先的刚正有为转而耽于享乐，成为西晋的豪奢一族，此即武帝处事的恶果。

　　忧劳兴国，逸豫亡身。当励精图治之心远去，随之而来的就是放纵与奢华，是整个社会的物欲横流。奢侈享受成为不少官员的生活常态："何曾薄太官御膳，自取私食，子劭又过之，而王恺又过劭。……至元康中，夸恣成俗，转相高尚，石崇之侈，遂兼王、何，而俪人主矣。崇既诛死，天下寻亦沦丧。僭逾之咎也。"④天下沦丧，又岂止是僭逾？官吏持身不检，结党营私，缺乏勤政务实之心，凡此种种无不是沦丧之因。而这些都与武帝对大臣的处置态度、执政态度的首鼠两端息息相关。

---

① （清）严可均：《全晋文》卷4，商务印书馆1999年版，第33页。按：事件发生后，太傅何曾、太尉荀𫖮、骠骑将军齐王攸议等曾议贬庚纯，荀𫖮泰始十年（274）去世，故事件应发生在泰始年间。
② 参见（唐）房玄龄等《晋书》卷45《任恺传》，中华书局1974年版，第1286—1287页。
③ 参见（唐）房玄龄等《晋书》卷43《山涛传》，中华书局1974年版，第1226页。
④ （唐）房玄龄等：《晋书》卷28《五行志中》，中华书局1974年版，第837页。

第三章 西晋政治对士人价值观的影响

西晋虽然短暂，但短短五十二年间，国运却大起大落。西晋士人在时局的变化中也演绎着自己的人生。西晋建国未经战火，禅代而立，但也经历了高平陵事件、淮南三叛的血雨腥风。政权的更迭迫使跨越两个王朝的士人在政治态度上做出取舍，高压之下的士人纷纷效命于新王朝，他们身上一方面仍存有汉魏时代的礼法作风，另一方面又有着改朝换代裂变的人格。无论是旧王朝还是新时代，儒家传统的君子人格内涵都发生了醒目的变化，士人最重要的操守"忠"渐行渐远。尽管如此，西晋士人在政治生活中，依然有所作为、有所建树。

第一节 西晋士人儒家价值观的裂变

改朝换代之际，官员最艰难的莫过于对政治阵营的选择。选择的结果，或是坚持本心而丧失政治利益，或是违背初心而获得政治利益。承平时代，士人同样也会纠结地在政治利益与人生价值的冲突间作出自己的选择。西晋士人是一个矛盾的群体，一方面他们背离了士人的君子人格，另一方面又有对儒家某些持身操守的坚守。

一 西晋士人政治人格与儒家价值观的背离

从生活经历看，西晋士人大体可分为前后两期。前期士人或由魏入晋，或由蜀入晋，或由吴入晋，他们中的很多人既是前朝的逆子贰臣，又是西晋司马氏政权的开国功臣。在政权的更迭中，这些士人大部分远离儒家传统的君臣之道，表现出明显的人格缺陷。西晋后期士人出生或成长于西晋，他们有的生活在承平年代里，有的生活于时代的夹缝中，经历了西晋的繁华与动乱，他们或奢侈享乐，或玄默静退，或躁进浮华，但普遍缺乏社会担当意识。从身份上看，西晋士人大部分都兼具官僚、学者、士人三种身份于一身。就官员身份看，西晋士人在人格操守上表现出鲜明的时代特征。

（一）殊途同归："忠"之操守渐行渐远

儒家讲究忠孝仁义，在新政权崛起、旧王朝衰亡的时代最能见王公大臣甚至普通百姓的忠贞与否。魏晋禅让是中国历史上极不光彩的一页，上至西晋政权的最高统治者，下至文武百官士人，都用他们的行为昭示了"忠"之人格操守的缺失。司马氏的杀伐篡位显然有违儒家的忠义之训，自不必说。就西晋士人而言，在政权转换之际，他们中不少人出处进退有不得已的苦衷，却也有一些人自毁人格，为新政权奔走效力。

高贵乡公事件中，王沈、贾充奠定了他们日后的政治基础。王沈，出身太原王氏，世代奉儒，并以孝义著称。他曾为曹爽部下，曹爽被诛因此免官，但很快起用。后因其儒学修为，深得高贵乡公信任。甘露之变，他却背弃了高贵乡公的信任，告发了高贵乡公攻打司马昭的意图，致使高贵乡公计划失败，身遭不测。同样，贾充也深谙儒家道义，却不顾君臣大义，王沈告密在先，贾充刺杀曹髦在后，成为司马氏篡位的急先锋。裴秀，出身讲经习礼的河东裴氏家族，原为曹爽故吏，曹爽被诛后被免官，不久被重新任命，成为西晋的权臣，有研究者说"我们不得不联想到这是曹爽下属与司马懿的里应外合"①。历史真实情况已无从知晓，但高平陵事件后，裴秀投靠司马氏是不容置疑的事实。此外，在文帝立世子的选择中，裴秀以司马炎"非人臣"的异相之说，最终确立了武帝王位继承人的身份，并且力主武帝登基。因此，在武帝践祚之初，王沈、贾充、裴秀因其败魏成晋之功被封爵为"公"，颇受武帝赏识与信赖。但他们人格道德上的缺陷却被时人严厉指责，武帝泰始年间，歌谣"贾、裴、王，乱纪纲。王、裴、贾，济天下"②就是对贾充、裴秀、王沈在魏晋嬗代之际所作所为的讥讽。王沈、贾充、裴秀有着深厚的儒学修为却背弃君臣大义，德行有亏却荣享富贵，这不能不说是时代的悲哀，是西晋士人的悲哀，是儒家思想文化的悲哀。

与贾、裴、王不同，高贵乡公被弑，王祥"老臣无状"的哭诉，几令所有王公大臣面有愧色；参见时为晋王的司马炎时的长揖，让司马炎肃然起敬。然而王祥的节操并未坚守到最后，哭拜高贵乡公后，"顷之，拜司

---

① 彭世亮：《裴秀新论》，《黑龙江史志》2012年第5期，第4页。
② （唐）房玄龄等：《晋书》卷40《贾充传》，中华书局1974年版，第1175页。

空，转太尉，加侍中"①，成为武帝器重的大臣。对这样的事实，王鸣盛评说，"昭、炎佯敬之，明知如傀儡，相与为伪而已"②，这是有一定的道理的。这样的封赏或许是司马氏拉拢人心的策略，但是王祥毕竟受命就职。这"不忠"的污点恐怕是王祥晚年无法面对的，因此在他的遗训中，立身之本独不见"忠"：

> 吾生值季末，登庸历试，无毗佐之勋，没无以报。……夫言行可覆，信之至也；推美引过，德之至也；扬名显亲，孝之至也；兄弟怡怡，宗族欣欣，悌之至也；临财莫过乎让：此五者，立身之本。③

从儒家的道德操守出发，"不忠"的人格缺陷在晋初许多士人身上有所表现。如果说王、裴、贾主动依附投靠司马政权是不忠朝廷、君王的话，向秀、山涛则是另一种情形，他们由竹林名士而出仕为官，是不忠自己的人生信条。向秀多少有胁迫的原因在内。司马氏篡权之后，对不为己用的天下名士大肆杀戮，致"天下名士减半"。向秀在嵇康被诛后，被迫到京师应举。"文王问曰：'闻君有箕山之志，何能自屈？'秀曰：'尝谓彼人不达尧意，本非所慕也。'一座皆说。随次转至黄门侍郎、散骑常侍。"④ 虽则是迫于司马氏的高压，但向秀确实违背了自己的处世原则与立场。

对于向秀的屈从行为，余嘉锡先生认为："魏晋士大夫虽遗弃世事，高唱无为，而又贪恋禄位，不能决然舍去。遂至进退失据，无以自处。"⑤ 叶嘉莹先生深表同情地说道："天下有一些人，不是他们的内心没有美好、光明的一面，他们也有趋向光明正义的向往，但他们生性软弱，在强权威胁下不能勇敢地站出来反抗，所以只好表现出依违两可的态度。……对此一点，我以为是应该给予同情的。因为那个时代是动辄有杀身之祸的。"⑥ 罗宗强先生也指出："向秀的改节，实在是一种无可选择的选择。"⑦

山涛"虽曾'好老庄，与嵇康善'，但后来终于依附司马氏，佐成亡

---

① （唐）房玄龄等：《晋书》卷33《王祥传》，中华书局1974年版，第988页。
② （清）王鸣盛：《十七史商榷》卷48"祥颃同谒晋王条"，商务印书馆1937年版，第433页。
③ （唐）房玄龄等：《晋书》卷33《王祥传》，中华书局1974年版，第989页。
④ 余嘉锡：《世说新语笺疏》上卷《言语18》注引，中华书局1983年版，第79页。
⑤ 余嘉锡：《世说新语笺疏》上卷《言语18》注引，中华书局1983年版，第80页。
⑥ 叶嘉莹：《汉魏六朝诗讲录》，河北教育出版社1997年版，第295页。
⑦ 罗宗强：《玄学与魏晋士人心态》，南开大学出版社2003年版，第155页。

魏成晋之业"①。山涛仕晋是有功名欲驱使的动因的。他在未出仕前,家贫,对妻子韩氏说:"忍寒,我当作三公,但不知卿堪公夫人不耳!"②其得官颇有走后门之嫌:"与宣穆后有中表亲,是以见景帝。帝曰:'吕望欲仕邪?'命司隶举秀才,除郎中。"③功名的驱使加之姻亲关系,山涛与"竹林七贤"之志终于分道扬镳,并在武帝继大统中立下大功:"帝以齐王攸继景帝后,素又重攸,尝问裴秀曰:'大将军开建未遂,吾但承奉后事耳。故立攸,将归功于兄,何如?'秀以为不可,又以问涛。涛对曰:'废长立少,违礼不祥。国之安危,恒必由之。'太子位于是乃定。"④

功名心无可非议,但背弃人生信条的功名则是山涛为后人诟病的最大话柄。余嘉锡先生评说山涛"善揣摩时势,故司马氏权重,则攘臂以与其逆谋;贾充宠盛,则缄口以避其朋党。进不廷争,以免帝怒,退有后言,以结充欢。首鼠两端,所如则合,此真所谓心存事外,与时俯仰也"⑤,认为他"迎合之术,可谓工也。操是术以往,其取三公,直如俯拾地芥"⑥。贺昌群先生赞同顾炎武《日知录》卷十三"正始条"对山涛的看法,认为:"后世论者以嵇绍忘其父而事其非君,实由山涛之败义伤教,为邪说之魁,遂使嵇绍之贤,且犯天下之不韪而不顾,及后五胡入主,君臣屡易而不以为怪,皆林下诸贤之咎。"⑦

也有研究者认为山涛的仕晋,主要在于他"顺时通变"的思想原则,"他把仕晋看作顺应时局发展而施展政治抱负的必然选择"⑧。这种看法应该是有一定说服力的。古圣者伊尹,"五就汤,五就桀",叶嘉莹先生诠释伊尹的行为是"以拯救人民为己任,无论谁任用我,只要能实现自己拯救人民的理想,我都要尽职尽责"⑨,并称他是孟子所说的"圣之任者"。应该说,晋初相当部分的官员,虽不是伊尹那样的圣者,但确如山涛一样是"顺时而变";虽不是死节的忠臣,但多少能保持一些儒者本色,在新王朝中能持身清正,有所作为。这种"乘时而动、应运而出"的心态在西晋后期士人中表现得尤为明显。不少士人"怀着对开国新朝的信赖与期盼",

---

① 陈寅恪撰,万绳楠整理:《魏晋南北朝史讲演录》,贵州人民出版社2008年版,第50页。
② 余嘉锡:《世说新语笺疏》下卷《贤媛11》注引,中华书局1983年版,第680页。
③ (唐)房玄龄等:《晋书》卷43《山涛传》,中华书局1974年版,第1223页。
④ (唐)房玄龄等:《晋书》卷43《山涛传》,中华书局1974年版,第1224页。
⑤ 余嘉锡:《世说新语笺疏》下卷《贤媛11》疏,中华书局1983年版,第681页。
⑥ 余嘉锡:《世说新语笺疏》下卷《贤媛11》疏,中华书局1983年版,第681页。
⑦ 贺昌群:《魏晋清谈思想初论》,辽宁教育出版社1998年版,第41页。
⑧ 刘明辉:《山涛政治心态和政治人格再析》,《历史教学》2009年第1期,第16页。
⑨ 叶嘉莹:《汉魏六朝诗讲录》,河北教育出版社1997年版,第247页。

"带着对才具学艺与功名怀抱的双重自信"①，应贤良方正人才之诏。如嵇绍，父虽为司马氏所杀，依然出仕；挚虞、华谭、夏侯湛举贤良方正；陆机、陆云、顾荣由吴入洛；张载、张协兄弟从蜀而来。由此而言，对仕晋的曹魏、吴蜀士人，也应有一种新的视角，在看到他们不忠旧朝的同时，也应看到时代潮流趋势对他们的影响。

谯周，西蜀士人，在邓艾入蜀、国势危亡之时，他力劝国君刘禅降魏。有研究者认为，谯周的劝降是为其所属的益州土著利益着想："他最终选择劝降，则主要是因为其本人所属的区域集团利益占了上风"，"谯周是地道的益州土著，他所做的一切也多以此为出发点"。② 刘蓉则认为："对于统一和安定的渴望，对于人民疾苦的切实关注，才是谯周劝降的真正动因。"③ 但作为封建时代的士大夫，谯周的行为无疑是有违君臣大义的，所以东晋孙盛评价说："《春秋》之义，国君死社稷，卿大夫死位，况称天子而可辱于人乎！周谓万乘之君偷生苟免，亡礼希利，要冀微荣，惑矣。"④

在急剧变换的政治形势前，在司马氏血腥杀伐夺天下的过程中，士人或以"不忠"在新政权中捞取政治资本，贾、裴、王是也；或以"不忠"苟全性命于新王朝，向秀等是也；或以"不忠"而顺应时代变化，山涛、谯周等是也。"不忠"几乎是西晋普遍的道德缺失，对此沈约说道："汉世士务治身，故忠孝成俗，至乎乘轩服冕，非此莫由。晋、宋以来，风衰义缺，刻身厉行，事薄膏腴。"⑤ 此说正是看到了西晋士风之变，进一步，清王鸣盛《十七史商榷》评"晋少贞臣"，这些都是有充分史实为证的。

（二）媚附权势："直"之操守的扭曲

如果说"忠"的缺失是整个大的政治背景之下士人操守的集体滑坡，尚有可争辩、可同情之处；那么"直"的扭曲则是士人的个体行为，无可姑息。他们往往为了自己的政治地位，阿谀取媚，丧失了正直的品行，典型人物有荀颢、何曾、石苞、郑冲、石崇、潘岳等。

荀颢出身名门之后，饱读儒家经典，深受武帝信任，武帝登基即被封

---

① 王澧华：《两晋诗风》，上海古籍出版社2005年版，第23页。
② 朱霞欢：《谯周论——兼谈西晋王朝对待蜀吴降士的态度》，《四川师范大学学报》（社会科学版）2003年第3期，第131页。
③ 刘蓉：《论汉魏之际地域观念的转变：以谯周劝降为例》，《求索》2009年第3期，第220页。
④ （晋）陈寿：《三国志》卷42《谯周传》注引，中华书局2006年版，第612页。
⑤ （南朝梁）沈约：《宋书》卷91《孝义传》，中华书局1974年版，第2258—2259页。

为临淮公,受命撰定晋代新礼。然其"明《三礼》,知朝廷大仪,而无质直之操,唯阿意苟合于荀勖、贾充之间"①。有三件事足证其媚事权贵,人品低下。其一,曾与王祥同去谒见晋王司马炎,一见面即行君臣跪拜大礼,其时武帝尚未称帝。② 其二,武帝欲为太子娶卫瓘女,荀𫖮接受贾充妻郭槐的贿赂,盛称贾南风贤良淑德,确立了贾南风太子妃的地位。荀𫖮巴结讨好了权臣贾充,却为日后贾后乱政埋下了祸根③。如果不是荀𫖮、荀勖叔侄推举贾南风为太子妃,西晋的历史或许会有完全不同的面貌。其三,立太子是武帝决策的重大失误,而这失误与荀𫖮、荀勖叔侄也有密切关系。试看《晋书·和峤传》记载:

> 峤见太子不令,因侍坐曰:"皇太子有淳古之风,而季世多伪,恐不了陛下家事。"帝默然不答。后与荀𫖮、荀勖同侍,帝曰:"太子近入朝,差长进,卿可俱诣之,粗及世事。"即奉诏而还,𫖮、勖并称太子明识弘雅,诚如明诏。峤曰:"圣质如初耳!"帝不悦而起。④

此段记载,和峤与二荀叔侄形成鲜明对比,二荀叔侄的阿谀完全忽略了国家利益。如果不是荀𫖮、荀勖曲意奉和武帝,如果二荀能如和峤一样直言不讳,竭力劝阻,恐怕惠帝继位的概率会大打折扣,或不致出现元康后贾后专权的政治局面。⑤

阿谀取媚在何曾身上也有表现。何曾以"食日万钱,犹曰无下箸处"⑥的奢侈名闻于时,他在曹魏时代颇有所为,曾上疏明帝,要求选良吏,兴利除弊;曾弹劾宠臣尹模,为朝廷称道;曾为毌丘氏减刑,人性化执法。其阿谀取媚之行,《晋书》本传载:"曹爽专权,宣帝称疾,曾亦谢病。爽诛,乃起视事。魏帝之废也,曾预其谋焉。"⑦ 他不仅与司马懿保持高度一致的步调,武帝为晋王时,还与王沈、裴秀劝进晋王。

阿谀取媚是为了巩固自己的地位与权势,自然不会秉公直言,贾充、

---

① (唐)房玄龄等:《晋书》卷39《荀𫖮传》,中华书局1974年版,第1151页。
② 事见(唐)房玄龄等《晋书》卷33《王祥传》,中华书局1974年版,第988页。
③ 事见(唐)房玄龄等《晋书》卷31、39《贾后传》《荀𫖮传》《荀勖传》,中华书局1974年版,第963、1152、1153页。
④ (唐)房玄龄等:《晋书》卷45《和峤传》,中华书局1974年版,第1283页。
⑤ 案:陈寿《三国志》卷10《荀彧传》注中,裴松之以为与和峤同去考察太子的非荀𫖮、荀勖叔侄,而是荀恺。待考。
⑥ (唐)房玄龄等:《晋书》卷33《何曾传》,中华书局1974年版,第998页。
⑦ (唐)房玄龄等:《晋书》卷33《何曾传》,中华书局1974年版,第995页。

荀颢叔侄如此，何曾亦不例外。《晋书·何曾传》的一则材料常被后人引用：

> 初，曾侍武帝宴，退而告遵等曰："国家应天受禅，创业垂统。吾每宴见，未尝闻经国远图，惟说平生常事，非贻厥孙谋之兆也。及身而已，后嗣其殆乎！此子孙之忧也。汝等犹可获没。"指诸孙曰："此等必遇乱亡也。"及绥死，嵩哭之曰："我祖其大圣乎！"①

何曾有远见卓识，对武帝治国的失策、对国运的判断，都为后来的历史所证实。惜其不能尽忠进言，为国分忧，完全以旁观者姿态，置身于国事之外。媚附与不务实事使得何曾走向另一个极端：尸位素餐、奢侈享受。晚年，何曾不断向朝廷请求致仕，倒也有可称道之处。

同何曾一样，郑冲也曾屡屡要求致仕，恪守着儒家的官吏制度。泰始初"司隶李憙、中丞侯史光奏冲及何曾、荀颢等各以疾病，俱应免官。帝不许。冲遂不视事，表乞骸骨"②。直至泰始九年（273）依然"抗表致仕"。郑冲"清恬寡欲""任真自守"，不慕权势，曹魏时代"虽位阶台辅，而不预世事"。作为礼法之士，"高贵乡公讲《尚书》，冲执经亲授"，"平蜀之后，命贾充、羊祜等分定礼仪、律令，皆先咨于冲，然后施行"③。然而就是这样一位儒学宗师，却背离了传统的儒家礼教，据《晋书·文帝纪》：景元二年（261），高贵乡公被弑，司马昭拜相国，"司空郑冲致晋公茅土九锡"；景元四年（263），司空郑冲率群官劝进，上表盛称司马昭。《武帝纪》载：咸熙二年（265），太保郑冲奉策劝进武帝登基。或说郑冲劝进乃奉旨而行，然其行为确有值得非议之处：他为司马氏篡权做了舆论宣传与准备。比较武帝对他与王祥的封赏，也可以说明这一点。泰始初，同为儒学之宗的王祥与郑冲，均被晋爵为公，是晋初"八公之一"；咸宁初年，作为配享宗庙的功臣，却少了王祥。主要原因在于"王祥在魏晋嬗代时持更为超然的立场"，"郑冲虽然人望较低，但表现却积极得多"，"两人不同的政治态度决定了他们在功臣铭飨名单上的一进一出"。④

阿谀取媚者尚有石苞。石苞起于寒素，平定寿春，曾参见高贵乡公，在文帝面前评价曹髦为"非常主"。然"文帝崩，贾充、荀勖议葬礼未定，

---

① （唐）房玄龄等：《晋书》卷33《何绥传》，中华书局1974年版，第1000页。
② （唐）房玄龄等：《晋书》卷33《郑冲传》，中华书局1974年版，第992页。
③ （唐）房玄龄等：《晋书》卷33《郑冲传》，中华书局1974年版，第991—992页。
④ 仇鹿鸣：《魏晋易代之际的石苞》，《史林》2012年第3期，第52页。

苞时奔丧,恸哭曰:'基业如此,而以人臣终乎!'葬礼乃定"①。石苞的哭诉,显见其拥戴司马昭之心。在高贵乡公被司马昭杀害后,此举无疑表明了他趋附的立场,这种趋附使得他成为魏晋禅让的有力干将,也成为西晋的开国元老。

荀颢、何曾、石苞、郑冲等是曹魏时代的老臣,政权更迭之际,他们选择了新王朝,并成为新王朝的功臣。在新王朝建设中他们也有所建树,但其媚附权贵、无质直之操却是洗不去的人生污点。媚附的人格操守不仅见于曹魏老臣,亦见于西晋成长起来的新一代士人。最典型的莫过于石崇、潘岳,《晋书》本传如是记载:

> (潘)岳性轻躁,趋世利,与石崇等诣事贾谧,每候其出,与崇辄望尘而拜。
> 广成君每出,(石)崇降车路左,望尘而拜,其卑佞如此。②

徐公持先生分析其望尘而拜的原因,认为石崇如此是因为树敌过多,为富不仁,需要更强有力的政治保护伞;潘岳则是极端强烈的功名及利益需求所致。③ 无论何种原因,他们的言行都显现出趋附权势、媚附权贵的性质,丧失了正直的人格操守。

即使如傅玄、乐广等为官清正的大臣,也表现出人格操守上的缺陷。乐广素号玄虚,为官清正,但在赵王伦篡权中也曾如郑冲一样,奉玺绶劝进。推其原因不尽是媚附,也与乱世中士人的自全心态有关。八王之乱中,"城头变幻大王旗",士人往往随着这变幻的旗帜,改变自己的政治立场,他们的人生在追逐权势、谋求自保中丧失了是非观念,远离了正直的人格。

傅玄,性格刚正,为官"白简正色,台阁生风",他在"不讳之朝,蒙特达之顾,生司喉舌,没谥刚侯"④,是仅有能全身的直臣。作为皇帝的喉舌,傅玄一面是刚直不讳议论朝政与朝臣;另一面是大量创作颂歌,赞美司马氏皇权,赞颂西晋代魏顺时应天。"他是有晋一代参与制作这类歌

---

① (唐)房玄龄等:《晋书》卷33《石苞传》,中华书局1974年版,第1001—1002页。
② (唐)房玄龄等:《晋书》卷55《潘岳传》、33《石崇传》,中华书局1974年版,第1504、1006—1007页。
③ 参见徐公持《浮华人生:徐公持讲西晋二十四友》,天津古籍出版社2010年版,第65页。
④ (清)陈沆:《诗比兴笺》,上海古籍出版社1981年版,第51—52页。

功颂德词章的最重要的作者，数量之多，远远超过其他人，例如荀勖、张华、成公绥等。他将自己'善属文，解钟律'方面的才能，完全奉献给了司马氏政权，变成了一位词章之臣"①，他能"蒙特达之顾"与此不无关系。尽管如此，傅玄也屡遭罢黜，原因不纯是刚直，也有操守上的瑕疵，《晋书》本传有这样的记载：

> 初，玄进皇甫陶，及入而抵，玄以事与陶争，言喧哗，为有司所奏，二人竟坐免官。
> 献皇后崩于弘训宫，设丧位。旧制，司隶于端门外坐，在诸卿上，绝席。其入殿，按本品秩在诸卿下，以次坐，不绝席。而谒者以弘训宫为殿内，制玄位在卿下。玄恚怒，厉声色而责谒者。谒者妄称尚书所处，玄对百僚而骂尚书以下。御史中丞庾纯奏玄不敬，玄又自表不以实，坐免官。②

颜延之《颜氏家训》说道："自古士人，多陷轻薄：……傅玄忿斗免官；孙楚矜夸凌上……"③刘勰《文心雕龙·程器》篇，列举历代士人之疵，其中也有"傅玄刚隘而詈台，孙楚狠愎而讼府"④之例。颜延之分析这些行为，归根结底是"忽于持操，果于进取"，他以此为戒，告诫子孙应重操守，加强道德修养。明代王世贞《艺苑卮言》（卷八）将傅玄的这些行为归结为"文章九命"中的"玷缺"之命。"玷缺"，顾名思义，即操守的玷污与缺失。历代文人均以傅玄为戒，其操守之失可想见。

上述士人往往身兼重臣，他们在政治上的进退失据，望风而动，有违君臣大义，在当时是相当典型的，于曹魏旧臣中有普遍的代表性，并且对后世影响极大。从曹魏代汉，再到魏晋嬗代，忠君死节的儒家传统道义越来越淡漠。东晋至南朝宋、齐、梁、陈的政权屡次在"和平"中禅让，文臣武将都坦然地弃旧主、迎新君。不同的是，晋初投靠司马政权的士人有不少与司马氏有故主旧恩的私人情感，有姻亲的亲属关系，而南朝的叛臣连这点儿个人恩怨都不复存在了。萧子显对此颇为感慨：

---

① 魏明安、赵以武：《傅玄评传》，南京大学出版社1996年版，第104页。
② （唐）房玄龄等：《晋书》卷47《傅玄传》，中华书局1974年版，第1320、1322—1323页。
③ （北齐）颜之推：《颜氏家训》卷4《文章第九》，上海古籍出版社2017年版，第100页。
④ 王运熙、周锋：《文心雕龙译注》，上海古籍出版社2010年版，第241页。

> 晋氏登庸,与之从事,名虽魏臣,实为晋有,故主位虽改,臣任如初。自是世禄之盛,习为旧准,羽仪所隆,人怀羡慕,君臣之节,徒致虚名。贵仕素资,皆由门庆,平流进取,坐至公卿,则知殉国之感无因,保家之念宜切。市朝亟革,宠贵方来,陵阙虽殊,顾眄如一。①

（三）社会担当意识的淡薄

西晋嬗代,传统的君子人格内涵发生了变化,世家大族所重不在忠君报国,而是家族利益。士大夫挟私保家之念,使士人缺乏责任感,不能担当社稷安危之责,这是坐致国家灭亡的重要原因之一。

九品中正制选拔官吏注重德行、才能与资望。西晋中后期,门第观念日益加强,"大抵门第之成,多源大族。得高官者为权门,操乡议者为盛族。迨后高门操政,垂为永规；盛族弄权,遂成末节。然而高门得为盛族,盛族未必悉高门"②。事实上,西晋的政治资源基本上被高门占有,他们不少是魏晋易代的功臣及其后代。于是,中正定品往往以门第为依据而不以才德,刘毅上书对中正定品的不合理有这样的描述："高下逐强弱,是非由爱憎。随世兴衰,不顾才实,衰则削下,兴则扶上……"③ 这些士人从阴谋纷争中走来或在父祖官爵的荫庇下成长,他们缺乏政治原则与信仰,只谋求自身与家族的利益,儒家士人忠君为国、勇于担当的人格操守在他们身上日渐消失。试以西晋琅琊王氏部分家族成员为例加以说明。

琅琊王氏是两晋南北朝的簪缨世家,其奠基人当推王祥。王祥性至孝,是中国历史上孝子的典范。他有才能,曾平定徐州寇乱,政化大行；有才学,是帝王师,高贵乡公命为三老；有操守,曾傲然长揖拜见时为晋王的武帝,为曹髦之死哭号自责。西晋建国官拜太保,晋爵为公,虽于入晋不久的泰始五年（269）去世,但泽被家族,琅琊王氏从此崛起西晋,直到南北朝依然长盛不衰。其族孙王戎、王衍等在西晋颇有重名。

王戎,"竹林七贤"之一,正始年间即有声名。在政绩上无太大建树,史书称"无殊能"。可书之事当数受诏伐吴,其时为豫州刺史,加建威将军,立下军功。此外,值得一书的是永兴元年（304）,王戎"从帝北伐,王师败绩于荡阴,戎复诣邺,随帝还洛阳。车驾之西迁也,戎出奔于郏。

---

① （南朝梁）萧子显：《南齐书》卷23《王俭传》,中华书局1972年版,第438页。
② 王伊同：《五朝门第》,中华书局2006年版,第12页。
③ （唐）房玄龄等：《晋书》卷45《刘毅传》,中华书局1974年版,第1274页。

在危难之间，亲接锋刃，谈笑自若，未尝有惧容"①，这里展示了暮年王戎颇有血性的一面。其实这样的血性与其早年的性格是一致的，看《世说新语》：

> 魏明帝于宣武场上断虎爪牙，纵百姓观之。王戎七岁，亦往看。虎承间攀栏而吼，其声震地，观者无不辟易颠仆，戎湛然不动，了无恐色。②

只是岁月变迁，环境所迫，王戎的行事带上了更多的时代色彩，那就是"与时舒卷，无謇谔之节"。他主持典选，"未尝进寒素，退虚名，但与时浮沉，户调门选而已"；身居司徒之职，"以王政将圮，苟媚取容，属愍怀太子之废，竟无一言匡谏"；他有人伦识鉴，力劝从弟王衍为孙秀乡品，"及秀得志，朝士有宿怨者皆被诛，而戎、衍获济焉"；八王之乱，朝廷屡易权主，王戎却能优游其间。③ 这一切的行为处事无不昭示出王戎疏于大节、力求自保、老于世故的人品。甚至王戎的聚财、吝啬在贺昌群先生看来也是"用晦以保其身"④，此说若成立，王戎则连一点儿真我、真性情都不复存在，这样的人又如何担当起社会道义与国家重任？

与王戎一样，琅琊王氏另一成员王衍也同样不具备社会担当意识。作为西晋名士，在人伦识鉴上，王衍有重名于世。但他品题人物，"尤重（王）澄及王敦、庾敳，尝为天下人士目曰：'阿平第一，子嵩第二，处仲第三'"⑤。这样的品题带有浓厚的家族观念，在他的提携下，其弟王澄顺利步入西晋名士之流。不仅如此，身居宰辅的他，还努力为家族自全着想，游说东海王越，以弟王澄为荆州刺史，族弟王敦为青州刺史。事成，对王澄、王敦说道："荆州有江、汉之固，青州有负海之险，卿二人在外，而吾留此，足以为三窟矣。"⑥ 国家危难之时，有私心如此，其人格操守固不待评矣。正因为私心自保，在朝廷需要其挺身而出之时，王衍往往极力退缩，史书载："衍初好论纵横之术，故尚书卢钦举为辽东太守。不就，

---

① （唐）房玄龄等：《晋书》卷43《王戎传》，中华书局1974年版，第1235页。
② 余嘉锡：《世说新语笺疏》中卷《雅量5》，中华书局1983年版，第350页。
③ 上述引文见（唐）房玄龄等《晋书》卷43《王戎传》，中华书局1974年版，第1233—1235页。
④ 贺昌群：《魏晋清谈思想初论》，辽宁教育出版社1998年版，第42页。
⑤ （唐）房玄龄等：《晋书》卷43《王澄传》，中华书局1974年版，第1239页。
⑥ （唐）房玄龄等：《晋书》卷43《王衍传》，中华书局1974年版，第1237—1238页。

于是口不论世事，唯雅咏玄虚而已。"① 永嘉五年（311）东海王去世，众人共推其为元帅抗拒石勒，王衍却因"贼寇锋起，惧不敢当"②。兵败之后，为求自保，甚至劝石勒称帝，终被石勒不耻而排墙填杀。一代名士，清谈领袖，承平年代生活在耀眼的光环之下，为众人瞩目，晚年退却光环则不堪一击。

王衍之弟王澄，惠帝末年任荆州刺史，"将之镇，送者倾朝。澄见树上鹊巢，便脱衣上树，探鷇而弄之，神气萧然，旁若无人"，"既至镇，日夜纵酒，不亲庶事，虽寇戎急务，亦不以在怀"③。作为军事重地荆州的地方最高长官，无治理才干，却耽于醉酒，投壶博戏，导致上下离心、内外怨叛，最终弃州而走。王澄的治世之才与治世之心于此可见，王衍所谓的"阿平（王澄）第一"徒然贻笑后世。

琅琊王氏三兄弟的人生道路与人格操守实际上是不少西晋士人的缩影，类似的如后进名士庾敳，以"天下多故，机变屡起，敳常静默无为"④；山简，"永嘉三年（309），出为征南将军、都督荆、湘、交、广四州诸军事、假节，镇襄阳。于时四方寇乱，天下分崩，王威不振，朝野危惧。简优游卒岁，唯酒是耽"⑤；西晋末年，胡毋辅之、谢鲲、阮放、毕卓、羊曼、桓彝、阮孚与光逸，号称"八达"，更是散发裸袒，闭室酣饮，放诞任达……西晋士风如此，究其原因，可以归纳为三：

其一，恶劣的社会环境影响。曹魏代汉，西晋代魏，两次政权禅让，"天下名士减半"。历经曹魏时代的猜忌与司马氏政权的高压，士人全身远害、明哲保身的心态，使他们在政治生活中小心翼翼。李秉、羊祜、荀勖等都有"慎"的家诫；王戎、何劭、庾敳等则发展为不缨事务，并以老于世故的方式游刃于八王纷争的乱世。社会环境的险恶导致士人的自全心态，自全心态又使士人回避社会责任，士人回避社会责任又使国家形势更为恶劣，这样一种恶性循环的政治生态，最终导致西晋的灭亡。

其二，玄学文化思潮的影响。一般来说，西晋士人大体分为两派：一派为礼法之士，传承儒术；另一派信奉老庄，主张玄学。当然这两派并非截然对立，不少士人儒玄双修，只是倾向于儒学还是玄学的多少不同。对西晋士人，王夫之有评论说："其以世事为心者，则毛举庶务以博忠贞干

---

① （唐）房玄龄等：《晋书》卷43《王衍传》，中华书局1974年版，第1236页。
② （唐）房玄龄等：《晋书》卷43《王衍传》，中华书局1974年版，第1238页。
③ （唐）房玄龄等：《晋书》卷43《王澄传》，中华书局1974年版，第1239—1240页。
④ （唐）房玄龄等：《晋书》卷50《庾敳传》，中华书局1974年版，第1396页。
⑤ （唐）房玄龄等：《晋书》卷43《山简传》，中华书局1974年版，第1229页。

理之誉，张华、傅咸、刘毅之类是已。不然，则崇尚虚浮，逃于得失之外以免害，则阮籍、王衍、乐广之流是已。两者交竞，而立国之大体、植身之大节，置之若遗；国之存亡，亦孰与深维而豫防之哉？"① 这段话指出了西晋士人群体的弱点：博名与虚浮。相较而言，后人对清谈玄虚者指责更多。因为他们"一方面宣扬出世高调，另一方面却贪图世俗生活享受"，对他们来说需要的是"玄学清高与世俗享受合二为一"②。琅琊王氏三兄弟即此类人物代表，他们以清谈邀名，却并不淡出政治，不反对享受人生；他们身居高职，却崇尚虚无，不以世务为心。作为清谈名士，他们是承担"清谈误国"之罪的代表人物，尤其是王衍。姑不论清谈误国之说对错，玄学文化思潮的确影响了西晋士人的立身处世。

其三，西晋士人精神道德整体滑坡所致。戴逵曾说："竹林之为放，有疾而为颦者；元康之为放，无德而折巾者也，可无察乎！"③ 这里戴逵较为公允地指出了竹林名士与中朝名士放达背后的本质区别，即西晋名士缺乏道德操守。此说多为后人所认同。西晋不仅玄谈之士无德行操守，不少事功之士亦德行有亏，典型的莫过于二十四友。由于强烈的政治欲求，他们普遍附会浮竞，失去道德准绳的约束。对二十四友道德品格上的种种沉沦，《浮华人生：徐公持讲西晋二十四友》一书有详细阐述，可参见之。

剖析西晋士人的政治人格，可以看到西晋的儒学建设之艰难。武帝的崇儒政策并未使士人心中牢固确立儒家的道德精神，诚如史臣所言："朝寡纯德之人，乡乏不贰之老。"④ 他们身上表现出"中国历史上最突出的道德堕落现象"⑤，这种道德与人格的缺失与当时的社会现实、思想文化息息相关，它为时代所催生，同时又反过来影响着时代的发展。从西晋士人政治人格的剖析中，我们看到了西晋士人的悲哀：他们富有才华，具备儒学修养，但是却在动乱的时代中扭曲了自己的人格操守，成为缺乏正直感、缺少责任感的领导群体。他们的人格操守不仅影响自身的三观，也影响着国家的发展建设，西晋的儒学建设因他们而更加任重道远。

---

① （清）王夫之：《读通鉴论》卷12《晋惠帝》，中华书局2013年版，第324页。
② 徐公持：《浮华人生：徐公持讲西晋二十四友》，天津古籍出版社2010年版，第79—80页。
③ （唐）房玄龄等：《晋书》卷94《戴逵传》，中华书局1974年版，第2458页。
④ （唐）房玄龄等：《晋书》卷5《孝愍帝纪》，中华书局1974年版，第135页。
⑤ 徐公持：《浮华人生：徐公持讲西晋二十四友》，天津古籍出版社2010年版，第121页。

二 西晋士人持身操守与儒家道德观的传承

在特定的政治环境下,政治立场的选择导致了贰臣的出现,造就了西晋士人政治人格与儒家价值观的背离。与此同时,传统的儒家思想依然根深蒂固,在持身操守方面深刻影响着西晋士人,形成西晋士人与政治人格完全不同的另一面。不少西晋士人在社会纷乱之际,彰显出义行义举;在国家承平时,恪守了儒家所强调的持身品格。

(一) 义

义,属于儒家的道德范畴,是儒家的"五常"之一。"义"通常表现为人与人之间的道义行为。西晋建国短暂,却政局动荡,从三淮之乱、西晋禅魏、灭蜀平吴到八王之乱,不少士人身陷政治旋涡,人人自危,人与人之间关系如履薄冰。但仍有不少值得称颂的道义之行:羊祜岳父夏侯霸降蜀,其家众叛亲离,羊祜却安其室,恩礼有加;① 高贵乡公遇害,百官莫敢奔赴,司马孚却枕尸于股,放声痛哭;② 曹爽被诛,门生故吏无人前往,唯荀勖临赴;③ 愍怀太子废,"诏令故臣不得辞送,众官不胜愤叹,皆冒禁拜辞",辞送者皆被缚送至狱,乐广却释放了众人;④ 成都王司马颖死后,其官属奔逃,唯卢志亲自殡送⑤……改朝换代、政权易主之际,士人能自全都不易,何况是坚持道义?

这样的行为有一已属不易,难得的是一而再、再而三。阎缵,曾为太傅杨骏舍人,元康元年(291)杨骏被诛,阎缵弃官归家,邀杨骏故主簿潘岳、掾崔基共同埋葬杨骏。墓成将葬,事发,众人皆惧怕逃走,阎缵独以家财安葬杨骏而去。元康九年(299),愍怀太子被废,阎缵不惧牵连,做好最坏打算,抬棺上朝,为太子申冤。永康元年(300),张华遇害,贾谧被诛,朝野震动,阎缵独抚张华尸体痛哭,对贾谧尸体痛斥。⑥

这些士人或为亲眷、故主,或是路见不平,他们心中有情义,重道义,乃至于坚持正义。刘毅公开指出武帝卖官,钱入私门的事实,比武帝为汉末桓、灵二帝;⑦ 段灼上书,不避魏晋禅让血淋淋的历史,说"陛下受禅,从

---

① (唐) 房玄龄等:《晋书》卷44《羊祜传》,中华书局1974年版,第1014页。
② (唐) 房玄龄等:《晋书》卷37《安平献王孚传》,中华书局1974年版,第1084页。
③ (唐) 房玄龄等:《晋书》卷39《荀勖传》,中华书局1974年版,第1152页。
④ (唐) 房玄龄等:《晋书》卷43《乐广传》,中华书局1974年版,第1245页。
⑤ (唐) 房玄龄等:《晋书》卷44《卢志传》,中华书局1974年版,第1258页。
⑥ (唐) 房玄龄等:《晋书》卷48《阎缵传》,中华书局1974年版,第1350、1352页。
⑦ (唐) 房玄龄等:《晋书》卷45《刘毅传》,中华书局1974年版,第1272页。

东府入西宫,兵刃耀天,旌旗蔽日"①,并大胆指出晋室并非尧舜复兴、天下太平,劝诫武帝"常念临深之义,不忘屡冰之戒"②;刘颂上疏,指出武帝任人皆"先代功臣之胤,非其子孙,则其曾玄"③,称武帝时代为"叔世";周处"居近侍,多所规讽。迁御史中丞,凡所纠劾,不避宠戚"④……他们义正词严,不畏帝王权贵,或秉笔直书、直言相谏,或秉公执法、纠弹不法。他们秉持正义,正道直行,为西晋士人群体增色不少。

在儒家文化中,"义"的最高境界当是"忠义",西晋士人中忠义的典范莫过于嵇绍。永安元年(304)荡阴之役,惠帝蒙尘,百官侍卫莫不溃散,唯嵇绍以身阻挡飞箭,血溅御衣,用自己的生命换得惠帝的安全。对嵇绍之死,后人说法不一,王夫之说其"不知有父者,恶知有君"⑤,本书不敢苟同。的确,父母之仇不共戴天,西晋王裒因父亲被司马昭所杀,终生不臣朝廷,隐居乡里,课徒授业,洛京失陷,死于寇贼。嵇绍之父嵇康同样死于司马昭之手,但他在山涛的教育下成长,最终出仕,走的是与王裒截然不同之路。他不但没有与司马氏政权对抗,反而为惠帝而死。王裒与嵇绍之死价值还是有高下之别的,王裒之死令人感叹唏嘘;嵇绍之死,则是死于忠义。无论如何,在封建时代,"忠君"即是爱国,嵇绍之死应该是体现了儒家的价值观的。

值得一说的是,嵇绍的人生之路应在其父预料之中。山涛举荐嵇康,嵇康与之绝交,这只是表明了他自己不与司马政权合作的态度,并不意味着他对儿子人生之路的决定。他明知山涛为司马政权服务,临终托孤应该也知道山涛教育下成长起来的儿子一定会出仕司马政权,但他依然托孤山涛。嵇康托孤,从更深的层面看,实际上表明了他的价值观。他是曹操的孙(重孙)女婿,从"忠"出发,注定了他的立场选择。但儿子不同,嵇绍生活成长于新的时代、新的政权下,他完全可以忠于自己的时代与政权。这或许就是嵇康托孤的心理基础与价值判断。从这个角度看,嵇康"越名教而任自然"实是不得已,并不是对儒家思想文化的否定。这在竹林名士阮籍身上也可以得到证明。阮籍之子阮浑慕通达而不拘小节,阮籍不赞成,对儿子说道:"仲容(阮咸,阮籍侄子)已豫吾此流,汝不得复

---

① (唐)房玄龄等:《晋书》卷48《段灼传》,中华书局1974年版,第1342页。
② (唐)房玄龄等:《晋书》卷48《段灼传》,中华书局1974年版,第1343页。
③ (唐)房玄龄等:《晋书》卷44《刘颂传》,中华书局1974年版,第1296页。
④ (唐)房玄龄等:《晋书》卷58《周处传》,中华书局1974年版,第1570页。
⑤ (清)王夫之:《读通鉴论》卷12《晋惠帝》,中华书局2013年版,第331页。

尔！"① 太康年间，阮浑也出仕司马政权，为太子庶子。

嵇绍死君与嵇康不仕司马氏，本质上都是"忠义"，我们从嵇康、嵇绍父子身上可以真正体会到儒家传统文化的深深根基。短暂动荡的西晋固然有不少背主忘恩、求荣负义之人，但亦有蹈节轻生之士，这样的义士历史上代不乏人，乱世中，西晋士人的"义"举正可见儒家传统文化的传承与影响。

（二）孝

忠孝是儒家价值观的核心组成部分，但曹魏及西晋的两次政权禅代，使得"忠"这一传统价值观面临尴尬处境，于是统治者更多地提倡"以孝治国"，"孝"成为汉魏以来士人道德上的显著特点，也成为影响士人仕进的一个重要因素。为此，吕思勉先生曾这样评说西晋之孝行："《晋书》所载，居丧过礼、庐墓积年、负土成坟、让产让财、抚养亲族、收恤故旧之士甚多，岂皆笃行，盖以要名也。"② 汉魏以降，固然有以孝"要名者"，但出自真情的孝悌之士也不少，据《晋书》可见：

> 王祥"卧冰求鲤"侍奉母亲；盛彦母亲失明，他"不应辟召，躬自侍养，母食必自哺之"③；
>
> 羊祜遭母忧兄丧，"毁慕寝顿十余年，以道素自居，恂恂若儒者"④；
>
> 山涛"年逾耳顺，居丧过礼，负土成坟，手植松柏"⑤；
>
> 夏方十四岁，家中十三位亲人遭疫疠而亡，他"夜则号哭，昼则负土，十有七载，葬送得毕"⑥；
>
> 庾衮，在"疠气方炽"时，不顾危险，独自照看去世兄长的棺柩、照顾病重的次兄百余日，终使病重的兄长转危为安。⑦

"孝"主要表现为生养与死祭，《晋书》所记，更多的是"死祭"。这种"死祭"有时甚至达到毁己灭性的地步。曹志"遭母忧，居丧过礼，因

---

① （唐）房玄龄等：《晋书》卷49《阮籍传》，中华书局1974年版，第1362页。
② 吕思勉：《吕思勉读史札记》，上海古籍出版社1982年版，第800页。
③ （唐）房玄龄等：《晋书》卷88《孝友传》，中华书局1974年版，第2276—2277页。
④ （唐）房玄龄等：《晋书》卷34《羊祜传》，中华书局1974年版，第1014页。
⑤ （唐）房玄龄等：《晋书》卷43《山涛传》，中华书局1974年版，第1225页。
⑥ （唐）房玄龄等：《晋书》卷88《孝友传》，中华书局1974年版，第2277页。
⑦ （唐）房玄龄等：《晋书》卷88《孝友传》，中华书局1974年版，第2280页。

此笃病，喜怒失常"①；赵至知母亡，不能荣养，"号愤恸哭，呕血而亡，时年三十七"②。

西晋重孝，有时因"孝"而使法令制度发生变化。《晋书》载，郑默"遭母丧，旧制，即葬还职，默自陈恳至，久而见许。遂改法定令，听大臣终丧，自默始也"③。

百善孝为先，作为一种时代风气，西晋士人不能尽"忠"的同时，不少却是能尽孝的，即便贾充、何曾、荀𫖮这些人格有缺失者都堪称"孝"的典范。傅玄就曾著文盛赞何曾、荀𫖮，"以文王之道事其亲者，其颖昌何侯乎，其荀侯乎！古称曾、闵，今日荀、何"，"荀、何，君子之宗也"。④

傅玄如此高调评价何曾、荀𫖮，这与传统文化的传承及西晋的政策导向有关。儒家传统文化特别重视"孝行"，生养、死葬都有一系列的要求，汉代乡议中，"孝"是重要的评价依据，以孝选士几为常规。魏晋以来，对"孝"的重视不减两汉，尤其是西晋，提倡"以儒治国"，晋武帝诏书中三令五申，提倡孝道，要求对有孝行者加以举荐，对不孝者予以纠劾。不仅如此，他还在孝行上亲为表率，为父母行三年心丧之礼，不顾群臣劝阻，亲自谒拜皇陵。在这样的大背景之下，"孝"与士人的仕进关系匪浅。陈寿因丧期未加检点两被清议，仕途塞顿；阎缵被母亲诬告，清议十年不得仕进。今天看来这样的处置是不公的，但这反见西晋对"孝"的强调，它是士人出处进退的重要依据。

（三）清

"清"是晋初士人道德上另一个显著的特点。清者自廉，以陈郡袁毅贿赂案观之，不少士人表现出清廉品行。晋初陈郡袁毅为鬲令，为追求声名利益，贿赂公卿大臣，受贿者众多，何曾之子何劭、何遵亦不免。案发，受贿者皆被废黜。但山涛"取丝付吏，积年尘埃，印封如初"⑤，"郑默兄弟以洁慎不染其流"⑥，王恂不受袁毅所馈骏马⑦……他们都表现出士人清廉的品格。

---

① （唐）房玄龄等：《晋书》卷50《曹志传》，中华书局1974年版，第1391页。
② （唐）房玄龄等：《晋书》卷92《文苑传》，中华书局1974年版，第2379页。
③ （唐）房玄龄等：《晋书》卷44《郑默传》，中华书局1974年版，第1252页。
④ （清）严可均：《全晋文》卷50，商务印书馆1999年版，第524页。
⑤ （唐）房玄龄等：《晋书》卷43《山涛传》，中华书局1974年版，第1228页。
⑥ （唐）房玄龄等：《晋书》卷44《郑默传》，中华书局1974年版，第1252页。
⑦ （唐）房玄龄等：《晋书》卷93《外戚传》，中华书局1974年版，第2411页。

清则俭，俭则不置营产，如羊祜"被服率素，禄俸所资，皆以赡给九族，赏赐军士，家无余财"①；李胤"虽历职内外，而家至贫俭，儿病无以市药"②；山涛"及居荣贵，贞慎俭约，虽爵同千乘，而无嫔媵。禄赐俸秩，散之亲故"，身死之日，"旧第屋十间，子孙不相容"；③ 李憙"家无储积，亲旧故人乃至分衣共食，未尝私以王官"④；王基、卢钦、杨嚣"并素清贫，身没之后，居无私积。顷者饥馑，闻其家大匮"⑤；何攀"虽居显职，家甚贫素，无妾媵伎乐，惟以周穷济乏为事"⑥……身为高官大臣，却一贫如斯，相较于何曾、石崇、王恺、王济等人的奢华，他们的清俭不能不令人肃然起敬。即便是在今天的社会，他们也一样可称为官员廉洁自律的楷模。

此期士人以清俭著称、不营资产的尚有郑冲、王沈、侯史光、成公绥等，他们大多是曹魏时代的旧臣，曾在儒家文化的浸润下成长。他们对"清"的守持，不但在生前，亦在死后。在生命垂危之际，他们多遗令薄葬。

薄葬是清俭的另一种形式。此风由来有自，东汉尚奢华厚葬，汉末动荡，盗墓不断。曹操有鉴于此，提倡薄葬，薄葬在曹魏时代逐渐制度化。也有研究者认为，薄葬是在玄学风气影响下，基于内心真实情感的孝行。⑦无论如何，薄葬之风在晋初依然比较普遍，试看司马氏皇家陵寝："大晋垂制，深惟经远，山陵不封，园邑不饰，墓而不坟，同乎山壤，是以丘阪存其陈草，使齐乎中原矣。"⑧ 这种薄葬之风在西晋士人中也多被遵从，如王祥、羊祜、庾峻、杜预、皇甫谧、石苞、谯周、徐苗等都曾遗令薄葬，其目的是对奢华的反对。然而他们的遗令不曾得到武帝的尊重，对于朝中大臣，武帝往往敕令厚葬。尽管武帝此举意在褒奖大臣，但却使薄葬之风在延续的同时，日益助长了奢华之风。两晋士人厚葬与薄葬交织，社会呈现出越来越明显的奢侈风气。

---

① （唐）房玄龄等：《晋书》卷34《羊祜传》，中华书局1974年版，第1021页。
② （唐）房玄龄等：《晋书》卷44《李胤传》，中华书局1974年版，第1254页。
③ （唐）房玄龄等：《晋书》卷43《山涛传》，中华书局1974年版，第1228页。
④ （唐）房玄龄等：《晋书》卷41《李憙传》，中华书局1974年版，第1190页。
⑤ （唐）房玄龄等：《晋书》卷44《卢钦传》，中华书局1974年版，第1255页。
⑥ （唐）房玄龄等：《晋书》卷45《何攀传》，中华书局1974年版，第1291页。
⑦ 贾宇：《儒玄思想影响下的两晋孝观念演变》，硕士学位论文，清华大学，2007年，第21—25页。
⑧ （清）严可均：《全晋文》上卷33裴頠《陈刑法过当》，商务印书馆1999年版，第325页。

晋初，武帝在答复傅玄上书请求敦儒教、选贤良的诏令中明确说道："举清远有礼之臣者，此尤今之要也。"① 诏令透露出的信息是世风奢华，亟须整顿。显然"清"是大臣持身的重要操守，是选拔官员的重要依据。西晋初期这些大臣的清俭与武帝诏令的精神是一致的，同西晋中后期追求"身名俱泰"的士人相比，他们清俭的操守无疑是令人钦佩的。

不仅如此，清则不争，不争则能逊让。西晋"清"官有限，逊让之风远不如奔竞之风强烈，西晋建国后成长起来的士人，诸如贾谧二十四友，尤热衷浮华趋竞。对此世风，刘寔《崇让论》、王沈《释时论》、干宝《晋纪总论》等多有批判。刘寔《崇让论》针对西晋逊谦道缺、奔竞风盛的社会现实，指出：让则"出贤才，息争竞"；不让则"争竞之心生"，"非徒贤人在下位，不得时进也，国之良臣荷重任者，亦将以渐受罪退矣"。② 文章正反申述，颇为用心。《晋书》所载善让者并不多见，裴頠是其中的代表。武帝"诏頠袭爵，頠固让，不许"，"每受一职，未尝不殷勤固让，表疏十余上"。③

此外，一批致仕老臣，颇见"逊位"之心。古人七十致仕，以见养老之意。官员致仕始于周代，汉代形成制度。一般官员七十岁退休，身体不好的可提前。按照惯例，官员申请退休，皇帝要再三挽留以示重视，官员则以让贤后人为由予以坚持，如此反复，官员始得退休。致仕是一种礼节，一方面体现了皇帝对大臣的优宠，另一方面也表现出官员不尸位素餐、逊让的良好品德与道义。

西晋泰始年间，大臣王祥、郑冲、郑袤、何曾、陈骞、魏舒、卫瓘、贾充、武陔、刘寔、傅祗、李憙、华表等都曾因老迈或疾笃请求逊位。武帝每每对大臣的请辞诏以不许，并再次以高官封老臣，示见重之情。于是便有累辞、固辞者，如魏舒"每称疾逊位""称疾如初""以灾异逊位""执意弥固"，④ 辞荣善终。山涛，泰始初以母老辞职，求退心切，表疏数十上；咸宁初以老辞，"章表数十上，久不摄职"；太康初年"以老疾固辞"；平吴之后"复故让"；后，以年老疾笃再请辞，年近八十仍在上疏告退。⑤

所谓"逊位"，顾名思义就是要体现出谦让。这些老臣多是曹魏时代

---

① （清）严可均：《全晋文》卷2武帝《诏报傅玄》，商务印书馆1999年版，第10页。
② （唐）房玄龄等：《晋书》卷41《刘寔传》，中华书局1974年版，第1191、1193页。
③ （唐）房玄龄等：《晋书》卷35《裴頠传》，中华书局1974年版，第1041、1042页。
④ （唐）房玄龄等：《晋书》卷41《魏舒传》，中华书局1974年版，第1187页。
⑤ （唐）房玄龄等：《晋书》卷43《山涛传》，中华书局1974年版，第1225—1227页。

的旧臣，多为礼法之士，逊位之举无疑承袭了前代风气，意在恪守儒家礼制，他们致仕的坚定恰与中后期士人对权势的热衷形成鲜明对比。当然，致仕的坚决或与身体健康状况有关，或与惧祸心理有关，或与无意政事有关，原因不一而足，但不可否认其中退位让贤的因素。以山涛为例，他多次掌管铨选，以公心选拔近六十人担任要职。再如郑袤，推举的许允、鲁芝、王基、刘毅、刘寔、程咸、庾峻等后均至高位。这样举贤良的胸怀，其逊位之请绝非惺惺作态。细细品味《晋书》，这些请辞的西晋老臣，除去身体的缘故，大多不愿尸位素餐而存退位让贤之心，这与他们清正廉洁的操守是一脉相承的。

西晋士人立身不能以"忠"，但并不意味着他们无所可取。他们身逢乱世，一方面背离了儒家文化的政治人格，落下"不忠""不直"之瑕疵；另一方面，他们中的不少士人仍能保持儒家文化范畴中的持身操守，重义、行孝、守清，无论是出身士族，还是拔于寒素，仕宦途径尽管不同，但都表现出基本的修身操守，这是应该得到肯定的。

第二节 西晋士人的事功观

作为官员的西晋士人，有很大一部分出自名门望族。家学渊源，使他们具备了良好的文化素养。也有一部分出自寒族，凭借自身的努力和才华走上仕途。他们身上依然能体现儒学的传承，部分士人具有明显的事功观。在改朝换代的政治风云中，西晋不少士人一方面丧失了人格操守，另一方面又在新政权的建设中多所建树，有所作为。才华与道德的背离，让后人真切感受到西晋士人的出处困窘与价值取向。

一 平吴守边：军事才能的施展

魏晋之交的士人尽管入仕途径不一，但大都富有才华，不仅表现在文才上，也表现在军事上。这种军事才能主要表现在守边及平吴之战中。何桢是边将中的一个代表。他的《许都赋》充分展示了他的文才，得到魏明帝的赞叹；军事上，他也有不俗的表现。泰始八年（272），匈奴单于刘猛反，武帝"遣娄侯何桢持节讨之。桢素有志略，以猛众凶悍，非少兵所制，乃潜诱猛左部督李恪杀猛，于是匈奴震服，积年不敢复反"[①]。何桢以

[①] （唐）房玄龄等：《晋书》卷97《四夷传》，中华书局1974年版，第2549页。

其智谋屡破刘猛，安定了边疆，充分展示了他的军事才华。

无独有偶，咸宁二年（276），"并州虏犯塞，监并州诸军事胡奋击破之"①。据渠传福先生考证，"并州虏"乃为鲜卑人。"胡奋平鲜卑之役，为短暂的'太康之治'增添了亮丽的一笔。"②

石苞、张华在守边中同样展示出军事才华。石苞"镇抚淮南，士马强盛，边境多务，苞既勤庶事，又以威德服物"③。张华"都督幽州诸军事、领护乌桓校尉、安北将军。抚纳新旧，戎夏怀之。东夷马韩、新弥诸国依山带海，去州四千余里，历世未附者二十余国，并遣使朝献。于是远夷宾服，四境无虞，频岁丰稔，士马强盛"④。

西晋士人的军事才华在平吴战役中，表现得尤为突出。参与这场战役的士人众多，且对战役胜利起到决定性作用。不妨回顾一下历史：咸宁五年（279）十一月，西晋发兵二十余万大举伐吴，以贾充为持节大都督，张华为度支尚书，派遣王浑、杜预、王戎、王濬、唐彬等水路六路攻击东吴。二月，王濬东下攻克西陵，杜预南进拿下江陵；三月，王濬顺江而下夺取建业，吴帝孙皓投降，东吴灭亡。至此，三国归晋，天下一统，汉末以来的动乱终于平息，历史进入到太康这个繁荣的新阶段。战后王浑与王濬争功，是西晋士人道德劣根的表现，但西晋士人在战争中的贡献是不容否认的，史臣对此高度评价：

> 杜预文士儒生，射不能穿札，身未尝跨马，一朝统大众二十余万，为平吴都督。王戎把臂入林，亦受专征之寄。何必山西猛士，六郡良家，然后可受脤于朝堂，荷推毂之重。⑤

战争中士人的作用不在身先士卒，浴血拼杀；远见多谋才是制胜的法宝。羊祜、杜预、张华是这场战争的关键性人物。他们的共同点，首先就是具有战略眼光，这种战略眼光使他们能力排众议，力主平吴。"天下不如意事十之八九"，这句话就源于羊祜面对众多反对者的感叹。⑥杜预在旬

---

① （唐）房玄龄等：《晋书》卷3《武帝纪》，中华书局1974年版，第65页。
② 渠传福：《〈山西定襄居士山摩崖碑为西晋胡奋重阳登高纪功碑〉补正》，《文物》2019年第5期，第96页。
③ （唐）房玄龄等：《晋书》卷33《石苞传》，中华书局1974年版，第1002页。
④ （唐）房玄龄等：《晋书》卷36《张华传》，中华书局1974年版，第1070—1071页。
⑤ （南朝梁）沈约：《宋书》卷59，中华书局1974年版，第1611页。
⑥ 《晋书》卷34《羊祜传》的原句是："天下不如意，恒十居七八，故有当断不断。天与不取，岂非更事者恨于后时哉。"

月之内数次上表,力促武帝抓住战机,攻伐东吴。张华的主战,是促使武帝下定决心的又一砝码。战争中,贾充上表罢战,杜预驰表劝阻,表明必胜结局。正是羊祜、张华、杜预等少数主战派的坚定态度和战略眼光,最终促成了武帝的统一大业。

作为文人治军,羊祜轻裘缓带,身不披甲,出行只有十几个侍从;杜预则身不跨马,射不穿札,两人的儒帅形象惊人一致。在对敌谋略上,两人也多有异曲同工之处。战前,东吴石城太守屡为边患,羊祜用计让东吴罢了石城太守;杜预以反间计使东吴战前换了西陵都督张政。在对敌方针上,两人都恩威并施,一方面打击敌人气焰,另一方面瓦解对方敌意,为平吴战役的胜利奠定了基础。下面两段文字很能说明羊祜与杜预的共同之处:

> (祜)乃讲据险要,开建五城,收膏腴之地,夺吴人之资,石城以西,尽为晋有。自是前后降者不绝,乃增修德信,以怀柔初附,慨然有吞并之心。……于是吴人翕然悦服,称为羊公,不之名也。①
>
> 既平上流,于是沅湘以南,至于交广,吴之州郡皆望风归命,奉送印绶,预仗节称诏而绥抚之。……又因兵威,徙将士屯戍之家以实江北,南郡故地各树之长吏,荆土肃然,吴人赴者如归矣。②

在国防意识上,他们时刻不忘备战。羊祜在荆州"缮甲训卒,广为戒备";杜预则认为"天下虽安,忘战必危"。这种备战意识,在对边患的担忧之上表现得特别突出,但时值太平,这种备战呼声竟不为武帝所纳。

平吴之后,武帝罢兵,(山涛)"因与卢钦论用兵之本,以为不宜去州郡武备,其论甚精。于时咸以涛不学孙、吴,而暗与之合。帝称之曰:'天下名言也。'而不能用。及永宁之后,屡有变难,寇贼焱起,郡国皆以无备不能制,天下遂以大乱,如涛言焉"③。侍御史西河郭钦亦上疏曰:"戎狄强犷,历古为患。魏初人寡,西北诸郡皆为戎居。今虽服从,若百年之后有风尘之警,胡骑自平阳、上党不三日而至孟津,北地、西河、太原、冯翊、安定、上郡尽为狄庭矣。"④武帝没有采纳,郭钦的预言不幸为五胡乱华的史实所验证。史臣在《怀帝、愍帝纪》及《武帝十三王传》

---

① (唐)房玄龄等:《晋书》卷34《羊祜传》,中华书局1974年版,第1016—1017页。
② (唐)房玄龄等:《晋书》卷34《杜预传》,中华书局1974年版,第1030页。
③ (唐)房玄龄等:《晋书》卷43《山涛传》,中华书局1974年版,第1227页。
④ (唐)房玄龄等:《晋书》卷97《四夷传》,中华书局1974年版,第2549页。

《刘曜传》等纪传中，对郭钦的远见多次予以高度评价。时至元康年间，江统有鉴于氐族齐万年反叛教训，深忧四夷乱华，写有《徙戎论》，惜同样未被惠帝采纳。

山涛的"罢州郡兵"论，郭钦、江统的"徙戎论"涉及与民休息及民族关系等重大问题，实施的确需要全盘周谋。但居安思危，任何时候都不应放弃国防战备，他们的主张不但具有现实意义，还有长远意义。

二 五等爵制：官吏制度的沿革与运作

晋初士人，出将入相。在朝廷外守边备战，治理辖所；在朝廷上则参与国家政策的制定、改革与实施，主要表现在礼仪、律令、官制等方面。《晋书》中《文帝纪》及《裴秀传》都记载了魏咸熙元年（264）厘革宪司的举措，主要是荀𫖮定礼仪，贾充正法律，裴秀改官制。

官制的改革主要是建立五等爵制。所谓五等爵，就是公、侯、伯、子、男五等。西晋五等爵是对春秋官制的复古，是对汉代官制的改革，这一点《晋书·地理志上》有较详细的说明。裴秀议定的五等爵制，封赏的是两类人，一类是名望高、资历深的儒学士人，如王祥、郑袤等；另一类即贾充等"有功之臣"。泰始元年（265）武帝登基，实行新的五等爵制。分封了二十七个宗亲王，扩大了皇室的权力；削减了旧五等爵的规模和异姓公侯的人数，受封的人员和爵位秩序都发生了变化，其目的是封赏"禅代功臣"，培植自己执政的心腹集团。不管新旧五等爵制的政治目的如何，西晋的五等爵制"比汉代官秩更为清晰合理，逐渐成为官阶制主流而沿袭千年以上。同时以周制为本而恢复五等爵制，于汉代爵制为一大变革，并影响了历代爵制"①。这是裴秀等士人的贡献。

在官吏制度的运作、考核上，杜预对官吏的考核制度进行了改革，主张"在官一年以后，每岁言优者一人为上第，劣者一人为下第，因计偕以名闻。如此六载，主者总集采案，其六岁处优举者超用之，六岁处劣举者奏免之，其优多劣少者叙用之，劣多优少者左迁之……每岁一考，则积优以成陟，累劣以取黜"②。通过这种改革以期激浊扬清，简明吏治，在当时颇具积极意义。

在官吏的推荐、铨选上，不少大臣是颇具慧眼的，如卢钦"举必以

---

① 阎步克：《西晋之"清议"呼吁简析及推论》，《中国文化》1996年第2期，第122页。
② （唐）房玄龄等：《晋书》卷34《杜预传》，中华书局1974年版，第1026—1027页。

材，称为廉平"①，对张华的推荐就是很好的证明；郑袤"举刘毅、刘寔、程咸、庾峻，后并至公辅大位"②；甚至荀勖也曾举荐卫瓘、山涛、李胤；贾充亦"颇好进士，每有所荐达，必终始经纬之，是以士多归焉"③。贾充之举略有结党拉帮之嫌，因为西晋初年的朋党之争中，贾充就是首要人物之一，当然贾充也推荐了不少真才实学者，如邓攸、枣据、乐广、和峤等。

最典型的莫过于山涛。山涛任冀州刺史时"甄拔隐屈，搜访贤才，旌命三十余人，皆显名当时"；为吏部尚书"前后选举，周遍内外，而并得其才"④，据现存《山公启事》五十二条统计，山涛举荐者计五十九人⑤。尽管《山公启事》更多的是涉及官员的调动、拔擢，但山涛的推美还是颇有举荐性质的，其中不少是当时或日后的股肱大臣，如卫瓘、荀勖、王济、陈准、傅祗、邓遐、羊祜、郭奕、裴楷、满奋、嵇绍、周浚、刁攸、氾源等。有意思的是，《山公启事》荐举次数最多的官员是羊祜，然羊祜与山涛在推荐人才的行事风格上却恰恰相反。山涛"所奏甄拔人物，各为题目，时称《山公启事》"⑥；羊祜则"嘉谋谠议，皆焚其草，故世莫闻。凡所进达，人皆不知所由"⑦。羊祜焚草本，是不让被举荐者报私恩；山涛写题目则是为显示自己的正直无私。两人异曲同妙，都显示出他们举荐人才时的恪尽职守、公正无私。

魏晋时举荐人才之风受汉末品评人物之风的影响，如和峤被举荐，便带有品题的味道。《晋书》载："太傅从事中郎庾𫖮见而叹曰：'峤森森如千丈松，虽磥砢多节目，施之大厦，有栋梁之用。'贾充亦重之，称于武

---

① （唐）房玄龄等：《晋书》卷44《卢钦传》，中华书局1974年版，第1255页
② （唐）房玄龄等：《晋书》卷44《郑袤传》，中华书局1974年版，第1250页。
③ （唐）房玄龄等：《晋书》卷40《贾充传》，中华书局1974年版，第1167页。
④ （唐）房玄龄等：《晋书》卷43《山涛传》，中华书局1974年版，第1224—1225页。
⑤ 据严可均《全晋文》卷34《山公启事》（第338—339页）统计所得。但实际似为58人，疑其中"王正"与"士正"为同一人。试看《山公启事》两条原文："宰士中后进美者，太尉掾乐广字彦辅，司徒掾刘琨字伯瑜、王瓒字正长，司空掾王正字士则，刘澹字初平，征西将军掾诸葛，皆其选也。""太尉满奋、乐广，司徒掾何勖、刘琨，司徒掾官粹、士正、刘澹，太尉刘遐，有才义，宰士之俊也。"这两条说的都是后进宰士中的优秀人物；前条王正与刘澹姓名并列，后条士正与刘澹并列；前条王正与刘澹均为司空掾，后条士正与刘澹均为司徒掾。推测"司徒"应为"司空"之误，否则完全可与何勖、刘琨并列，不至再加"司徒"画蛇添足。很可能的情况就是，后人誊抄时笔误，将"司空"抄为"司徒"，又将"王"抄为"士"。
⑥ （唐）房玄龄等：《晋书》卷43《山涛传》，中华书局1974年版，第1226页。
⑦ （唐）房玄龄等：《晋书》卷34《羊祜传》，中华书局1974年版，第1019页。

帝，入为给事黄门侍郎，迁中书令，帝深器遇之。"① 汉代注重清议，名家品题多重才德，尤以德居先。《山公启事》从某种程度上说，就是对被举荐者德、才两方面的品评，尤其是道德方面。如言崔谅"质正少华，可以敦教"，郭奕"处朝廷，足以肃正左右"，王济"诚直忠亮"，羊祜"重德尚义"等。②

西晋举荐人才与建国之初的重儒政策也有关。魏晋嬗代，司马氏希望通过举荐人才来加强其统治。泰始初年，武帝在《诏报傅玄》中强调举清远有礼之臣是重中之重的工作。在《手诏戒山涛》中，武帝又说："夫用人唯才，不遗疏远卑贱，天下便化矣。"③ 泰始四年（268）、泰始七年（271），武帝曾两次举贤良方正。武帝的态度与措施对西晋初年的荐举之风应有较大的影响，在荐举中不少寒士走上了仕途，发挥了才能，如郤诜等，而西晋士人对人才的荐举、选拔则有利于国家官吏队伍的建设与运转。

三 定礼修律：礼法建设中的思考与得失

泰始四年（268），武帝下诏奖赏制定新律的大臣。从诏书中可知，这次法律制定的工程难度大，"汉氏以来，法令严峻。故自元成之世，及建安、嘉平之间，咸欲辩章旧典，删革刑书。述作体大，历年无成"④。因此，由贾充主持，郑冲、荀𫖮、荀勖、羊祜、杜预、裴楷、成公绥等十四人参与的新法制定，从咸熙元年（264）到泰始三年（267）前后历时四年才得以完成。由二十卷《律本》（杜预、贾充等撰）、四十卷《晋令》（贾充等撰）及三十卷故事构成。后明法掾张斐对此作注，写成《汉晋律序注》。

贾充、杜预等的《晋律》是中国较早的法律，可以说是后世法律形式的蓝本，宋、齐、梁、陈基本上承袭了《晋律》，姚振宗《隋书·经籍志考证》对《晋律》资料有较详细的搜集、考证：

> 《隋书·刑法志》：梁武帝承齐昏虐之余……时欲议定律令，得齐时旧郎济阳蔡法度，家传律学，云齐武时，删定郎王植之集注张、杜旧律，合为一书，凡一千五百三十条，事未施行，其文殆灭。法度能

---

① （唐）房玄龄等：《晋书》卷45《和峤传》，中华书局1974年版，第1283页。
② （清）严可均：《全晋文》卷34《山公启事》，商务印书馆1999年版，第339—340页。
③ （清）严可均：《全晋文》卷5《手诏戒山涛》，商务印书馆1999年版，第39页。
④ （清）严可均：《全晋文》卷3《赏定新律诸臣诏》，商务印书馆1999年版，第19页。

言之，于是以为兼尚书删定郎，使损益植之旧本，以为《梁律》。

《唐六典·刑部》注云：宋及南齐律之篇目及刑名之制略同晋氏。《南齐书·孔稚圭传》亦云：江左相承，用晋世张杜律。谓即用杜预、张斐之《律本章句》也。故《宋书》《齐书》皆不立《刑法志》，而本志亦无此二代之律。《唐志》有齐宗躬《永明律》八卷（注：《南齐书·孔稚圭传》及《旧唐志》作"宋躬"），据《孔稚圭传》，即与王植之律相同，其篇目亦与《晋律》无异，似即蔡法度所据之蓝本也。①

穆宇在论述张斐《汉晋律序注》中"刑名"的意义时指出："后来的封建法律基本上都是《晋律》体例的延续。像后来的《梁律》《陈律》《后魏律》都将刑名篇置于律首，《北齐律》将'刑名''法例'两篇合为'名例'，作为法典首篇。《开皇律》和《唐律》也都以'名例'作为法典首篇。各律所遵循的原则是与张斐的理论相一致的。"② 其实，这也是后世法律对《晋律》的继承。《晋律》对后世的影响，正如程树德《九朝律考·晋律考序》所说，"承用已经三代，凡二百三十七年，六朝诸律中，行世无如是之久者"③。陈寅恪先生从法律儒家化的角度出发也高度评价《晋律》道："古代礼律关系密切，而司马氏以东汉末年之儒家大族创建晋室，统制中国，其所制定之刑律尤为儒家化，既为南朝历代所因袭，北魏改律，复采用之，辗转嬗蜕，经由齐隋，以至于唐，实为华夏刑律不祧之正统。"④

《晋律》最大的好处，用武帝诏书的话说就是"刑宽令简"，可以说贾充等人所制定的《晋律》，带有一定的人性化色彩，这是《晋律》较前代进步之所在。试看《晋书·刑法志》所载：

> ……减枭斩族诛从坐之条，除谋反适养母出女嫁皆不复还坐父母弃市，省禁固相告之条，去捕亡、亡没为官奴婢之制。轻过误老少女人，当罚金杖罚者，皆令半之。重奸伯叔母之令，弃市。淫寡女，三岁刑。崇嫁娶之要，一以下娉为正，不理私约。峻礼教之防，准五服以制罪也。⑤

---

① （清）姚振宗：《隋书·经籍志考证》，《二十五史补编》第四册，开明书店1936年版，第5331—5332页。
② 穆宇：《张斐法律思想述评》，《中外法学杂志》1995年第5期，第34页。
③ 程树德：《九朝律考》，商务印书馆2010年版，第311页。
④ 陈寅恪：《隋唐制度渊源略论稿》，上海古籍出版社1982年版，第100页。
⑤ （唐）房玄龄等：《晋书》卷30《刑法志》，中华书局1974年版，第927页。

废除族诛与连坐，其实应是贾充等人长期思考的结果。早在正元元年（254），毌丘俭孙女芝连坐判死刑，其时有孕在身，芝母向何曾求情，何曾派主簿程咸上书说，连坐"戮无辜之所重，于防则不足惩奸乱之源，于情则伤孝子之心"，要求废除旧科，以"蠲明法制之本分也"。① 于是，诏改律令。所谓法制之本，应该就是法律的公平与公正。贾充"雅长法理，有平反之称""有刀笔才"②，此事不会不引起他的思考。十年后，"减枭斩族诛从坐之条，除谋反适养母出女嫁皆不复还坐父母弃市"的条例，正是法律在人性化层面上的公平与公正的体现。《晋律》继承了汉代儒家"礼法结合""礼义为先"的传统思想，但在这个意义上也保持了法律自身的独立性与特殊性。

此外，《晋律》的制定也是对新形势的适应。正始十年（249）高平陵事件中，何晏、丁谧、邓飏、桓范等皆夷灭三族；嘉平三年（251）、嘉平六年（254），王凌、李丰、夏侯玄等以谋反罪被杀，夷灭三族；正元二年（255）毌丘俭、文钦反兵败，俭被杀，夷灭三族……这是武帝祖父辈为奠定江山基础而做出的血腥杀戮，至泰始年间，国家政权基本稳定，社会需要在和平的环境中发展，因此，武帝采取了宽松的治国策略，在其执政期间未杀过一个大臣，对冒犯龙威的官员都能宽容、宽恕。例如：刘毅将武帝比作桓帝、灵帝，武帝也只是一笑了之；对博士孔晁的上书犯讳，武帝也下诏原谅。贾充等人正是在这样的形势下对汉魏旧法进行反正，力求能律宽令简。事实上，据《晋书·贾充传》载，新法颁定，"百姓便之"。当然这样的宽简，到西晋后期已不能约束群臣，朝政的腐败多少因此而生，正如阎步克先生所说，武帝的"宽政实际成了意在换取支持的优容以致纵容"③。

晋初士人除制定法律外，在执法上也有不少值得称道的大臣。执法主要官员是廷尉和司隶校尉，廷尉掌管狱讼；司隶校尉监督京师及周边地方。据《晋书》及万斯同《晋将相大臣年表》，曹魏至武帝太康初年，担任过司隶校尉的士人主要有何曾、石鉴、李胤、傅玄、刘毅等，担任过廷尉的主要有何桢、邹湛、贾充、荀勖、卫瓘、刘寔、郑默、刘颂等。作为监察官和执法官，他们或明法理，或纠劾吏治，留下不少佳话：

---

① （唐）房玄龄等：《晋书》卷30《刑法志》，中华书局1974年版，第926页。
② （唐）房玄龄等：《晋书》卷40《贾充传》，中华书局1974年版，第1166页。
③ 阎步克：《西晋之"清议"呼吁简析及推论》，《中国文化》1996年第2期，第124页。

> 卫瓘"明法理，每至听讼，小大以情"。
> 贾充"雅长法理，有平反之称"。
> 郑默使山涛不敢举荐亲戚为官。
> 李胤"恭恪直绳，百官惮之"。
> 刘毅"纠正豪右，京师肃然"。
> 刘颂"在职六年，号为详平"。
> 傅玄使"贵游慑伏，台阁生风"。①

礼法结合是封建社会治国的传统，"立善防恶谓之礼，禁非立是谓之法"，"礼法殊途而同归"②。礼制建设与法制建设一样，都是西晋建国之初的当务之急。修《晋律》与定《新礼》是同步进行的。《晋书》载："及晋国建，文帝又命荀𫖮因魏代前事，撰为新礼，参考今古，更其节文，羊祜、任恺、庾峻、应贞并共刊定，成百六十五篇，奏之。太康初，尚书仆射朱整奏付尚书郎挚虞讨论之。"③

西晋《新礼》是第一部真正意义上的国家礼典，参与制定者都是博涉经史的儒学之士。徐公持在《魏晋文学史》中，将晋朝的儒士分为三类：一类是以正统儒士自居，带有迂腐色彩的儒士；一类是君子儒；一类是小人儒。④ 如果抛开忠君死节的大义不谈，晋初的儒士还是不乏可陈之善的，即便像王沈、荀𫖮这类"小人儒"，也能清俭持身。魏晋时不少有声望的儒学宗师，哪怕出身寒素，也能成为朝廷高级官员，如郑冲以儒宗登保傅，王祥、郑袤、庾峻、李胤等均位至公卿。还有不少儒士担任礼官——太常。当然，西晋的《新礼》并非礼官制定，"太常礼官真正负责国家礼典之修撰任务，必须在唐代之后方才出现"⑤。尽管如此，西晋制定《新礼》的团队，其儒学修为是无可置疑的。

礼官主要是太常博士及宗王师友等。东晋荀崧《上疏请增置博士》中指出西晋博士的特点是："深博道奥，通洽古今，行为世表。"总结他们的作用是："一则应对殿堂，奉酬顾问；二则参训门子，以弘儒学；三则

---

① （唐）房玄龄等：《晋书》卷36《卫瓘传》、40《贾充传》、44《郑默传》《李胤传》、45《刘毅传》、46《刘颂传》、47《傅玄传》，中华书局1974年版，第1055、1166、1252、1253、1272、1293、1323页。
② （清）严可均：《全晋文》卷47《傅子·法刑》，商务印书馆1999年版，第487页。
③ （唐）房玄龄等：《晋书》卷19《礼志上》，中华书局1974年版，第581页。
④ 徐公持：《魏晋文学史》，人民文学出版社1999年版，第246—247页。
⑤ 张文昌：《中国礼典传统形成与礼官职能演变之关系——以魏晋南北朝为探索中心》，《兴大人文学报》（台湾）2008年第40期，第207页。

祠、仪二曹，及太常之职，以得借用质疑。"① 西晋礼官的成就，一是制定了新礼，并配合礼仪创制了乐歌；二是在朝廷议礼议政，为统治者施政及规范礼仪提供参考；三是宣传教化，移风易俗，将礼乐教化付诸实践，如王沈、羊祜、杜预、唐彬等的地方兴学；四是传播儒学，他们或于太学传授儒家经典，或著书立说，对儒家经典加以注释阐发，如郑冲、荀颛与何晏等作《论语集解》，杜预作《春秋左氏传集解》，卫瓘作《集注论语》等。归根结底，西晋士人在礼制建设上主要是规范人们的礼仪行为，传播儒家礼乐文化。

傅玄在《傅子·法刑》中强调礼法结合，赏罚相济，他说："礼法殊途而同归，赏刑递用而相济矣。"② 袁準在《袁子正论·刑法》中主张赏罚分明，"明君正其礼，明其法，严其刑，持满不发，以牧万民"③。可以看出西晋的士人对礼与法是有思索和探讨的，且观点都比较中肯，但西晋的法制建设并没有按照儒臣的设想进行。太康中刘颂有《除淮南相在郡上疏》，元康初有《断狱宜守律令》，两文对执法中的弊端进行了反思，主张"纲举网疏"，树立法的威信，依法断狱。两篇奏文也可看出元康初年的执法现状，执法者"常轻重随意，则王宪不一，人无所措"④，法令成了摆设，执法者有令不行，这在一定程度上反映出至元康之后，西晋已经开始纲纪颓弛，朝纲腐败。同样，西晋中后期礼制也开始失去其固有的精神内核。元康二年（292），王浑奏弹虞濬等冒丧婚娶，这样公然违背礼制的官员并非虞濬等少数人，儒家礼制维系人心的作用开始日渐削弱。

当然，《晋律》和《新礼》在后世还是发挥了积极影响的，就《新礼》的制定与《晋律》的修订而言，西晋士人功不可没。

---

① （清）严可均：《全晋文》卷31《上疏请增置博士》，商务印书馆1999年版，第301页。
② （清）严可均：《全晋文》卷47《傅子·法刑》，商务印书馆1999年版，第487页。
③ （清）严可均：《全晋文》卷55《袁子·刑法》，商务印书馆1999年版，第579页。
④ （清）严可均：《全晋文》卷16司马亮《奏议刑法》，商务印书馆1999年版，第145页。

第四章 玄学思潮背景下士人的仕与隐

魏晋玄学兴起，它对儒学的冲击正如田余庆先生所言："两晋时期，儒学家族如果不入玄风，就产生不了为世所知的名士，从而也不能继续维持其尊显的士族地位。"[①] 习惯业儒的士人放不下他们的传统，又不能不适应时代要求，接受新的思潮。于是西晋的士人有的援道入儒，有的儒玄兼治，还有的守道不阿，潜心儒典。在玄学思潮兴起的大背景下，西晋士人的日常行为、生活态度、仕宦方式等诸方面上风都开始演变。就仕宦方式言，典型表现在仕与隐的态度上。

第一节 西晋士人的仕宦与儒家人才观的弱化

魏晋以来士人往往兼具官僚、学者、士人三种身份，比较而言，曹操、曹丕时代不少士人首先是文学侍从而非执政官员，不具实权；魏晋之际及西晋时则不然，士人中的大部分首先是官僚，其次才是学者、文人。他们享有较优厚的特权，在行政事务中也拥有相对多的参政权，对西晋的国家建设有一定的作用。为获得政治话语权和地位，仕宦与婚姻就成为西晋士人重要的政治资源与资本。西晋中后期，随着门第观念的日渐深入，婚、宦、望三者成为士族"保持其贵族地位的主要依据"[②]，也深刻影响了西晋士人的政治生活态度。

一 魏晋之际士人的仕宦途径

西晋初年的士人，除皇甫谧、程晓、薛莹等少数人不出仕外，大多是朝廷官员。他们有的是曹魏时代的"官二代"，有的出身寒族，但在魏晋

[①] 田余庆：《东晋门阀政治》，北京大学出版社2012年版，第340页。
[②] 朱大渭等：《魏晋南北朝社会生活史》，中国社会科学出版社1998年版，第25页。

嬗代之际他们都成了新贵，甚至是王公国戚：泰始元年（265）首批被封为公爵的士人有石苞、贾充、裴秀、郑冲、王祥、何曾、王沈、荀顗；泰始初年颇受武帝信任的羊祜、山涛、庾颛、杜预则是司马氏的姻亲。他们的仕宦其实与曹魏政权的九品官人法息息相关。西晋的人才选择经历了从最初的重才、不拘一格的选拔，到后来的重门第、中正铨选的变化，士人的入仕途径在魏晋之际与晋世有了明显变化。

（一）西晋重才轻德倾向的选士

九品官人法源于汉代的察举制，察举制注重士人的德与才，但东汉晚期，所谓"察举"日益为贵族权贵所操纵与控制，人才选举日益与出身门第相关联，正如仲长统《昌言》所说"选士而论族姓阀阅"①。九品官人法正式颁布施行于文帝时代②，然受曹操的人才观影响至深。曹操一方面重视人才的德行，另一方面特别强调士人的才能，他曾发布了一系列"唯才是举"的诏令。

魏晋之际，司马氏执政期间的九品官人法也注重人的才能。例如，石苞任景帝司马师中护军司马时，宣帝司马懿闻石苞好色薄行，就指责景帝，景帝的回答是："苞虽细行不足，而有经国才略。夫贞廉之士，未必能经济世务。"③宣帝闻此也就不深究了。司马氏家族世代以儒业显，而能出此言，应是曹魏"唯才是举"人才观的延续。

晋初，武帝登基后于咸宁五年（279）手诏戒山涛说道："夫用人唯才，不遗疏远卑贱，天下便化矣。"④武帝的诏书说明，西晋初年人才的选拔犹有曹魏遗风，王濬的出仕可证。羊祜初举王濬，其侄子羊暨劝阻说："濬为人志太，奢侈不节，不可专任，宜有以裁之。"祜曰："濬有大才，将欲济其所欲，必可用也。"⑤事实证明王濬确实是有才华的，平吴之役中，他功不可没，以至唐代诗人刘禹锡《西塞山怀古》一诗赞道："王濬楼船下益州，金陵王气黯然收。"然平吴之后的王濬"以勋高位重，不复素业自居，乃玉食锦服，纵奢侈以自逸"⑥，同样如羊暨所说，不修名节，对西晋的奢侈之风起到推波助澜的作用。

---

① （清）严可均：《全后汉文》卷89《昌言下》，商务印书馆1999年版，第900页。
② （晋）陈寿《三国志》卷22《陈群传》（中华书局2006年版，第380页）载："及（文王）即王位，封群昌武亭侯，徙为尚书。制九品官人之法，群所建也。"
③ （唐）房玄龄等：《晋书》卷33《石苞传》，中华书局1974年版，第1001页。
④ （清）严可均：《全晋文》卷5《武帝诏书》，商务印书馆1999年版，第39页。
⑤ （唐）房玄龄等：《晋书》卷42《王濬传》，中华书局1974年版，第1207页。
⑥ （唐）房玄龄等：《晋书》卷42《王濬传》，中华书局1974年版，第1216页。

《华阳国志》的一段记载，也同样可以看到西晋选士重才轻德之风：

> （泰始二年），（罗）献卒，以犍为太守天水杨攸为监军。攸迁凉州刺史，朝议以唐彬及（杨）宗为代。晋武帝问散骑常侍文立曰："彬、宗孰可用？"立对曰："彬、宗俱立事绩，在西不可失者。然宗才诚佳，有酒嗜；彬亦其人，性在财欲。惟陛下裁之。"帝曰："财欲可足，酒嗜难改。"遂用彬为监军，加广武将军。①

都说酒色杀人，且士大夫耽酒纵乐、不恤政事，比比皆是。因此，曹操屡次禁酒，武帝司马炎也多次下诏禁酒，尽管收效甚微。武帝不用杨宗与此大有关系。② 其实，嗜酒是一种生活习惯，也是魏晋士人的一种风尚，魏晋士人对酒钟爱有加，以至有刘伶嗜酒如命作《酒德颂》③、阮咸在群猪饮时"直接去上，便共饮之"④ 的极端事例。但无论如何，"酒"是一种文化，它是礼仪中必不可少的物品。它也成就了魏晋风流，留下了不少诗酒风流的佳话，诸如张翰的"使我有身后名，不如即时一杯酒"⑤；毕卓的"右手持酒杯，左手持蟹螯，拍浮酒船中，便足了一生矣"⑥。酒不仅能成就文坛佳话，也是士人逃避社会现实、浇心中块垒的手段：阮籍终日醉酒以避免结亲司马氏；齐王冏擅权，顾荣惧祸而终日昏酣；山简好酒，然观其洛阳陷没后所言"社稷倾覆，不能匡救，有晋之罪人也，何作乐之有"⑦，可知酒是他用以化解内心苦闷的手段。正因为酒中的无限风流与深意，所以其备受士人的青睐。魏晋以来，嗜酒而有才情的士人不少身居官职，杨宗因嗜酒不受任用，只是当权者的主观倾向所致。

唐彬好财被任用，好财在西晋不在道德范畴，它是西晋社会普遍的生活潮流。王戎、和峤、庾敳好财表现为聚敛、吝啬⑧；蒋济好财表现为受

---

① （晋）常璩：《华阳国志》卷1《巴志》，齐鲁书社2010年版，第11页。
② 案：山涛举荐阮咸，武帝也因阮咸嗜酒而未予任用。华峤嗜酒，常沉醉，却能为高官，恐为豪门之后故。
③ （唐）房玄龄等：《晋书》卷49《刘伶传》，中华书局1974年版，第1376页。
④ 余嘉锡笺疏：《世说新语笺疏》下卷《任诞12》，中华书局1983年版，第734页。
⑤ （唐）房玄龄等：《晋书》卷92《张翰传》，中华书局1974年版，第2384页。
⑥ （唐）房玄龄等：《晋书》卷49《毕卓传》，中华书局1974年版，第1381页。
⑦ （唐）房玄龄等：《晋书》卷43《山简传》，中华书局1974年版，第1230页。
⑧ 和峤事见余嘉锡笺疏《世说新语笺疏》下卷《俭啬1》注引《晋诸公赞》，中华书局1983年版，第873页。庾敳事同上书，见中卷《雅量10》，第354页。

贿①；石崇、祖逖好财表现为劫掠②……对此，当政者并无太多异词，宣帝司马懿对蒋济只是"相对一笑"；王导等对祖逖是"容而不问"；石崇不因此而影响仕途；武帝对唐彬是"财欲可足"。上述诸人都有着过人的才干，但其好财的方式显然与道德有关。武帝"财欲可足"的观点，是导致西晋奢侈与挥霍的重要原因之一，石崇、王恺斗富，武帝助其舅氏王恺一臂之力，就是"财欲可足"观点支配下的典型事例。

"财欲可足"的心态使得人人对金钱充满欲望，鲁褒《钱神论》就说"京邑衣冠，疲劳讲肄，厌闻清谈，对之睡寐，见我家兄，莫不惊视"，"洛中朱衣，当途之士，爱我家兄，皆无已已"。③ 无论是清谈名士还是当途高官，贪图钱财的记载在《晋书》中有太多。"财欲可足"促使西晋士人追求财富、贪图享乐，与此同时也导致士人缺乏实干进取之风，不妨说"财欲可足"正是西晋道德下滑的先兆。

反思曹操"治平尚德"的观点，的确是很有道理的。泰始初年直到太康九年（288），武帝下诏纠举群吏时一直强调"令内外群官举清能，拔寒素"④，在吏治建设中注重士人的德行，收到一定的成效。然而也正是因为社会承平，武帝"财欲可足"的放纵，又恰恰破坏了儒家选贤重德的人才观，在儒学建设中呈现出不少败笔，实令人惋惜。

（二）世袭

九品官人法后来与察举制一样，对出身越来越看重。魏晋的中正职责就是从资望、德行、才能三方面对人才定乡品、定官品。德行与才能由中正评定，因此带有相当的主观性；而资望，即门第出身则是不可更改的事实。因此曹魏时代"高官的子弟无论其才德如何，都能获得高的乡品，并因高品而身居高官之列"，"（西晋五等爵制表明）在魏政权下贵族已经获得的特权，在司马氏的天下将完全获得尊重"。⑤《晋书》中以下的例子可以很好说明这一点：

　　（何曾）少袭爵。……魏明帝初为平原侯，曾为文学。

---

① 蒋济事见（晋）陈寿《三国志》卷9《夏侯玄传》注引《魏略》，中华书局2006年版，第182页。
② 石崇事见（唐）房玄龄等《晋书》卷33，中华书局1974年版，第1006页。祖逖事见余嘉锡笺疏《世说新语笺疏》下卷《任诞23》，中华书局1983年版，第741页。
③ （清）严可均：《全晋文》卷113《钱神论》，商务印书馆1999年版，第1197页。
④ （清）严可均：《全晋文》卷6，商务印书馆1999年版，第49页。
⑤ 〔日〕宫崎市定：《九品官人法研究——科举前史》，韩昇、刘建英译，中华书局2008年版，第8、10页。

(杜预)……起家拜尚书郎,袭祖爵丰乐亭侯。
(卫瓘)袭父爵阌乡侯。弱冠为魏尚书郎。
(荀𫖮)魏时以父勋除中郎……擢拜散骑侍郎,累迁侍中。
(贾充)……袭父爵为侯。拜尚书郎。
(郑默)起家秘书郎。①

他们的出仕带有比较浓的"任子制度"的色彩。西汉任子制度规定:两千石以上的官吏可以任一子为郎。② 因此,子辈的官职往往受父辈政治地位的影响。魏晋之交的士人,不少出身名门望族,作为贵族、高级官员子弟,他们往往直接继承爵位,仕途通达,曹魏时代"大多由五品官散骑侍郎一职起家","西晋以后,资品二品的起家官,一般为员外散骑侍郎,秘书郎、著作郎、奉朝请、从事中郎、尚书郎、王国师、友、文学等六品官",③ 由此起步,他们很容易进入到统治阶级的权力中心。

(三)征辟、举秀孝

如果说上述士人的为官是世袭的话,那么魏晋之交的世族高官子弟出仕的另一条途径就是被征辟。据《汉典》解释,征辟就是征召布衣出仕。朝廷召之称征,三公以下召之称辟。到魏晋之际,征辟者往往是名门望族之后或社会上有声望之士,而非普通寒士:

(羊祜)世吏二千石,至祜九世,并以清德闻。……公车征拜中书侍郎,俄迁给事中、黄门郎。
(裴秀)渡辽将军毌丘俭尝荐秀于大将军曹爽……爽乃辟为掾,袭父爵清阳亭侯,迁黄门侍郎。
(王浑)袭父爵京陵侯,辟大将军曹爽掾。
(卢钦)举孝廉,不行,魏大将军曹爽辟为掾。④

泰山羊氏、太原王氏、河东裴氏、范阳卢氏等都是东汉以来的名门望

---

① 分别见(唐)房玄龄等《晋书》卷33《何曾传》、34《杜预传》、36《卫瓘传》、39《荀𫖮传》、40《贾充传》、44《郑默传》,中华书局1974年版,第994、1025、1055、1150、1165、1251页。
② (东汉)班固:《汉书》卷11《哀帝纪》注引应劭《汉仪注》,中华书局1962年版,第337页。
③ 陈长琦:《六朝政治》,南京出版社2010年版,第202、205页。
④ (唐)房玄龄等《晋书》卷34《羊祜传》、35《裴秀传》、42《王浑传》、44《卢钦传》,中华书局1974年版,第1013—1014、1038、1201、1255页。

族，家族的因素使他们顺利地踏上仕途。一般的士人则往往通过举秀才、孝廉、贤良方式步入仕途。"举秀孝贤良，变成只有家境贫寒的子弟才会响应，而势家子弟即使被推荐也会推辞，这成为一种风气。"① 由此知卢钦举孝廉不行，固是势家子弟的行为。下面这些士人大多是举秀孝出仕：

> （王祥）徐州刺史吕虔檄为别驾……举秀才，除温令，累迁大司农。
> （郑冲）魏文帝为太子，搜扬侧陋（与"举秀"相仿），命（郑）冲为文学，累迁尚书郎，出补陈留太守。
> （山涛）始为郡主簿、功曹、上计掾。举孝廉，州辟部河南从事。
> （郑袤）魏武帝初封诸子为侯，精选宾友（"选"即为举），（郑）袤与徐干俱为临淄侯文学，转司隶功曹从事。
> （李胤）初仕郡上计掾，州辟部从事、治中，举孝廉，参镇北军事。
> （傅玄）郡上计吏再举孝廉，太尉辟，皆不就。州举秀才，除郎中，与东海缪施俱以时誉选入著作。
> （庾峻）历郡功曹，举计掾，州辟从事。太常郑袤见峻，大奇之，举为博士。②

上述诸人或是旧的望族，但家道中衰；或是出身贫寒，然出仕之后，在风云际会之中成长为新的世家大族。像王祥，开启了山东临沂王氏家族的辉煌，且历六朝之久而不衰。北地傅氏、荥阳郑氏、颍川鄢陵庾氏、河内山氏都门楣光大，一直为六朝的高门显贵。

（四）私人推荐、拔擢

此外，私人推荐、拔擢也是士人出仕的途径之一。如上所述，王濬由于羊祜的举荐才得以展露才华。应贞、石苞、张华也是由于被推荐走上仕途，他们的出仕杂有汉代清议、品题的色彩。即：先被名士品评，出名之后再被推荐为官。试看：

---

① 〔日〕宫崎市定：《九品官人法研究——科举前史》，韩昇、刘建英译，中华书局 2008 年版，第 88 页。
② 分别见（唐）房玄龄等《晋书》卷 33《王祥传》《郑冲传》、43《山涛传》、44《郑袤传》《李胤传》、47《傅玄传》、40《庾峻传》，中华书局 1974 年版，第 987—988、991、1223、1249、1253、1317、1392 页。

> 正始中夏侯玄甚有名势,(应)贞尝在玄坐作五言诗,玄嘉玩之。举高第,历显位。①
>
> (石苞)市长沛国赵元儒名知人,见苞,异之,因与结交。叹苞远量,当至公辅,由是知名。见吏部郎许允,求为小县。允谓苞曰:"卿是我辈人,当相引在朝廷,何欲小县乎?……稍迁景帝中护军司马。"②
>
> (张华)因所作《鹪鹩赋》为陈留阮籍赞叹,由是声名始著。郡守鲜于嗣荐华为太常博士。卢钦言之于文帝,转河南尹丞,未拜,除佐著作郎。③

应贞、张华、石苞三人分别由名士夏侯玄、赵元儒、许允及阮籍称赏,自此一步步走向权力的高峰,应贞华林园赋诗颇为武帝赞赏,石苞成为开国功臣列铭飨,张华成为西晋政坛的风云人物。应该说,在通向仕宦的道路上,举秀孝、私人推荐是最能使寒士崭露头角的途径,典型的莫过于刘卞。由于祖秀才的推荐,刘卞竟然由地位身份极低下的兵家子,累迁至散骑侍郎。④ 而在拔擢举荐人才上,尤为后人称道的莫过于张华,他"性好人物,诱进不倦,至于穷贱候门之士有一介之善者,便咨嗟称咏,为之延誉"⑤。宋展云等先生结合《晋书》"文苑""忠义""隐逸"诸传及《世说新语》等史料的记载,认为"受张华庇护、奖掖及扶持的后进新秀近20人"⑥。

魏晋九品中正制下的征辟与举秀孝等途径使不少寒士脱颖而出,西晋士人中李胤、傅玄、山涛、张华、刘毅、李重、刘寔等都是出身贫寒的高级官员。西晋举贤良方正、举寒素等措施也使一些寒素、庶族士人列入官品,踏上仕途。如太熙初,燕国中正刘沈举霍原为寒素,诏下司徒讨论,张华令陈准定位上品,李重奏为二品,诏可。可见,魏晋之际士人的德行与才能对仕进仍有不小的影响,上述仕宦途径中,除去世袭,其他都有德行与才能的因素。当然这些幸运的寒门庶族士人毕竟是少数,其中不少是

---

① (晋)陈寿:《三国志》卷21《应贞传》注引,中华书局2006年版,第361页。
② (唐)房玄龄等:《晋书》卷33《石苞传》,中华书局1974年版,第1000—1001页。
③ (唐)房玄龄等:《晋书》卷36《张华传》,中华书局1974年版,第1069—1070页。
④ (唐)房玄龄等:《晋书》卷36《刘卞传》,中华书局1974年版,第1078页。
⑤ (唐)房玄龄等:《晋书》卷36《张华传》,中华书局1974年版,第1074页。
⑥ 宋展云等:《论张华与晋初诗风演变》,《扬州大学学报》(人文社会科学版)2011年第2期,第64页。

在魏末晋初的时代被举荐，这与曹魏政权以德取士的人才观、与晋武帝的锐意进取大相关联。

二 西晋影响士人仕宦的因素

九品中正制更多的是发展了士族势力，促进了门阀制度的形成。九品中正制的影响诚如刘毅所说"上品无寒门，下品无势族"①；段灼也说"故据上品者，非公侯之子孙，则当途之昆弟也"②；刘颂《除淮南相在郡上书》也叙述了相同的现实："泰始之初，陛下践阼，其所服乘皆先代功臣之胤，非其子孙，则其曾玄。"③ 可以看出，西晋选拔官吏"所重者是父、祖官爵，时代悬隔的远祖对于定品高低至少在魏晋时并无重大关系。简单地说，中正考虑的主要是'当代轩冕'，而不是'冢中枯骨'"④。西晋的"当代轩冕"有的是汉魏世家，有的则是西晋的新晋士家。资望、德行、才能本是魏晋九品中正制选拔人才的三要素，但在西晋社会中，门阀制度开始形成，资望对仕进的影响往往更大。资望，即资历和声望，指的是其祖、父、兄的官位与爵位，其实质就是家世与门第。此外，婚姻也构成家世与门第的要素，对仕进亦有不小的影响。

（一）资望

资望是构成门第的要素之一，曹魏时代，曹操唯才是举，门第并不是仕进的主要因素，诚如《宋书·恩幸传》所言，"汉末丧乱，魏武始基，军中仓卒，权立九品。盖以论人才优劣，非为世族高卑"⑤。西晋沿袭曹魏九品中正制选拔人才，注重德行、才能与资望，但随着武帝占田制、荫户制、推恩令、二品系资⑥等一系列制度的确立，家世日益成为品第高下的依据，门第日益成为入仕的主要因素，对此，翦伯赞《论西晋的豪门政治》有一组统计数字："《晋书》所传之西晋人物一百六十七人中，其祖若父并有官爵者，二十七人，父有官爵者六十人，祖远祖或疏属有官爵者二十人，世为豪族者六人，总计出自世家及豪族者百十三人左右。此外，世系不明者三十人左

---

① （清）严可均：《全晋文》卷35，商务印书馆1999年版，第358页。
② （清）严可均：《全晋文》卷66，商务印书馆1999年版，第694页。
③ （清）严可均：《全晋文》卷40，商务印书馆1999年版，第405页。
④ 唐长孺：《士族的形成和升降》，载唐长孺《魏晋南北朝史论拾遗》，中华书局1983年版，第54—55页。
⑤ （南朝梁）沈约：《宋书》卷94《恩幸传》，中华书局1974年版，第2301页。
⑥ 案：占田制、荫户制可参见《晋书·食货志》中的"户调制"内容；推恩令可参见《晋书·职官志》中武帝的诏令。

右。"① 毛汉光《中国中古社会史论》中也有一组数据②：西晋前期步入统治阶级上层的世家大族士人占46.2%，西晋中后期则上升至66.3%，重视门第成为西晋中后期普遍的社会现实。两组数据清晰表明西晋中后期祖、父、兄的官爵，即所谓的资望在士人仕进中的作用。

门第观念不仅维护世家大族的既得利益，也为世家子弟提供政治上的新权益。宗室及世家子弟往往凭借祖、父或兄的官爵而非才能，通过吏部铨选直接进入官僚体系。例如，何曾子何遵起家散骑黄门郎，平吴大将王浑之子、武帝女婿王济"起家拜中书郎"，山涛儿子山简起家太子舍人，刘毅之子刘暾起家博士，傅玄侄子傅祇起家太子舍人，等等。③ 这些新政权下成长起来的士族子弟，仕途风顺通达，寒门子弟则远无如此好运。国子祭酒邹湛因为阎缵的才华，向秘书监华峤推荐阎缵为著作郎。华峤回答："此职闲廪重，贵势多争之，不暇求其才。"④ 著作郎、秘书郎等六品官往往是资品二品的起家官，阎缵出身寒微，在门第风盛行之时，即便才华出众也是无缘此等官位的。

这样的选拔制度与西晋的占田制、荫户制结合，使得西晋士族高门禄位不衰，由此强烈的家族意识在世家高门中普遍滋生。王衍为西晋名士，其人伦识鉴颇为时人赞许。他对其弟王澄的品目是"落落穆穆"，这使得王澄名显于世。不仅如此，他还努力提高王澄的知名度与社会影响，有"经澄所题目者，衍不复有言，辄云'已经平子矣'"⑤。王衍提携兄弟的行为就是家族意识的表现。王导是东晋开国的主要功臣之一，其给侄子王允之的信中可以明显感受到两晋士族的家族意识。其时王允之的父亲去世，王允之除义兴太守，不拜。王导因此写信劝道："太保、安丰侯以孝闻天下，不得辞司隶；和长舆海内名士，不免作中书令。吾群从死亡略尽，子弟零落，遇汝如亲，如其不尔，吾复何言！"⑥ 字里行间的家族感自不待言。西晋士人的这种家族感明显是保家重于爱国、关心自身甚于国家的无责任意识。国家太平时，官僚士族努力为家族谋权益；国家动乱时，他们不敢、不能甚至不想恤国难。

---

① 翦伯赞：《论西晋的豪门政治》，《大学》1947年第5期，第10页。
② 参见毛汉光《中国中古社会史论》，上海书店出版社2002年版，第44页。
③ （唐）房玄龄等：《晋书》卷33《何遵传》、42《王济传》、43《山简传》、45《刘暾传》、47《傅祇传》，中华书局1974年版，第999、1205、1228、1280、1330—1331页。
④ （唐）房玄龄等：《晋书》卷48《阎缵传》，中华书局1974年版，第1350页。
⑤ （唐）房玄龄等：《晋书》卷43《王澄传》，中华书局1974年版，第1239页。
⑥ （清）严可均：《全晋文》卷19《与从子允之书》，商务印书馆1999年版，第176页。

九品中正制重资望轻才德，其选士越来越背离儒家的人才观，造成越来越多的社会弊端，西晋不少有识之士如李重、卫瓘、刘毅、刘颂、段灼、孙楚、束皙、张载等都曾上疏、著文指出九品中正制的弊端，请求废除之。咸宁年间，刘毅上疏陈九品中正制之失，"疏奏，优诏答。后司空卫瓘等亦共表宜省九品，复古乡议里选。帝竟不施行"①。武帝"优诏答之"，显见武帝深知九品中正制之弊；不废或是为维护门阀士族利益，或是积习难改、积重难返。不管何种原因，在这个问题上，武帝当断不断，再次表现出其为政优柔之失。

(二) 婚姻

同资望一样，婚姻也是构成门第的要素之一，好的婚姻，可以对士族的地位起到有力的保障和支持，为士人的仕进提供有力的支撑；反之，亦然。

最能体现门第观念的婚姻称为门第婚，主要表现为三种：其一是皇室与世家大族通婚；其二是世家大族之间的联姻；其三是世族与寒族的联姻。门第婚姻实际上是一种政治联姻，或彼此互为依靠，巩固政治势力与家族利益；或依附高门，改变寒族处境，提升家族地位。

1. 皇室与世族婚姻

这种婚姻的基础在于皇室需要拉拢世族势力，巩固其统治；世族则需要借助皇室的权力，世代为高官，维护其门第。以武帝为例，据史书记载，其女婿共计9人：温裕，太原温羡之子；甄德，魏文帝郭皇后从弟；华恒，平原高唐华表之孙；王济，太原王浑之子；王敦，山东琅琊王基之子；卫宣，河东卫瓘之子；卢谌，范阳卢志之子；王粹，弘农王濬之子；傅宣，北地泥阳傅祇之子。太原温氏、平原华氏、范阳卢氏、太原王氏、琅琊王氏、河东卫氏、北地傅氏都是魏晋时期的政治大族，他们或为两汉世家，或为魏晋新贵，司马氏与之联姻其政治笼络目的是不言而喻的。同样，与皇室的联姻也为士族带来了常人难以企及的便利，诸如：司马懿女婿杜预以六品官起家，成为西晋重要大臣；羊皇后之弟羊祜步入仕途也很快进入权力中心；贾后亲戚郭彰、贾谧号称"贾郭"，权倾一时。他们不乏出色的才华，但皇室姻亲的关系显然是他们仕进的助力。《晋书》载："(王济) 与侍中孔恂、王恂、杨济同列，为一时秀彦。武帝尝会公卿藩牧于式乾殿，顾济、恂而谓诸公曰：'朕左右可谓恂恂济济矣！'"② 王济是

---

① （唐）房玄龄等：《晋书》卷45《刘毅传》，中华书局1974年版，第1277页。
② （唐）房玄龄等：《晋书》卷42《王济传》，中华书局1974年版，第1205页。

武帝女婿，王恂是文帝王皇后兄弟、武帝舅舅，杨济是武帝杨皇后之叔，武帝所重的"恂恂济济"多为皇亲，门第婚姻使他们受益不浅。再如，裴頠，因诛杨骏有功封侯，裴頠苦请封兄长之子裴憬，理由是裴憬是裴秀嫡孙。但由于裴頠子裴该"时尚主，故帝不听"①。裴该由于是驸马而获封侯，这就是皇亲的利益。

皇室与世族的联姻，出于政治目的，联姻可以使双方互惠互利，但并非永远的护身符。羊琇，羊皇后堂弟，武帝继位时出谋划策，颇有功勋。武帝继位后宠遇有加，在职十三年，手握重兵，屡参机密。曾因乘羊车被弹劾犯宪当死，武帝只免其官，并很快复职。后由于对齐王出镇一事劝谏，忤旨失宠，愤怨而终。婚姻本是为了巩固家门宗族，但在八王之乱中，联姻有时还会演变为政治势力的较量，带来意想不到的灾难，甚至是致命的打击。乐广嫁女于成都王司马颖，颖败，以险遭罪，以忧卒。泰始末年，杨骏因女儿杨皇后而骄傲自得，胡奋劝言："历观前代，与天家婚，未有不灭门者，但早晚事耳。"② 杨骏结局果如胡奋所言。观八王之乱中的皇亲，结局大体如此。政治联姻无非是权力分配，结成利益集团，一荣俱荣，一损俱损。

2. 世家大族之间的联姻

皇室宗亲是主要的权力集团，其次则是世家大族强宗。世家大族之间的联姻，往往出于政治因素，是政治利益的再分配。由于对门第的重视，世族联姻往往是一种连环婚姻，进而形成婚姻网络。试看史书中部分世族婚姻状况记载：

> 《三国志·郭淮传》引《世语》曰："淮妻，王凌之妹。"引《晋诸公赞》曰："淮弟配，字仲南，有重名，位至城阳太守。裴秀、贾充皆配女婿……女适王衍。"③

短短的一段记载，显示的却是一张错综的婚姻网络。以郭氏为中心，太原郭氏与太原王氏（王凌及妹）、河东闻喜裴氏、平阳贾氏、琅琊王氏形成了姻亲关系网。魏晋之际，郭淮以军功显赫成为权贵，王、贾、裴均为儒学世家，彼此联姻实际是文官与武将的结合，是为了更好巩固家世，

---

① （唐）房玄龄等：《晋书》卷35《裴頠传》，中华书局1974年版，第1042页。
② （唐）房玄龄等：《晋书》卷57《胡奋传》，中华书局1974年版，第1557页。
③ （晋）陈寿：《三国志》卷26《郭淮传》，中华书局2006年版，第438—439页。

提高家族政治、文化地位。泰始年间，王沈（太原王氏）、贾充、裴秀是炙手可热的权势人物，多少与这婚姻网有关。

再试以贾氏与郭氏的关系分析。贾充，原本是李丰的女婿，因李丰谋反被诛，女儿坐罪流放，贾充乃娶郭配之女。贾充惧内历史有名，分析原因，恐与贾充受惠于这桩婚姻有关。如若不是郭配女婿，受李丰案的影响，不说连坐，至少在仕途前景上将大受影响。姻亲关系带给贾氏与郭氏不少效益。贾后从舅郭彰、族兄贾模都成为当时权倾一时的人物。即便郭彰嫉恨的族人郭琦，也被武帝任命为佐著作郎。当然，除了婚姻关系，贾、郭也受惠于外戚身份，这同时也说明世家与皇家联姻的政治利益。

再看下面材料织就的婚姻网络：

（裴）楷子瓒娶杨骏女，然楷素轻骏，与之不平。……裴楷长子舆先娶亮女，女适卫瓘子……楷素知玮有望于己，闻有变，单车入城，匿于妻父王浑家，与亮小子一夜八徙，故得免难。……楷长兄黎，次兄康，并知名。康子盾，……东海王越，盾妹夫也。①

（王衍）女为愍怀太子妃，太子为贾后所诬，衍惧祸，自表离婚。②

裴散骑（裴遐）娶王太尉（王衍）女。③

傅咸《赠何劭王济诗》序：朗陵公何敬祖，咸之从内兄；国子祭酒王武子，咸从姑之外孙也。④

（王济）与姊夫和峤及裴楷齐名。⑤

裴頠，戎之婿也。……⑥

河东闻喜裴氏，不但是汉魏晋时期的著姓，也是中国历史上最为有名的姓氏。上述史料表明，裴氏姻亲有司马氏、太原王氏、河东安邑卫氏、琅琊王氏、弘农杨氏、汝南和氏、北地傅氏等，他们不是皇族即为当世高门大族，用门当户对来描述裴氏家族的婚姻关系是恰如其分的。

从太原郭氏、河东裴氏、太原王氏、琅琊王氏、北地傅氏等错综交织

---

① （唐）房玄龄等：《晋书》卷35《裴楷传》，中华书局1974年版，第1049—1052页。
② （唐）房玄龄等：《晋书》卷43《王衍传》，中华书局1974年版，第1237页。
③ 余嘉锡：《世说新语笺疏》上卷《文学19》，中华书局1983年版，第209页。
④ 逯钦立：《先秦汉魏晋南北朝诗·晋诗》卷3，中华书局1983年版，第607页。
⑤ （唐）房玄龄等：《晋书》卷42《王济传》，中华书局1974年版，第1205页。
⑥ （唐）房玄龄等：《晋书》卷43《王戎传》，中华书局1974年版，第1234页。

的婚姻关系网中，可以明确，无论怎样盘根错节的婚姻网络都离不开门第这一基础。裴氏家族的联姻对象几乎均为当世权贵、名门望族，这样联姻的好处在于一荣俱荣，利益共享。但以政治利益为筹码的婚姻注定有它的脆弱性，婚姻关系中往往夹杂着政治势力的较量，有其利必有其弊。

弊之一，政治斗争中，姻亲关系易受株连。例如，裴楷因与杨骏结亲，杨骏被诛，裴楷险遭难。再如王衍，作为太子的老丈人，面对强势的贾后，不得不重新站队。

弊之二，人际交往中，政治联姻不成，易导致彼此关系破裂。例如，杨骏欲以女嫁王衍，王衍"阳狂自免"[1]。华廙拒绝荀勖为其子求婚、拒绝贾后为韩寿女求婚其孙，于是被削爵、免为庶人，终身不得登台辅。束晳之兄束璆娶石鉴从女，"弃之，鉴以为憾，讽州郡公府不得辟，故晳等久不得调"[2]。

弊之三，政治联姻往往重利益少人情，卫恒与何劭关系就是一例。楚王玮构陷卫瓘，其子卫恒闻变，"以何劭，嫂之父也，从墙孔中诣之，以问消息。劭知而不告"[3]。"知而不告"，本可免于一死的卫恒一家因而遇害，卫家遭遇殊为可惜。再如，西晋末年，裴楷侄子裴盾降刘元海战将赵固，并嫁女于赵固。女儿虽受宠爱，但裴盾依然为赵固所杀。[4]

西晋时讲究门第婚姻，世家大族的婚姻如同一张网，皇亲世族彼此关系错综。只是西晋的国运太过短暂，门第婚姻带来资源、利益共享的同时，也带来了太多的不安与忧虑。尽管如此，门第婚姻依然是扩大家族势力的有效途径，最终在东晋达到极盛。

3. 世族与寒族的联姻

西晋讲究门第，但与东晋的门阀政治相比，婚姻关系不至十分严格，也有不少世族与寒族通婚之例，例如：山简嫁女卫玠（卫氏虽为权贵世族，但卫瓘父子被害后，家族明显衰落）[5]；太原王氏家族中的王湛就主动追求郝普之女，并结为婚姻[6]；周𫖮兄弟的母亲是汝南李伯宗的女儿，主动嫁给周浚为妾[7]；琅琊颜氏嫁与王浑为后妻[8]；等等。这些婚姻表现了西

---

[1] （唐）房玄龄等：《晋书》卷43《王衍传》，中华书局1974年版，第1236页。
[2] （唐）房玄龄等：《晋书》卷51《束晳传》，中华书局1974年版，第1427页。
[3] （唐）房玄龄等：《晋书》卷36《卫恒传》，中华书局1974年版，第1066页。
[4] （唐）房玄龄等：《晋书》卷35《裴盾传》，中华书局1974年版，第1052页。
[5] （唐）房玄龄等：《晋书》卷36《卫玠传》，中华书局1974年版，第1067页。
[6] 余嘉锡：《世说新语笺疏》中卷《贤媛15》，中华书局1983年版，第686页。
[7] 余嘉锡：《世说新语笺疏》中卷《贤媛15》，中华书局1983年版，第688—689页。
[8] 余嘉锡：《世说新语笺疏》卷下《尤悔2》，中华书局1983年版，第896页。

晋士人重情、重才、轻门第的作风，王湛的自主择偶、山简看重卫玠之才而嫁女都能说明这一问题。但另一些婚姻则是寒族为改变家族地位、利益的努力，周李联姻，李家后来得到公正平等的待遇，提升了家族地位。王浑之子王济不称颜氏为母，始终称之为"颜妾"，"颜氏耻之，以其门高，终不敢离"①，颜氏此举明显是依附高门以期改变其自身或家族地位。

婚姻作为一种社会关系，西晋时受时代文化思潮的影响，在玄学观念下注重真情自然；但更多地与当时的政治紧密相关，门第观念对婚姻影响更大。皇室宗亲往往与世家大族联姻，巩固其统治势力；世家大族依赖皇权维护其贵族利益与地位。世族之间彼此也互相通婚，互为依靠，结为共同的利益集团，分享有限的政治资源。门第观念之下，寒族、小族往往仕进无门，要改变自身的政治地位，与世族高门结亲就是不错且便利的选择。婚姻对家族利益、家族地位产生影响的同时，也对家族中每个成员的政治资源进行了分配，影响着他们的仕进道路。

家族利益与地位的维护促使门第观念的日益强化，士人的婚、宦、望等门第要素成为世家大族的标志。资望、婚姻带来仕进的便利，权势又催生新的资望，形成新的婚姻网络，三者互为因果的循环，导致门阀取士日盛，儒家选贤与能的人才观日衰。当然这并非说士族子弟均无才德，实际上汉魏晋以来的世家在家族教育上取得的成果是相当明显的。只是门阀取士将一大批小族、寒族子弟拒于仕门外，这显然不利于国家建设与社会稳定，不利于儒家文化发展。

第二节　儒玄双修思潮下西晋士人的仕隐取向

隐逸是一种传统文化，从西晋皇甫谧《高士传序》、范晔《后汉书·逸民传序》看，隐逸之风可以追溯到春秋之前的三皇五帝、虞舜时代。汉末社会动乱，隐逸之风盛行，魏晋时期隐逸之风依然盛行。南朝的士人撰史，专门为隐士立传，如南朝宋范晔《后汉书》有《逸民传》，南朝梁萧子显《南齐书》有《高逸传》，沈约《宋书》有《隐逸传》。此后唐代士人所撰的两晋南朝史书中大多为隐士立传，《晋书》有《隐逸传》，《梁书》有《处士传》，可见魏晋南北朝时期是个盛产隐士的时代。这样的社会风气不能不影响到士人的仕隐出处，西晋时承汉魏之风，在仕与隐的选

---

① 余嘉锡：《世说新语笺疏》卷下《尤悔2》，中华书局1983年版，第896页。

择上，士人表现了不同的态度。

南朝梁萧统《文选》中招隐类和反招隐类的诗，选了陆机、左思与王康琚的作品，三人都是晋代作家，但诗中在隐居问题上的观点，却正好代表了三种典型的态度。左思的《招隐诗》在山水清音中表达了"弹冠去埃尘"①的退隐之心，最终，他也以行动实现了他的誓言。陆机《招隐诗》也表达了对隐居的向往，但有条件："富贵久难图，税驾从所欲。"② 如果富贵难图则隐，正因为此，渴望隐居的陆机，始终辛苦奔波于仕途。王康琚《反招隐诗》则说"小隐隐陵薮，大隐隐朝市"③，强调心隐，却也是两晋士人吏隐生活的现实写照。纵观西晋士人，其对于仕隐出处的态度，并非只是仕与隐两种简单的选择，它往往与社会思潮、时代政治及个人经历有关。

一　西晋士人仕隐的类型

在仕与隐的选择上，西晋士人大致有三种类型。其一，隐而不仕者；其二，仕隐兼具者；其三，仕而不隐，但有隐居之念者。

（一）隐而不仕者

这类士人一生不曾为官，安贫乐道，高尚其事。如朱冲，《晋书·隐逸传》载其少有很好的品行，闲静寡欲，好学而贫，常以耕艺为事。咸宁四年（278），诏补博士，称疾不应。不久又诏为太子右庶子，依然不应。从武帝诏书可知他"履蹈至行、敦悦典籍"④，是一个真正的隐士。类似者如范乔，"一举孝廉，八荐公府，再举清白异行，又举寒素，一无所就"⑤。他行身不秽，好学不倦，为人叹服。

西晋此类士人最有名者，莫过于皇甫谧。据《晋书》本传，皇甫谧一生七次拒绝出仕：曹魏时，魏郡曾召上计掾，举孝廉；景元初，相国辟，皆不行。泰始年间，武帝敦诏、举贤良方正皆不应；咸宁中诏为太子中庶子，以笃疾辞；后征为议郎，诏补著作郎皆不应。

皇甫谧拒绝出仕有身患疾病的因素，他在《玄守论》中说："吾闻食人之禄者怀人之忧，形强犹不堪，况吾之弱疾乎！"⑥ 在《释劝论》中也说道："相国晋王辟余等三十七人，及泰始登禅，同命之士莫不毕至，皆拜骑都尉，

---

① 逯钦立：《先秦汉魏晋南北朝诗·晋诗》卷7，中华书局1983年版，第735页。
② 逯钦立：《先秦汉魏晋南北朝诗·晋诗》卷5，中华书局1983年版，第690页。
③ 逯钦立：《先秦汉魏晋南北朝诗·晋诗》卷15，中华书局1983年版，第953页。
④ （唐）房玄龄等：《晋书》卷94《朱冲传》，中华书局1974年版，第2430页。
⑤ （唐）房玄龄等：《晋书》卷94《范乔传》，中华书局1974年版，第2432—2433页。
⑥ （唐）房玄龄等：《晋书》卷51《皇甫谧传》，中华书局1974年版，第1410页。

或赐爵关内侯，进奉朝请，礼如侍臣。唯余疾困，不及国宠……余惟古今明王之制，事无巨细，断之以情，实力不堪，岂慢也哉！"① 在拒绝出仕的上疏中具体言及身体病况："久婴笃疾，躯半不仁，右脚偏小，十有九载。又服寒食药，违错节度，辛苦荼毒，于今七年。隆冬裸袒食冰，当暑烦闷，加以咳逆，或若温虐，或类伤寒，浮气流肿，四肢酸重。"②

皇甫谧拒绝出仕的更主要的原因在于他的人格追求。在《玄守论》中他表达了不慕名利、安平乐道的处世态度："居田里之中亦可以乐尧舜之道，何必崇接世利，事官鞅掌，然后为名乎！""且贫者士之常，贱者道之实，处常得实，没齿不忧，孰与富贵扰神耗精者乎！"③ 在《释劝论》中他表达了守道存真、超脱世俗的精神追求："弃外亲之华，通内道之真，去显显之明路，入昧昧之埃尘，宛转万情之形表，排托虚寂以寄身，居无事之宅，交释利之人。"④

应该说，皇甫谧拒绝出仕，但并不反对朝廷。他在拒绝举贤良方正后曾上表武帝借书，武帝也送了他一车书。他称济阴太守蜀人文立为"亡国之大夫"，可见他对西晋政权的认同。他的弟子门人挚虞、张轨、牛综、席纯，皆为晋名臣，更见他不反对朝廷。出仕与否，对皇甫谧而言纯是个人追求，说明其本心即是不慕名利。

皇甫谧居贫而能博综典籍百家之言，沉疴而能诲人不倦、著述不断。他的高尚之志与著书授徒之举，实担得起真正的隐士称号。西晋类似皇甫谧不慕名利、安贫乐道、追求精神独立自由的隐士并不多见，这从以下分析可知。

（二）仕隐兼具者

仕隐兼具的士人人数最多，大致有三种情形。第一种情形是先隐后仕，这类士人往往处于时代的转折点，"隐"或是躲避战乱，或是等待时机。王祥在汉末动荡中"扶母携弟览避地庐江，隐居三十余年，不应州郡之命"⑤，年垂耳顺始应诏出仕。之后以其德行、儒学修为成为魏晋之际的新贵，开启琅琊王氏家族的兴盛局面。其隐主要是因为躲避战乱。

---

① （唐）房玄龄等：《晋书》卷51《皇甫谧传》，中华书局1974年版，第1411页。
② （唐）房玄龄等：《晋书》卷51《皇甫谧传》，中华书局1974年版，第1415页。
③ （唐）房玄龄等：《晋书》卷51《皇甫谧传》，中华书局1974年版，第1409—1410页。
④ （唐）房玄龄等：《晋书》卷51《皇甫谧传》，中华书局1974年版，第1414页。
⑤ （唐）房玄龄等：《晋书》卷33《王祥传》，中华书局1974年版，第987页。

山涛也是先隐后仕，本传言"每隐身自晦"①，年四十始出仕。曹爽与司马氏争天下时，又一次隐身不交事务。司马氏执政后再次出仕。但自泰始年间起，山涛屡屡请求告老逊位，山涛为何出仕，又为何屡屡告退？

这里不揣冒昧再论学界老生常谈的问题。山涛出仕当然不是为富贵，史传，山涛至死都安贫若素，保持清贫本色。山涛之所以出仕，通常有两种说法：其一，功名心说；其二，顺时通变实现抱负说。本书倾向于后者。从他屡屡告退可见，功名并不是山涛人生的主导。尚有一事也具有说服力：其子山淳、山允俱不仕。两人少尪病，形甚短小，而聪敏过人。武帝闻其名欲见之，山涛不敢辞，而山允拒绝。山涛对此大加赞赏，并上表拒绝武帝召见。在西晋注重家族声望的环境下，自己不做官也罢，还赞成子女不出仕，足见其对功名的不以为意。同时也看得出山涛是真性情之人，能尊重子女、爱护子女。所以，顺时通变，有志于实现抱负，才是山涛出仕的主要原因。其隐居，更多的是在等待时机，以期有所作为。事实上，山涛出仕后的确有所作为，基本上实现了他自己的人生抱负。

山涛屡屡告退，或许有老庄哲学的影响，惧祸心理也是其中之一。他与钟会、裴秀俱相交好，但目睹了钟会的作乱西蜀、自取灭亡；也因替裴秀仗义执言而被贬官，出为冀州刺史。政治风云的变幻，触动了他，使他在调回京城后即开始告退。山涛最初的告退是在泰始年间，此时尚未到达政治生涯的辉煌顶峰，惧祸心理是他请退的主要动因。但此后武帝对他的信赖程度与日俱增，他的政治地位也牢固树立，武帝不准他请辞即是证明。山涛咸宁元年（275）正好七十岁，此前此后不断请辞，则应与汉魏时期的致仕制度有关。七十致仕符合礼典，谦让而不尸位素餐。西晋不少老臣都能如此，在他们身上可看到深深的儒家文化印记。

平心而论，山涛不为名利，清正俭素，是西晋口碑不错的官员之一。如果从致仕而不是从惧祸、功成名退的角度看山涛的请辞，我们会对山涛有一个新的认识：他不贪禄位、讲究崇让，是具有良好操守的官员。孙绰"吏非吏，隐非隐"②的指责还是有些出入的。

陆机的仕与隐多少带点儿尴尬。东吴灭亡时，陆机二十岁，家国的不幸使他隐居故里华亭，闭门勤读近十载，但他最终还是选择了出仕。其最初出仕西晋或许是为了振兴家族，读他与兄弟陆云的赠答诗可以感受到这一点。当然，建功立业实现抱负也是原因之一，《猛虎行》中就表现出时

---

① （唐）房玄龄等：《晋书》卷43《山涛传》，中华书局1974年版，第1223页。
② （唐）房玄龄等：《晋书》卷56《孙绰传》，中华书局1974年版，第1544页。

不我待、建功立业之心:"整驾肃时命,杖策将远寻。饥食猛虎窟,寒栖野雀林。日归功未建,时往岁载阴。"① 然而他最终还是在功名场中不能自拔,他在《秋胡行》中说"生亦何惜,功名所勤"②,表现出对功名的热衷。《晋书》本传言"顾荣、戴若思等咸劝机还吴,机负其才望,而志匡世难,故不从"③,也说明他对功名的留恋。追逐功名到头却徒留下"华亭鹤唳,岂可复闻乎"的感叹,这是陆机的不幸与悲哀。

顾氏是东吴四大姓之一,顾荣当年与陆机、陆云同时入洛,号为"三俊"。在八王之乱中,顾荣沉醉酒中以求自我保全。惠帝西迁长安,以世乱辞官还吴,后又出仕,在太安二年(303)至永嘉元年(307)辅佐晋元帝平定陈敏的江东之乱,是东晋建国的功臣之一,可以说,顾荣的隐退,并不只是世乱自全,"更主要的原因还在于稳定江东局势,静观中土形势变化,进而待机复国"④。

王祥、山涛、陆机、顾荣等士人都生逢乱世,他们出仕前的隐退非养志颐道,而是有不得已的苦衷,或因为避世乱,或因为负家仇国恨,或是等待时机。他们实际都有用世之心,隐是蛰伏,仕是施展抱负。

第二种情形是先仕后隐。这种隐居在西晋士人中有一定的代表意义,主要人物有左思、张载、张协、张翰等。左思先因左芬为武帝嫔妃的关系入京,任秘书郎,曾为贾谧讲《汉书》。贾谧诛,"退居宜春里,专意典籍。齐王冏命为记室督,辞疾,不就"⑤,此后不再居官,晚年一直隐居家中。张载的仕宦履历如下:"起家佐著作郎,出补肥乡令。复为著作郎,转太子中舍人,迁乐安相、弘农太守。长沙王乂请为记室督。拜中书侍郎,复领著作。载见世方乱,无复进仕意,遂称疾笃告归,卒于家。"⑥张协的仕宦履历如下:"少有俊才,与载齐名。辟公府掾,转秘书郎,补华阴令、征北大将军从事中郎,迁中书侍郎。转河间内史,在郡清简寡欲。""永嘉初,复征为黄门侍郎,托疾不就,终于家。"⑦

他们不是坚定的隐士,但世乱彻底打碎了他们求仕的念头,于是他们或专意典籍,或坐守家中,或生活于郊野,直到生命的尽头。他们的退隐

---

① 逯钦立:《先秦汉魏晋南北朝诗·晋诗》卷5,中华书局1983年版,第666页。
② 逯钦立:《先秦汉魏晋南北朝诗·晋诗》卷5,中华书局1983年版,第652页。
③ (唐)房玄龄等:《晋书》卷54《陆机传》,中华书局1974年版,第1473页。
④ 王永平:《江东士人与陈敏之乱关系考实》,《江海学刊》1997年第1期,第123页。
⑤ (唐)房玄龄等:《晋书》卷92《左思传》,中华书局1974年版,第2377页。
⑥ (唐)房玄龄等:《晋书》卷55《张载传》,中华书局1974年版,第1518页。
⑦ (唐)房玄龄等:《晋书》卷55《张协传》,中华书局1974年版,第1518、1524页。

虽说有全身远害之意，但多少也有世乱中对自己人格操守的一份坚持。

第三种情形则是边仕边隐，即所谓的吏隐。代表人物是何劭、石崇、王戎、庾敳、王衍等。他们家财万贯又不放弃高官厚禄；他们享受着物质生活的繁华，又完全不以事务萦怀。他们的隐居往往表现为庄园生活中的逍遥，解读作品可见。石崇《〈思归引〉序》言：

> 年五十以事去官，晚节更乐放逸，笃好林薮，遂肥遁于河阳别业。其制宅也，却阻长堤。前临清渠，柏木几于万株，江水周于舍下，有观阁池沼，多养鱼鸟。家素习技，颇有秦赵之声。出则以游目弋钓为事，入则有琴书之娱。又好服食咽气，志在不朽，傲然有凌云之操。欻复见牵羁，婆娑于九列，困于人间烦黩，常思归而永叹。寻览乐篇，有《思归引》……①

序先写放逸林薮的快乐，后写俗务缠身的烦恼，其生活追求可见一斑。金谷园是他吏隐的重要场所，在这儿，他尽享饮酒、歌舞、诗书、娱乐的种种快乐。

何劭《赠张华》一诗也表达了同样的情感，诗言：

> 四时更代谢，悬象迭卷舒。暮春忽复来，和风与节俱。俯临清泉涌，仰观嘉木敷。周旋我陋圃，西瞻广武庐。既贵不忘俭，处有能存无。镇俗在简约，树塞焉足慕。在昔同班司，今者并园墟。私愿偕黄发，逍遥综琴书。举爵茂阴下，携手共踌躇。奚用遗形骸，忘筌在得鱼。②

西晋的官员不少都有自己的庄园，石崇金谷园闻名古今不说，此诗"周旋我陋圃，西瞻广武庐""今者并园墟"，也可见何劭、张华亦有庄园。张华《归田赋》写其外庐郑鄢："育草木之蔼蔚，因地势之丘墟。丰蔬果之林错，茂桑麻之纷敷。"③ 这应该就是广武庐的庄园之景。潘岳《闲居赋》也描写了他的庄园：在洛水之滨，园中树木参天，有各种果蔬之属。

西晋的占田制及荫户制使世族、官员占田有法可依。他们大量并购土地，庄园就是在这样的基础上建立起来的。庄园往往地处城郊，却又遗世

---

① 逯钦立：《先秦汉魏晋南北朝诗·晋诗》卷4，中华书局1983年版，第643页。
② 逯钦立：《先秦汉魏晋南北朝诗·晋诗》卷4，中华书局1983年版，第648页。
③ （清）严可均：《全晋文》卷58，商务印书馆1999年版，第599页。

独立；庄园经济自给自足，园林自然生态赏心悦目。可以说，庄园承载了士人遗世忘俗的生活理想。

便利的地理位置，使士人身处红尘；优美的园林环境，又使他们心在山林。庄园经济开启了士人吏隐之风，他们游赏庄园，俯临清泉，仰观嘉木，逍遥琴书，饮酒树下，尽情享受世俗生活。在他们的作品中看到的都是闲居的快乐与悠闲。作为高官，世乱不已，他们不是静默不语，就是斡旋周全，甚至推脱责任。他们吏隐的生活方式无益于世，却开启了东晋士人寄情山林的风尚，为山水文学开了先河。

（三）仕而不隐，但有隐居之念者

魏晋之际复杂的政治和学术思潮的背景，形成了西晋诗人儒玄结合、柔顺文明的人格模式，他们往往体自然而守礼法，"立身之本在儒，可是也常耽玩玄理"①。这种人格模式在张华身上表现得最为明显，也正因为此，张华虽然身居要职却也常有出尘之想。他出仕前的《鹪鹩赋》表现出委命顺理、任自然的人生态度，阮籍评价有"王佐之才"，正是读出了他儒玄结合的潜质。他有《招隐士》两首，同《鹪鹩赋》一样，在玄理的文字背后更多的是儒家时不我待、建功立业的心态。

> 隐士托山林，遁世以保真。连惠亮未遇，雄才屈不伸。
> 栖迟四野外，陆沉背当时。循名掩不著，藏器待无期。羲和策六龙，弭节越崦嵫。盛年俯仰过，忽若振轻丝。②

第一首，"连"指少连，"惠"指柳下惠，两人是著名的隐士。在张华看来，他们却是未遇合，没能施展抱负。第二首，"循名掩不著，藏器待无期"，是满腹才华却施展无期。"盛年俯仰过，忽若振轻丝"，是时不我待的惆怅。两首诗中，张华的用世之心昭然可见。

但《答何劭诗》却表现出他强烈的出处矛盾，其一曰："散发重阴下，抱杖临清渠。属耳听莺鸣，流目玩鲦鱼。从容养余日，取乐于桑榆。"其二言："道长苦智短，责重困才轻。周任有遗规，其言明且清。"③ 其一显见其隐居之念，其二又见其济世情怀。

这样的出处矛盾同样表现在其《杂诗三首》中。其一"永思虑崇替"

---

① 钱志熙：《魏晋诗歌艺术原论》，北京大学出版社1993年版，第244页。
② 逯钦立：《先秦汉魏晋南北朝诗·晋诗》卷3，中华书局1983年版，第622页。
③ 逯钦立：《先秦汉魏晋南北朝诗·晋诗》卷3，中华书局1983年版，第618页。

表达的是对国事的忧虑，其二"逍遥游春宫"表达的是遗世之想。① 尽管矛盾纠结，张华还是选择了出仕。其子张韪以中台星坼，曾劝张华逊位，不从，最终酿成了人生的悲剧。

羊祜也始终出仕。本传言其"以道素自居，恂恂若儒者"②，观其立身处世，的确颇有儒者风范，观其本心似更乐山水，"每风景，必造岘山，置酒言咏，终日不倦"③。但他却始终为官在任。

即便如潘岳，虽热衷功名，也会有隐居之念。他的《秋兴赋》写寓直于散骑之省，发"江湖山薮之思"。《闲居赋》写自己的悠闲生活，表达自己的隐逸之想。赋中"优哉游哉，聊以卒岁""仰众妙而绝思，终优游以养拙"④的文句，还是能让人感受到潘岳仕途不达的消沉。元好问《论诗绝句三十首》（其六）"心画心声总失真，文章宁复见为人。高情千古闲居赋，争信安仁拜路尘"⑤认为潘岳人文不符。其实，潘岳追逐功名并不顺利，有出尘之想并非言不由衷，这应该是受挫时的心灵念想与心理疗伤。只不过潘岳的功名欲望决定了他不可能真正隐居，事实证明他的确一生致力功名追求。

仕和隐的选择，其实就是一种人生态度，羊祜、张华等虽内体玄心，但始终以事功为念，且在政治上也多有所为。他们的人生是儒玄结合的人生，更多地表现为内玄外儒。潘岳的人生不能与张华、羊祜相提并论，但仕与隐的选择上同样表现出他追逐功名的人生态度。

二 士人归隐的原因

西晋士人在仕与隐的问题上产生了三种选择，除去第一种类型的士人，后两种类型的士人或多或少都纠结于出仕抑或归隐的选择，表现出仕与隐的矛盾心态。不妨以西晋士人表现隐逸内容的作品分析。

据逯钦立《先秦汉魏晋南北朝诗》，西晋现存《招隐诗》九首，除闾丘冲《招隐诗》反隐居外，其他张华、陆机、左思、张载的《招隐诗》都反映了士人仕与隐的矛盾心态及其对仕与隐的选择。张华与陆机一样，在仕与隐的矛盾中最终选择了出仕。左思、张载则表明了隐居的立场。左思，早年积极用世，其《咏史》言"铅刀贵一割，梦想骋良图"，见其心

---

① 逯钦立：《先秦汉魏晋南北朝诗·晋诗》卷3，中华书局1983年版，第620—621页。
② （唐）房玄龄等：《晋书》卷34《羊祜传》，中华书局1974年版，第1014页。
③ （唐）房玄龄等：《晋书》卷34《羊祜传》，中华书局1974年版，第1020页。
④ （清）严可均：《全晋文》卷90、91，商务印书馆1999年版，第964、977页。
⑤ 郭绍虞：《元好问论诗三十首小笺》，人民文学出版社1978年版，第62页。

怀理想。其《杂诗》慨叹"高志局四海，块然守空堂。壮齿不恒居，岁暮常慨慷"，颇有蹉跎时光之感。然入世越深，失望越大，其后《招隐诗》《咏史诗》都表现出隐居的倾向，如《咏史》其五说要"高步追许由"，《招隐士》说"弹冠去尘埃，惠连非吾屈"。①

西晋士人仕与隐的矛盾心态及选择在其他诗作中也可见。张协《杂诗十首》其七写自己曾经的用世之心，"畴昔怀微志，帷幕窃所经。何必操干戈，堂上有奇兵。折冲樽俎间，制胜在两楹"②；其九则写自己屏居草泽的生活和隐世之志，对照相当鲜明。潘尼《逸民吟》描绘了隐逸的生活图景，抒发了隐逸的心声：

　　我顾傲世自遗，舒志六合。由巢是追，沐浴池洪迅羽衣。陟彼名山，采此芝薇。朝云暧暧，行露未晞。游鱼群戏，翔鸟双飞。逍遥博观，日晏忘归。嗟哉世士，从我者谁。
　　我愿遁居，隐身严穴。宠辱弗荣，谁能羁绁。③

《全晋文》中也有不少反映隐居之念，表达恬淡寡欲、逍遥自足情感的作品，诸如成公绥的《啸赋》、挚虞的《思游赋》、陆云的《逸民赋》、陆机的《幽人赋》、夏侯玄的《玄鸟赋》等。

上述作品吟咏着出世，但作者本人都曾出仕，甚至始终为官。其人其文的矛盾实际上就是仕与隐心态矛盾的典型反映。倾向隐居在当时士人中是有一定的代表性的，其原因何在？结合士人仕与隐的情形，总结如下。

（一）玄学思潮影响下的吏隐

魏晋是崇尚玄学的时代，但儒家影响依然存在，尤其是西晋对儒学的提倡。儒家注重士人的道德操守，安贫乐道是儒学士人的基本道德之一。玄学体悟自然，对魏晋士人在各方面都产生了影响。诸如情感上的任情与纵情，生活方式上的任诞与裸裎，出处上的归隐保真、自然高蹈。就真正的隐士而言，其隐逸往往杂糅了儒家养志与道家保真的因素，以追求人格的独立，皇甫谧就是其中的典型。但西晋这样的隐士并不多，更多的是吏隐。

正始玄学带给魏晋士人的风尚是醉心于清谈，他们徜徉于言意之辨、有无之争中，对于现实世界中的政事则有意无意。应该说，道家的自然无

---

① 本段所引左思诗见逯钦立《先秦汉魏晋南北朝诗·晋诗》卷7，中华书局1983年版，第732—735页。
② 逯钦立：《先秦汉魏晋南北朝诗·晋诗》卷7，中华书局1983年版，第746页。
③ 逯钦立：《先秦汉魏晋南北朝诗·晋诗》卷8，中华书局1983年版，第769—770页。

为、与世无争成为西晋官员吏隐的思想源泉；郭象的玄学理论，主张自生、自性、独化，调和名教与自然，更为他们的吏隐提供了理论依据。"居官无官官之事，处事无事事之心"①，于是何劭"衣裘服玩，新故巨积。食必尽四方珍异，一日之供以钱二万为限"②。他优游自足，不贪权势，从武帝到惠帝再到赵王及三王交争，他始终都能从容应对，保持其轩冕之位不变，吏隐是其立于不败地位的法宝。庾敳"未尝以事婴心，从容酣畅，寄通而已"③，天下多故，他唯静默而已。同何劭一样，不争权势，用道家的"不争"来保全自己，甚至在醉酒之中也能因其纵心事外的态度，躲过刘舆的陷害。④

他们"出世而又入世。出世，是寻找精神上的满足；入世，是寻找物质上的满足"⑤，这在石崇，表现得相当明显。石崇在《〈思归引〉序》中描写了他在金谷园的享乐生活，《赠枣腆诗》中也记录了他的园中生活：

> 携手沂泗间，遂登舞雩堂。文藻譬春华，谈话犹兰芳。消忧以觞醴，娱耳以名娼。博弈逞妙思，弓矢威边疆。⑥

当然石崇不会有真正意义上的出世之想，他是西晋典型的享乐主义者，他的隐居之念及实践无非是换一种方式，以士人的风流诸如留连春光、诗酒清谈、博戏射箭等来享受人生。其隐居与何劭、庾敳等似乎相同，均为吏隐，均在物质享受中不问世事，但还是有不同。何劭、庾敳等侧重体玄，游心事外以求自全。石崇无论出处，更注重的是对物质生活的追求。

体玄悟道之心，一方面有助于士人的独立人格，另一方面又使他们逃避现实，缺乏担当。前者以皇甫谧等为代表，他们将儒玄结合，展现了真隐士的风采。后者以何劭、庾敳、王衍、石崇等为代表，他们是吏隐的典型，在逃避事务的同时，享受着权力的益处，虽以不争处世，却因不能担当社会责任、死于乱世而遭诟病。吏隐在动乱的年代终不能成为自全的屏障。

---

① （唐）房玄龄等：《晋书》卷75《刘惔传》，中华书局1974年版，第1992页。
② （唐）房玄龄等：《晋书》卷33《何劭传》，中华书局1974年版，第999页。
③ （唐）房玄龄等：《晋书》卷50《庾敳传》，中华书局1974年版，第1395页。
④ 余嘉锡：《世说新语笺疏》中卷《雅量10》，中华书局1983年版，第353—354页。
⑤ 罗宗强：《玄学与魏晋士人心态》，天津教育出版社2005年版，第196页。
⑥ 逯钦立：《先秦汉魏晋南北朝诗·晋诗》卷4，中华书局1983年版，第645页。

（二）天下无道则隐

西晋士人的归隐或归隐之念往往缘于世积乱离，刘颂太康初年除淮南相，其上疏中即称泰始初年为"叔世"①。称建国初年为衰世，更遑论元康之后八王之乱、五胡乱华的时代了。将西晋视为"叔世"的士人还有不少，试看《晋书·隐逸传》所载：

> 夏统（对劝其出仕的宗人说）：使统属太平之时，当与元凯评议出处；遇浊代，念与屈生同污共泥；若污隆之间，自当耦耕沮溺，岂有辱身曲意于郡府之间乎！
> 鲁胜：尝岁日望气，知将来多故，便称疾去官。②

鲁胜、夏统均以世乱而隐，这样的士人不在少数。西晋不少文人作品也表达了同样的隐居理由：

> 董京诗：孔子不遇，时彼感麟。麟乎麟，胡不遁世以存真。
> 张载《招隐诗》：去来捐时俗，超然辞世伪。
> 潘尼《答陆士衡诗》：昔游禁闼，祗畏夕惕。今放丘园，纵心夷易。口咏新诗，目玩文迹。予志耕畎，尔勤王役。惭无琬琰，以酬尺璧。③

"多故""世伪""祗畏夕惕"等词喻示了社会的动荡、士人的惊惧，归隐就产生于社会现实带来的理想与价值的失落。对于士人而言，这种失落更多的是仕途受挫，彼时也最容易产生归隐之念。张华在太康八年（287）前后因太庙殿陷免官，之后所作的《归田赋》就表现出明显的归隐心态。潘岳在元康五年（295）"迁博士，未召拜，去官，被免职。作《闲居赋》"④，此赋写家居生活，有明显的归隐之念。隐居不过是他们在仕途疲累时的心理安抚，是他们心灵的一个驿站。

---

① （清）严可均：《全晋文》卷40《除淮南相在郡上疏》，商务印书馆1999年版，第405页。
② （唐）房玄龄等：《晋书》卷94《隐逸传》，中华书局1974年版，第2428、2433页。
③ 逯钦立：《先秦汉魏晋南北朝诗·晋诗》卷2、7、8，中华书局1983年版，第601、740、764页。
④ 俞士玲：《西晋文学考论》第四章《潘岳潘尼文学系年》，南京大学出版社2008年版，第124页。

孔子说"邦有道则仕,帮无道则卷而怀之",又说"天下有道则见,无道则隐"。① 孔子是把为人处世与天下的兴盛衰亡联系在一起,但"有道则见,无道则隐"的指导思想,在保持个人洁身自好的同时,却也容易使人丧失社会责任感。西晋士人缺乏社会担当意识,一方面是由于体玄悟道,不缨事务;另一方面与"邦无道则隐"多少有关。

检视西晋士人仕与隐的矛盾心态,寻找他们归隐的动机,我们看到的是士人对现实的失望和自我价值的失落,是关注自我的安身立命。隐居或是他们更高层次的享受追求,或是他们自我的心灵疗伤。在他们怀想隐居或实现隐居的同时,他们其实已经背离了隐逸精神的初衷,也失去了士人的政治人格传统。无论隐还是仕,在动乱的时代,注定了他们悲剧的人生:追逐权势功名者死于非常;隐居不仕者往往不知所终。动乱年代,本该践行儒学的士人主体,远离了儒学的宗旨,儒学发展也因此受到重挫,这是时代与儒学的不幸。

---

① (魏)何晏等注,(宋)邢昺疏:《论语注疏》,上海古籍出版社1990年版,第137、71页。

中　编

西晋儒风与学风

第一章　西晋博学之风论

《晋书》传记中可以看到不少士人共有的特点——博学，史书往往以博物洽闻、博学多闻、博通典籍、博览图籍、博学好古等词语评价士人。西晋的士人大多是博学之士，天文地理、经史子集构成了他们的知识体系，广博丰富的学识映衬着他们的人生。东晋褚裒曾对孙盛说："北人学问，渊综广博。"① 这里的"北人"主要就指西晋士人，《世说新语》此条记载表明，西晋士人的学问与渊深广博的学风关系密切，这种学风既可是治学之风也可指学术之风。

西晋士人的博学非一时之现象，而是有着深刻的历史渊源。在先秦儒家的经典中，"博学"是经常被强调的君子人格之一。《论语》说"君子不器""君子博学于文，约之以礼，可以弗畔矣"②；《荀子》说"君子博学而日参省乎己，则知明而行无过矣"③；《礼记·曲礼上》说"博闻强识而让，敦善行而不怠，谓之君子"④。博学使"士"这一新兴独立的文化群体开始了思想、文化与知识的传承与创造。

西汉武帝时，罢黜百家，独尊儒术，思想与文化空前统一。汉武帝立五经博士，儒学成为人们入仕的主要条件，士人的知识结构随之也发生明显变化，今文经学成为当时知识体系的主流，士人往往皓首穷一经，阐发所谓的微言大义，因此，他们的知识结构相对单一，视野相对狭窄。但博学仍是儒家所强调的，《礼记·中庸》就有"博学之，审问之"之说。

东汉古文经学兴盛，出现大批古文经学大家，他们往往通五经六艺，不好章句，注重训诂。学术兴趣的转向，使得东汉出现了不少博学之士，如班固"博贯载籍，九流百家之言，无不穷究"；蔡邕"好辞章、数术、

---

① 余嘉锡：《世说新语笺疏》上卷《文学25》，中华书局1983年版，第216页。
② （宋）朱熹：《论语集注·为政·雍也》，齐鲁书社1992年版，第14、58页。
③ （唐）杨倞注，耿芸标校：《荀子》卷1《劝学篇》，上海古籍出版社2014年版，第1页。
④ （汉）郑玄注，（唐）孔颖达疏：《礼记正义》卷3，上海古籍出版社1990年版，第52页。

天文，妙操音律"；杜林"博洽多闻，时称通儒"；崔瑗"明天官、历数、《京房易传》、六日七分。诸儒宗之"①……一方面，由于"五经皆史"，东汉士人的博学就表现为博通经史。司马迁曾说"文史星历近乎卜祝之间"②，这是对史官地位的抱怨，但由此也可以看到，汉代的"史"是包括了天文地理在内的大概念。简单的一个"博通经史"其实已包括了多方面的知识内容。另一方面，东汉经学注重训诂，对词语的注释涉及动物植物、山川河流等名物学知识，东汉士人的博学也就表现为博物多通。这种博物观在孔子评论《诗经》中就可见端倪，孔子说："小子！何莫学夫《诗》？《诗》，可以兴，可以观，可以群，可以怨。迩之事父，远之事君。多识于鸟兽草木之名。"③

东汉士人的这种广博的知识结构一直传承到魏晋及其后，晋的政治、教育、清谈等诸多方面都可见博学之风。魏晋时期的学术，一方面玄学是主流，另一方面儒学仍占重要地位。士人"以才高名者多染玄风，以博学名者多近纯儒"④，无论是才高还是博学，其广博的知识架构依然是基础。

第一节　西晋士人的博学与政治地位

陈寅恪先生说"西晋篡魏亦可谓之东汉儒家大族之复兴"⑤，司马氏为河内温县大族，世代服膺儒学，从司马防到其子司马朗、司马懿、司马孚等都继承了博涉经史的渊深家学。因此，晋武帝司马炎登基后即采取了多种措施恢复儒家礼乐文化，与此同时，广开言路，征召贤良方正。其在位的三十五年间对饱学儒士多有青睐，虽然主观目的不在倡导博学之风，但客观上还是起到一定的政治导向作用。西晋统治集团的各级大臣大多为博学之士，这间接表明博学对士人仕宦的影响。

一　西晋佐命大臣博学多通

晋武帝建国伊始，其权力中心主要由佐命大臣组成。这些佐命大臣从

---

① （南朝宋）范晔：《后汉书》卷 40 上《班固传》、60 下《蔡邕传》、27《杜林传》、52《崔瑗传》，中华书局 1965 年版，第 1330、1980、935、1722 页。
② （汉）班固：《汉书》，中华书局 1962 年版，第 2732 页。
③ （宋）朱熹：《论语集注·阳货第十七》，齐鲁书社 1992 年版，第 177 页。
④ 何诗海：《汉魏六朝文体与文化研究》，北京大学出版社 2011 年版，第 247 页。
⑤ 陈寅恪：《崔浩与寇谦之》，《金明馆丛稿初编》，生活·读书·新知三联书店 2015 年版，第 145 页。

武帝泰始元年（265）及咸宁元年（275）的三份封赏名单中可见。其一，泰始元年，武帝即位时“以骠骑将军石苞为大司马、封乐陵公，车骑将军陈骞为高平公，卫将军贾充为车骑将军、鲁公，尚书令裴秀为巨鹿公，侍中荀勖为济北公，太保郑冲为太傅、寿光公，太尉王祥为太保、睢陵公，丞相何曾为太尉、郎陵公，御史大夫王沈为骠骑将军、博陵公，司空荀顗为临淮公，镇北大将军卫瓘为菑阳公”[①]。

其二，泰始元年“以安平王孚为太宰，郑冲为太傅，王祥为太保，司马望为太尉，何曾为司徒，荀顗为司空，石苞为大司马，陈骞为大将军，世所谓八公同辰，攀云附翼者也”[②]。

其三，咸宁元年八月壬寅，“以故太傅郑冲、太尉荀顗、司徒石苞、司空裴秀、骠骑将军王沈、安平献王孚等及太保何曾、司空贾充、太尉陈骞、中书监荀勖、平南将军羊祜、齐王攸等皆列于铭飨”[③]。

三份名单中共计十五人，因有佐命之功，居功甚伟，或封以高官，或列于铭飨，他们共同构成了西晋初期的权力中心，其中“荀顗、裴秀、王沈、何曾、贾充、陈骞、荀勖等七人皆是曹魏官僚的子弟，他们构成了司马氏集团核心圈的主干”，“当时真正构成司马炎时代决策核心的恰恰是不在‘八公’之列的贾充、裴秀、荀勖、王沈、羊祜等五人”。[④] 除了佐命之功及官僚子弟的身份特点外，博学多通也是不容忽视的原因，这在晋武帝的诏书中可见：泰始三年（267）《追赠王沈司空诏》评价王沈“经纶坟典，才识通洽”，《以何曾为太保诏》言何曾“博物洽闻，明识弘达”；泰始四年（268）《以裴秀为司空诏》言裴秀“雅量弘博，思心通远”，《以贾充守尚书令诏》言贾充“通理经远，兼迪文武”，《以羊祜为尚书左仆射诏》言羊祜“经纬文武”；泰始五年（269）《以荀顗行太子太傅诏》言荀顗“博古洽闻，耆艾不殆”；太康三年（282）《以荀勖为光禄大夫诏》称荀勖“明哲聪达，经识天序，有佐命之功，兼博洽之才”……[⑤]

他们确如诏书所言，博学多通。他们的博学主要表现为对儒家经典的精通，同时也谙习其他各类知识。对儒学的精通使他们在新王朝的礼乐文

---

① （唐）房玄龄等：《晋书》卷3《武帝纪》，中华书局1974年版，第52页。

② （唐）房玄龄等：《晋书》卷24《职官志》，中华书局1974年版，第724页。

③ （唐）房玄龄等：《晋书》卷3《武帝纪》，中华书局1974年版，第65页。

④ 仇鹿鸣：《魏晋易代之际的石苞——兼论政治集团分析范式的有效性》，《史林》2012年第3期，第53页。

⑤ （清）严可均：《全晋文》卷2、3、6，商务印书馆1999年版，第16、18、19、19、21、24、47页。案：《荀勖为光禄大夫诏》，《全晋文》编年在太康三年，《晋书》本传在太康年间。然据《晋书·律历志》《晋书·乐志》，荀勖泰始九年、十年已为光禄大夫。详见后文。

化建设及国家政策法规制定中大显身手，郑冲、贾充、羊祜、荀勖等人负责制定了礼仪、律令，裴秀对官制进行改革，建立了五等爵制。广博的知识结构不仅使他们博究儒术，还使他们成为其他各类知识的行家里手，诸如羊祜治军，贾充懂法，裴秀绘制地图，荀勖修正律吕、整理典籍等；甚至"帝寝疾，（贾）充及齐王攸、荀勖参医药"①，对武帝的康复起到一定作用。西晋懂医学的士人还有不少，陶弘景《本草集注序录》曾说："自晋世以来，其贵胜如阮德如（侃）、张茂先（华）、裴逸民（頠）、皇甫士安（谧）及江左葛稚川（洪）、蔡谟、殷渊源（浩）诸名人等，并亦精研药术。"②晋人精研药术应与当时注重养生有关。荀勖修律吕，检得古尺，比晋世所用短四分，"裴頠以为医方人命之急，而称两不与古同，为害特重，宜因此改治权衡"③。裴頠建议修改太医权衡，所重还在人命。魏晋是个体生命意识觉醒的时代，斯可证之。

博学多才是佐命大臣自身的特点，但当这一评价出现在皇帝的诏书中，成为他们为官条件之一时，也就在一定意义上表明了统治阶级对此的强调与倡导。西晋不少大臣的任命诏书，都可见对博学的强调，例如：

> 泰始初诏称华峤：体素宏简，文雅该通，经览古今，博闻多识。
> 泰始元年（265）诏称张华：博览图籍，四海之内，若指诸掌。
> 泰始六年（270）诏称谯周：耽习典艺，博物洽闻。
> 泰始六年（270）诏称陈勰：笃志好古，博通六籍。
> 泰始十年（274）诏称程咸：博闻洽通，文藻清敏。
> 泰始中诏称王济：忠笃好学问，有文章器干。
> 太康三年（282）诏称何劭：博雅有拾遗顾问之才。④

二 西晋太子之师博学多才

最能体现博学多才的职官是太子之师、宗亲王师友、国子祭酒、博士等。按今天的话说，他们是高等教育机构的教育者。作为学官，他们理应具有丰富的知识，同时他们也有参政议政职能，具有较高的政治地位。这

---

① （唐）房玄龄等：《晋书》卷40《贾充传》，中华书局1974年版，第1169页。
② 余嘉锡：《世说新语笺疏》下卷《术解》疏，中华书局1983年版，第711页。
③ （唐）房玄龄等：《晋书》卷16《律历上》，中华书局1974年版，第493页。
④ （清）严可均：《全晋文》卷2、3、4、6，商务印书馆1999年版，第12、19、25、25、31、33、47页。

些博学多才的"教育者"的政治待遇，直接或间接地说明了统治者对博学之风的倡导。

太子之师包括太子太傅和少傅、太子太师和少师、太子太保和少保。翻检《晋书》，武帝泰始三年（267）立其子司马衷为太子，先后为太子老师的士人有：泰始三年（267）以李憙为太子太傅；泰始五年（269）以荀顗为太子太傅，李胤为太子少傅；泰始中以华表为太子少傅；咸宁初以山涛为太子少傅，后以卫瓘为太子少傅，太康末以石鉴为太子少傅；等等。惠帝即位，立司马遹为太子，太子老师如下："以何劭为太师，王戎为太傅，杨济为太保，裴楷为少师，张华为少傅，和峤为少保。"① 后刘寔、阮垣曾为愍怀太子的太傅、少傅。傅祗、刘暾、高光等永嘉年间亦曾为太子太傅和太子少傅。

他们或以明经，或以盛德，或以博学，成为太子之师。《晋书》本传对这些太子老师的博学有这样的记载：

何劭：博学，善属文，陈说近代事，若指诸掌。
裴楷：风神高迈，容仪俊爽，博涉群书，特精理义。
卫瓘：学问深博，明习文艺，与尚书郎敦煌索靖俱善草书，时人号为"一台二妙"。
张华：学业优博，辞藻温丽，朗赡多通，图纬方伎之书莫不详览。
荀顗：性至孝，总角知名，博学洽闻，理思周密。
刘寔：好学，手约绳，口诵书，博通古今。②

太子的老师不仅学识渊博，而且有着较高的政治地位。太子太师、少师，太子太保、少保几乎都由宗王担任，这且不说。太子太傅、少傅也非同一般大臣。泰始五年（269），武帝曾下诏"太子拜傅，如弟子事师之礼"，同年诏定"二傅不臣拜"。③ 太子执弟子礼，太子师不臣拜，太子师政治待遇和规格之高可想见。"二傅"当时的品秩为二千石，均由王公或

---

① （唐）房玄龄等：《晋书》卷53《愍怀太子传》，中华书局1974年版，第1457—1458页。
② （唐）房玄龄等：《晋书》卷33《何劭传》、35《裴楷传》、36《卫瓘传》《张华传》、39《荀顗传》、41《刘寔传》，中华书局1974年版，第999、1048、1057、1068、1150、1191页。
③ （清）严可均：《全晋文》卷3《武帝诏书》，商务印书馆1999年版，第24页。

行或领。① 作为太子之师，他们应是德行的楷模、博学的典范，这样才能在太子成长的路上给予有益的帮助。元康九年（299）愍怀太子被废，阎缵抬棺上朝，上书为太子陈冤。文中列举了不少史实强调太子之师的重要作用，如"汉高皇帝数置酒于庭，欲废太子，后四皓为师，子房为傅，竟复成就"②。同时也提出了愍怀太子之师的人选，即张华、刘寔、裴頠，认为他们学行之优，能使太子思愆改过闻善道。愍怀太子被杀，皇太孙立，阎缵再次上书，推荐城门校尉梁柳、白衣南安朱冲为皇太孙之师，并举史实再次强调东宫之师的重要作用。

太子是国家的未来，太子之师则背负着国家的希望，他们的德行与学识堪为世人表率，因此他们的博学对世风也具有一种引领作用，阎缵的上书就说明了这一点。只是元康末年之后，世风衰颓，博学之风每况愈下，阎缵在文中对此痛心地说道：

> 自古以来，臣子悖逆，未有如此之甚也。……每见选师傅下至群吏，率取膏粱击钟鼎食之家，希有寒门儒素如卫绾、周文、石奋、疏广，洗马、舍人亦无汲黯、郑庄之比，遂使不见事父事君之道。臣案古典，太子居以士礼，与国人齿，以此明先王欲令知先贱然后乃贵。自顷东宫亦微太盛，所以致败也。非但东宫，历观诸王师友文学，皆豪族力能得者，率非龚遂、王阳，能以道训。友无亮直三益之节，官以文学为名，实不读书，但共鲜衣好马，纵酒高会，嬉游博弈，岂有切磋，能相长益！……③

阎缵对寒门儒素的赞赏，对豪门子弟不学无术、游手好闲的指责不能一概而论，但确实代表了西晋后期的一种普遍现象，西晋建国时士人的博学之风已为末世士人的享乐浮华之风所替代，世风的转变昭示了西晋日薄西山的末世图景，此不独阎缵痛心，亦为后人所痛惜、叹惋。

三　西晋宗亲王之友、文学及国子博士博学多闻

阎缵文中所指的"师友文学"是西晋的官职，晋制："王置师、友、

---

① 案：刘雅君《试论两晋太子师傅制度》对东宫师傅类职官的品秩及任选有较详细的论述，文见《华东师范大学学报》（哲学社会科学版）2011年第3期，第75—82页。
② （唐）房玄龄等：《晋书》卷48《阎缵传》，中华书局1974年版，第1351页。
③ （唐）房玄龄等：《晋书》卷48《阎缵传》，中华书局1974年版，第1350—1351页。

文学各一人。"① 西晋建国初，武帝对宗亲王的师友人选极为重视，曾下诏为乐安王鉴及燕王机高选师友："乐安王鉴、燕王机并以长大，宜得辅导师友，取明经儒学，有行义节俭，使足严惮。昔韩起与田苏游而好善，宜必得其人。"② 陈邵就曾任燕王师，他博通六籍，耽乐典诰，著有《周礼评》；伊说曾为乐安王友，生平事迹不详，其著述有《尚书释义》及《周官礼注》，可见其儒学造诣。愍怀太子初封广陵王时也高选师友，以刘寔为师。刘寔少贫苦，然好学，博学多通，著有《春秋条例》。其他诸王的师友，《晋书》零星有记载，大抵为博学之士。师友地位类乎帝王智囊，所以钟繇说："夫明君师臣，其次友之。以太祖之聪明，每有大事，常先咨之荀君，是则古师友之义也。"③ 所谓"师友之义"也就揭示出了师友为帝王咨谋的作用。

除去师友，博士也享有智囊的地位。博士正式作为官职始于汉武帝建元五年（前136），其作用就是"博者，通博古今；士者，辨于然否"④，"道之渊薮，六艺所宗"⑤。东晋荀崧《上疏请增置博士》指出博士职能大致有三：其一，以其渊博的知识为统治者提供智力支持，但基本上是以其经学知识服务于帝王；其二，以其深厚的学养训导学子，弘扬儒学；其三，作为礼官备问礼仪制度。博士的作用历代基本如此。

西晋在承袭前代博士遗烈同时，亦有改进。"晋初承魏制，置博士十九人。及咸宁四年（278），武帝初立国子学，定置国子祭酒、博士各一人，助教十五人，以教生徒。博士皆取履行清淳，通明典义者，若散骑常侍、中书侍郎、太子中庶子以上，乃得召试。"⑥ 上述规定可见西晋对博士制度的改革。其一，立国子学，设置国子祭酒及国子博士。其二，博士地位大大提高。何劭曾对乡人王诠这样说道："仆虽名位过幸，少无可书之事，唯与夏侯长容谏授博士，可传史册耳。"⑦ 何劭后来官至司徒、太宰，但不贪权势，其以年轻时与夏侯骏同为博士的经历为自豪，可见他对博士的政治地位及学识、人品的认同。

国子学、太学是国家后备政治人才的摇篮，国子祭酒、博士的职责意

---

① （唐）房玄龄等：《晋书》卷24《职官志》，中华书局1974年版，第743页。
② （清）严可均：《全晋文》卷3《武帝诏书》，商务印书馆1999年版，第9页。
③ （晋）陈寿：《三国志》卷10《魏书·荀彧传》注引，中华书局2006年版，第193页。
④ （清）严可均：《全后汉文》卷34 应劭《汉官仪》，商务印书馆1999年版，第348页。
⑤ （晋）陈寿：《三国志》卷24《高柔传》，中华书局2006年版，第410页。
⑥ （唐）房玄龄等：《晋书》卷24《职官志》，中华书局1974年版，第736页。
⑦ （唐）房玄龄等：《晋书》卷33《何劭传》，中华书局1974年版，第999页。

义也就显得格外重大,因此他们除被要求德行高尚、经义博通外,还必须具有散骑常侍、中书侍郎、太子中庶子以上的政治资历,于此可见其政治地位之高。分析下面武帝任命诏书的措辞可以看到,无论是国子祭酒还是博士,博学多识、经学修明依然是任职的前提条件:

> 泰始十年(274),"刘毅博学多闻,其以毅为散骑常侍、国子祭酒"。
> 咸宁中,"甄城公辔,笃行履素,达学通识,宜在儒林,阐弘胄子之教,其以志为散骑常侍国子博士"。
> 咸宁三年(277),"议郎庾纯,笃学好古,敦说诗书,有儒行,宜训导国子"。
> 咸宁四年(278),"处士朱冲,履行高挚,经学修明,其征为博士"。
> 咸宁五年(279),"南阳王师刘智,学行优著,其以智为国子祭酒"。①

五份诏书用"其以""宜""征"等词语将诏书内容分为两部分,很明显,前面才学和人品的内容是后面为官的条件。当时为国子祭酒和博士的尚有张华、秦秀、刘寔、王琛、王济、裴頠、邹湛、程咸、庾峻、何劭、江统等,他们中不少人后来均至公辅高位。可以想见,明经、博学是他们晋升的必要条件之一。

不仅是这些朝廷大臣,西晋时代的举贤良方正同样也需要博学、明经的根底。咸熙二年(265),武帝践祚前夕发布命令,要求诸郡中以六条标准举荐人才,这六条标准概括而言不外德行与学识两点。武帝曾三次征辟人才、举贤良方正。咸熙二年一举征辟了三十七人,除皇甫谧外,其余三十六人在武帝登基后均赴命。泰始四年(268)和七年(271),武帝又两次举贤良方正,郤诜、阮种、挚虞、夏侯湛都是当时被举荐之人。"(挚)虞少事皇甫谧,才学通博,著述不倦"②;"(夏侯)湛幼有盛才,文章宏富,善构新词"③;郤诜、阮种的对策亦可见其学问广博。看得出,西晋举贤良方正政策是对汉魏人才选拔制度的继承,仍以明经、博学为基础。

---

① (清)严可均:《全晋文》卷4、5《武帝诏书》,商务印书馆1999年版,第32、36、37、38、41页。
② (唐)房玄龄等:《晋书》卷51《挚虞传》,中华书局1974年版,第1419页。
③ (唐)房玄龄等:《晋书》卷55《夏侯湛传》,中华书局1974年版,第1491页。

西晋官吏的选拔任命，从佐命大臣、太子之师、君王师友，到国子学、太学之师，再到一般的贤良方正，博学几乎是为官者的必备素质之一。统治者对各级官员的任命也都强调博学并以此为参照，这对催生、促进博学的时代风气必然有着积极的推动作用。当然，武帝提倡以儒治国，他所提倡的博学，更多的是博通经学，是儒家博学传统的延续。但是，时代的发展、个人的兴趣，使士人的博学不仅仅局限在统治者的喜好上，他们表现出更为宽泛的知识结构。西晋不少士人出身贫困，由于博学，"功业可述，学术可称，亦得超拔，不致终于沉沦，毕世隐没"①，就这点而言，博学具有明显的政治意义，它改变了士人的命运和地位。

第二节 西晋士人博学的文化基础

中国古代的教育，历来就是"家有塾，党有庠，术有序，国有学"②，代代相承，形成官学与私学并存的教育格局。魏晋的教育体制基本上沿袭传统，官学包括中央官学和地方官学；私学主要有居官授徒与隐居授徒两种方式，此外，家学也是私学的一种。官学与私学教育为西晋不少士人的博学打下了基础。元代马端临说："既曰通古今，则上必有所师承，下必有所传授，故其徒实繁。"③这里，他有意无意地揭示出博学的本质，来源于教育又反哺教育。

一 中央官学对西晋士人博学的助益

西晋以前中央官学主要是太学。太学的历史最早可以追溯到西周，但太学作为严格意义上的中央高等学府，应始于汉武帝元朔五年（前124），汉代尤其是东汉的太学为统治者培养了大批人才，汉代郑玄、贾逵、王充、崔骃、班固、傅毅、陈寔等著名学者、士人都有在太学学习的经历，由此可见太学对培养个人博学知识素养的重要意义。

蜀、吴、魏三国也相继设立太学。刘备入蜀重整教育，章武元年（221）称帝，设立太学，置博士学官。孙权黄龙二年（230）诏立国学，设都讲祭酒，后期亦兴太学。曹操于建安二十二年（217），作泮宫于

---

① 王伊同：《五朝门第》，中华书局2006年版，第102页。
② （南朝梁）萧子显：《南齐书》卷9《礼上》，中华书局1972年版，第145页。
③ （元）马端临：《文献通考》卷40《学校》，中华书局1986年版，第383页。

邺城南。黄初五年（224）魏文帝立太学于洛阳，制五经课试之法：规定五经为学习的内容，规定每经的学习时间，并以通经的多少决定其官职的任免。曹丕将教育与官员的选拔相结合，太学教育产生了一定的成效。但后期太和、青龙年间，太学教育水平显著下降，当时"中外多事，人怀避就。虽性非解学，多求诣太学。太学诸生有千数，而诸博士率皆粗疏，无以教弟子。弟子本亦避役，竟无能习学，冬来春去，岁岁如是"①。

西晋太学承魏制，但在规模及质量上均有提高。泰始初年，武帝廓开太学，广延诸生，太学生达三千余人。泰始八年（272），太学生增至七千多，武帝下诏整顿太学："已试经者留之，其余遣还郡国，大臣子弟堪受教育，令入学。"② 在此基础上，咸宁二年（276），武帝立国子学，对贵族子弟进行教育。元康三年（293）惠帝明确规定，"官品第五以上得入国学"。至此太学与国子学并立，"天子去太学入国学，以行礼也。太子去太学入国学，以齿让也。太学之与国学，斯是晋世殊其士庶，异其贵贱耳"③。国子学的设立，大大冲击了太学，太学地位下降，成为六品以下官员子弟及庶民子弟求学之所。

西晋国子学的创立是其官学的显著特点，它是西晋门阀士族特权在教育体制中的鲜明体现。西晋官学另一个显著特点是学礼的举行，即太子每讲经通，要亲自到太学行释奠礼。"立学必先释奠于先圣先师"始于魏齐王曹芳，但太子亲赴太学行释奠礼则始于西晋。"武帝泰始七年（271），皇太子讲《孝经》通……咸宁三年（277），讲《诗》通。太康三年（282），讲《礼记》通。惠帝元康三年（293），皇太子讲《论语》通。……太子并亲释奠。"④ 西晋太子行释奠礼表明了朝廷对儒学的重视，此举在一定意义上刺激着官学教育。

儒学治国的方针与门阀制度的渐次形成，使西晋的官学呈现出明显的时代特点。西晋官学教育内容以经学为主，受教育的对象往往是官宦子弟，所以当时"治礼讲乐之家，咸为巨室，固大势然耳"⑤，刘师培先生亦云："其文学之士，大抵出于世家。"⑥所谓"文学"当是泛指经学在内的

---

① （晋）陈寿：《三国志》卷 13《魏书·王肃传》注引《魏略》，中华书局 2006 年版，第 256 页。
② （清）严可均：《全晋文》卷 4《武帝诏书》，商务印书馆 1999 年版，第 29 页。
③ （南朝梁）萧子显：《南齐书》卷 9《礼上》，中华书局 1972 年版，第 145 页。
④ （唐）房玄龄等：《晋书》卷 19《礼上》，中华书局 1974 年版，第 599 页。
⑤ 王伊同：《五朝门第》，中华书局 2006 年版，第 102 页。
⑥ 刘师培：《中古文学史讲义》，中国人民大学出版社 2004 年版，第 93 页。

第一章　西晋博学之风论

学术总称；"世家"则是汉代以来历代为高官的高门大姓。魏晋成长起来的世家子弟，不少是博通儒学、知识广博者，诸如：

> 何劭：何曾子。博学，善属文，陈说近代事，若指诸掌。
> 裴頠：裴秀子。弘雅有远识，博学稽古……通博多闻，兼明医术。
> 荀组：荀勖子。弱冠，太尉王衍见而称之曰："夷雅有才识。"
> 王济：王浑子……善《易》及《庄》《老》，文词俊茂，伎艺过人。
> 王湝：家世二千石。湝博涉坟典……①

翻开史书，类似上述出身世家、博学多才的西晋士人还有许多。尽管史书没有明确记载，但作为世家子弟，他们的博学应与太学、国子学有不浅的因缘，傅咸就说自己"臣虽顽蔽，少长学门"②。傅咸所说的"学门"或是太学。他出生于北地泥阳的世家大族，生于景初三年（239）。从史书看，魏晋不少士人入太学的年龄在13—16岁③，据此傅咸入学时大致在嘉平四年（252）左右，其时其父傅玄入司马昭府为参军④，傅咸应至都城洛阳，有入太学可能。

德行与知识是中央官学教育的两大支柱，兼具儒家君子人格与博学多通学识的西晋士人不少，但西晋时儒家精神在统治者篡魏的行为中受到冲击，加之玄长儒消，社会奢华风气日盛，太学在德行教育方面着实令人堪忧。元康年间杨皇后被废，董养入太学感慨良深：

> 建斯堂也，将何为乎？每览国家赦书，谋反大逆皆赦，至于杀祖父母、父母不赦者，以为王法所不容也。奈何公卿处议，文饰礼典，以至此乎！天人之理既灭，大乱作矣。⑤

---

① （唐）房玄龄等：《晋书》卷33《何劭传》、35《裴頠传》、39《荀组传》、42《王济传》《王湝传》，中华书局1974年版，第999、1041—1042、1159、1205、1207页。
② （唐）房玄龄等：《晋书》卷19《礼志上》，中华书局1974年版，第593页。
③ 案：如《后汉书》卷62，杜根十三入太学。《三国志》卷23，杜袭十三入太学；卷28，钟会十五入太学。《晋书》卷59，赵王伦僭位，大肆封官，"太学生年十六以上及在学二十年，节署吏"。
④ 魏明安、赵以武：《傅玄评传》，南京大学出版社1996年版，第425页。《傅玄年表》言："魏齐王芳嘉平元年至高贵乡公正元二年（249—255），入司马昭军府任参军。"
⑤ （唐）房玄龄等：《晋书》卷94《隐逸传·董养传》，中华书局1974年版，第2434页。

在董养看来，太学是明人伦之所在，现实却是君臣人伦道德的沦丧。杨后之废，是八王之乱的开始。山雨欲来，太学几乎失去了它在道德精神教育方面的作用，在其后长达十六年的"八王之乱"中，统治者自然无暇顾及太学教育，儒家的精神在战争的践踏中伤痕累累。太学聊可慰藉的还有它的知识传承：

> （石崇）尝与王敦入太学，见颜回、原宪之象，顾而叹曰："若与之同升孔堂，去人何必有间。"敦曰："不知余人云何，子贡去卿差近。"崇正色曰："士当身名俱泰，何至瓮牖哉！"①

石崇以斗富、奢华、劫掠财富留名西晋历史。他与王敦年龄相差十七岁，以王敦二十岁算，两人入太学也是太康七年（286）的事。太康末元康初，正是社会奢侈之风炽盛时期，石崇与王恺斗富也在此期。他入太学所发出的"身名俱泰"的感慨，"与传统儒家'安贫乐道'的精神颇异其趣"②，他对"身名俱泰"的追求是建立在物欲享受基础上的名利双收，但绝非儒家的道德声誉。之所以这样说，首先，他不是儒学君子，他所说"同升孔堂，去人何必有间"，不是要和颜回、原宪在道德上比肩，"何至瓮牖哉"摆明了他对儒家"安贫乐道"精神的不屑。枣腆《答石崇诗》写了自己与石崇交往的经过，最后劝诫道："我闻有言，居安思危。位极则迁，势至必移。上德无欲，遗道不为。妙识先觉，通梦皇羲。窃睹堂奥，钦蹈明规。"③ 这样的劝诫似乎也可以理解为石崇行事并不遵孔孟之道。其次，太康末元康初，石崇已富可敌国，不说其斗富行径，仅王敦"子贡去卿差近"的揶揄即可为证。子贡是孔子弟子中最善聚财者，王敦以子贡比石崇，可见石崇的富有。在权势上，太康末，石崇已为黄门郎；元康初为南中郎将、荆州刺史，领南蛮校尉，加鹰扬将军；后又拜太仆，出为征虏将军，假节、监徐州诸军事，镇下邳。这样的仕宦经历不说是权力的顶峰，至少也差强人意了。

不为德行、不为权财，石崇所要的好口碑或可从太学的知识传承方面去考虑，更多的是指能提升自己声名的文化知识。他"去人何必有间"的自信，应是强调与颜回、原宪在知识学问上的比肩。他曾以"在郡虽有职

---

① （唐）房玄龄等：《晋书》卷33《石崇传》，中华书局1974年版，第1007页。
② 徐公持：《浮华人生——徐公持讲西晋二十四友》，天津古籍出版社2010年版，第124页。
③ 逯钦立：《先秦汉魏晋南北朝诗·晋诗》卷8，中华书局1983年版，第772页。

务，好学不倦"① 的"勤学"赢得声誉，这可以为他的"身名俱泰"作注脚。欧阳建《答石崇赠诗》中赞美他"无幽不研，靡奥不论"②，石崇《赠枣腆诗》写自己任职徐州的生活"文藻譬春花，谈话犹兰芳"③，这些都能看出石崇的学识。此外，石崇的身边有一批富有才华的士人，诸如枣腆、曹嘉、曹摅、潘岳、欧阳建等，其中固然不乏攀附权贵之目的，但与石崇自身的学识魅力也有关联。石崇《答枣腆诗》中说："赠尔话言，要在遗名。唯此遗名，可以全生。"④"名"到底意味着什么？上述分析或许可以得出结论：博学的好名声是"名"的内容之一。这实际也是对太学传授知识作用的认同。

元康以后太学的教育质量明显下降，尤其是儒家德行教育几乎处于失语境地，"八王之乱"的混战更使太学教育雪上加霜，几至废顿。晋武帝及其前的三国时代，虽然太学不如两汉兴盛，但还是培养了不少博学之士。检索一下成长于太学的西晋士人可知。

> 刘卞，后从令至洛，得入太学，试《经》为台四品吏。
> 束晳，少游国学，或问博士曹志曰："当今好学者谁乎？"志曰："阳平束广微好学不倦，人莫及也。"
> 索靖，少有逸群之量，与乡人汜衷、张甝、索纱、索永俱诣太学，驰名海内，号称"敦煌五龙"。四人并早亡，唯靖该博经史，兼通内纬。
> 文立，蜀时游太学，专《毛诗》《三礼》，师事谯周，门人以立为颜回，陈寿、李虔为游夏，罗宪为子贡。
> 赵至，年十四，诣洛阳，游太学，遇嵇康于学写石经……⑤

无论是蜀汉的太学还是曹魏时代的太学，抑或西晋的太学、国子学，它们都是西晋士人掌握知识的驿站。作为高等学府，太学不仅面向世家子弟，对贫寒子弟也敞开了大门。赵至、刘卞皆兵家子，地位极低，然亦入太学。赵至因此得以师从嵇康，留下情感激越的《与嵇茂齐书》一文；刘

---

① （唐）房玄龄等：《晋书》卷33《石崇传》，中华书局1974年版，第1005页。
② 逯钦立：《先秦汉魏晋南北朝诗·晋诗》卷4，中华书局1983年版，第647页。
③ 逯钦立：《先秦汉魏晋南北朝诗·晋诗》卷4，中华书局1983年版，第645页。
④ 逯钦立：《先秦汉魏晋南北朝诗·晋诗》卷4，中华书局1983年版，第645页。
⑤ （唐）房玄龄等：《晋书》卷36《刘卞传》、51《束晳传》、60《索靖传》、91《文立传》、92《赵至传》，中华书局1974年版，第1078、1427、1648、2347、2377页。

下由此走上仕途，后在反贾后的政治斗争中结束生命。同样，作为高等学府，地域的偏差不影响学子的入门资格，索靖就是来自敦煌的学子。据余嘉锡《晋辟雍碑考证》，武帝时，太学题名属于西海、敦煌、西平、金城四郡的凉州及西域的散生达五十一人。①

可以说，不少西晋士人的博学有赖于魏晋太学、国子学的培养。潘岳《闲居赋》对西晋太学与国子学的繁荣盛况有如是描述："两学齐列，双宇如一。右延国胄，左纳良逸。祁祁生徒，济济儒术。或升之堂，或入之室。教无常师，道在则是。"② 武帝时兴儒学，立太学、国子学的举措促进了当时中央官学的繁荣，对士人的博学大有裨益。尽管太学、国子学最终目的是培养学行兼优的政治人才，但博学尤其是经学的广博是人才的基本素质要求，因而太学、国子学教育是儒学发展的基础；反之，儒学的敦倡也促进了当时中央官学的发展和学子的博学素养。

二 地方官学对西晋士人博学的影响

地方官学兴于西汉时期，汉武帝时就曾下令"天下郡国皆立学校官"③；平帝元始三年（3）令天下立官学："郡国曰学，县、道、邑、侯国曰校。校、学置经师一人。乡曰庠，聚曰序。序、庠置《孝经》师一人。"④ 地方官学的普遍设置，实际上始于此。两汉地方官学的盛况，班固在《东都赋》中有说："四海之内，学校如林，庠序盈门。"⑤ 虽有夸张，但亦见当时地方官学之繁荣。

三国时代，曹操于建安八年下令"郡国各修文学，县满五百户置校官"⑥，其后各地长官纷纷立学校，发展本地教育，如河东太守杜畿、弘农太守令狐邵、扬州刺史刘馥、济阴太守郑袤等。蜀汉的益州地方教育最为发达，来敏、尹默、谯周等都为益州的地方教育做出了贡献。东吴孙瑜、顾劭也在地方立学，发展地方教育。

西晋的地方教育与地方官的重视程度密切相关。重视地方教育的地方长官往往自身博学多才，如鄱阳内史虞溥，在任曾"大修庠学，广招学

---

① 余嘉锡：《晋辟雍碑考证》，《辅仁学志》1932年第1期，第34页。
② （清）严可均：《全晋文》卷91，商务印书馆1999年版，第977页。
③ （汉）班固：《汉书》卷89《循吏传》，中华书局1962年版，第3626页。
④ （汉）班固：《汉书》卷12《平帝纪》，中华书局1962年版，第355页。
⑤ （南朝梁）萧统编，（唐）李善注：《文选》卷1，上海古籍出版社1986年版，第38页。
⑥ （晋）陈寿：《三国志》卷1《武帝纪》，中华书局2006年版，第14页。

徒"①，以至学校有七百多学生，虞溥因此作诰奖训诸生。虞溥自身博学多识，"注《春秋》《经》《传》，撰《江表传》及文章诗赋数十篇"②，在经学、史学、文学诸方面均有建树。

再如乌丸校尉唐彬在治所"兼修学校，诲诱无倦，仁惠广被"③。他对地方教育的重视缘于自身的经历，他早年师从东海阎德，阎德"门徒甚多，独目彬有廊庙才"④。唐彬晚年"乃敦悦经史，尤明《易经》，随师受业，还家教授，恒数百人"⑤。唐彬既在私学接受教育，又是私学教育者。他曾在武帝面前评说自己："修业陋巷，观古人之遗迹，言满天下无口过，行满天下无怨恶。"⑥ 对自己的学业与德行充满自信，正是这样的经历促使他努力推动地方教育。

张轨是皇甫谧的学生，年少就明敏好学，有器望。与张华论经义及政事，颇为张华赏识。任凉州刺史时，他"征九郡胄子五百人，立学校，始置崇文祭酒，位视别驾，春秋行乡射之礼"⑦。

其他地方兴学的官员，诸如王沈、杜预、羊祜、李重等都博学多才。王沈在曹髦时代被称为"文籍先生"；杜预号称"杜武库"；羊祜有文章及《老子传》行于世；李重少好学，有文采。

应该说明的是，尽管上述西晋士人致力于推行地方教育，地方教育也有一定成效，但西晋的地方教育并不兴盛。推行地方教育的官员虽然博学，但他们任职所在地往往偏僻，在全国的影响力仍显微弱。而晋初中原一带，中央官学极为兴盛，1931年偃师太学遗址出土的"大晋龙兴皇帝三临辟雍皇太子又再莅上盛德隆熙之颂碑"，就记载了当时中央官学的盛况。石碑刻于西晋咸宁四年（278），记载了晋初武帝司马炎三入太学、太子司马衷两赴太学的情景。碑上所列学生名单，涉及15州70余县，还有4名西域学生，太学生人数最多时达万余名。⑧

中央官学的兴盛彰显出地方官学的滞后，而私学的遍及全国，对地方官学也是强有力的冲击，地方官学的弱势表现也就在情理之中。陈寅恪先生就曾指出："盖有自东汉末年之乱，首都洛阳之太学，失其为全国文化

---

① （唐）房玄龄等：《晋书》卷82《虞溥传》，中华书局1974年版，第2139页。
② （唐）房玄龄等：《晋书》卷82《虞溥传》，中华书局1974年版，第2141页。
③ （唐）房玄龄等：《晋书》卷42《唐彬传》，中华书局1974年版，第1219页。
④ （唐）房玄龄等：《晋书》卷42《唐彬传》，中华书局1974年版，第1219页。
⑤ （唐）房玄龄等：《晋书》卷42《唐彬传》，中华书局1974年版，第1217页。
⑥ （唐）房玄龄等：《晋书》卷42《唐彬传》，中华书局1974年版，第1218页。
⑦ （唐）房玄龄等：《晋书》卷86《张轨传》，中华书局1974年版，第2222页。
⑧ 汤淑君：《西晋辟雍碑》，《中原文物》1993年第3期，第112页。

学术中心之地位,虽西晋混一区宇,洛阳太学稍复旧观,然为时未久,影响不深。故东汉以后学术文化,其重心不在政治中心之首都,而分散于各地之名都大邑。是以地方大族盛门乃为学术文化之所寄托。"① 据夏增民先生统计分析,西晋儒学发达地区,即学术文化重心主要是三河、汝颍、青徐、幽燕、并州雁门、襄阳南阳、建康会稽等地区,与汉魏时期儒学分布格局大体一致。② 这些名都大邑的学术文化传播有地方官学的因素,但更多的是通过私学、家学的方式。

地方官学滞后,少数推行地方教育的博学官员也就尤显可贵。不仅如此,地方教育对学子的博学也是有帮助的。以三国荆州州学为例,当时的科目除了六经外,还有天文、历法、刑法、兵法等,当时求学荆州的学子,不少是后来知识广博的学者,他们日后对西晋的教育也作出了一定的贡献。

三 私学（家学）教育是西晋士人博学的主要途径之一

三国及西晋,私学教育远较官学兴盛。对此,陈寅恪先生有一段著名的论述:"中原经五胡之乱,而学术文化尚能保持不坠者,固由地方大族之力,而汉族之学术文化变为地方化及家门化矣。故论学术,只有家学之可言,而学术文化与大族盛门常不可分离也。"③ 官学以传授儒家经典、培养政治人才为主;私学的教学内容则远不止经学,玄、道、经、史、谶纬、天文、地理都在传授范围。因此,私学对于丰富西晋士人的知识结构起到重要的作用。不少有影响的私学教育者,往往是学术大家,培养出来的弟子也博学多才。例如:谯周"研精《六经》,尤善书札。颇晓天文,而不以留意;诸子文章非心所存,不悉遍视也"④,其弟子文立、陈寿、李密、罗宪、杜轸在经学、史学、文学、吏干等多方面闻名于西晋。范平"研览坟素,遍该百氏,姚信、贺邵之徒皆从受业"⑤。皇甫谧"博综典籍百家之言"⑥,他在文学、史学、医学、天文、历法等诸多方面皆有硕果。其门人挚虞、张轨、牛综、席纯,皆为晋名臣,且多博学,尤以挚虞为

---

① 陈寅恪:《崔浩与寇谦之》,《金明馆丛稿初编》,生活·读书·新知三联书店2015年版,第147页。
② 夏增民:《儒学传播与汉晋南朝文化变迁》,华中科技大学出版社2009年版,第149页。
③ 陈寅恪:《崔浩与寇谦之》,《金明馆丛稿初编》,生活·读书·新知三联书店2015年版,第147—148页。
④ (晋) 陈寿:《三国志》卷42《谯周传》,中华书局2006年版,第609页。
⑤ (唐) 房玄龄等:《晋书》卷91《范平传》,中华书局1974年版,第2346页。
⑥ (唐) 房玄龄等:《晋书》卷51《皇甫谧传》,中华书局1974年版,第1409页。

最。杜预博学多通,在《左传》研究上尤有成就,自称有"《左传》癖"①,其著述颇丰。他的弟子续咸亦为儒学大家。

西晋士人的博学受益于私学的繁荣,具体来说表现为如下几个方面。

首先,私学教育者的博学与引领是西晋士人博学的外在条件。私学教育者博学多识,谯周、皇甫谧、杜预等人不仅通五经六艺,而且在天文、历法、医学、史学、文学等诸多方面均有造诣。对学者的仰慕是弟子拜师的外在诱因,而学者丰富的知识则是弟子的博学之源。当时从事私学教育的学者众多,有官员,如宋钧、谯周、杜预、唐彬之属;但更多的是隐居不仕者,如范平、皇甫谧等皆频征不起,终生不仕,以著述、教学终其一生。《晋书》中的《孝友传》《儒林传》《隐逸传》中有不少关于隐居不仕的私学教育者的记载。

> 王裒,博学多能,痛父非命,未尝西向而坐,示不臣朝廷也。于是隐居教授,三征七辟皆不就。②
>
> 刘兆,博学洽闻,温笃善诱,从受业者数千人。武帝时五辟公府,三征博士,皆不就。安贫乐道,潜心著述,不出门庭数十年。③
>
> 杜夷,世以儒学称,为郡著姓。夷少而恬泊,操尚贞素,居甚贫窭,不营产业,博览经籍百家之书,算历图纬靡不毕究。寓居汝、颍之间,十载足不出门。年四十余,始还乡里,闭门教授,生徒千人。④
>
> 郭琦,博学,善五行,作《天文志》《五行传》,注《穀梁》《京氏易》百卷。乡人王游等皆就琦学……及赵王伦篡位……终身处于家。⑤
>
> 束皙,赵王伦为相国,请为记室。皙辞疾罢归,教授门徒。⑥

史臣笔下已尽显这些私学教育者的博识,他们的知识结构对后学者的引领作用不言而喻。更难能可贵的是这些学者往往薪火传承:皇甫谧二十岁以后折节读书,从乡人席坦受书,后以著述、教书终其一生。唐彬早年受学于东海阎德,晚年还家教授,恒数百人。徐苗师从宋钧,为儒宗,却

---

① (唐)房玄龄等:《晋书》卷34《杜预传》,中华书局1974年版,第1032页。
② (唐)房玄龄等:《晋书》卷88《王裒传》,中华书局1974年版,第2278页。
③ (唐)房玄龄等:《晋书》卷91《刘兆传》,中华书局1974年版,第2349—2350页。
④ (唐)房玄龄等:《晋书》卷91《杜夷传》,中华书局1974年版,第2353页。
⑤ (唐)房玄龄等:《晋书》卷94《郭琦传》,中华书局1974年版,第2436页。
⑥ (唐)房玄龄等:《晋书》卷51《束皙传》,中华书局1974年版,第1434页。

隐逸而务教授。续咸师从杜预，学成常教授数十人……正是这些学者的代代相传，使私学得以繁荣，人才得以成长，儒学才能够生生不息。

其次，刻苦努力是西晋士人博学的内在因素。相对于官学教育，西晋的私学教育，形式较为自由：有的学生寄名在老师门下，有的学生入室聆听老师教诲，更多的学生是凭着自律而勤奋苦读。如：皇甫谧居贫，躬耕时带经而农；徐苗，家贫，"昼执锄耒，夜则吟诵"①。类似者尚有：

> 董景道，少而好学，千里追师，所在唯昼夜读诵，略不与人交通。②

> 王育，少孤贫，为人佣牧羊，每过小学，必歔欷流涕。时有暇，即折蒲学书，忘而失羊，为羊主所责，育将鬻己以偿之。同郡许子章，敏达之士也，闻而嘉之，代育偿羊，给其衣食，使与子同学，遂博通经史。③

> 刘智，少贫窭，每负薪自给，读诵不辍，竟以儒行称。④

> 刘寔，少贫苦，卖牛衣以自给。然好学，手约绳，口诵书，博通古今。⑤

上述众人均为贫寒的学子，凭着自己的刻苦努力，终得回馈，成为博学之士，留名西晋历史。

再次，家学传承是西晋世家子弟博学的主要途径。

魏晋不少世族大家子弟的成长也得益于私学教育，不同于贫寒学子的是，他们更多的是得到特殊形式的私学教育——家学的滋养，从而成为博学之士。家学教育注重门风家学的传承，世家大族往往家传儒学，此外，文学、天文、书法等也是家传之学。不妨简要勾勒一些西晋家学的案例。

高光，"魏太尉柔之子也。光少习家业，明练刑理"⑥。《晋书》所载高光的"家业"，指的就是对其父高柔法理学的继承。高柔明于典宪，执法公允，断案清明，在曹操、曹丕、曹睿祖孙三代的政权中多次司职律法，在曹魏政权的法制管理上提出了不少建设性的建议，颇有建树。高光因为

---

① （唐）房玄龄等：《晋书》卷91《徐苗传》，中华书局1974年版，第2351页。
② （唐）房玄龄等：《晋书》卷91《董景道传》，中华书局1974年版，第2355页。
③ （唐）房玄龄等：《晋书》卷89《王育传》，中华书局1974年版，第2309页。
④ （唐）房玄龄等：《晋书》卷41《刘智传》，中华书局1974年版，第1198页。
⑤ （唐）房玄龄等：《晋书》卷41《刘寔传》，中华书局1974年版，第1190—1191页。
⑥ （唐）房玄龄等：《晋书》卷41《高光传》，中华书局1974年版，第1198页。

家学明法，武帝时担任黄沙御史，管理狱囚，后任廷尉，承继了高柔的事业。因为明于用法，在惠帝时代频典理官，家学在高光身上得到了很好的体现。

河东安邑卫氏，其家传书法。卫觊"好古文、鸟篆、隶草，无所不善"①；其子卫瓘与尚书郎敦煌索靖俱善草书，时人号为"一台二妙"；卫瓘子卫恒不但擅长草书、隶书，还曾著《四体书势》，对古文、篆书、隶书、草书做了理论上的总结；卫恒子卫璪、卫玠"俱有书名，四世家风不坠"②。卫氏除了家传书法，还传法理及文学。卫觊曾上书魏明帝，强调刑法的重要性，请求设置律博士，并得到明帝的首肯；卫瓘"明法理，每至听讼，小大以情"③。卫觊黄初年间与王象以文学著名，卫瓘也同样学问深博，明习文艺。卫氏家族的家学传承于此可见。

河东闻喜裴氏，千年荣显，人才辈出，与福建的林氏号称"南林北裴"，享誉中华历史。早在西晋，裴氏就人才济济，如开国大臣裴秀及其子裴頠，裴秀从兄弟裴楷、裴绰，裴頠从兄弟裴邈、裴遐，等等。裴氏家族儒玄兼尚，有趣的是，裴秀及其子裴頠尚玄但均为事功派。毌丘俭向曹爽推荐裴秀时，说他"长蹈自然，玄静守真"④。《晋书》本传言他"儒学洽闻，且留心政事"⑤。他虽为后进领袖，但政治上颇有建树。其子裴頠，被誉为"言谈之林薮"，著《崇有论》，王衍等交相诘难，不能使之屈，但他却是元康年间与张华稳定政局的重要人物。裴秀叔父裴徽，有高才远度，善言玄妙。其子裴楷、裴绰及裴绰子裴遐等亦以清言擅名。不管是事功还是清言，裴氏子弟均博学多识，裴氏家族千百年来长盛不衰与其家族学术传承息息相关。

颍川颍阳荀氏家族自东汉荀淑起，代不乏人，显名于世。即以西晋而言，荀顗、荀勖叔侄在西晋的礼乐建设中就立功甚伟。音乐是荀氏的家学之一，《晋书·乐上》对此有记录："勖既以新律造二舞，次更修正钟声。会勖薨，未竟其业。元康三年，诏其子藩修定金石，以施郊庙。寻值丧乱，莫有记之者。"⑥ 此条记录可见荀勖、荀藩父子的音乐造诣，金石之乐在他们父子之后一度失传。东晋初立宗庙，尚书询问贺循祭祀之乐，以贺

---

① （晋）陈寿：《三国志》卷21《卫觊传》，中华书局2006年版，第367页。
② （唐）张怀瓘：《书断》，见《泰州文献》第4辑，凤凰出版社2015年版，第24页。
③ （唐）房玄龄等：《晋书》卷36《卫瓘传》，中华书局1974年版，第1055页。
④ （唐）房玄龄等：《晋书》卷35《裴秀传》，中华书局1974年版，第1038页。
⑤ （唐）房玄龄等：《晋书》卷35《裴秀传》，中华书局1974年版，第1039页。
⑥ （唐）房玄龄等：《晋书》卷22《乐志上》，中华书局1974年版，第693页。

循的博学多识也不能回答，他说："旧京荒废，今既散亡，音韵曲折，又无识者，则于今难以意言。"① 不仅荀藩继承了家学，荀藩之子荀邃亦解音乐，惜史书记载不详，仅及于此。

东晋虞喜在分析古星图和星空时，发现了岁差，这在天文学上是一大贡献。虞喜的成就其实也有家学渊源。虞喜是西晋时虞耸、虞昺的族孙。《全晋文》录虞耸、虞昺探讨天体星空的《穹天论》各一篇，而虞喜也有《安天论》，对《穹天论》予以修正。据此推断，天文学应是虞氏的家学。

西晋类似有家学传统的世家还有很多，例如：太原王氏家族中王澄、王济兄弟与其叔王湛；琅琊王氏家族中王祥及其从子王导；颍川鄢陵庾氏家族庾纯、庾峻兄弟及庾峻子庾敳等；北地傅氏家族中傅嘏、傅祗父子与傅玄、傅咸父子；等等。他们几代之间往往知识渊博，世传儒业及其他，有着深厚的家学渊源。东晋成帝时曾有一次较大规模的庙议，讨论武悼杨皇后是否配食武帝，虞潭就此事曾咨询华恒、荀崧、荀邃等"旧齿"。当事四人均为世家之后，世传儒业，颇通礼法。虞潭为会稽大儒虞翻之孙，华恒是平原高唐华表之孙、华廙之子，荀崧是荀彧玄孙、荀颙从孙，荀邃是荀勖之孙、荀藩之子。可见世族家学的文化积淀深厚，泽被后世。这样的传承有目共睹，为时人所公认。魏晋家学教育是中国教育史上一道亮丽的风景，为人瞩目，至今仍为学术研究的热点。

西晋家学教育的方式主要有以下几种。

其一，言传身教是西晋家学教育的主要方式之一。言传如家诫、家训、遗训之属，注重的是家族的门风教育，如：西晋王祥临终留下信、德、孝、悌、让的五字遗训；羊祜《诫子书》中告诫后代"恭为德首，慎为行基"；李秉《家诫》特别强调"慎"；荀勖语诸子说"人臣不密则失身，树私则背公，是大戒也"②；刘殷常告诫子孙"事君之法，当务几谏……夫犯颜之祸，将彰君之过"③，"几谏"即委婉而和气的劝谏。这些训诫强调的都是家风门风，注重对子孙的德行及处世教育。

"身教"也注重德行教育。刘寔行为世表，而诸子品行却不佳，人劝其教育使改过，刘寔言："吾之所行，是所闻见，不相祖习，岂复教诲之所得乎！"④ 刘寔所言，强调的是以"闻见"为学习对象的道德实践，因此他注重自己的身教。对此，当时之人皆认同，认为言之得当。西晋末，

---

① （南朝梁）沈约：《宋书》卷19《乐一》，中华书局1974年版，第540页。
② （唐）房玄龄等：《晋书》卷39《荀勖传》，中华书局1974年版，第1157页。
③ （唐）房玄龄等：《晋书》卷88《刘殷传》，中华书局1974年版，第2289页。
④ （唐）房玄龄等：《晋书》卷41《刘寔传》，中华书局1974年版，第1196页。

第一章　西晋博学之风论

太傅司马越为其子司马毗请师，在给王承、阮瞻、邓攸、赵穆的书信中，特别强调"身教"，其文如下：

> 礼：年八岁出就外傅，明始可以加师训之则；十年曰幼学，明可以渐先王之教也。然学之所受者浅，体之所安者深。是以闲习礼度，不如式瞻轨仪。讽味遗言，不如亲承其旨。①

这实际上是期望王承、阮瞻、邓攸、赵穆以自身的言行感染教育其子。"身教"在两晋应是比较普遍的观念。东晋谢安妻子埋怨谢安不教子，谢安答："我常自教儿。"谢安的教儿，其实质就是强调"身教"。

其二，致仕或免职大臣居家训导子孙，这是家学教育的又一种方式。华表之子华廙因得罪荀勖而免官，"栖迟家巷垂十载，教诲子孙，讲诵经典"②。免官教子，属无奈之举，但对家学的传承却大有裨益。平原高唐华氏为魏晋时世家，华廙祖华歆、父华表均名重当时，华廙及兄弟华峤才学出众，其后代如华恒，为东晋开国重臣，多有建树，清恪俭素，他"居显列，常布衣蔬食，年老弥笃。死之日，家无余财，唯有书数百卷"③；华峤子华畅有才思，可惜避难荆州时遇害。他们的成就、人品与华氏家学教育不无关系。

魏晋动荡时代，不少士人希望选择隐居教子的生活方式，嵇康《与山巨源绝交书》、王羲之《与谢万书》中都表达了这样的生活愿望。西晋末年，天下丧乱，"私家仍以教授为业；虽偏隅割据之区，戎狄荐居之地，亦莫不然"④，如王延"随刘元海迁于平阳，农蚕之暇，训诱宗族，侃侃不倦"⑤。无论是政治原因，还是时局动乱，抑或个人喜好，隐居不仕，教养子孙无疑成为士大夫的一种人生选择，因而也成就了魏晋时别样的家学教育。中国文化历经无数劫难能源远流长，血脉不断，与历史上这些私学、家学教育的贡献是分不开的。

其三，家族子弟聚会，相互探讨，这也是家学教育的一种方式。这样的教育方式，上推可在汉魏时华歆的家教中找寻到。《世说新语·德行》有这样两条材料：一是，"华歆遇子弟甚整，虽闲室之内，严若朝典"；二

---

① （清）严可均：《全晋文》卷15，商务印书馆1999年版，第135页。
② （唐）房玄龄等：《晋书》卷44《华廙传》，中华书局1974年版，第1261页。
③ （唐）房玄龄等：《晋书》卷44《华恒传》，中华书局1974年版，第1263页。
④ 吕思勉：《两晋南北朝史》，北京理工大学出版社2016年版，第1317页。
⑤ （唐）房玄龄等：《晋书》卷88《王延传》，中华书局1974年版，第2290页。

是,"歆蜡日,尝集子侄宴饮,王(朗)亦学之"。① 两条材料可以看到华歆的家风与家教方式,以华歆的严肃,节日集会子侄,不仅仅是合家欢乐,当有寓教于乐的成分在内。否则,合家之欢,所在皆是,王朗也不必羡而学之了。这样的例子,在曹操与诸子之间亦可见。铜雀台新成,曹操曾携诸子登台,使各为赋,即一例。

下寻在东晋时谢安的家教方式中亦可见。《世说新语》中有不少后人津津乐道的事例,如《言语》载:谢安"寒雪日内集,与儿女讲论文义。俄尔雪骤,公欣然曰:'白雪纷纷何所似?'"众儿女皆有所对,唯谢道韫"未若柳絮因风起"最佳。再如《文学》载:谢安与子弟集聚,问《诗经》何句最佳。谢玄答:"昔我往矣,杨柳依依;今我来思,雨雪霏霏。"谢安则认为"吁谟定命,远猷辰告"偏有雅人深致。②

其实,这样的家教事例在西晋也有。《世说新语》有这样的记载:

> 裴散骑(裴遐)娶王太尉女。婚后三日,诸婿大会,当时名士,王、裴子弟悉集。郭子玄在坐,挑与裴谈。子玄才甚丰赡,始数交未快。郭陈张甚盛,裴徐理前语,理致甚微,四座咨嗟称快。王亦以为奇,谓诸人曰:"君辈勿为尔,将受困寡人女婿。"③

这是一次玄谈盛会,出场人物郭象、王衍、裴遐均为西晋名士,郭、裴玄理交锋,听者满足称快。读者往往被这次谈辩的盛况吸引,忽略了这次集会的真正目的:教育子弟。这是一次"诸婿大会"且"王、裴子弟悉集",婚后三日大会或为风习,但集会的目的当是才学展示,子弟互相取益。王、裴是西晋的名理世家,清谈应是各自的家学。郭象在座,其目的是考查王氏女婿的才学,从他挑选裴遐做谈论对手可知。这一场论辩实际也是王、裴子弟观摩、学习的机会,是家学教育的一种形式。事后王衍大奇,可证集会有出于考查的目的。

总之,私学教育形式灵活多样,教学内容广泛,即便是在战乱中也可能提供学习的机会。私学为西晋士人的博学提供了更为便捷的途径,也对文化的传承做出了贡献。

---

① 余嘉锡:《世说新语笺疏》上卷《德行 10、13》,中华书局 1983 年版,第 12、13 页。
② 余嘉锡:《世说新语笺疏》上卷《言语 71》《文学 52》,中华书局 1983 年版,第 131、235 页。
③ 余嘉锡:《世说新语笺疏》上卷《文学 19》,中华书局 1983 年版,第 209 页。

第三节　西晋士人博学的物质媒介

图书是士人博学必不可少的物质媒介。《后汉书》记载王充博学的主要原因就是图书:"家贫无书,常游洛阳市肆,阅所卖书,一见则能诵忆,遂博通众流百家之言。"① 王充博通众家,固然是过目不忘的天资,但如若没有书籍,他的天资也就是无源之水、无本之木了。东汉时,洛阳已有书市,表明了古代图书业的发展。图书业发展的另一个特征就是典籍的收藏,西晋士人的博学在很大程度上也受惠于典籍收藏。西晋的典籍收藏主要分为官藏和私藏两类。

一　西晋士人与官藏图书

典籍官藏最早可以追溯到夏商周时代,"商王室拥有各类型的典籍,尤以甲骨卜辞为要"②。汉孝武帝时"建藏书之策,置写书之官,下及诸子传说,皆充秘府"③。东汉置秘书监,官藏典籍有了行政管理系统,此后官藏典籍日臻完善,三国蜀汉、东吴、曹魏都对官藏典籍加以了整理。至西晋,纸张已普遍应用,纸质书成为图书的主要形态,传抄的便利大大推进了典籍收藏,"西阁东序,河图秘书禁籍。台省有宗庙太府金墉故事,太学有石经古文先儒典训"④,西晋国家藏书之富于荀崧文中可见。据《隋书·经籍志》记录,《晋中经》著录四部典籍达二万九千九百四十五卷。

西晋藏书多在秘书府(台省)、太学(西阁东序),从前面的引文中可见。荀勖上《穆天子传》序中说道"付秘书缮写,藏之中经,副在三阁"⑤,也说明了秘书府典籍收藏的职能。据《晋太康起居注》载:"秘书丞桓石绥启校定四部之书。诏遣郎中四人,各掌一部。"⑥ 西晋典籍往往经、史、子、集四部分藏管理,每部由一专人负责。西晋政府对官藏典籍

---

① (南朝宋)范晔著,(唐)李贤注:《后汉书》卷49,中华书局1965年版,第1629页。
② 李致忠、周少川、张木早:《中国典籍史》,上海人民出版社2004年版,第288页。案:傅璇琮先生在《中国藏书通史》中将中国藏书分为官府藏书、私家藏书、寺观藏书、书院藏书四大体系,并认为官府藏书在夏代就已经出现。
③ (汉)班固:《汉书》卷30《艺文志》,中华书局1962年版,第1701页。
④ (唐)房玄龄等:《晋书》卷75《荀崧传》,中华书局1974年版,第1977页。
⑤ (清)严可均:《全晋文》卷31,商务印书馆1999年版,第309页。
⑥ (唐)徐坚等:《初学记》卷12《职官部下》"秘书郎条",中华书局1962年版,第298页。

曾予以整理，荀勖《中经新簿》就是在此基础上撰录而成的。

西晋的官藏典籍对士人的博学大有裨益，秘书府的秘书郎、著作郎、校书郎，太学的博士浸淫其中尽可得到知识的滋养。这些典籍对士人的创作、著述也大有帮助。《晋书·左思传》载：左思写《三都赋》，自以为所见不博，求为秘书郎中。官藏典籍扩大了左思的视野，增加了他的知识，为《三都赋》的写作成功打下了基础。西晋官藏典籍对皇甫谧也有重大帮助。《晋书》本传载：皇甫谧不应武帝贤良方正之举，并"自表就帝借书，帝送一车书与之"①。皇甫谧著述甚丰，其创作成就当与武帝所赠典籍有一定关联。

左思、皇甫谧是西晋博学的代表人物，他们的博学有多方面的原因，但官藏典籍的影响是不容忽视的。除此，西晋当有不少士人受益于官藏典籍，尤其是工作在秘府及太学的官员，当然更多的寒素士人是无缘官藏书籍的。

二 西晋士人的私家藏书

西晋士人的博学更多受惠于私家藏书。就私学教育言，授业教徒的学者往往是私家藏书者；经学世家子弟往往是在自家藏书的摇篮中成长。两汉私家藏书风气大盛，藏书之风一直延续到三国时代。王粲、王弼的藏书受惠于蔡邕，可谓三国时代的佳话。再如向朗，据本传，他"积聚篇卷，于时最多"②。仅此八字表明西蜀藏书之风：第一，向朗是当时西蜀最大的私人藏书者。第二，西蜀私人藏书者甚多。《向朗传》还传递出一些藏书信息，如向朗子向条"亦博学多识，入晋为江阳太守、南中军司马"③，说明家庭藏书提供了向条博学的条件。向朗曾"开门接宾，诱纳后进"④，其藏书亦多惠及他人。

《管辂传》也可看出当时的藏书情况。据管辰说，其兄管辂之书"唯有《易林》《风角》及《鸟鸣》《仰观星书》三十余卷，世所共有。然辂独在少府官舍，无家人子弟随之，其亡没之际，好奇不哀丧者，盗辂书，唯余《易林》《风角》及《鸟鸣》书还耳"⑤。管辂的才华让人误以为他家藏万卷书以致盗其书，孰知管辂藏书仅三十余卷，但也可见当时藏书为一

---

① （唐）房玄龄等：《晋书》卷51《皇甫谧传》，中华书局1973年版，第1415页。
② （晋）陈寿：《三国志》卷41《向朗传》，中华书局2006年版，第600页。
③ （晋）陈寿：《三国志》卷41《向朗传》，中华书局2006年版，第600页。
④ （晋）陈寿：《三国志》卷41《向朗传》，中华书局2006年版，第600页。
⑤ （晋）陈寿：《三国志》卷29《管辂传》注引管辰《管辂别传》，中华书局2006年版，第493页。

时风气。此风一直延续至晋代,《晋书·范平传》述说了范平祖孙三代私家藏书的活动:"家世好学,有书七千余卷。远近来读者恒有百余人,蔚为办衣食。蔚子文才,亦幼知名。"①

范平三子以儒学至大官,其重孙也幼年成名,这应是家庭藏书带来的直接效益。范氏藏书不仅惠及子孙,甚至成为社会公益,其社会影响可想而知。

西晋不少士人出身贫寒,但靠着自身努力终成一代学者,如前文言及的皇甫谧"带经而农",刘寔"手约绳,口诵书",刘智"每负薪自给,读诵不辍",徐苗"昼执锄耒,夜则吟诵"等。此外尚有张华"少孤贫,自牧羊,……学业优博,辞藻温丽,朗赡多通,图纬方伎之书莫不详览"②,谯周"家贫未尝问产业,诵读典籍,欣然独笑,以忘寝食"③ 等,这些贫寒士子所读之书何来?上书市是一种可能,但类似王充过目不忘者毕竟太少。推测在很大程度上与私家藏书有关,想必当时类似向朗、范氏这样热心公益,以图书为公器的私人藏书家不少,只是个人藏书多少不同而已。正是这些书籍培养、造就了今天还让人称道的西晋博学之士。

西晋首屈一指的博学大家皇甫谧、杜预、张华等都是私人藏书家,这也说明了藏书与博学的内在联系。

武帝赠书一车使皇甫谧成为西晋著名的私人藏书家,但藏书最富的莫如张华。本传载:"尝徙居,载书三十乘。秘书监挚虞撰定官书,皆资华之本以取正焉。天下奇秘,世所希有者,悉在华所。由是博物洽闻,世无与比。"④ 张华的博学得益于丰富的藏书,《晋书》本传记载了他大量的博学事例。他的《博物志》一书也显示出他广博的知识领域。挚虞也是西晋博学多识的学者,作为秘书监,其撰定官书多以张华藏书校正,足见张华藏书的丰富及珍稀。

再如杜预,号称"杜武库",就是说他无所不有。其"家中原本所藏典籍甚多,平江南时,吴中藏书多归其所有"⑤,故平吴后杜预基本上是埋头典籍。对于自己的藏书,他还细加整理。他的《与子耽书》写道:"知汝颇欲念学,令同还车到,副书,可案录受之。当别置一宅中,勿复以借

---

① (唐)房玄龄等:《晋书》卷91《范平传》,中华书局1974年版,第2347页。
② (唐)房玄龄等:《晋书》卷36《张华传》,中华书局1974年版,第1068页。
③ (晋)陈寿:《三国志》卷42《谯周传》,中华书局2006年版,第609页。
④ (唐)房玄龄等:《晋书》卷36《张华传》,中华书局1974年版,第1074页。
⑤ 肖东发:《中国私家藏书》,贵州人民出版社2009年版,第23页。

人。"① 用车送给杜耽的书是副本,且有书目,杜预对藏书的重视可见一斑;"别置一宅"见杜预此次送书之多;嘱杜耽勿借书于人,将书视为秘物,见其爱书如命。其行为虽不类向朗、范氏,但也无可厚非。

据范凤书《中国私家藏书史》,西晋其他的藏书家尚有束皙、褚陶等。束皙是西晋有名的学者,其知识的广博前文多有叙述。褚陶年少就"以坟典自娱"②,其博学遥想可知,今《两唐志》仅存其《褚氏家传》注一卷。此外,我们从一些叙述上也能推断西晋的藏书情况。如《晋书·氾毓传》:

> (氾毓)少履高操,安贫有志业。父终,居于墓所三十余载,至晦朔,躬扫坟垅,循行封树,还家则不出门庭。……于时青土隐逸之士刘兆、徐苗等皆务教授,惟毓不蓄门人,清净自守。时有好古慕德者咨询,亦倾怀开诱,以一隅示之。合《三传》为之解注,撰《春秋释疑》《肉刑论》,凡所述造七万余言。③

三十年居墓所,足不出门庭,在没有现代技术的西晋时代,其著述只能是依靠藏书了。同样,"(杜夷)居甚贫窭,不营产业,博览经籍百家之书,算历图纬靡不毕究。寓居汝颍之间,十载足不出门。年四十余,始还乡里,闭门教授,生徒千人"④。家贫而能博览群书,所读之书或源自藏书家;十载不出户,想必是自己有藏书,否则何以授徒著述且声名远播?

藏书与博学的关系,卢弼《三国志集解》论王弼时说得很清楚:"王弼年甫弱冠,即为经学大师,当时名公巨卿惊叹弗及。窃疑何以早慧若是?盖缘伯喈藏书万卷,尽入仲宣,展转而归辅嗣,博览闳通,渊源授受,有自来矣。"⑤卢弼这段话旨在说明王弼少年早成缘于他的博览宏通,但恰好也说明了藏书是士人博学的基础,无论王粲还是王弼都因蔡邕的藏书而学识丰富。同样,蔡文姬也因父亲蔡邕的四千余卷赠书而才华横溢。

博览群书是士人博学的一个主要途径,藏书就是士人博学的物质媒介,正是因为藏书的丰富,士人才能广泛阅读。反之,广博的知识又促使士人更加爱书,更努力藏书。西晋博学者张华、皇甫谧、杜预的例子都能很好地说明藏书与博学的关系。虽然史书没有太多记载,但看西晋不少博

---

① (清)严可均:《全晋文》卷42,商务印书馆1999年版,第430页。
② (唐)房玄龄等:《晋书》卷92《褚陶传》,中华书局1974年版,第2381页。
③ (唐)房玄龄等:《晋书》卷91《氾毓传》,中华书局1974年版,第2350—2351页。
④ (唐)房玄龄等:《晋书》卷91《杜夷传》,中华书局1974年版,第2353页。
⑤ 卢弼:《三国志集解》(第5册),上海古籍出版社2012年版,第2113页。

学者曾经贫寒而苦读的经历，相信西晋不少士人都与私家藏书有不解的渊源；而不少世家子弟的博学则可能受益于家藏书籍。

第四节　西晋士人博学的激励机制

清谈是什么？对此，众说一词，刘强《从"清谈误国"到文化研究——魏晋清谈研究的历史回顾》① 一文对清谈的起源、分期、形式、内容、评价等方面的学术研究成果做了一次梳理，前贤的研究有助于我们更好地理解清谈。对于清谈的定义，学界不少研究者认同台湾学者唐翼明先生的观点，即，"所谓'魏晋清谈'，指的是魏晋时代的贵族知识分子，以探讨人生、社会、宇宙的哲理为主要内容，以讲究修辞与技巧的谈说论辩为基本方式而进行的一种学术社交活动"②。清谈是对玄学思潮的反映，但不等于玄学思潮。所以，刘运好先生认为"真正意义的清谈始于正始，其始即与玄学融合，所谓正始玄风，就是玄言清谈"③，这是很有道理的。陈寅恪《陶渊明之思想与清谈之关系》一文将魏晋清谈分为前后两期，魏末西晋时代为前期，东晋为后期。④ 陈先生的分期着眼于士人与政治的关系，本节拟从此角度探讨西晋清谈，进而说明清谈与博学的关系。

一　西晋对正始前后清谈的继承与异化

两则材料很能说明正始玄学对后世的影响。其一，王导过江"止道《声无哀乐》《养生》《言尽意》三理而已。然宛转关生，无所不入"⑤。其二，《南齐书·王僧虔传》载其《诫子书》云："《才性四本》《声无哀乐》，皆言家口实。"⑥ 嵇康有《声无哀乐论》《养生论》，欧阳建有《言尽意论》，何晏有《四本论》，可见正始及西晋玄学所讨论的哲学命题是东晋以来清谈的主要内容。王导是东晋清谈代表，在《世说新语》中可以多次发现他的身影，王僧虔是王导孙王珣之孙，两人观点相仿或有家学的渊

---

① 刘强：《从"清谈误国"到文化研究——魏晋清谈研究的历史回顾》，《学术月刊》2005年第10期，第66—69页。
② 唐翼明：《魏晋清谈》，天地出版社2018年版，第28页。
③ 刘运好：《论魏晋士风及其对文风的影响》，《安徽师范大学学报》（人文社会科学版）2000年第3期，第333页。
④ 陈寅恪：《金明馆丛稿初编》，生活·读书·新知三联书店2015年版，第201页。
⑤ 余嘉锡：《世说新语笺疏》上卷《文学21》，中华书局1983年版，第211页。
⑥ （南朝梁）萧子显：《南齐书》卷33，中华书局1972年版，第598页。

源，但无疑也代表了当时社会清谈的真实面貌。不只是东晋、南朝，西晋的清谈也表现出同样的内容。追溯起来，这样的内容早在荀粲、傅嘏、裴徽的清谈中就有表现。荀粲的资料相当有限，而何劭的《荀粲传》对他的记载，尤其是关于清谈的记载相对集中些。

史书未见何劭清谈的记载，但其追慕老庄的思想在其诗歌创作中有所反映，其处世方式与庾敳、王衍等玄学士人略无不同。何劭生于青龙四年（236），荀粲约于此际去世，故《荀粲传》可能作于魏末。《荀粲传》没有任何主观评价，通过何劭的取材还是能窥探出正始前后清谈的不同。试看如下内容：

> 太和初，到京邑与傅嘏谈。嘏善名理而粲尚玄远，宗致虽同，仓卒时或有格而不相得意。裴徽通彼我之怀，为二家骑驿，顷之，粲与嘏善。夏侯玄亦亲。常谓嘏、玄曰："子等在世涂间，功名必胜我，但识劣我耳！"嘏难曰："能胜功名者，识也。天下孰有本不足而末有余者邪？"粲曰："功名者，志局之所奖也。然则志局自一物耳，固非识之所独济也。我以能使子等为贵，然未必齐子等所为也。"①

荀粲与傅嘏、裴徽的清谈活动始于太和初年，荀粲卒于正始前，但傅嘏、裴徽的清谈一直延续到正始后。荀、傅、裴的清谈关注的是名理，讨论的是功名与才识的关系。此外，荀粲之谈还论及性与天道，所以唐翼明先生赞成日本学者青木正儿的观点：魏晋清谈始于太和初年的荀、傅、裴的清谈。他说："就正式建立玄学体系而言，诚如余先生所说，非王、何莫属；但如仅就魏晋清谈而言，荀粲之谈的确是其开始成形的标志。"②

正始清谈开始走向成熟，何晏、王弼等在清谈中建立起玄学体系，谈论自然有无、人性四本、言不尽意等宇宙、人生、社会问题，将清谈话题推向理论高度，成为后代清谈不可企及的高峰。但正始清谈也有负面影响，汤用彤先生说："《人物志》为正始前学风之代表作品，故可贵也。其后一方因学理之自然演进，一方因时势所促成，遂趋于虚无玄远之途，而

---

① （清）严可均：《全晋文》卷18，商务印书馆1999年版，第162页。
② 唐翼明：《魏晋清谈》，天地出版社2018年版，第148页。案：此引文中余英时先生的原话是："……则正始之音，其来有自，而太和玄谈亦无足异矣。故谓荀、傅之谈论已先王、何而涉及宇宙之本体则可，至于援引道家，正式建立玄学体系，则王弼、何晏实为吾国中古思想史上划时代之人物，他人不能夺其席也。"（见《汉晋之际士之新自觉与新思潮》，《士与中国文化》，上海人民出版社2003年版，第321页。）

鄙薄人事。"① 而王晓毅先生从士人人格角度谈正始清谈的影响是："正始名士的出现标志着魏晋士族知识分子双重人格特征的基本成熟。"② 所谓双重人格就是政治上的儒家态度与人生上的道家态度。荀粲的清谈已初见这种人格端倪,《荀粲传》载:

> 又论父或不如从兄攸。或立德高整,轨仪以训物,而攸不治外形,慎密自居而已。粲以此言善攸,诸兄怒而不能回也。③

荀粲认为父亲不如兄长的理由,表明他更倾向于道家的崇尚自然本性,但并不表明他对儒家礼法的反对。"诸兄怒而不能回",一方面说明了荀粲的辩论水平,另一方面也表明了他的兄弟对道家尚自然观点的被迫接受。

经学与玄学的关系历来为学界所关注,刘运好先生认为:"魏晋玄学一方面通过对道家思想的解构性阐释,另一方面又通过儒家思想的玄学化阐释,贯通了儒道联结的内在理路,构成了玄学与经学的学理上的联系。而以'易'为核心的思想交集、以'道'为核心的本体哲学、以'名教'为核心的价值判断,亦使玄学与经学有着错综复杂的学术思想上的同源共生的关系。"④ 这种同源共生关系,使得魏晋以来清谈家的儒道思想如同天平的两端,从荀粲到正始王弼、何晏等人再到西晋,不同时代的清谈家表现出不同的天平倾斜,从天平的倾斜可以看到魏晋清谈的发展轨迹及魏晋士人儒道思想兼容的状况。

荀粲清谈时,天平倾斜于道家的自然与自由,但不反对儒家的礼法道德。王弼、何晏、夏侯玄、钟会等正始名士倾向于保持两端平衡,清谈中调和儒玄,援道入儒;同时又注重事功。竹林名士内心服膺礼法,但清谈却表现为对(虚伪)名教的蔑视,他们的天平倾斜于老庄的真率自然,这是对荀粲清谈的发展。西晋前期,不少士人能清谈,但更倾斜于事功、礼法道德,承继了正始名士注重事功的一面;西晋后期士人倾向于保持平衡,但他们是对正始名士"平衡"的畸形发展,他们一方面保持士族的特权,占据高官;另一方面又追求道家的出尘,而正始名士的事功之心已经

---

① 汤用彤:《魏晋玄学论稿》,上海古籍出版社 2005 年版,第 11 页。
② 王晓毅:《中国文化的清流——正始之音》,中国社会科学出版社 1991 年版,第 37 页。
③ (清) 严可均:《全晋文》卷 18 何劭《荀粲传》,商务印书馆 1999 年版,第 162 页。
④ 刘运好:《同源共生:论魏晋经学与玄学的关系》,《社会科学研究》2017 年第 1 期,第 171 页。

荡然无存。不管怎样，魏晋时期的清谈或与政治人事相关，或与出处进退的处世态度相关。东晋的清谈再一次打破平衡，他们鄙薄人事，醉心于清谈，他们的清谈"只为口中或纸上的玄言，已失去政治上的实际性质，仅止作为名士身份的装饰品"①，是对西晋后期清谈重玄虚的进一步发展。

用"天平"作比喻，厘清魏晋清谈的发展与演变脉络后，可以很清楚地看到西晋清谈的承上启下的地位，看到它对正始前后清谈的继承与异化。西晋时清谈二水分流，一部分清谈者继承正始前后清谈重儒家思想、重事功的一面，以武帝时代为代表；另一些清谈者贵无、崇尚虚玄，但又往往占据高官，享受俗世生活，以元康后清谈名士为代表。

继承者如王祥，"在正始，不在能言之流。及与之言，理致清远，将非以德掩其言乎！"② 从王戎对其族祖王祥的赞叹，可见晋初清谈者的价值取向。王祥能清谈，但更重礼法道德。

刘寔、刘智兄弟有类王祥。《管辂别传》言："辂自言与此五君（裴徽、何晏、邓飏、刘寔、刘智）共语使人精神清发，昏不暇寐。自此以下，殆白日欲寝矣。"③ 从《三国志·管辂传》及管辰《管辂别传》中知管辂为正始清谈代表人物之一，他对刘寔、刘智的赞赏，亦见刘氏兄弟的清谈水平。但裴松之注言"寔、智并以儒学为名，无能言之。《世语》称寔博辩，犹不足以并裴、何之流也"④，则对刘寔、刘智的清谈水平持怀疑态度。管辰为当时人，所说当不致出入太大，《晋书》对刘氏兄弟清谈活动未有记载，当与王祥一样，是以礼法之士目之。尤其是刘寔，历武帝、惠帝、怀帝三朝，多所作为，其《崇让论》表现出明显的儒家思想。

王衍论山涛："此人初不肯以谈自居，然不读《老》《庄》，时闻其咏，往往与其旨和。"⑤ 作为"竹林七贤"之一，山涛懂玄理但不谈玄，隐不终而出仕，虽遭诟病，但在朝廷事务上他确实是尽职守而廉洁奉公。

裴頠与乐广都是西晋清谈的代表人物，裴頠本传载："乐广尝与頠清言，欲以理服之，而頠辞论丰博，广笑而不言。时人谓頠为言谈之林薮。"⑥ 两人尚清谈，但并不崇尚虚无，裴頠"患时俗放荡，不尊儒术"，著《崇有论》反对当时的虚无之风。在元康朝他与张华鼎力合作，使西晋

---

① 陈寅恪撰，万绳楠整理：《魏晋南北朝史讲演录》，贵州人民出版社2008年版，第41页。
② （唐）房玄龄等：《晋书》卷33《王祥传》，中华书局1974年版，第990页。
③ （晋）陈寿：《三国志》卷29，中华书局2006年版，第493页。
④ （晋）陈寿：《三国志》卷29，中华书局2006年版，第494页。
⑤ 余嘉锡：《世说新语笺疏》中卷《赏誉21》，中华书局1983年版，第433页。
⑥ （唐）房玄龄等：《晋书》卷35《裴頠传》，中华书局1974年版，第1042页。

继太康之后又安度十年太平岁月。乐广反对"八达"的放荡作风,其"所在为政,无当时功誉,然每去职,遗爱为人所思。凡所论人,必先称其所长,则所短不言而自见矣"①。史书所载可见其事功一面。

西晋类此的清谈家不少,他们继承了正始前后清谈者的特点,一方面好老庄,尚清谈;另一方面又尊礼法,尚事功。他们礼玄双修,儒道并重,能清谈甚至善谈,但并不以清谈名世,而是多所建树,颇有政绩。

西晋后期的清谈者,尤以裴楷、王衍、王澄、庾敳、郭象、阮瞻等中朝名士为代表,他们以清谈为高,又占据政治资源;一边占据高位,享受世俗生活,一边又无所作为。他们用清谈建立起"吏隐"的生活模式,在名教与自然之间似乎建立起一种新的平衡,这种平衡恰恰是以不预事务为支点。他们的清谈是对正始前后清谈的异化。正始名士的清谈理论认为名教出于自然,他们调和玄儒,架构其玄学理论体系;竹林名士主张"越名教而任自然",以此在黑暗政治中展现自己人格的光彩;中朝名士认为名教即是自然,将世俗的享乐与政治的无为结合在一起,"贵无""自适""自性""独化"等观点成为他们尚清谈、政治无为的理论基础。

二 西晋清谈对博学的激励

西晋清谈尽管二水分流,但对士人的博学却有着同样的影响。

(一) 清谈的地位及影响力激励士人博学

清谈是一种思想学术活动,它与清谈者的博学有着必然联系。西晋不少士人从正始走来,玄学思潮与清谈风气也随着他们而流播、蔓延。清谈在西晋的地位决定了它对士人极具影响力,以王济为中心,可以在史书的不少地方感受到这一点。

> (王济)每侍见,未尝不咨论人物及万机得失。济善于清言,修饰辞令,讽议将顺,朝臣莫能尚焉,帝益亲贵之。②

武帝提倡儒学,但这里我们看到,即使在朝廷也会有清谈的进行。当然这种"清言"内容还是与政事有关——"论人物与万机得失",形式上则注重"修饰辞令"。王济因为清谈水平高而深得武帝器重,于此可见清

---

① (唐)房玄龄等:《晋书》卷43《乐广传》,中华书局1974年版,第1244页。
② (唐)房玄龄等:《晋书》卷42《王济传》,中华书局1974年版,第1205页。

谈的影响力与地位。清谈的作用在王济的叔叔王湛身上表现得尤为明显，比较下面两段文字可知。

> 帝尝谓和峤曰："我将骂济而后官爵之，何如？"峤曰："济俊爽，恐不可屈。"帝因召济，切让之，既而曰："知愧不？"济答曰："尺布斗粟之谣，常为陛下耻之。他人能令亲疏，臣不能使亲亲，以此愧陛下耳。"帝默然。帝尝与济弈棋，而孙皓在侧，谓皓曰："何以好剥人面皮？"皓曰："见无礼于君者则剥之。"济时伸脚局下，而皓讥焉。①
>
> 王汝南既除所生服，遂停墓所。兄子济每来拜墓，略不过叔，叔亦不候。济脱时过，止寒温而已。后聊试问近事，答对甚有音辞，出济意外，济极惋愕。仍与语，转造精微。济先略无子侄之敬，既闻其言，不觉懔然，心形俱肃。遂留共语，弥日累夜。济虽俊爽，自视缺然，乃喟然叹曰："家有名士，三十年而不知！"……武帝每见济，辄以湛调之曰："卿家痴叔死未？"济常无以答。既而得叔，后武帝又问如前，济曰："臣叔不痴。"称其实美。帝曰："谁比？"济曰："山涛以下，魏舒以上。"于是显名，年二十八始宦。②

两段文字，前出于本传，后见《世说新语·赏誉17》。两相比较，清谈带来声誉与仕途的作用昭然在目。在《赏誉篇》中，王湛三十年寂寂无名，武帝称其"痴"，然经王济评点，声名大振而出仕。

清谈不仅能使人成名、出仕，它还重于亲情，高于皇权。王济初不将叔父王湛放在眼中，只因叔父的清谈，一夜之间敬重有加，正见亲情不敌清谈。作为武帝的女婿，不为武帝权位而屈服，甚至与武帝下棋时坐姿极为不敬，但在能谈《周易》的叔父面前竟然毕恭毕敬，清谈的魅力可谓大于皇权的威力。

王湛个案可证西晋清谈的地位与影响。再如王戎、王衍、王澄三兄弟，他们的彼此扶持与扬名都离不开清谈。清谈作用如斯，追逐权势的士人怎能不趋之若鹜？然清谈还是有较高要求的：内容要既高大上又接地气，王济"论人物与万机得失"，王湛论"近事""转造精微"；文辞上讲究"修辞辞令"；谈吐上"甚有音辞"。换言之，清谈要有识见、有文采、有表达能力。联系《晋书·本传》对他们的评价"忠笃好学问""少有识

---

① （唐）房玄龄等：《晋书》卷42《王济传》，中华书局1974年版，第1206页。
② 余嘉锡：《世说新语笺疏》中卷下《赏誉17》，中华书局1983年版，第428—430页。

度"可以断言,清谈所需的素养条件离不开博学。

(二)清谈广博的内容促进士人博学

清谈就是一张名片,一张通往权势与富贵的通行证。除去门第的因素,博学就是其中必备的条件之一,西晋清谈名士如张华、裴頠、裴楷、刘寔、王济、阮瞻等都学问广博、多才多艺,这表明了博学与清谈之间的密切关系。清谈活动看似简单,但其一般的准备要求还是很高的。南齐王僧虔《戒子书》就"谈何容易"问题,告诫儿子做"谈士"要有充分的准备,这充分的准备就是知识储备,最基本的是《老子》《庄子》《易经》这"三玄"及其注解。

从清谈的内容可以看到清谈对知识的要求。唐翼明《魏晋清谈》一书,将魏晋清谈内容分为五部分加以论述,主要包括"三玄"及注解、名家学说、佛经佛理、新哲学命题及其他经典、人物品鉴等。鲁迅在其《吃教》杂文中也曾经说:"晋以来的名流,每一个人都有三种小玩意,一是《论语》和《孝经》,二是《老子》,三是《维摩诘经》,不但采作谈资,并且常常做一点注解。"① 由此可见,作为一种高级智力与学术活动,清谈对学问的要求是大有讲究的,士人往往儒、道、释兼融。唐长孺先生就曾指出,许多名士由玄通释,礼玄双修转而为儒释兼综,这是当时"习见的问学途径"②。

西晋的清谈内容与上述不完全相同,至少佛经、佛理尚不是其谈论的主要话题,那是东晋以后的事。儒家经典、"三玄"及"有无本末""声无哀乐""养生"等是西晋清谈习见的话题,此外,社会、历史、人生的话题也不在少数,从下面的史料中可见:

> 诸名士共至洛水戏,还,乐令问王夷甫曰:"今日戏乐乎?"王曰:"裴仆射善谈名理,混混有雅致;张茂先论《史》《汉》,靡靡可听;我与王安丰说延陵、子房,亦超超玄著。"③

这是最经典的西晋清谈聚会,其中人物几乎都是西晋清谈大咖。就清谈的内容看,有名理、有历史、有儒道("延陵、子房"表面说历史,实际上,延陵是儒家崇尚的礼教模范,子房是黄老道家的典范)。如此清谈,

---

① 鲁迅:《吃教》,见《准风月谈》,人民文学出版社 1977 年版,第 157 页。
② 唐长孺:《南朝高僧与儒学》,《唐长孺社会文化史论丛》,武汉大学出版社 2001 年版,第 196 页。
③ 余嘉锡:《世说新语笺注》上卷《言语篇23》,中华书局 1983 年版,第 85 页。

没有广博的知识，几乎是不可能参与其中，享受清谈的快乐的。

《晋书·唐彬传》中也记录了一次清谈：

> 初为郡门下掾，转主簿。刺史王沈集诸参佐，盛论拒吴之策，以问九郡吏。（唐）彬与谯郡主簿张恽俱陈吴有可兼之势，沈善其对。又使彬难言吴未可伐者，而辞理皆屈。①

这是王沈任豫州刺史时，让唐彬与张恽对伐吴可否展开的一次论难，很典型的清谈方式。张恽是武帝太康年间的博士，唐彬"晚乃敦悦经史，尤明《易经》"，两人均学识广博。此次谈论事关时政，但论难无疑仍需学问的根底。

清谈不仅谈抽象的哲理，也谈社会；不仅在户外，也在官府。上面的事例说明了这一点，下面的记载同样说明了这一点。

> 武帝讲武于宣武场，欲偃武修文，山涛认为不可，其论甚精，举座皆叹赏。帝称之曰："天下名言也。"②
> 平吴之后，帝方修太平之化，每延公卿，与论政道。楷陈三五之风，次叙汉魏盛衰之迹。帝称善，坐者叹服焉。③

这似乎是武帝的朝议，但就内容言有军事、历史，就形式言类似辩论，就气氛与场地言，虽在朝堂与宣武场，但并不庄重严肃，似可视为清谈。山涛、裴楷征服众人的是他们的口才。从《晋书》《世说新语》等众多的清谈实例看，口才应该包括思辨能力、言辞能力甚至包括语音声调等，但引经据典、旁征博引、滔滔辩论的时候，广博丰富的知识才是清谈的基石。《世说新语》评山涛"不学孙、吴而暗与之理会""不读《老》《庄》，时闻其咏，往往与其旨合"④ 可以看到这一点。这当然不是巧合，应该说是有学问做基础的。裴楷精《老》《易》，同时又博览群书。他"善宣吐，左右属目，听者忘倦"⑤。武帝曾经探策得"一"而不悦，裴楷

---

① 参见（唐）房玄龄等《晋书》卷42《唐彬传》，中华书局1974年版，第1217页。
② 参见（唐）房玄龄等《晋书》卷43《山涛传》，中华书局1974年版，第1227页。
③ （唐）房玄龄等：《晋书》卷35《裴楷传》，中华书局1974年版，第1048—1049页。
④ 余嘉锡：《世说新语笺注》中卷《识鉴篇4》《赏誉21》，中华书局1983年版，第388、433页。
⑤ （唐）房玄龄等：《晋书》卷35《裴楷传》，中华书局1974年版，第1047页。

却从容而言:"臣闻天得一以清,地得一以宁,王侯得一以为天下贞。"①裴楷机敏的答语同样是以博学为基础的。

西晋的清谈不仅内容丰富,清谈者知识广博,而且清谈前辈在提携后进时,往往强调"学习"的重要性,这不啻是对博学的强调。看以下例子:

> (乐)广时年八岁,玄常见广在路,因呼与语,还谓方(广父)曰:"向见广神姿朗彻,当为名士。卿家虽贫,可令专学,必能兴卿门户也。"②
>
> (潘京)到洛。尚书令乐广,京州人也,共谈累日,深叹其才,谓京曰:"君天才过人,恨不学耳。若学,必为一代谈宗。"京感其言,遂勤学不倦。③
>
> 诸葛玄年少不肯学问,始与王夷甫谈,便已超诣。王叹曰:"卿天才卓出,若复小加研寻,一无所愧。"④

夏侯玄嘱乐广"专学",乐广勉励潘京学习,王衍劝勉诸葛玄研学,这些忠告、指点旨在强调:对书本知识的学习与钻研是提高清谈技巧及水平的基础。

在西晋,清谈往往是身份的象征,清谈令不少人痴迷、心向神往。作为智力与学术活动,清谈并非仅仅是一种非物质利益的精神活动,清谈技巧和水平往往会影响人的声誉乃至政治前途,而技巧、水平又源自知识的钻研与积累。就此而言,清谈可谓士人博学的动因之一。

需要说明的是,西晋时期,清谈所必须积累钻研的知识中,儒家的文化知识仍占据较大比例。从前面的论述中可清楚看到,西晋前期与中期不少清谈家往往是援道入儒或者儒玄双修的,甚至后期,也有清谈家兼综儒术。从本质上说,西晋的清谈仍然是现实生活中以知识包括儒学知识为根基的学术活动,这是清谈激励士人博学的本质因素。

---

① (唐)房玄龄等:《晋书》卷35《裴楷传》,中华书局1974年版,第1048页。
② (唐)房玄龄等:《晋书》卷43《乐广传》,中华书局1974年版,第1243页。
③ (唐)房玄龄等:《晋书》卷90《潘京传》,中华书局1974年版,第2335页。
④ 余嘉锡:《世说新语笺疏》上卷《文学13》,中华书局1983年版,第203页。

第二章　西晋士人的学术追求

西晋历史尽管短暂，但西晋士人的学术思想却"能够大放光彩"[①]：哲学（儒、释、道）、医学、数学、法学、天文学、历史学、书法学、语言文字学等诸多领域均留下了宝贵的文化遗产。在哲学思想上裴頠《崇有论》、欧阳建《言尽意论》、杨泉《物理论》、郭象《庄子注》等提出了著名的观点并成为后世不断探讨的话题；医学上皇甫谧、王叔和将中医理论发扬光大且泽被后世；语言文字上吕忱《字林》对许慎《说文解字》多有补缺；刘徽的《九章算术注》《海岛算经》提出了多方面创造性的、领先世界的数学理论；张斐的《晋律》为后世法律的蓝本；虞耸、虞昺较早地探讨天体星空，写下《穹天论》……西晋的士人用自己丰富的学识，在学术整理、经典阐释、学术创作等诸多方面做出了不菲的贡献。

第一节　西晋士人与典籍整理

到西晋之时，中国的典籍几经兴废。孔子删诗书、定礼乐、修春秋、序易传，整理了我国最早的文化典籍。随后是秦始皇的焚书坑儒，烧掉了民间的书；项羽火烧阿房宫，烧掉了博士的书。典籍文化两遭厄运，但一代学术与文化总有一代士人来整理、传承。汉成帝河平三年（前26），刘向等奉诏整理典籍，刘向总领其事，"每一书已，向辄条其篇目，撮其指意，录而奏之"[②]。后人称刘向所录为《七略别录》。其子刘歆继承父业，著《七略》，"大凡三万三千九十卷。王莽之末，又被焚烧"[③]。光武中兴，班固依《七略》而为书部，编《汉书·艺文志》。"董卓之乱，献帝西迁，

[①] 刘汝霖：《汉晋学术编年》卷7，华东师范大学出版社2010年版，第670页。
[②] （汉）班固：《汉书》卷30《艺文志》，中华书局1962年版，第1701页。
[③] （唐）令狐德棻等：《隋书》卷32《经籍志一》，中华书局1973年版，第906页。

图书缣帛，军人皆取为帷囊。所收而西，犹七十余载。两京大乱，扫地皆尽。"①

书籍屡遭厄运，却又屡经整理。自西汉，历朝都建立起国家藏书体系，由士人对典籍进行整理。西汉刘向父子的典籍整理"开创政府整理典籍的先河，为以后历代政府的群籍整理提供了典范"②。东汉政权在此基础上设置了秘书监及馆阁制，开始有意识地收集、整理、保存文化典籍。终东汉一朝，政府组织的典籍整理达六次之多。曹魏时代典籍整理始于曹操"挟天子以令诸侯"时，尚书卫觊曾对已有典籍进行过整理。《北堂书钞》卷57"秘书郎"条对曹魏时的典籍整理有这样的记载："魏武建国，置秘书郎。秘阁之吏，各掌一部。"③可见当时已有意识地分类藏书。魏文帝时完善了秘书监制，秘书监下设秘书丞、秘书郎，专司艺文典籍。文帝初，曾对秘书中外三阁所藏典籍加以整理，完成了第一部类书《皇览》的编纂。魏明帝时，又设著作郎。秘书郎郑默整理秘书阁典籍，"考核旧文，删省浮秽"④，撰写朝廷典籍目录《中经》。此目录促成了我国图书目录四部分类法的诞生。

根据史书，西晋对典籍的整理主要有三次。第一次是晋初，由贾充负责整理有关法律等书籍；第二次是整理秘阁记籍；第三次是整理汲冢古书。西晋的典籍整理有其特殊性，首先是制定《晋律》需要参考历代律法著作；其次是三国归晋带来国家藏书的激增，需要整理；最后是汲冢古书的发现，需要整理。西晋典籍整理对中国文化产生了巨大的影响。

一 贾充等整理"甲令"以下书籍

《隋书·经籍志》载："晋初，甲令已下，至九百余卷，晋武帝命车骑将军贾充，博引群儒，删采其要，增律十篇。其余不足经远者为法令，施行制度者为令，品式章程者为故事，各还其官府。搢绅之士，撰而录之，遂成篇卷，然亦随代遗失。今据其见存，谓之旧事篇。"⑤

根据内容可以判断，贾充的这次书籍整理与撰写《晋律》相关。前文已述，咸熙元年（264）至泰始三年（267），由贾充主持，郑冲、荀颢、荀勖、羊祜、杜预、裴楷、成公绥等十四人参与制定新法。从时间上看与

---

① （唐）令狐德棻等：《隋书》卷32《经籍志一》，中华书局1973年版，第906页。
② 李致忠、周少川、张木早：《中国典籍史》，上海人民出版社2004年版，第372页。
③ （隋）虞世南：《北堂书钞》卷57，天津古籍出版社1988年版，第220页。
④ （唐）房玄龄等：《晋书》卷44《郑默传》，中华书局1974年版，第1251页。
⑤ （唐）令狐德棻等：《隋书》卷33，中华书局1973年版，第967页。

《隋志》所载是吻合的；从人物看，郑冲等十四人为《隋志》中的"群儒"当之无愧；从内容上看，《晋律》分为律二十卷、令四十卷、故事三十卷三部分，《隋志》言：甲令以下九百卷也分为律、令（法令和令）、故事。综上，这次整理书籍，是一次较小规模的整理，其目的是为撰写《晋律》做准备，主要工作是"删采其要"。

分析《晋书·刑法志》可知，贾充等对法令书籍的整理，主要是在曹魏原有书籍的基础上进行的，相对于西晋后两次书籍整理，贾充等人的此次书籍整理工作相对容易。

首先，整理的书籍类别单一，主要是典宪、法令类书籍。东汉以来，已有书籍分类意识。建安元年（196），应劭删定律令，制定《汉议》时，"撰具《律本章句》《尚书旧事》《廷尉板令》《决事比例》《司徒都目》《五曹诏书》及《春秋折狱》，凡二百五十篇……又集《议驳》三十篇，以类相从，凡八十二事"①。这里明显可见分类的痕迹。曹魏时同样分类明确：文帝时，承用秦汉旧律皆"世有增损，率皆集类为篇，结事为章"②；明帝时制定魏法新律，原则是"都总事类，多其篇条"③。有类可查，贾充等的整理工作也就相对轻松了。

其次，整理的书籍数量相对不多，且有整理基础。试看史书记载：建安元年（196），应劭上书言"逆臣董卓，荡覆王室，典宪焚燎，靡有孑遗"④，他的《汉议》撰写、收集的文章约二百八十篇。魏文帝时沿用的秦汉旧律令有：事律九篇，叔孙通傍章十八篇，张汤《越宫律》二十七篇，赵禹《朝律》六篇，合六十篇；决事，集为《令甲》以下三百余篇，"及司徒鲍公撰嫁娶辞讼决为《法比都目》，凡九百〇六卷"⑤。魏明帝时"下诏改定刑制，命司空陈群、散骑常侍刘邵、给事黄门侍郎韩逊、议郎庾嶷、中郎黄休、荀诜等删约旧科，傍采汉律，定为魏法，制《新律》十八篇，《州郡令》四十五篇，《尚书官令》《军中令》，合百八十余篇"⑥。

从史书记载看，秦汉旧律令总数约九百余卷，这与《隋书·经籍志》所言"晋初，甲令已下，至九百余卷"的数量基本一致。这样的数量，整理工程当不至于太大，且已经历了三次整理，应该说整理工作已有一定的

---

① （唐）房玄龄等：《晋书》卷30《刑法志》，中华书局1974年版，第920—921页。
② （唐）房玄龄等：《晋书》卷30《刑法志》，中华书局1974年版，第923页。
③ （唐）房玄龄等：《晋书》卷30《刑法志》，中华书局1974年版，第924页。
④ （唐）房玄龄等：《晋书》卷30《刑法志》，中华书局1974年版，第920页。
⑤ （唐）房玄龄等：《晋书》卷30《刑法志》，中华书局1974年版，第923页。
⑥ （唐）房玄龄等：《晋书》卷30《刑法志》，中华书局1974年版，第923页。

基础。尽管如此，旧律令虽经陈群、刘劭等整理改革，但分类过的秦汉旧律依然"错糅无常"且"本注烦杂"，而明帝时代的新律又"科网本密，又叔孙、郭、马、杜诸儒章句，但取郑氏，又为偏党，未可承用"①，因此，贾充等此次整理是有必要、有意义的，它为《晋律》的制定提供了依据与帮助。

这次书籍整理中的"甲令"，可推知郑默的《魏中经》应有明确的目录分类。"甲令"，据《汉语大辞典》，意为"重要的法令"，"甲令以下"自然属同一部类，也就是说，这九百余卷书均属于与法律、法令制度相关的书籍。这些律令各有注释，"叔孙宣、郭令卿、马融、郑玄诸儒章句十有余家，家数十万言"②，颇类著经。似乎魏时尚未采用《晋中经》甲、乙、丙、丁四部分类的名称来称呼这些书籍，《隋书·经籍志》明确指出：荀勖《中经新簿》的甲部包括"纪六艺及小学等书"，"甲令"不在其中。据此可推测，四部分类法非郑默首创，在郑默撰《中经》时尚未建立。

贾充整理甲令以下书籍的直接结果就是《晋律》的制定，这与魏法的制定过程十分相似。两次制定法律都"删约旧科""删采其要"。汉魏晋时期书籍整理应是国家藏书体系的基本工作之一。这种整理，时间不定，但却随国家需要而不时进行。

二　张华、荀勖整理秘阁记籍述略

（一）张华、荀勖整理秘阁记籍时间考

张华、荀勖整理秘阁记籍，时在泰始九年（273）。《晋书·荀勖传》载："俄领秘书监，与中书令张华依刘向《别录》，整理记籍。"③ 陆侃如《中古文学系年》，将此事系在泰始七年（271）。刘汝霖《汉晋学术编年》将此事系于泰始九年（273）。来新夏《古典目录学》、傅璇琮《中国藏书通史》认为是泰始十年（274）④。本书以为刘汝霖先生所说为是。

张华为中书令，陆侃如《中古文学系年》及万斯同《晋将相大臣年表》认为是自泰始七年（271）至咸宁五年（279）间，姜亮夫先生《张华年谱》认为是泰始六年（270）至咸宁五年之间。从张华任职时间来说，整理记籍系于泰始七年不会有误。但是，荀勖领秘书监并不在泰始七年，

---

① （唐）房玄龄等：《晋书》卷30《刑法志》，中华书局1974年版，第927页。
② （唐）房玄龄等：《晋书》卷30《刑法志》，中华书局1974年版，第923页。
③ （唐）房玄龄等：《晋书》卷39《荀勖传》，中华书局1974年版，第1154页。
④ 来新夏：《古典目录学》，中华书局1991年版，第108页。傅璇琮、谢灼华：《中国藏书通史（上）》，宁波出版社2001年版，第103页。

应该是在泰始九年（273），据史书梳理荀勖的仕历及活动即可清楚：

1. **泰始元年**，武帝受禅，改封济北郡公。勖以羊祜让，乃固辞为侯。**拜中书监，加侍中，领著作**，与贾充共定律令。①

2. **泰始七年秋七月癸酉**，以车骑将军贾充为都督秦、凉二州诸军事。②

3. （贾）充将镇关右也，……勖与冯䚵间帝间并称"充女才色绝世……"**遂成婚**。……**久之，进位光禄大夫**。既**掌乐事**，又修律吕，并行于世。……**俄领秘书监**，与中书令张华依刘向《别录》，整理记籍。又立书博士，置弟子教习，以钟、胡为法。③

4. **泰始八年五月**，是时帝纳荀勖邪说，**留贾充不复西镇**，而任恺渐疏，上下皆蔽之应也。④

5. 荀颙、荀勖并称充女之贤，乃定婚……**泰始八年二月辛卯，册拜太子妃**。⑤

6. **泰始九年，光禄大夫荀勖**……制古尺，作新律吕，以调声韵。……**勖遂典知乐事**……⑥

7. **泰始九年，荀勖遂典知乐事**，使郭琼、宋识等造《正德》《大豫》之舞，而勖及傅玄、张华又各造此舞哥诗。⑦

8. **至泰始十年**，光禄大夫荀勖奏造新度，更铸律吕。⑧

据《惠帝纪》及《贾后传》，泰始七年（271）两人成婚；泰始八年（272）贾充之女成功册拜太子妃。荀勖在贾南风成婚后，"久之"进位光禄大夫，掌乐事。"久之"是多久？

根据材料3，荀勖领秘书监应在贾后成婚之后。材料5表明贾后大婚应在泰始八年，所以荀勖至少应在泰始八年之后领秘书监，泰始七年自然也就不可能整理记籍。

那么泰始十年（274）呢？看材料8《晋书·律吕志》，荀勖泰始十年

---

① （唐）房玄龄等：《晋书》卷39《荀勖传》，中华书局1974年版，第1153页。
② （唐）房玄龄等：《晋书》卷3《武帝纪》，中华书局1974年版，第61页。
③ （唐）房玄龄等：《晋书》卷39《荀勖传》，中华书局1974年版，第1153—1154页。
④ （唐）房玄龄等：《晋书》卷28《五行志中》，中华书局1974年版，第838页。
⑤ （唐）房玄龄等：《晋书》卷31《惠贾皇后传》，中华书局1974年版，第963页。
⑥ （唐）房玄龄等：《晋书》卷22《乐志上》，中华书局1974年版，第692页。
⑦ （南朝梁）沈约：《宋书》卷19《乐志一》，中华书局1974年版，第539页。
⑧ （唐）房玄龄等：《晋书》卷16《律历志上》，中华书局1974年版，第474页。

似乎仍然为光禄大夫,掌乐事。实际上材料6、7、8说的是一件事,那就是改律吕。但《晋书》《宋书》都将此事系年于泰始九年(273),结合材料3,荀勖改律吕、领秘书监更可能在泰始九年。所谓"领"即"兼任",事实上,从泰始元年到太康八年(287),荀勖始终都担任中书监一职。附带一说,荀勖领秘书监在泰始九年,那么,根据材料3,中国书法史上的大事——"书博士的设立"应该也发生于是年。

这一年荀勖进位光禄大夫,兼掌乐事,不久领秘书监。其与张华整理记籍也应在本年,或说始于泰始九年。荀勖有《让乐事表》当作于是年,荀勖让"乐事",就是要集中精力整理、覆校书籍。

(二)张华、荀勖整理秘阁记籍的内容及成员

荀勖有《让乐事表》,文曰:"臣掌著作,又知秘书,今覆校错误,十万余卷书,不可仓卒。复兼他职,必有废顿。"① 从荀勖上表可见,这次典籍整理的规模比较大:校书十余万卷。这些典籍主要应是魏、蜀的官藏典籍,吴国官藏书籍不在其列,因泰始九年尚未平吴。曹魏曾有数次典籍整理,郑默因此写有《中经》。西蜀未见整理典籍的记载,但刘备对藏书是十分重视的,他曾依汉制建东观收藏所得书目,郤正、陈寿、王化、许慈等都曾任职东观,对蜀汉的藏书加以整理。② 景元四年(263),魏灭蜀,刘禅的降书中有言"官府帑藏一无所毁"③,"帑藏"应包括典籍的收藏。想必泰始九年的典籍整理,重点应是曹魏与西蜀的典籍整理。

相比曹魏与东吴,西蜀的著述与文学创作相对薄弱,但西蜀的学术确有很好的根基,其学术根基主要源于荆州学派。荆州学派是三国时形成于荆州的一个学术流派,主要从事古文经学的研究与讲学,代表人物有宋衷、綦毋闿、颍容、司马徽等,他们都曾于荆州州学讲学,而师从于他们的不少士人最后是效力西蜀的,如庞统、向朗、诸葛亮、尹默、李仁等,他们为西蜀的文化与学术发展做出了不小的贡献。此次西晋整理典籍应该包括这些西蜀士人的著作整理,由史料明确记载诸葛亮著作整理一事,可以推知。

1. 陈寿整理诸葛亮著作时间考

陈寿泰始十年(274)《表上诸葛氏集目录》言:"臣寿等言:臣前在著作郎,侍中领中书监济北侯臣荀勖、中书令关内侯臣和峤奏,使臣定故

---

① (清)严可均:《全晋文》卷33《让乐事表》,商务印书馆1999年版,第303页。
② 案:其事可见《三国志》卷12郤正、许慈、来敏等传记及《华阳国志》卷11《后贤志》中陈寿、王化传记。
③ (晋)陈寿:《三国志》卷33,中华书局2006年版,第537页。

蜀丞相诸葛亮故事。"① 这里透露了两点重要信息：一是陈寿整理诸葛亮集的时间；二是整理者非陈寿一人。本书认为：陈寿领命整理诸葛亮集的时间约为泰始九年（273）。理由有二。

首先，从陈寿历官上看。《晋书》本传中说："司空张华爱其才，以寿虽不远嫌，原情不至贬废，举为孝廉，除佐著作郎，出补阳平令。撰《蜀相诸葛亮集》，奏之。除著作郎，领本郡中正。"② 陆侃如《中古文学系年》及刘汝霖《汉晋学术编年》二书都据《晋书》的这段记载，将陈寿为佐著作郎的时间系于泰始七年（271），因为张华这一年为中书令，陈寿可能因张华提拔而为佐著作郎。而泰始十年陈寿整理完诸葛亮集上表言"臣前在著作郎"，表明泰始十年，陈寿不复为著作郎。"前"确切是哪一年？回答这一问题有必要考察一下陈寿在西晋的历官情况。《华阳国志》有一段关于陈寿的记载：

……散骑常侍文立表呈其《传》，武帝善之，再为著作郎。吴平后，寿乃鸠合三国史，著魏、吴、蜀三书六十五篇，号《三国志》；又著《古国志》五十篇，品藻典雅。中书监荀勖、令张华深爱之，以班固、史迁不足方也。出为平阳侯相。华又表令次定《诸葛亮故事》，集为二十四篇。时寿良亦集，故颇不同。复入为著作郎。镇南将军杜预表为散骑侍郎，诏曰："昨适用蜀人寿良具员，且可以为侍御史。"③

这段文字与《晋书》有明显的出入，也有吻合。从这段文字看，陈寿曾三度为著作郎。第一次不妨系于泰始七年（271）。第二次则在泰始十年（274）后。据《晋书》，泰始十年武帝诏令文立为散骑常侍。文中说散骑常侍文立荐引陈寿，则自然是泰始十年后。第三次则在平吴后，其时陈寿兼侍郎著作。

这段文字出入最大的地方是：陈寿次定诸葛亮故事集的时间，《华阳国志》是平吴后，陈寿《三国志·诸葛亮传》则自作是泰始十年，其时为平阳侯相。这段文字与《晋书》还有出入的地方是：《晋书·陈寿传》中《三国志》完成在诸葛亮集整理后；《华阳国志》中《诸葛氏集目录》则完成在前。

---

① （清）严可均：《全晋文》卷71，商务印书馆1999年版，第748页。
② （唐）房玄龄等：《晋书》卷82《陈寿传》，中华书局1974年版，第2137页。
③ （晋）常璩：《华阳国志》卷11，齐鲁书社2010年版，第184页。

《华阳国志》关于陈寿仕宦，有一点与《晋书》极为吻合。据《晋书》，太康元年（280）"王昌前母服议"的大讨论中，陈寿的官职是兼侍郎著作①；且杜预在平吴前被任命为镇南将军，一直到平吴后。所以杜预推荐陈寿为散骑侍郎应在平吴前后，即太康元年（280）前后。《华阳国志》所述与此是吻合的。

看来《华阳国志·陈寿传》可能出现过错简情况，陈寿正常历官经历应该如下：泰始七年（271）为著作郎；泰始十年（274）为平阳侯相，次定《诸葛亮故事》；咸宁元年（275）前后文立表为著作郎；平吴后撰《三国志》，复为侍郎兼著作郎。

所以本书以为，陈寿第一次为佐著作郎的时间很可能是泰始九年（273）前后。这一年张华、荀勖开始整理记籍，陈寿整理诸葛亮集应该是在这个背景下展开的。陈寿《表上诸葛氏集目录》中就曾说道："亮毗佐危国，负阻不宾，然犹存录其言，耻善有遗，诚是大晋光明至德……"②从"毗佐危国""负阻不宾""大晋光明"等措辞看，陈寿整理诸葛亮集，乃是一次国家行为，应与这次西晋大规模整理记籍是同步的。另外，据《华阳国志》及陈寿上表，陈寿是领张华与荀勖、和峤之命整理诸葛亮集的，这恰好与张华、荀勖整理记籍是一致的。况且张华任中书令直到咸宁五年（279），其间随时可以提拔陈寿。

其次，从时间上看。陈寿整理诸葛亮集时并非一人，主要工作是"删除复重，随类相从"，共计整理诸葛亮作品"二十四篇，凡十万四千一百一十二字"③。古代书籍"篇"与"卷"往往相同，二十四篇或言二十四卷，这样的工作量，以数人整理，花上三年时间，效率未免低下了些。前文贾充等人整理九百余卷书籍并制定出新律也仅用四年时间。因此说陈寿等人泰始九年领命，泰始十年二月完工，是比较合理的。

诸葛亮著作二十四卷只是荀勖等"覆校错误十余万卷"中的一小部分，泰始九年的这次整理典籍，工作是庞大的，因此必然有一个工作团队，陈寿等只是部分成员。

2. 张华、荀勖整理秘阁典籍成员考

此次整理典籍主要是"覆校错误"，就是对十余万卷书查对并整序，然后抄录、撰序。泰始六年（271）七月乙巳，武帝颁布《撰录秘书诏》：

---

① （唐）房玄龄等：《晋书》卷20《礼志中》，中华书局1974年版，第636页。
② （清）严可均：《全晋文》卷71，商务印书馆1999年版，第748页。
③ （清）严可均：《全晋文》卷71，商务印书馆1999年版，第748页。

"自泰始以来，大事皆撰录秘书，写副。后有其事，辄宜缀集以为常。"①由此可以推测，秘府整理过的典籍应该也要"写副""缀集"；而"缀集"有可能促进荀勖四部分类法。几年后荀勖整理汲冢古书，上《穆天子传》序中说道"藏之中经，副在三阁"②，也可见整理过的典籍是抄有副本的。从"写副""缀集"的角度看，这次西晋建国后对典籍的整理，就已经是比较大的工程，更遑论覆校错误。荀勖要求辞乐事，专心点校亦可见整理任务之繁重。

十万余卷书要覆校，要写副，要撰写序录，这些工作不可能仅靠荀勖与张华来完成。参与典籍整理必然有一个团队，从华峤的谢表可知，秘书监职掌典籍整理。泰始初年，华峤受诏为秘书监典领著作，上《谢表》言："昔刘向父子，世典史籍；马融通博，三入东观：非臣肤浅所敢拟迹。"③ 西汉刘向父子点校典籍著有《七略》，东汉马融任校书郎中，在东观典校、著述史籍，史上知名，华峤以二者相比，表明了秘书监的职责重大。

根据《宋书·职官志》《晋书·职官志》，秘府人员主要有秘书监一人，丞一人，郎四人，著作郎一人，佐著作郎八人。武帝受命时"秘书并中书省，其秘书著作之局不废。惠帝永平中，复置秘书监，其属官有丞，有郎，并统著作省"④。武帝时著作郎是中书著作郎，惠帝时为秘书著作郎，不管隶属中书还是秘书，其职责不变。西晋此次的典籍整理，史书所载仅当时主要负责人中书监领秘书监荀勖和中书令张华。从陈寿《表上诸葛亮书》，可知和峤、陈寿也预其事。泰始九年（273）前后在中书省工作，为秘书丞及著作郎的士人也应是这次整理典籍的成员，《初学记》引王隐《晋书》的记载说明了这一点："惠帝永平元年诏云：'秘书监综理经籍，考校古今，课试署吏，领有四百人，宜专其事。'"⑤ 秘书监下有秘书丞、著作郎，但武帝时秘书并中书省，故有结论如此。惠帝时秘书监下属员四百人，武帝时应与此不会有太大差距。据陆侃如《中古文学系年》，其时秘书丞、著作郎尚有司马彪、王瓒、左思、张载等。他们或许也是此次整理典籍团队之一员，无史料证明，只能推断。史书对其余参与整理者付之阙如，这实为可惜。西晋参与整理典籍的有姓名可考士人不是很多，

---

① （清）严可均：《全晋文》卷 3《撰录秘书诏》，商务印书馆 1999 年版，第 25 页。
② （清）严可均：《全晋文》卷 31《上穆天子传序》，商务印书馆 1999 年版，第 309 页。
③ （清）严可均：《全晋文》卷 66《秘书监谢表》，商务印书馆 1999 年版，第 685 页。
④ （唐）房玄龄等：《晋书》卷 24《职官志》，中华书局 1974 年版，第 735 页。
⑤ （唐）徐坚等：《初学记》卷 12《职官部》"秘书监条"，中华书局 1962 年版，第 295 页。

但对我国的学术文化影响是巨大的,这次典籍整理直接奠定了荀勖《中经新簿》的基础。

3.《晋中经簿》非一次成书说

张华、荀勖整理记籍的结果,是"荀勖以郑默的《中经》为基础编制了一部晋时国家典籍收藏目录《晋中经簿》","咸宁五年(279),据郑氏《中经》编成综合性官修目录《中经新簿》"①。李致忠等先生的看法与来新夏先生的看法是一致的,来新夏先生认为,《中经新簿》是"在泰始十年(274)领秘书监后至咸宁五年(279)春攻吴前的一段时间内编制"②的。也就是说,张华、荀勖整理记籍花了五年多的时间。

张固也先生引《北堂书钞》《唐六典》中有关"秘书丞桓石绥启校定四部之书"等内容对上述观点持不同看法,认为"若说荀勖泰始十年(274)开始校书,至咸宁五年(279)编成《中经新簿》,太康年间仍为秘书监,其副手秘书丞桓石绥又一次建议校书,绝对不合乎情理"③。他赞同余嘉锡先生所说:"勖之校书,起于得汲冢古文。"④

本书以为上述两种说法并不矛盾,因为《晋中经簿》并非一次成书。

先辨析张固也先生观点中的两个说法。其一,关于荀勖校书,起于得汲冢古文。荀勖有《让乐事表》一文,其中提到"今覆校错误,十万余卷书,不可仓卒",前文提到其事在泰始九年(273),是西晋一次大规模的典籍整理。据《汉典》,"覆校"为"复查、校对"之意,则荀勖校书应是始于泰始九年。

其二,关于秘书丞桓石绥又一次建议校书,绝对不合乎情理。据《晋书》及傅斯年《晋将相大臣表》、陆侃如《中古文学系年》,荀勖泰始元年(265)及太康八年(287)一直担任中书监,而《晋书·职官志》明确记载,武帝时"秘书并中书省",则太康年间身为中书监的荀勖再次校书也未尝不可,桓石绥建议校书也未尝不合情理。关键是:荀勖为何要再次校书?桓石绥为何要再次建议校书?要回答这两个问题,就不能不提太康年间的两起重大事件:平吴之役与汲冢书的发掘。

太康元年(280)三月,西晋平定东吴,至此,三国归晋。政治的一统必定带来文化建设上的一致,西晋无疑会对东吴的官收典籍加以整理,

---

① 李致忠、周少川、张木早:《中国典籍史》,上海人民出版社2004年版,第376、402页。
② 来新夏:《古典目录学》,中华书局1991年版,第109页。
③ 张固也:《四部分类法起源于荀勖说新证》,《图书·情报·知识》2008年第3期,第70页。
④ 余嘉锡:《目录学发微》,上海古籍出版社2014年版,第78页。

如同泰始九年（273）整理西蜀典籍一般，这应是不争的事实。东吴也设立了东观，华核、周处曾任职于此。东吴官藏典籍应不在少数，据《三国志·孙休传》，孙休自称"孤之涉学，群书略遍，所见不少也"①。他即位不久，便命博士祭酒韦曜"依刘向故事，校定众书"②。平吴之后，史书几乎没有记载西晋整理东吴典籍的资料，学界也没有过多关注此事。有研究者认为，平吴之后，东吴典籍大多成为杜预私人藏书③，果真如此？还是东吴典籍整理的事实完全被汲冢古书整理的事件遮掩了？其实，《晋书·王濬传》中有王濬收缴东吴图书的记载。就今天的《隋书·经籍志》看，也依然有不少东吴的著作，说明当初荀勖的《晋中经簿》还是著录有当时东吴的作品的。换言之，西晋应该对东吴的国家典籍进行过整理。

从时间上看，泰始九年（273）整理国家典籍，其结果必定会用书面表达形式加以总结，这是来新夏等先生"咸宁五年成书说"成立的依据。但泰始九年毕竟尚未平吴，吴的官方藏书尚未整理。更关键的是，泰始九年，汲冢竹书尚未出土，而《隋书·经籍志》明确记载《晋中经簿》丁部有"诗赋、图赞、汲冢书"④。因此，我们只能认为咸宁五年的《中经新簿》是初稿，汲冢书应是后来补充、完善的内容，即武帝《撰录秘书诏》所说的"后有其事，辄宜缀集以为常"⑤的"缀集"。

以上就是荀勖再次校书、桓石绥再次建议校书的主要原因，也是《晋中经簿》不是一次成书的理由。西晋汲冢古书的发掘时间，颇有争议，不管采用何种说法，与平定东吴的时间相差无几。此是当时轰动一时的大事，以中书监荀勖为主的中书省、秘书府成员投入大量精力校对、整理、撰次汲冢古书，荀勖在此基础上"以为《中经》，列在秘书"⑥。这应是《晋中经簿》的正式成书。

《晋中经簿》的写定只能在汲冢古书和东吴官藏书目整理完毕之后。分析《荀勖传》所言"及得汲郡冢中古文竹书，诏勖撰次之，以为《中经》，列在秘书"可得知。汲冢古书仅十余万言，七十五卷，是不足以成就一部《晋中经簿》的。据《隋书·经籍志》，《晋中经簿》分为四部，"大凡四部

---

① （晋）陈寿：《三国志》卷48，中华书局2006年版，第688页。
② （晋）陈寿：《三国志》卷65《韦曜传》，中华书局2006年版，第863页。
③ 徐凌志：《中国历代藏书史》，江西人民出版社2004年版，第66页。
④ （唐）令狐德棻等：《隋书》卷32，中华书局1973年版，第906页。
⑤ （清）严可均：《全晋文》卷3《撰录秘书诏》，商务印书馆1999年版，第25页。
⑥ （唐）房玄龄等：《晋书》卷39《荀勖传》，中华书局1974年版，第1154页。

合二万九千九百四十五卷"①。这个数字与荀勖所言十万余卷相去甚远，这应是几经书厄之后，隋朝关于西晋图书的"知见录"。即便如此，汲冢书的数量仍然与之相差不小。《晋中经簿》应该是荀勖等整理后的魏、蜀、吴三国的官藏典籍和汲冢古书的总和。"撰次之，以为中经"，可以这样理解：将汲冢古书整理排序后，作为《晋中经簿》的一部分。如此，则很明显《晋中经簿》在此之前已存在，其前身应为《新簿》。

《隋书·经籍志》说"魏秘书郎郑默，始制《中经》，秘书监荀勖，又因《中经》，更著《新簿》"，《隋书·牛弘传》亦说"晋秘书监荀勖定魏《内经》，更著《新簿》"，但《隋志二》和《新唐志二》录书名不是《新簿》或《晋中经新簿》而是《晋中经》和《晋中经簿》。想来，《新簿》是第一次成书的书名，相对郑默的《中经》而言。汲冢古书整理完毕后，才最后定稿为《晋中经簿》。南朝宋裴松之注《三国志·王肃传》中的"敦煌周生烈"说道："何晏《论语集解》有烈《义例》，余所著述，见晋武帝《中经簿》。"②裴注可证当时的书名为《中经簿》而非《中经新簿》，这是否也意味着《晋中经簿》非一次成书？

关于《新簿》，唐明元《魏晋"中经"考释》一文有所论及。唐先生认为"'中经'之本义即为'宫禁中之经籍'，泛指宫禁中收藏的各类图书"，"晋初时'中经'已同时指代秘书某一庋藏处所"，"作为晋初庋藏处所之'中经'应为秘书三阁之一，是秘书中最完备、最重要的庋藏处所"，它"反映了晋初皇家藏书的全貌"。③此说对"中经"的解释是到位的，根据"晋初"判断，唐先生"晋初时的'中经'"指的应是《中经新簿》，"太康年间"称"晋初"似嫌不妥。如此，东吴的藏书及汲冢古书应未列入《新簿》之中。

张固也先生所引《北堂书钞》卷五十七"秘书郎"条原文如下："《晋太康起居注》曰：'秘书丞桓石绥启校定四部之书。诏遣郎中四人，各掌一部。'"④《晋太康起居注》的作者是东晋的李轨，其生活的年代与西晋相去不远，所言可信度较高。秘书丞桓石绥不详何人，与桓玄从弟桓石绥同名但绝非一人，因为年代相距太远。从书名判断，此事发生于太康年间。就这条材料我们可以做如下假设：桓石绥要求校定四部之书或与东吴官藏书籍及汲冢古书的整理有关。首先应是桓石绥之前已有《中经新

---

① （唐）令狐德棻等：《隋书》卷32，中华书局1973年版，第906页。
② （晋）陈寿：《三国志》卷13《王肃传》注引，中华书局2006年版，第255页。
③ 唐明元：《魏晋"中经"考释》，《四川图书馆学报》2007年第1期，第72—73页。
④ （隋）虞世南：《北堂书钞》卷57，天津古籍出版社1988年版，第220页。

簿》，然后太康年间因整理汲冢古书及东吴藏书的需要，《中经新簿》目录已不能涵盖国家典籍的收藏情况，这才导致了桓石绥再次提出校定四部之书的建议。

可惜，史书对东吴典籍的整理归类情况记载太少，推想应与汲冢古书校理同时，或稍后于汲冢古书的校理。从政治意义上说平吴是件大事，从学术意义上说汲冢古书出土是件大事，因此两种可能都存在。同时，这也可以从一个侧面说明一个问题：汲冢书归入丁部并非《晋中经簿》已完成，不便归类。可以肯定，东吴官藏典籍必定经整理，荀勖也必定重新分类到《晋中经簿》的四部之中。既然同时的东吴典籍能重新归类，加之荀勖整理古籍的态度如此严谨认真，75卷的汲冢古书又如何不能重新归类？实在是校汲冢古书有一定的难度，为了便于整理、校雠、研究，才归入丁部的。荀勖太康八年转中书令，太康十年去世，《晋中经簿》的定稿或在太康八年之前的中书监任上完成。

三 荀勖、和峤、卫恒、束皙等对汲冢古书的整理

汲冢古竹书的出土时间，史料大致有三种不同的记载：

第一，咸宁五年（279）说。见于《晋书·武帝纪》《史记正义·周本纪》。

第二，太康元年（280）说。见于《晋书·律历上》《晋书·卫恒传·四体书势》、杜预《春秋左氏传后序》、王隐《晋书·束皙传》《隋书·经籍志·古史类叙》。

第三，太康二年（281）说。见于《晋书·束皙传》《荀勖传·上穆天子传序》、王隐《晋书·荀勖传》、汲令卢无忌太康十年建《齐姜太公吕望碑》。

上述三种说法，后代学者各执一说，莫衷一是。清代雷学淇《竹书纪年考证》云："竹书发于咸宁五年（279）十月，明年三月吴平，遂上之。《帝纪》之说，录其实也。余就官收以后上于帝京时言，故曰太康元年。《束皙传》云二年，或命官校理之岁也。"[①] 此说得到不少人赞同，清代秦荣光《补晋书艺文志》中《汲冢书异义》、今人朱希祖《汲冢书考》也持此说。朱希祖先生认为：发冢为咸宁五年十月，命藏于秘府在太康元年初，校理在太康二年春。[②] 他们的看法或有一定的道理。陈梦家《六国纪

---

① 转引自朱希祖《汲冢书考》，中华书局1960年版，第1页。
② 朱希祖：《汲冢书考》，中华书局1960年版，第1—2页。

年·汲冢竹书考》、唐明元《汲冢书出土及开始整理时间辨析》对历代之说有较详细梳理①，可参见。

朱渊清先生曾有这种推测，他说："情况很可能是太康元年不准盗掘了汲冢，而汲冢书上缴官府则在太康二年。"②陈梦家先生也怀疑"咸宁五年十月为太康元年十月之误"，认为"元年十月出土，而官收车送当在次年，故诸书均谓二年出土也"③。具体说就是太康元年末至太康二年初，两者存在一个从挖掘、整理到运送的时间差。这个时间差可以粗略推算：汲冢书出于汲郡汲县魏襄王墓④，《史记正义·秦本纪》引《括地志》说："汲故县在今卫州所里汲县西南二十五里。"西晋泰始二年（266）设汲郡，治所汲县，即今河南卫辉市，距洛阳两百多公里。西晋的交通工具以牛车为主，速度不会很快，算来从挖掘、清理到运送，估计需要一两个月时间。以此推算，朱渊清与陈梦家两先生所说就比较合理，即：汲冢书于太康元年年底发掘，太康二年年初运达洛阳。

这从杜预《春秋左氏传后序》中也可得到佐证："太康元年三月，吴寇始平，余自江陵还襄阳，解甲休兵，乃申杼旧意，修成《春秋释例》及《经传集解》。始讫，会汲郡汲县有发其界内旧冢者，大得古书，皆简编科斗文字。发冢者不以为意，往往散乱。科斗书久废推寻，不能尽通。始者藏在秘府，余晚得见之，所记大凡七十五卷，多杂碎怪妄，不可训知。"⑤这段话提供了三个信息：第一，太康元年三月乃杜预始作《春秋左传释例》《集解》之时，非发冢之时。第二，杜预著作完成之日才是汲冢古书出土之时。第三，杜预以汲冢《竹书纪年》参校其著作。考虑到杜预著书所需时间，再综合上述观点，本书认同朱、陈两先生观点，以为古书发冢在太康元年末，太康二年伊始汲冢古书运达京城。⑥

汲冢古书的整理，按朱希祖先生所说分为三期，基本没有太大的异

---

① 陈梦家：《六国纪年》，上海人民出版社1956年版，第117—118页。唐明元：《汲冢书出土及开始整理时间辨析》，《图书馆理论与实践》2003年第5期，第78—79页。
② 朱渊清：《再现文明：中国出土文献与传统学术》，华东师范大学出版社2001年版，第30页。
③ 陈梦家：《汲冢竹书考》，《六国纪年》，上海人民出版社1956年版，第118页。
④ （汉）司马迁：《史记》，中华书局1959年版，第149页。《史记正义》云："晋咸和五年汲郡汲县发魏襄王冢。""咸和"当为"咸宁"之误。
⑤ （清）严可均：《全晋文》卷43，商务印书馆1999年版，第434页。
⑥ 案：朱希祖先生认为《春秋左氏传后序》为伪作，但朱右曾《竹书纪年存真》有八条《竹书纪年》史料辑自《春秋左氏传后序》，似不能完全证明其为伪作。即便是伪作，也不影响本书的推断。

议。这三期是：一、武帝太康二年（281）至太康八九年荀勖、和峤分编时期。二、惠帝永平元年（291）二月至六月卫恒考正时期。三、惠帝元康六年（296）至永康元年（300），束晳考正写定时期。总体看就是前后两个阶段。

第一阶段以武帝时代荀勖、和峤为主，他们的整理主要是对出土竹简"校缀次第，寻考指归，而以今文写之"①，即对汲冢古书进行查对、整序、撰次、抄录等工作。荀勖等以魏正始三字石经校汲冢古书，再以两尺黄纸抄录古书。抄录时尽量仿竹简古式，分两行书写，每行二十字，以隶书抄写，不能确定者，"隶古定"存其真，工作极其审慎、严谨。这样做的好处是，便于发现和改正错简，统计残简的缺漏字数。最后"撰次为十五部，八十七卷"②。现存的汲冢古书只有叙周天子巡游的《穆天子传》和辑存的《古书纪年》。

荀勖、和峤等人陆续整理的汲冢古书，应在太康四年（283）前后完成。朱希祖《汲冢书考》根据冯己苍的补录序首结衔，推断《穆天子传》完成于太康三年（282）。杜预《春秋左氏传后序》言："始者藏在秘府，余晚得见之。"杜预卒于太康四年，"晚得见之"，最晚不能晚于太康四年。至此，汲冢古书陆续整理完毕，秘书府外的官员已能看到整理本。前文已述，太康八年（287）前荀勖完成《晋中经簿》定稿，汲冢古书已列入《中经》。太康十年（289），汲令卢无忌建"齐姜太公吕望碑"已引汲冢古书中的《纪年》《周志》等，可见整理本已经流传至社会，有一定的社会影响。

第二阶段的整理在十年后惠帝时代的永平、元康年间。这次整理汲冢古书是在荀勖、和峤撰次的基础上，对汲冢古书的字、义加以考正、核定。这从《晋书·王接传》记载中可以明确："时秘书丞卫恒考正汲冢书，未讫而遭难。佐著作郎束晳述而成之，事多证异义。"③

再次整理汲冢古书，一是由于古文字的难以辨识及难以理解。杜预说"科斗书久废推寻，不能尽通……多杂碎怪妄，不可训知"④，杜预号称"杜武库"，以杜预的博学尚如此评说汲冢古文，可以想见整理汲冢古文的难度。王隐《晋书·束晳传》也说荀勖、和峤等对古文已不能尽识，因此荀勖、和峤的整理本在字、义上必有误读、误解现象。再是由于简册散

---

① （唐）房玄龄等：《晋书》卷51《束晳传》，中华书局1974年版，第1433页。
② （唐）令狐德棻等：《隋书》卷33，中华书局1973年版，第959页。
③ （唐）房玄龄等：《晋书》卷51，中华书局1974年版，第1436页。
④ （清）严可均：《全晋文》卷43，商务印书馆1999年版，第434页。

乱，多烬简断札，错简在所难免。

永平元年（291）秘书监挚虞奉诏撰定官书。朱希祖先生认为"官书"即汲冢书。当时卫恒为秘书丞，其家传书法，祖父卫觊"好古文、鸟篆、隶草，无所不善"①。卫恒的《四体书势》中对古文、篆书、隶书、草书的书法源流及风格特点进行了探讨。正因此，他深谙古文，挚虞于是延请他考正汲冢古文，卫恒写有《诏定古文官书》，对汲冢古文中的同字异形现象加以研究。② 四个月后卫恒与父卫瓘罹难，整理工作暂停。

元康六年、七年间，卫恒好友束晳继卫恒后继续考正汲冢古书。束晳同样善解古文，《晋书》对此有记载："时有人于嵩高山下得竹简一枚，上两行科斗书，传以相示，莫有知者。司空张华以问晳，晳曰：'此汉明帝显节陵中策文也。'检验果然，时人伏其博识。"③当时束晳为佐著作郎，他"得观竹书，随疑分释，皆有义证"④，于永康元年（300）最终完成了汲冢古书的整理，共十六种七十五卷。⑤

两次汲冢古书的整理，同样有一个团队。朱希祖先生说："惠帝永平元年（291）复置秘书监，以前之中书监、令及秘书令史、郎中等，与夫复置秘书监以后之秘书监、令，或躬与编校考定，或职司延揽监督，皆与此事有关。盖当时任编校写定之役者，皆一时人物之选。"⑥除荀勖、和峤、挚虞、卫恒、束晳外，朱先生在《汲冢书考》中对其他可能参与校理者进行了考证，认为参与编校的人物还有华峤、华廙、臣遣、臣勋、臣给、臣宙、臣瓒、何劭、蒋俊、缪徵、虞濬、贾谧等。

荀勖的汲冢古书整理本在太康十年已经传抄于世；永康年间束晳的整理本也传抄于世，束晳与东莱太守王庭坚的释难，就说明了这点。面世后的汲冢古书在当时就显示出它的学术意义，这主要表现在三个方面。首先是对汲冢古书的字、义的研究。《晋书·王接传》中载，束晳与东莱太守王庭坚有释难，王接详其得失，挚虞、谢衡深表赞同。这已经不是官府行

---

① （晋）陈寿：《三国志》卷21《卫觊传》，中华书局2006年版，第367页。
② 案：《隋志》及《两唐志》均著录卫宏《诏定古文官书》一卷，朱希祖《汲冢书考》第17—19页对此进行了考辨，认为作者是卫恒。本书采此说。
③ （唐）房玄龄等：《晋书》卷51《束晳传》，中华书局1974年版，第1433页。
④ （唐）房玄龄等：《晋书》卷51《束晳传》，中华书局1974年版，第1433页。
⑤ 案：杜预《春秋左氏传后序》及卫恒《四体书势》也作75卷，唐修《晋书》作75篇。朱希祖在《汲冢书考》中对"篇"与"卷"做了详细区分，当为75卷。详见《汲冢书考》，中华书局1960年版，第9页。该书第42页，朱希祖先生认为束晳整理完成于永康元年。
⑥ 朱希祖：《汲冢古书考》，中华书局1960年版，第45页。

为，而是一种学术探讨。之后，束皙写有《汲冢书释》和《汲冢书释难》（见丁国均、秦荣光《补晋书艺文志》）。卫恒《诏定古文官书》对汲冢古文进行了研究，续咸也对汲冢古文有研究，撰有《汲冢古文释》十卷。续咸年轻时师事杜预，后在石勒的后赵为官，卒于石季龙世。

其次是对汲冢古书的注释。西晋孔晁泰始年间为五经博士，《隋书·经籍志》《两唐志》录其注《周书》十卷，皆称得于汲冢①。东晋郭璞有《穆天子传》注，东晋干宝有《周易》注。尽管历史上对他们所著的原书是否出于汲冢众说纷纭，但毫无疑问，他们在古籍的整理研究方面做出了不少贡献。

最后，以汲冢古书研究古史。西晋时杜预以《竹书纪年》参校《左传》；臣瓒参与了《穆天子传》的整理，他引汲冢古书著有《汉书音义》二十四卷；司马彪以汲冢古书驳谯周《古史考》122 条不当之处。东晋时郭璞注《山海经》引汲冢古书，徐广撰《史记音义》十三卷也引汲冢古书。汲冢古书带动了古史研究的热潮，对当时史学的独立别具意义。

西晋的三次古籍整理，对中国文化学术史具有推动意义。泰始初年的"甲令"整理，产生了中国历史上的法律蓝本——《晋律》。泰始九年的典籍整理直接产生了《中经新簿》，尽管还是初稿，但四部分类的总体框架已经形成。《晋中经簿》的四部分类开启了我国官修目录学崭新的一页，自此四部分类法沿用于历代官修目录中。太康年间的汲冢古书整理，是我国古籍文献发掘整理的重大事件之一，对我国的古史研究尤有推动作用，并促进了当时史学的繁荣。

第二节　西晋士人的注疏与著述

注疏与著述是西晋士人博学的具体表现，西晋士人是西晋文学与文化舞台上的主角，他们用笔记录了那个时代的生活，记录了学术与文学的发展，尽管他们中有的人只剩下一个姓名符号，其人其事已淹没于历史长河中，但他们的著述却获得了长久的生命，成为中国文化与知识链上重要的一环。这"一环"在《隋书·经籍志》（下文简称《隋志》）及《旧唐

---

① 案：孙钦善《中国古文献学简编》（高等教育出版社 2001 年版，第 122 页）认为，孔晁《周书注》非出汲冢。关于汲冢周书真伪问题还可参看刘建国《先秦伪书辨正》第十章《汲冢周书伪书辨正》，陕西人民出版社 2004 年版，第 97 页。

书·经籍志》《新唐书·艺文志》（下文简称《两唐志》）中就有明确的展示。据《隋志》及《两唐志》著录，有别集的西晋士人约一百三十人，有总集的西晋士人约九人。在《隋志》与《两唐志》经、史、子三部中，西晋士人的著录也极为丰富，这可以充分印证他们博学的品质。从《隋志》的著录看，西晋士人在经、史、子三部的著录主要分为两种类型：注疏与著述。前者是对典籍的注释、阐发，后者是自己的学术与文学创作。

一 西晋士人的注疏

关于"注疏"，"百度百科"解释如下："注，对经书字句的注解，又称传、笺、解、章句等；疏，对注的注解，又称义疏、正义、疏义等。注、疏内容关乎经籍中文字正假、语词意义、音读正讹、语法修辞，以及名物、典制、史实等。"两汉魏晋，经学研究由章句而义理，注疏是经学研究的主要方法。随着学术的传承及知识领域的扩大，注疏也逐渐应用于其他典籍。本节的注疏主要是注经书，此外还有部分注史书、注子书，透过注疏可以看到时代的风尚与学术的风习，可以很好地展示注疏者的博学与功力。

（一）西晋士人的注疏在《隋志》中的著录情况

1. 《周易》注疏

《周易》十卷，蜀才注。

《周易象论》三卷，晋尚书郎栾肇撰。

《周易卦序论》一卷，晋司徒长史杨乂撰。

《周易统略》五卷，晋少府卿邹湛撰。

《周易论》二卷，晋冯翊太守阮浑撰。

《周易论》一卷，晋荆州刺史宋岱撰。[①]

2. 《尚书》注疏

梁有《尚书义问》三卷，郑玄、王肃及晋五经博士孔晁撰，亡。

梁有《尚书义疏》四卷，晋乐安王友伊说撰，亡。

3. 《诗经》注疏

《毛诗异同评》十卷，晋长沙太守孙毓撰。

《毛诗辨异》三卷，晋给事郎杨乂撰。

《毛诗异义》二卷，杨乂撰。

梁有《毛诗杂义》五卷，杨乂撰，亡。

---

① 案：《周易》的注疏，《两唐志》尚有宣聘的《通意象论》和应贞的《周易论》。

4.《礼》

《周官礼》十二卷，伊说注。

梁又有《周官宁朔新书》八卷，晋燕王师王懋约撰，亡。

《礼记宁朔新书》八卷，王懋约注。梁有二十卷。

《周官礼异同评》十二卷，晋司空长史陈劭撰。

《丧服经传》一卷，晋给事中袁准注。

《丧服要集》二卷，晋征南将军杜预撰。

《丧服要记》二卷，晋侍中刘逵撰，亡。

《丧服仪》一卷，晋太保卫瓘撰。

《丧服释疑》二十卷，刘智撰，亡。

《礼难》十二卷，《杂议》十二卷，又《礼议杂记故事》十三卷，晋益阳令吴商。

《丧杂事》二十卷，晋益阳令吴商。

《礼记音》二卷，孙毓一卷，亡。

《问礼俗》十卷，董勋撰。

5.《春秋》

《春秋左氏传义注》十八卷，孙毓注。

《春秋左氏传贾、服异同略》五卷，孙毓撰。

《春秋释例》十五卷，杜预撰。

《春秋左氏经传集解》三十卷，杜预撰。

《春秋杜氏、服氏注春秋左传》十卷，残缺。（杜氏，杜预）

梁有《春秋左氏传音》，杜预音三卷，亡。

《春秋左氏评传》二卷，杜预撰。

《春秋条例》十一卷，晋太尉刘寔撰。

梁有《春秋公羊达义》三卷，刘寔撰，亡。

《集解春秋序》一卷，刘寔等。

梁有《春秋释滞》十卷，晋尚书左丞殷兴撰，亡。

《穀梁传》十卷，晋堂邑太守张靖注。

《春秋穀梁废疾》三卷，何休撰，郑玄释，张靖笺。

《春秋公羊、穀梁传》十二卷，晋博士刘兆撰。

《春秋穀梁传》五卷，孔君揩训，残缺。梁十四卷。①

《春秋外传国语》二十卷，晋五经博士孔晁。

---

① 丁国钧《补晋书艺文志》认为"孔君揩"为孔晁。

《春秋土地名》三卷，晋裴秀京相璠等撰。

6.《孝经》

《集义孝经》一卷，晋中书郎荀昶撰。①

7.《论语》《五经》

《论语》十卷，谯周注。

《五经然否论》五卷，晋散骑常侍谯周撰。

《论语体略》二卷，晋太傅主簿郭象撰。

《论语隐》一卷，郭象撰。

《论语旨序》三卷，晋卫尉缪播撰。

《论语释疑》十卷，晋尚书郎栾肇撰。

《论语驳序》二卷，栾肇撰。

《集注论语》六卷晋八卷，晋太保卫瓘注。

8. 史书的注疏

《古史考》二十五卷，晋义阳亭侯谯周撰。②

《汉书驳议》二卷，晋安北将军刘宝撰。

《三辅决录》七卷，汉太仆赵岐撰，挚虞注。

《神异经》一卷，东方朔撰，张华注。

9. 诸子注疏

《老子道德经》二卷，蜀才注，亡。

《老子道德经》二卷，晋太傅羊祜解释，亡。

《庄子》二十卷，梁漆园吏庄周撰，晋散骑常侍向秀注。本十二卷，今阙。

《庄子》十六卷，司马彪注。本二十一卷，今阙。

《庄子注音》一卷，司马彪等撰。

《庄子》三十卷，目一卷，晋太傅主簿郭象注。

《庄子音》三卷，郭象撰。

《鬼谷子》三卷，皇甫谧注。

（二）从《隋志》的著录看西晋士人注疏的特点

陆德明《经典释文序》中有这样一段话："《礼记·经解》之说，以《诗》为首；《七略》《艺文志》所记，用《易》居前，阮孝绪《七录》

---

① 《隋书》校勘，据《经典释文》，将荀昶改为荀勖。
② 实际上是对《史记》的校勘。《晋书·司马彪撰》载："谯周以司马迁《史记》书周秦以上，或采俗语百家之言，不专据正经，周于是作《古史考》二十五篇，皆凭旧典，以纠迁之谬误。"

亦同此次；而王俭《七志》，《孝经》为初。"① 这段话论列了经书次第在目录著作中的变化：《礼记》以《诗经》为首；西汉刘歆《七略》、东汉班固《汉书·艺文志》、南朝梁阮孝绪《七录》则以《周易》为首；南朝初期王俭《七志》，则以《孝经》居六经之首。"这种排列次序，是很可以反映出魏晋南北朝政治风尚变化与学术风气转移的轨迹的。"② 不单单是经书的次第变化，官修群籍目录和史志目录在很多方面都能体现出时代与学术的风貌。由于历经书厄，《隋书·经籍志》中著录的晋人作品已失去了完整的原貌，但《隋志》对西晋士人作品的录入依然能使我们追踪到西晋学术的某些特点。

1. 注疏反映了政治、时代与学术特点

西晋士人的注疏中，《礼》的注疏最多，共十一家十二种，其中对《丧服》的注疏又占了近半。从一定程度上说，注《礼》体现了儒学建设的政治风尚。司马氏提倡以孝治国，提倡以儒治国，武帝初年大兴儒学，在官学教育上有诸多举措，对经书、对儒家教义的强调是突出的。皮锡瑞《经学历史》说道："（王）肃以晋武帝为其外孙，其学行于晋初，《尚书》《诗》《论语》《三礼》《左氏解》及撰定父朗所作《易传》皆立官学。"③ 正因为此，对儒家经典的注释与解读，在士人的注疏中占较大的比重，注《春秋》有九家十七种，注《论语》有六家八种，注《易》有六家六种。《礼》注最多，原因恐怕就在于"礼"代表着国家的典章制度，代表着日常生活中的伦理道德规范。西晋不仅以礼治国，还强调以孝治国，这集中表现在西晋士人的《丧服》注疏居多。从《晋书·礼志》可以看到，朝议中的很多内容都是围绕丧服制度展开的，讨论者大多为博士、硕儒。西晋士人的注疏表明，政治的风向必然影响着学术的重心。不过，必须要说的是，西晋社会衰微时，经学仍在持续发展，这也从另一方面表明，儒家文化传统的传承并不会随着国运的衰亡而衰亡。

有意思的是，在讲究孝的时代，西晋却只有荀勖一家有《集议孝经》，与东晋及南朝时《孝经》注疏的盛行形成鲜明比照。这样的反差或许可以说，西晋政府在"孝"的问题上太注重形式，以致重服丧而忽略了"孝"的经义所在。难怪有学者说，统治者越是提倡越说明他有所缺乏。当然没有《孝经》注或许与书籍的损毁有关，只是这样的巧合，太易于引发联想

---

① （唐）陆德明撰，张一弓点校：《经典释文》卷1《序录》，上海古籍出版社2012年版，第4页。
② 跃进：《〈文选〉中的四言诗》（上），《古典文学知识》2011年第4期，第103页。
③ （清）皮锡瑞著，周予同注释：《经学历史》，中华书局2008年版，第160页。

了。八王之乱中，父子兄弟的互相残杀，最能说明儒家孝义的丧失，东晋对《孝经》的关注应是一种历史反思的结果。

在《隋志》著录的西晋士人注疏中，《论语》《周易》与《庄子》时号"三玄"，它们的注疏比较红火。如果说《论语》与《周易》的注疏与经学的学风有关的话，那么《庄子注》显然代表了一种时代风气。魏晋时，玄学盛行，清谈是士族风雅的交际行为，《论语》《周易》《老子》《庄子》是清谈家最基本的口实。确切地说，《庄子》是在西晋向秀和郭象的注解后才风行于世的。注"三玄"及《论语》似乎表现了学术对潮流的趋从，加上注者不少都是追慕老庄、善于清谈者，如向秀、郭象、卫瓘①、阮浑②、羊祜等，其特点也就愈加明显。如果说，注经是一种政治，注"三玄"就是一种时尚了，当然即便是时尚，也不排除其学术价值。

注疏在反映政治、时代风气的同时，也表现了自身的学术发展变化。以注经为例，自两汉起，经学存在着师法与家法，一直存在着今古经学的争执，经学研究往往影响着中国的学术文化思想，贺昌群《魏晋清谈思想初论》就说到儒家经学的巨大生命力："魏晋清谈所讨论者，虽以儒道二家形上之玄学为中心，而其端则发引于新旧经解之问题，此汉以后中国文化思想每经一度之演变，必发难于经学之通例也。"③ 在中国的历史上，新旧经解的学术争执始终没有消歇。西晋士人的注经也表现出学术发展动态，即以古文经为主，兼顾今文经。《诗经》注的是《毛诗》；《礼》注的是《周官》（《周礼》）；《春秋》虽然"三传"都注，但很明显地，《左传》更为流行，注《左传》七家，注《穀梁》三家，注《公羊》一家，《公羊》《穀梁》兼治一家，未注明的四家。上面的著录情况表明，古文经学在西晋学术上是主流趋势。

这种趋势在《左传》注上表现得尤为明显。东汉永平年间，《左传》异军突起，"能为左氏者，擢高第为讲郎"④。曹魏时代，《左传》流行于世；西晋，《左传》与《穀梁》《公羊》并立官学。从西晋注《春秋》现实状况看，虽然刘寔、刘兆等依然治今文经《穀梁传》《公羊传》，但今

---

① （唐）房玄龄等《晋书》卷43《乐广传》载："尚书令卫瓘，朝之耆旧，逮与魏正始中诸名士谈论，见广而奇之，曰：'自昔诸贤既没，常恐微言将绝，而今乃复闻斯言于君矣。'"可见卫瓘是清谈者。
② 《周易论》在《新唐书·艺文志》中作阮长成（浑）、阮仲容（咸）《难答论》二卷，可见阮浑有清谈可能。况且阮浑父阮籍、堂兄阮咸俱为名士，应会受其影响。
③ 贺昌群：《魏晋清谈思想初论》，辽宁教育出版社1998年版，第46页。
④ （唐）令狐德棻等：《隋书》卷32《经籍志一》，中华书局1973年版，第933页。

文经已呈衰弱趋势,《隋志一》《春秋》类下小序说:"至隋,杜氏盛行,服义及穀梁、公羊浸微,今殆无师说。"① "杜氏"即杜预《春秋左氏经传集释》为代表的"左传学",显然,随着时代的发展,古文经《左传》已有成为显学的可能,甚至已为显学。

2. 注疏的士人往往博学多才

西晋士人的注疏与政治、时代接轨,对传统学风扬弃,足见西晋士人的通识。从士人自身素质看,亦见其博学。

首先,从所任官职上可见注疏者的博学素养。《隋志》著录中的西晋注疏者,担任过太子保傅的有卫瓘、刘寔、张华。曾任宗王师友的有:伊说,乐安王友;陈邵,燕王师;王懋约,燕王师。曾任国子祭酒、博士的有邹湛、孔晁、张靖、刘兆等。其他重要官员有杜预、荀勖、束晳、谯周、挚虞等。他们都是饱学之士,博通多才。

其次,就西晋士人的治经情况看,不少士人往往博通各种经书,如孙毓注疏作品有《毛诗异同评》《礼记音》《春秋左氏传义注》,从注音、注义到阐发义理,从《毛诗》《礼记》到《左传》,表现出他广博的经学学养。类似孙毓者尚有栾肇、孔晁、杨乂、郭象等。

最后,从注疏者使用的方法上看,有注、传、释、集解、集义、论、评、驳、义疏、义问等,他们或正音释词,或考证辨误,或旁征博引,或以经解经,或申发大义⋯⋯不管采用何种方法注疏,都需要明了经书中的事,还要明了经书中的理;要有章句训诂的基础,还要有运用资料阐发新意的理论水平,博通的知识储备是必不可少的。

总体而言,西晋士人对典籍的注疏,既有对时代社会风气的关注,也有对学术传承的理解,其注疏不是皓首穷经式的学究注疏,而是有着丰富的社会文化内容。他们的注疏无论是对政治文化风气的感受还是对知识的把握、运用,都展现了博学的特质。

二 西晋士人的著述

这里的"著述"指的是著书立说,特指在四部分类中史部、子部的作品(不含注疏与集部作品)。西晋士人的著述涉及多方面,有子书,有史书,有天文地理,有风土人情。广泛的内容一方面缘于西晋士人对社会的关注,另一方面是社会对西晋士人著述的影响。可以这么说:注疏在一定程度上展示了个体的博学素质,而著述则表现出整个社会的博学之风。

---

① (唐)令狐德棻等:《隋书》卷32《经籍志一》,中华书局1973年版,第933页。

(一) 西晋士人的著述在《隋志》中的著录情况

1. 史书类著述

《古史考》二十五卷，晋益阳侯谯周撰。

《汉书驳议》二卷，晋安北将军刘宝撰。

《后汉记》六十五卷本一百卷，梁有，今残缺。晋散骑常侍薛莹撰。

《续汉书》八十三卷，晋秘书监司马彪撰。

《后汉书》十七卷，本九十七卷，今残缺。晋少府卿华峤撰。

《魏书》四十八卷，晋司空王沈撰。

《三国志》六十五卷，叙录一卷，晋太子中庶子陈寿撰……

《晋纪》四卷，陆机撰。

《魏晋世语》十卷，晋襄阳令郭颁撰。

《帝王世纪》十卷，皇甫谧撰。起三皇，尽汉、魏。①

2. 仪注类著述

《决疑要注》一卷，挚虞撰。

3. 法律类著述

《律本》二十一卷，杜预撰。梁有《杜预杂律》七卷，亡。

《汉晋律序注》一卷，晋僮长张斐撰。

《杂律解》二十一卷，张斐撰。

《魏名臣奏事》四十卷，目一卷，陈寿撰。

4. 杂传类著述

《益部耆旧传》十四卷，陈长寿撰。（陈长寿即陈寿）

《鲁国先贤传》二卷，晋大司农白褒撰。

《楚国先贤传赞》十二卷，晋张方撰。（又说是西晋张辅）

《高士传》六卷，皇甫谧撰。

《逸士传》一卷，皇甫谧撰。

《玄晏春秋》三卷，皇甫谧撰。

《列女传》六卷，皇甫谧撰。

《士人传》五十卷，张骘撰。（姚振宗认为是西晋人）

《管辂传》三卷，管辰传。

《江氏家传》七卷，江祚等传。（江祚，江统之父）

《女记》十卷，杜预撰。

---

① 案：杂史类著述，《两唐志》尚有孔晁的《周史》和虞溥的《江表传》。

《清虚真人王君内传》一卷，弟子华存撰。①

5. 地理物产类著述

《洛阳记》一卷，陆机撰。

《关中记》一卷，潘岳撰。

《风土记》三卷，晋平西将军周处撰。

《三巴记》一卷，谯周撰。

《发蒙记》一卷，束晳撰。（载物产之异，与蒙学著作《发蒙记》是两本书）

《春秋土地名》三卷，晋裴秀客京相璠撰。

6. 目录类著述

《晋中经》十四卷，荀勖撰。

《杂撰文章家集叙》十卷，荀勖撰。

《文章志》四卷，挚虞撰。

7. 子书类著述

《通语》十卷，晋尚书左丞殷兴撰，亡。

《谯子法训》八卷，谯周撰。梁有《谯子五教志》五卷，亡。

《袁子正论》十九卷，袁准撰。梁又有《袁子正书》二十五卷，袁准撰，亡。

《孙氏成败志》三卷，孙毓撰。

《古今通论》二卷，王婴撰。

《蔡氏化清经》十卷，松滋令蔡洪撰。

《通经》二卷，晋丞相从事中郎王长文撰。

《新论》十卷，晋散骑常侍夏侯湛撰。

《杨子物理论》十六卷，《杨子大元经》十四卷，并晋征士杨泉撰。

《陆子》十卷，陆云撰，亡。

梁有《苏子》七卷，晋北中郎参军苏彦撰。

《宣子》二卷，晋宜城令宣舒撰。

《摄生论》二卷，晋河内太守阮侃撰。

《傅子》百二十卷，晋司隶校尉傅玄撰。

《桑丘先生书》二卷，晋征南军师杨伟撰，亡。

《时务论》十二卷，杨伟撰。

---

① 案：丁国均《补晋书·艺文志》考证：华存即南岳魏夫人，魏舒之女。

8. 杂记类著述

《博物志》十卷,张华撰。

《张公杂记》一卷,张华撰。梁有五卷,与《博物志》相似,大小不同。

《杂记》十一卷,张华撰。①

9. 小说类著述

《群英论》一卷,郭颁撰。

10. 兵书、棋类

《兵记》八卷,司马彪撰。一本二十卷。

《围棋势》二十九卷,晋赵王伦舍人马朗等撰。

11. 天文历法算术类

《天文集占》十卷,晋太史令陈卓定。

《五星占》一卷,陈卓撰。

陈卓《四方宿占》一卷,梁四卷。

《石氏星经》七卷,陈卓记,亡。

《天官星占》十卷,陈卓撰。

《景初历》三卷,晋杨伟撰。

梁有《景初历术》二卷,《景初历法》三卷,又一本五卷,并杨伟撰,亡。

《刻漏经》三卷,杨伟等撰,亡。

《正历》四卷,晋太常刘智撰。

《朔气长历》二卷,皇甫谧撰。

《九章重差图》一卷,刘徽撰。

《九章算术》十卷,刘徽撰。

12. 医学类

《脉经》十卷,王叔和撰。

《王叔和论病》六卷。

《皇甫谧、曹翕论寒食散方》二卷,亡。

13. 小学类

《吴章》二卷,陆机撰。

《发蒙记》一卷,晋著作郎束皙撰。

《字林》七卷,晋弦令吕忱撰。

---

① 杂记类《两唐志》尚有陆士衡《要览》三卷。

《韵集》六卷，晋安复令吕静撰。

《四体书势》一卷，晋长水校尉卫恒撰。

（二）西晋社会与时代对士人广博著述的影响

西晋时，儒学为主流意识形态，这并不意味着经学是学术文化的唯一。西晋时代学术文化的发展百花齐放，各领域都取得了不菲的成就。从《隋志》著录中可以看到，西晋士人的著述已经涉足多个领域，除去对社会、人生的思考，反映士人思想的子书外，其他如历史、地理、天文、历法、法律、医学、数学、目录学、小学（包括蒙学）、书法等众多学科都有著述，表现出整个西晋社会知识门类的丰富与士人的博学特征。这些学科领域，两汉以来就取得了不少成就，在前代成果的基础上，西晋的学术文化得到长足发展，皇甫谧的医学成果、刘徽的数学理论到今天还是学界探讨的热点。前代成果是西晋学术文化进步的阶梯，而西晋社会本身也为知识的丰富、科学文化的进步提供了助力。

首先，社会风气、时代思潮促进了士人丰富的著述。

西晋建国提倡儒学、修订《晋律》，杜预、张斐的法律著作是在敦儒的政治风气下应运而生的，法律儒家化是西晋法律的一大特点，并成为后世法律的蓝本。陈寅恪先生在《崔浩与寇谦之》一文中就揭示了西晋法律儒家化的意义："中国儒家政治理想之书如周官者，典午以前，固已尊为圣经，而西晋以后复更成为国法矣，此亦古今之巨变……"[1]

西晋时玄学思潮不仅在思想、行为等方面深深影响士人，士人的著述也与玄学思潮有不解之缘，皇甫谧的医学著作《论寒食散方》即如此。魏晋时，受老庄思想影响，不少世人服食五石散，皇甫谧"初服寒食散，而性与之忤，每委顿不伦，尝悲恚，叩刃欲自杀，叔母谏之而止"[2]，在痛苦的折磨中，皇甫谧自学医学，自我救治，也终于完成了这部医学著作。

类似尚有娱乐风气对著述的影响。晋赵王伦舍人马朗等撰的《围棋势》在《隋志》著录的围棋著作中是比较早的一部，这应与魏晋以来的娱乐风气有关。《晋书》有不少下围棋的记载：《阮籍传》写阮籍"性至孝，母终，正与人围棋"[3]；《杜预传》写武帝"与中书令张华围棋，而预表适至"[4]；

---

[1] 陈寅恪：《崔浩与寇谦之》，《金明馆丛稿初编》，生活·读书·新知三联书店2015年版，第145页。
[2] （唐）房玄龄等：《晋书》卷51《皇甫谧传》，中华书局1973年版，第1415页。
[3] （唐）房玄龄等：《晋书》卷49《阮籍传》，中华书局1973年版，第1361页。
[4] （唐）房玄龄等：《晋书》卷34《杜预传》，中华书局1973年版，第1029页。

《裴遐传》写裴遐"又尝在平东将军周馥坐，与人围棋"①；《愍怀太子传》写"谧尝与太子围棋，争道"②；等等。1974年山东邹县出土的西晋刘宝墓葬中就有围棋，这足以说明围棋为当时士人所喜爱。马朗《围棋势》的产生应与西晋士人好尚围棋有密切关系。尽管围棋流行，但它似乎没有成为文人关注的对象，在逯钦立《全晋诗》及严可均《全晋文》中鲜少有描述围棋的作品。故此，马朗的《围棋势》尚属开风气之先的著述。

其次，社会的统一安定促进了地理、物产、风俗类著述的较多出现。

魏晋以来由于统治者的严禁，图谶纬书基本消失，玄学兴起，提倡自然，于是人们开始以求真务实的眼光认识、关注自然与社会。《禹贡》《汉书·地理志》都有对山川物产的记载，但随着国家的统一、疆域的扩大，人们视野开阔了，游历见闻增多了，对外界的认识兴趣更浓了。西晋裴秀曾作《禹贡地域图》十八篇，其序言可证之：

> 大晋龙兴，混一六合，以清宇宙，始于庸蜀，采入其岨。文皇帝乃命有司，撰访吴蜀地图。蜀土既定，六军所经，地域远近，山川险易，征路迂直，校验图记，罔或有差。今上考《禹贡》山海川流，原隰陂泽，古之九州，及今之十六州，郡国县邑，疆界乡陬，及古国盟会旧名，水陆径路，为地图十八篇。③

司马昭命有司撰访吴蜀地图，定蜀后，验以实际，"罔或有差"，表明人们对自然地理认识水平的提高。裴秀《禹贡地域图》则将地理学知识更推进一步。后来挚虞"依《禹贡》《周官》，作《畿服经》，其州郡及县分野封略事业，国邑山陵水泉，乡亭城道里土田，民物风俗，先贤旧好，靡不具悉，凡一百七十卷，今亡。而学者因其经历，并有记载，然不能成一家之体"④。这样两部出色的地理著作成于西晋，不能不说与西晋的统一、疆域的扩大有关。当然也与士人的经历有关，当时南金蜀秀纷纷入洛，官员任职地方，这些都可能扩大他们的视野。《洛阳记》《三巴记》《关中记》《风土记》《发蒙记》《南方草木状》等著述正反映出士人对周围世界的兴趣与关注。

最后，历史意识的加强，是西晋史学著作及杂传文学繁荣的主要

---

① （唐）房玄龄等：《晋书》卷35《裴遐传》，中华书局1973年版，第1052页。
② （唐）房玄龄等：《晋书》卷53《愍怀太子传》，中华书局1973年版，第1459页。
③ （清）严可均：《全晋文》卷33，商务印书馆1999年版，第323页。
④ （唐）令狐德棻等：《隋书》卷33，中华书局1973年版，第988页。

原因。

西晋社会历史意识的加强,一个明显的表现就是在史官的设置上。"秦汉时期,著述史官无专职,史书撰著由掌管天文的太史令和掌校图籍的兰台令史、校书郎负责。东汉以散官著作东观,但无著作官。自三国魏置著作郎,专职著作官产生,从此形成记注、著作两大史官系统。"① 西晋时期,设著作郎,始隶中书省,元康二年(292)后改隶秘书省,"著作郎一人,谓之大著作郎,专掌史任,又置佐著作郎八人。著作郎始到职,必撰名臣传一人"②。西晋史官的设置及职责的明确,表明西晋时历史意识的增强。撰名臣传的传统一直延续到东晋,《世说新语·赏誉》载:"谢胡儿作著作郎,尝作《王堪传》。不谙堪是何似人,咨谢公。"③ 从材料中见著作郎所作应是历史名臣传而非当世大臣传,著作郎必须了解历史方能胜任此职。

西晋社会历史意识的加强,从荀勖《晋中经簿》的分类上也明显可见。《晋中经簿》甲、乙、丙、丁四部分类中,其中内部"有史记、旧事、皇览簿、杂事"。之前班固《汉书·艺文志》中秘府收藏的史书著录于《六艺略》的"春秋家"中,隶属于经部。对此,张伯伟先生推测:"这一方面可能由于当时史书的数量有限,另一方面也反映了史部未能独立的现象。"④ 这种推测是很有道理的,《晋中经簿》史部的独立与魏晋以来史学著作的繁荣大有关系。从《隋志》著录情况看,就有薛莹、司马彪、皇甫谧、王沈、孔衍、华峤、刘宝、陈寿、陆机、郭颁等十几人撰史。从内容看,撰写较多的史书是《汉书》和魏晋国史。

《汉书》在西晋较为风行,臣瓒曾为《汉书》作注,"蔡谟全取臣瓒一部散入《汉书》。自此以来始有注本"⑤。再举两例。其一,《世说新语·赏誉》载,张华与王衍、王济(或曰王戎)、裴頠等人清谈,其间张华谈《史记》《汉书》,王衍、王济(王戎)谈历史人物张良与季札。这表明《汉书》也是西晋士人清谈的"口实"。其二,贾谧延请僚佐为其讲《汉书》。讲《汉书》的士人有左思、陆机、潘岳等。《晋书·左思传》有左思为贾谧讲《汉书》的记载,陆机有《讲〈汉书〉诗》,潘岳也有《于

---

① 牛润珍:《汉至唐初史官制度的演变》,河北教育出版社1999年版,第3—4页。
② (唐)房玄龄等:《晋书》卷24《职官志》,中华书局1974年版,第735页。
③ 余嘉锡:《世说新语笺疏》中卷《赏誉139》,中华书局1983年版,第490页。
④ 张伯伟:《钟嵘诗品研究》,南京大学出版社1999年版,第353页。
⑤ 刘学智、徐兴海:《中国学术思想编年·魏晋南北朝卷》,陕西师范大学出版社2006年版,第125页。

贾谧座讲《汉书》诗》。左思、陆机、潘岳是贾谧二十四友成员，据潘岳诗"前疑既辨，旧史惟新。惟新尔史，既辨尔疑。延我寮友。讲此微辞"①，疑贾谧开了一个《汉书》沙龙，三人或于此时同为贾谧讲《汉书》。西晋历史断限，最终"惠帝立，更使议之。谧上议，请从泰始为断。……谧重执奏戎、华之议，事遂施行"②，贾谧的提议成为定论，在一定程度上与贾谧历史知识的修为有关。

从三国时开始，朝廷就注重国史修订，牛润珍先生总结道："曹魏自太和中至正元，近30年三次修撰魏史。孙吴自吴大帝末年至凤凰年间，20多年四次修史。刘蜀虽不置史官，但其秘书制度为后人撰著刘蜀史积累、保存了许多资料。西晋统一后，由皇帝亲自出面，组织朝士议论国史上限。围绕着晋史限断问题，朝士们前后争论了10多年，历经武帝、惠帝两朝。朝廷如此关注国史，这是前所未有的现象。"③ 除朝廷重视外，西晋士人也表现出撰史的热情，史书对此有不少记载，例如：王沈"与荀颉、阮籍共撰《魏书》，多为时讳，未若陈寿之实录也"④；傅玄"与东海缪施俱以时誉选入著作，撰集魏书"⑤；"夏侯湛时著《魏书》，见寿所作，便坏己书而罢"⑥；束晳元康四年为著作佐郎，"撰《晋书》，草创三帝纪及十志书"⑦；等等。

西晋历史意识的增强对后世影响较大，东晋的史书著述在西晋的基础上又大大增加。不仅如此，东晋李充整理典籍时，对荀勖的四部分类进行了重新编排，将史部提到子部之前，仅次于经部。《隋书·经籍志》最终确立了图书经、史、子、集的分类法，四部分类法成为我国封建时代图书分类的"永制"。西晋后，历史意识不断加强不仅表现在目录学上，在教育上也同样如此。南朝宋文帝立学校，分为儒学、玄学、史学、文学四科，史学的独立意义极大突显。

西晋的历史意识不仅影响后世，对本朝也影响极大。最明显地表现在杂传的著述上。《隋志》著录杂传217部，大致可分为：有名德的先贤耆旧之类，志尚高洁的孝子、列女、列士之属，高僧列仙传，家传、神异传

---

① 逯钦立：《先秦汉魏晋南北朝诗·晋诗》卷4，中华书局1983年版，第631页。
② （唐）房玄龄等：《晋书》卷40《贾谧传》，中华书局1974年版，第1174页。
③ 牛润珍：《汉至唐初史官制度的演变》，河北教育出版社1999年版，第81页。
④ （唐）房玄龄等：《晋书》卷39《王沈传》，中华书局1974年版，第1143页。
⑤ （唐）房玄龄等：《晋书》卷47《傅玄传》，中华书局1974年版，第1317页。
⑥ （唐）房玄龄等：《晋书》卷82《陈寿传》，中华书局1974年版，第2137页。
⑦ （唐）徐坚等：《初学记》卷12《职官部下》"著作郎条"，中华书局1962年版，第299页。

等。西晋的杂传主要表现为前两类。就前两类言，两汉、三国作者可考的杂传约十五部，东晋南北朝作者可考的杂传有三四十部，而西晋短短的五十年间就有约十一部，可见西晋杂传著述的兴盛。

《隋志》史部"杂传类"小序言："推其本源，盖亦史官之末事也。"[①] 杂传是史书之一种，它与史书的关系表现为：一方面继承了《史记》《汉书》人物传记的手法；另一方面又补正史的不足。正史往往代表着官方的意识形态，《隋志》杂传类小序就说：《史记》《汉书》对操行高洁、不涉于世者，仅传数人；刘向《列仙》《列女》《列士》之传是"率尔之作，不在正史"[②]。这是杂传兴盛的关键，不在正史，故能自由抒发自己的思想观点。皇甫谧的《高士传》《逸士传》《玄晏春秋》就突破了正史的束缚，为隐士、为自己立传，表达自我独立意识。归根结底，作为史学著述的一个分支，西晋杂传的著述仍然受历史意识的影响，是东晋、南北朝史学、史传繁荣的前奏。

西晋士人的注疏与著述既体现了西晋士人自身知识的广博，又显现了社会上知识结构的不断充实与更新。社会发展，知识扩大与更新对士人提出了博学的要求；反之，士人的博学又推动了社会知识文化的丰富。两者的相互作用促进了西晋学风的极大转变：一方面，经学作为传统的学术文化，仍然是西晋士人学术研究的主流。在对前代典籍的注疏中，五经依然是西晋士人的重点。另一方面，随着社会时代的进步，科学文化知识的发展，士人的眼界已极大开阔，学术范围也空前扩大，学术成就已不仅仅局限于经学领域。

---

① （唐）令狐德棻等：《隋书》卷33，中华书局1973年版，第982页。
② （唐）令狐德棻等：《隋书》卷33，中华书局1973年版，第982页。

第三章 《三都赋》：儒学、博学、文学的典范结合

在西晋文学研究的历史上，左思的《三都赋》始终是研究者关注的重点之一。《三都赋》流行原因的探讨是《三都赋》研究的一个方面，概括而言，主要原因有三：

其一，名人效应。《三都赋》的走红与名家推荐关系极大。史料载："（思）询求于皇甫谧。谧见之嗟叹，遂为作《叙》。于是先相非贰者，莫不敛衽赞述焉。"①"司空张华见而叹曰：'班、张之流也。使读之者尽而有余，久而更新。'于是豪贵之家竞相传写，洛阳为之纸贵。"②"《三都赋》成，张载为注《魏都》，刘逵为注《吴》《蜀》。自是之后，渐行于俗也。"③三则史料说明了一个共同问题：《三都赋》的成功主要是由于皇甫谧、张华、张载、刘逵等人的延誉。这些延誉者在当时都有较高的社会声誉，如皇甫谧是当时的名士，张华为当朝名臣、文坛领袖，他们的地位与声名直接提升了《三都赋》的热度。这是《三都赋》流行的社会心理原因。

其二，博物、征实。古今学者对《三都赋》的博物、征实都有过论述。袁枚《随园诗话》卷一说："洛阳所以纸贵者，直是家置一本，当类书、郡志读耳。"④王锺陵先生说："求实的《三都赋》可以作为类书来读，这是它流行的一个原因。但更重要的还是因为这种求实的努力，代表了一种严肃的历史意向，适合人们求实地认识外物的需要。"⑤周勋初先生总结左思《三都赋》成功经验时指出："具有实用意义的文学作品，应该努力

---

① 余嘉锡：《世说新语笺疏》上卷《文学68》，中华书局1983年版，第247页。
② （唐）房玄龄等：《晋书》卷92《文苑传》，中华书局1974年版，第2377页。
③ （南朝梁）萧统编，（唐）李善注：《文选》卷4《三都赋序》题注，上海古籍出版社1986年版，第172页。
④ （清）袁枚：《随园诗话》卷1，浙江古籍出版社2011年版，第5页。
⑤ 王锺陵：《中国中古诗歌史》，人民出版社2005年版，第63—64页。

吸收社会科学方面的新成果，这既可提高作品的水准，又可吸引更多的读者。"① 这是由《三都赋》博物、征实获得成功而推导出的经验。上述评价肯定了《三都赋》的博物与征实，这是《三都赋》流行的学术原因。

其三，抓住了西晋统一的政治热点。关于这一点，徐公持先生指出"左思写三都的目的，归根结底就是为了赞颂晋朝"，"表现了'日不双丽，世不两帝，天经地纬，理有大归'的正统观念"。② 王澧华先生说："(《三都赋》)反映了三国归晋的重大主题，因此获得了新时代人士的普遍欢迎。"③ 这些都说明了《三都赋》歌颂一统，符合当时人们渴望统一的心理，这是它流行的政治原因。

三个原因都极富代表性，且与博学有着密切联系：赞赏延誉《三都赋》的名人，均博学多才；西晋统一的政治局面，为左思的博学与创作创造了条件；左思《三都赋》博物征实的内容也体现了他自身的博学。从这个角度看，《三都赋》无疑是具有典范意义的。

第一节　《三都赋》与左思博学的知识结构

自西汉以来，京都大赋都体现出博物的特点，但先前的"博物"往往带有文学上想象和虚构的成分，皇甫谧对此批评道："长卿之俦，过以非方之物，寄以中域，虚张异类，托有于无。祖构之士，雷同影附，流宕忘反，非一时也。"④ 左思《三都赋》序也说：相如《上林》、扬雄《甘泉》、班固《西都》、张衡《西京》赋等描写，"考之果木，则生非其壤；校之神物，则出非其所。于辞则易为藻饰，于义则虚而无征"⑤。按皇甫谧、左思之说，这些京都大赋的博物，并不一定代表真正的知识。只有当博物与征实结合之后，方可谓之博学。也就是说，"博物"往往指通晓众物，见多识广。而"博学"，则是指在博物的基础上，去伪存真，具有丰富的知识。京都大赋到左思时才有此创新，袁枚所说"家置一本，当类书、郡志

---

① 周勋初：《左思〈三都赋〉成功经验之研讨》，《长春师范学院学报》1999年第3期，第47页。
② 徐公持：《浮华人生——徐公持讲西晋二十四友》，天津古籍出版社2010年版，第211—212页。
③ 王澧华：《两晋诗风·序》，上海古籍出版社2005年版，第3页。
④ （清）严可均：《全晋文》卷71皇甫谧《三都赋序》，商务印书馆1999年版，第757页。
⑤ （清）严可均：《全晋文》卷74《三都赋序》，商务印书馆1999年版，第776页。

读",就是说它的知识性。王锺陵先生说"求实地认识外物",周勋初先生说"实用意义的文学作品,应该努力吸收社会科学方面的新成果",都指出了《三都赋》"博物"加"征实"这一博学特征。博学的特征在《三都赋》中主要表现在以下几个方面。

一 深厚的儒学修养与引经据典的创作方式

《三都赋》先写西蜀公子和东吴王孙竞相夸耀蜀、吴的物产及风土人情,再写魏国先生强调德治,征服西蜀公子与东吴王孙。王鸣盛《十七史商榷》说:"左思于西晋初吴、蜀始平之后作《三都赋》,抑吴都、蜀都而申魏都,以晋承魏统耳。"① 这一观点得到后世不少学人的赞同。歌颂一统的主题,本身就具有儒家的正统思想观念,表现在作品中就是大量引经据典,或袭用经典原句,或略加改易。以《魏都赋》为例,试看:

"正位居体者,以中夏为喉,不以边垂为襟也。"张载注,《易》曰:"正位居体,美在其中。"

"长世字甿者,以道德为藩,不以袭险为屏也。"李善注,《左氏传》北宫文子言:"有其国家,令问长世。"……《东方朔集》曰:"文帝以道德为篱,以仁义为藩。"

"匪朴匪斫,去泰去甚。"李善注,《尚书》曰:"既勤朴斫。"

"斧斨以时,署罬以道。"李善注,《文子》:"鹰隼未击,罗网不得张谷;草木未落,斤斧不得入山林。"②

"德连木理,仁挺芝草。"李善注,《孝经援神契》:"德至草木,则木连理。"

"陟中坛,即帝位。改正朔,易服色。"张载注,《礼记》:"圣人南面而治天下,改正朔、易服色、殊徽号、异器械。"

"菲言厚行,陶化染学。"李善注,《论语》:"君子薄于言而厚于行。"

"日不双帝丽,世不两帝。"李善注,《礼记》:"天无二日,主无二王。"③

---

① (清)王鸣盛:《十七史商榷》卷51"三江扬都条",商务印书馆1937年版,第463页。
② 案:《孟子》也有类似话语。《孟子·梁惠王上》曰:"数罟不入污池,鱼鳖不可胜食也;斧斤以时入山林,林木不可胜用也。"
③ (南朝梁)萧统编,(唐)李善注:《文选》卷6《魏都赋》,上海古籍出版社1986年版,第262、262、270、285、285、287、287、298页。

上面是摘引《魏都赋》中魏国先生的原话和张载、李善的注文，对照阅读就可以知道左思对儒家经典的熟悉程度。文中用典涉及《易经》《尚书》《论语》《左传》《孝经》《礼记》等多种经书。引经据典在西晋士人创作中是普遍的现象，《三都赋》中的《魏都赋》重点不是夸耀山川形胜、物产丰饶，而是宣扬德治教化、政通人和，经语的引用对突出主旨有相当大的帮助。引经据典就是为了表现魏都德治的种种方面，或行节俭，或施仁政，或以德治国，或以德修身，等等。

左思的这种创作方式，表现出对前人的继承。班固有《两都赋》、张衡模拟而作《二京赋》，"意在讽当时王侯之逾侈，以文学体制论，班创张因，稍逊一筹，若以作赋动机论，则张为胜矣"①。左思在创作主旨、创作动机上对张衡又有继承，因两人赋中的儒家思想表现，以至孙绰有"《三都》《二京》，五经之鼓吹"②之誉。

二 历史地理、宫殿建筑知识的丰富呈现

范文澜先生曾经说过，文学家往往是史学家。左思在《三都赋》中同样向我们展示了他丰富的历史知识。蜀国的历史一直追溯到蚕丛鱼凫时期，"夫蜀都者，盖兆基于上世，开国于中古"③。吴国历史也上推至太伯、延陵季子，"有吴之开国也，造自太伯，宣于延陵"④。因为"晋承魏统"，文章重心在于宣扬德治，所以吴蜀的历史写得相对简单，魏的历史则叙述得相当详细，从汉末动乱到曹氏崛起，曹操十九年征战，曹丕称帝，曹奂禅位，几乎是一部曹魏的国史，其间涉及修建魏宫、设置官署、德睦四夷等不少政治大事。试看左思写汉末宦官弄权，袁术火烧尚书阁，初平元年（190）董卓火烧洛阳南北宫的历史：

> 于时运距阳九，汉纲绝维，奸回内赑，兵缠紫微。翼翼京室，眈眈帝宇，巢焚原燎，变为煨烬，故荆棘旅庭也。殷殷寰内，绳绳八区，锋镝纵横，化为战场，故麋鹿寓城也。伊洛榛旷，崤函荒芜。临菑牢落，鄢郢丘墟。⑤

---

① 缪钺：《冰茧庵丛稿》，上海古籍出版社1985年版，第129页。
② （唐）房玄龄等：《晋书》卷56《孙绰传》，中华书局1974年版，第1544页。
③ （清）严可均：《全晋文》卷74《蜀都赋》，商务印书馆1999年版，第776页。
④ （清）严可均：《全晋文》卷74《吴都赋》，商务印书馆1999年版，第780页。
⑤ （清）严可均：《全晋文》卷74《魏都赋》，商务印书馆1999年版，第786页。

第三章 《三都赋》：儒学、博学、文学的典范结合　197

比照陈寿《三国志》注、范晔《后汉书》可见，左思用文学化的语言再现了汉末的大动乱，这是历史真实的反映，也是左思丰富的历史知识的呈现。《晋书·文苑传》记载了左思为炙手可热的权势人物贾谧讲《汉书》一事，可证左思史学知识之丰赡。如此清晰的魏国建国史，当与左思秘书郎的职务之便有关。

魏修国史，前后历经三十年，魏末成于王沈。《晋书》评价说："（正元中）与荀颢、阮籍共撰魏书，多为时讳，未若陈寿之实录也。"① 王沈于泰始二年（266）去世，其书应收之秘府。陈寿《三国志》于太康元年（280）平吴之后开始动笔，约在元康元年（291）前成书。作为秘书郎，左思是有机会阅读王沈的《魏书》、陈寿的《魏志》的。之所以这样说，有资料可佐证：刘逵注《吴都赋》"公孙国之而破，诸葛家之而灭"时，曾引《魏志》。② 刘逵时为中书郎，左思为秘书郎，两人同时共事，刘逵能读到《魏志》，左思也必然能读到。

在我国图书分类的传统中，山川城邑等地理知识是属于史部的，如《汉书》中就有《地理志》《禹贡志》等。左思在《三都赋》中，根据吴蜀两国不同的地理位置，对两国地理均有详细的描绘。《蜀都赋》中左思抓住蜀汉山多的特点，以蜀都为中心，从前、后、东、西四个方位秩序井然地介绍了蜀都的地理位置、治辖范围及地理环境，为我们绘制了一幅较为清晰的三国蜀都图：

> 夫蜀都者……廓灵关以为门，包玉垒而为宇。带二江之双流，抗峨眉之重阻。水路所凑，兼六合而交会焉。丰蔚所盛，茂八区而庵蔼焉。**于前**则跨蹑犍牂，枕轹交趾。经途所亘，五千余里。山阜相属，含溪怀古。岗峦纠纷，触石吐云。……**于后**则却背华容，北指昆仑。缘以剑阁，阻以石门。……**于东**则左绵巴中，百濮所充。外负铜梁于宕渠，内函要害于膏腴。……**于西**则右挟岷山，涌渎发川。……至乎临谷为塞，因山为障。峻岨塍圩长城，豁险吞若巨防。一人守隘，万夫莫向。③

---

① （唐）房玄龄等：《晋书》卷39《王沈传》，中华书局1974年版，第1143页。
② （南朝梁）萧统编，（唐）李善注：《文选》卷5《吴都赋》，上海古籍出版社1986年版，第202页。
③ （南朝梁）萧统编，（唐）李善注：《文选》卷4《蜀都赋》，上海古籍出版社1986年版，第175—190页。

《吴都赋》中左思抓住东吴临水的特点，写东吴领域内的湖泊、江水，它们的流向、流域、气势，"或涌川而开渎，或吞江而纳汉"，"百川派别，归海而会。控清引浊，混涛并濑。喷薄沸腾，寂寥长迈。濞焉汹汹，隐焉磕磕。出乎大荒之中，行乎东极之外。经扶桑之中林，包汤谷之滂沛。潮波汨起，回复万里"[1]。

这些吴蜀地理知识除了源于史志记载外，还缘于左思的虚心求教，《世说新语》注引《左思别传》曰："当思之时，吴国为晋所平，思乃赋此三都，以极眩曜。其蜀事访于张载，吴事访于陆机，后乃成之。"[2] 张载数次入蜀，陆机乃世家东吴，他们的描述应当比较翔实准确。

其次也缘于左思的职务之便。《晋书》载，左思妹左芬为妃，左思作《三都赋》"自以所见不博，求为秘书郎"[3]。秘书郎相当于现在国家图书馆的工作人员，"从事复校残缺、正定脱误的工作"[4]，有机会观览众多史书方志。《蜀都赋》《吴都赋》中的地理知识或有赖于此。

此外，左思的地理知识还与当时地理学水平的进步有关。裴秀《禹贡地域图》与挚虞的《畿服经》代表了当时较高的地理学水平。司马昭曾命有司撰访吴蜀地图，蜀地图的制定为平蜀立了大功，当时制图水平之高于此可见。由此推测，对吴国的地图绘制一定也极为精审，并有助于平吴大捷。裴秀去世于泰始七年（271），其时他的《禹贡地域图》也已完成，而《三都赋》尚在创作中，作为秘书郎，左思应有机会查阅此书。可以说《三都赋》吸收了当时地理学的先进成果，又反过来向世人展示了丰富的地理知识。

《三都赋》中城邑的描绘，主要表现在蜀都、吴都、魏都的宫殿建筑和城市布局，这些在古代知识分类中亦属于地理学范畴。清代学者辑古地理佚书，以王谟《汉唐地理书钞》号为最齐全，其中就有《建康都邑簿》一门。关于都邑簿，刘知几《史通》解释道："若潘岳《关中》、陆机《洛阳》《三辅黄图》《建康宫殿》，此之谓都邑簿者也。"[5] 其实左思的《三都赋》亦包含都邑簿的成分，难能可贵的是，《蜀都赋》对成都的王

---

[1] （南朝梁）萧统编，（唐）李善注：《文选》卷5《吴都赋》，上海古籍出版社1986年版，第204—205页。
[2] 余嘉锡：《世说新语笺疏》上卷下《文学68》注引，中华书局1983年版，第248页。
[3] （唐）房玄龄等：《晋书》卷92，中华书局1974年版，第2376页。
[4] 徐凌志：《中国历代藏书史》，江西人民出版社2004年版，第54页。
[5] （唐）刘知几：《史通》卷10《杂述》，上海古籍出版社2008年版，第194页。

宫建筑做了清晰的描绘,可以补史书的不足。试看:

> 于是乎金城石郭,兼市中区。既丽且崇,实号成都。辟二九之通门,画方轨之广途。迎新宫于爽垲,拟承明而起庐。结阳城之延阁,飞观榭乎云中。开高轩以临山,列绮窗而瞰江。内则议殿爵堂,武义虎威。宣化之闼,崇礼之闱。华阙双邈,重门洞开。金铺交映,玉题相晖。外则轨躅八达,里闬对出。比屋连甍,千庑万室。①

据《华阳国志·蜀志》,有关成都的王宫建筑仅有"元鼎二年(前115)立成都十八郭"②(《文选·蜀都赋》刘逵注是"立成都十八门"③)等极少之说。《蜀都赋》对王宫建筑做了较详尽的描写:宫殿地势较高,有复道长廊,凭窗可以俯瞰长江。内有议殿和爵堂,堂外有武义门、虎威门、宣化门和崇礼门等重门,高大的华表,四通八达的方轨(道路)。里门对出,内有无数的廊庑屋室。王宫的结构布局与豪华气派大体从字里行间体现出来,读此,人们会对三国时的蜀都王宫有比较感性的认识。

南方的建筑雕梁画栋,精致富丽,又自有一种韵味,吴都昭明宫就极富这种江南特色:"房栊对櫼,连阁相经。阊阖谲诡,异出奇名。左称弯埼(宫门名),右号临硎(宫门名)。雕栾镂楶,青琐丹楹。图以云气,画以仙灵。"④

《魏都赋》描写宫殿及城市布局的比重比较大,毕竟中原地带,没有险峻的山,没有浩瀚的海,平原城市才是它的特色。于是,左思对魏都的宫殿建筑、城市布局缓缓道来,从文昌殿的外形,到文昌殿的台阁机构,到后宫、铜爵园、寇苑,再到街道、官署、客馆、里巷、集市……左思用他的笔,把魏都的城市建筑与布局一一描绘出来,使读者仿佛穿越时空,置身在曹魏时代的都城,缓步慢行。

此外,《魏都赋》还有关于礼仪建制的描写。据《南史》载:"时朝仪草创,衣服制则,未有定准,(王)俭议曰:'汉景六年,梁王入朝,中

---

① (南朝梁)萧统编,(唐)李善注:《文选》卷4《蜀都赋》,上海古籍出版社1986年版,第183—184页。
② (晋)常璩:《华阳国志》卷3《蜀志》,齐鲁书社2010年版,第31页。
③ (南朝梁)萧统编,(唐)李善注:《文选》卷4《蜀都赋》,上海古籍出版社1986年版,第183页。
④ (南朝梁)萧统编,(唐)李善注:《文选》卷5《吴都赋》,上海古籍出版社1986年版,第217页。

郎谒者金貂出入殿门。'左思《魏都赋》云'蔼蔼列侍，金貂齐光'，此藩国侍臣有貂之明文。"① 左思《魏都赋》中保留了曹魏时期藩国侍臣朝仪时的服饰，王俭以此为参照制定南齐的朝仪，这表明《魏都赋》有补史书不足之作用。

三 动、植物及物产的大观

《三都赋》的博物突出地表现在对三国的物产描述上，这中间有着丰富的植物学、动物学的知识。赋中涉及植被、水果、飞禽、走兽、水产、矿产等多种资源，左思往往根据蜀都、吴都、魏都不同的生长环境而加以不同的描写。例如，树木，蜀都有木兰梫桂、杞橚椅桐、棕枒楔枞、梗楠松柏之属；吴都则是枫柙橡樟、栟榈枸根、绵杬杶栌、文櫲桢橿、松梓楠榴之类。

水产蜀都有鳣、鲔、鳟、鲂、鲲、鳢、鲨、鳖之属；吴都除此尚有大量的水鸟：鸥鸡、鹍鹅、鹳鸰、鹭鸿、鹒鸥、候雁、瀮㶉、鹍鵣、鹘鹤、鹙鸰、鹳鸥、鹆鸩等。

这些树木、鱼类、水鸟今天可能已经有不少灭绝了，相应的知识也只能见于此类记载了。从汉字上看，这些物产很多是生僻字，在承认左思辞藻丰富的同时，也可见他对汉大赋的传承。一是对汉大赋好用偏字僻典以逞才华的特点的继承，尽管刘逵的注似乎表明这些树木及鱼鸟确有其属。二是对两汉赋家精通小学的学术特点的继承。刘师培先生曾说："相如、子云之流，皆以博极字书之故，致为文日益工，此文法原于字类之证也。"② 此话道出了字书与文学创作的关系。左思《三都赋》的物产书写对此有明显表现。

再如果蔬类，吴都的水果颇具亚热带特征："丹橘余甘，荔枝之林。槟榔无柯，椰叶无阴。龙眼橄榄，棎榴御霜。"③ 魏都城南又别有一番农家景色："水澍粳稌，陆莳稷黍。黝黝桑柘，油油麻纻。均田画畴，蕃庐错列。姜芋充茂，桃李荫翳。家安其所，而服美自悦。"④ 蜀都作为天府之国，其百果园让人神往，"家有盐泉之井，户有橘柚之园。其园则有林檎枇杷，橙

---

① （唐）李延寿：《南史》卷22，中华书局1975年版，第592页。
② 刘师培：《中国中古文学史·论文杂记》，人民文学出版社1959年版，第108页。
③ （南朝梁）萧统编，（唐）李善注：《文选》卷5《吴都赋》，上海古籍出版社1986年版，第213页。
④ （南朝梁）萧统编，（唐）李善注：《文选》卷6《魏都赋》，上海古籍出版社1986年版，第276页。

柿榑榋。楈桃函列，梅李罗生。百果甲宅，异色同荣。朱樱春熟，素柰夏成。若乃大火流，凉风厉。白露凝，微霜结。紫梨津润，榛栗罅发。葡萄乱溃，若榴竞裂。甘至自零，芬芬酷烈。其园则有蒟蒻茱萸，瓜畴芋区。甘蔗辛姜，阳蓲阴敷。日往菲薇，月来扶疏。任土所丽，众献而储"①。

《三都赋》中动物种类也繁多，诸如猿、狄、貙、猓、枭、羊、麋、狼、孔雀、翠鸟、犀牛、大象、雉雏、猩猩、鹧鸪、山鸡、虎豹、熊罴等。

左思对三国物产的描绘，特别注意抓住不同环境中的典型特产。如吴、蜀均产竹。左思抓住各自的特色名竹来写。蜀以邛竹为贵，早在西汉邛竹就知名于世，《史记·大宛列传》记载，张骞在大夏见过邛竹杖。直到宋、明，邛竹依然为士人所喜爱，陆游、高启就有关于邛竹的诗句②。《蜀都赋》写竹，选取的就是邛竹传节大夏的历史。吴以篔筜、箭竹等为贵，宋代苏轼有《文与可画篔筜竹》之文，《隋志四》有箭竹的记载："……迄于有隋，四海一统，采荆南之杞梓，收会稽之箭竹，辞人才士，总萃京师。"③ 正因为吴的篔筜竹、箭竹出名，所以《吴都赋》写竹选取此二竹。

再如《吴都赋》"煮海为盐，采山铸钱。国税再熟之稻，乡贡八蚕之绵"④，写的是江南独有的物产：海盐、铜矿、二季稻、蚕丝。《蜀都赋》"火井沈荧于幽泉，高焰飞煽于天垂"⑤，则着眼于蜀地天然气资源。左思选取的物产对象均是当地的代表性物质资源，甚至垂名至今。

左思对魏、蜀、吴三都物产资源的描绘，展示了他丰富的知识，也展现了西晋时的自然生态，就这点而言，《三都赋》提供给我们一个了解自然物种演变发展的窗口，因而文章也富有史料价值。

四 人文风俗画卷的展示

不同的地域盛产不同的物种，同样，不同的地域也盛产不同的文化。左思的博学，使他总是能在对比中写出三都的不同。物产如此，音乐也如此。江南的歌舞是别有风味的，或丝竹相间，清音闲雅；或杂曲歌谣，律

---

① （南朝梁）萧统编，（唐）李善注：《文选》卷4《蜀都赋》，上海古籍出版社1986年版，第181—182页。
② （宋）陆游《出游》诗："来往人间不计年，一枝筇竹雪垂肩。"（明）高启《偃松行》："葛陂筇竹亦腾化，神物终去可久羁？"
③ （唐）令狐德棻等：《隋书》卷35，中华书局1973年版，第1091页。
④ （南朝梁）萧统编，（唐）李善注：《文选》卷5《吴都赋》，上海古籍出版社1986年版，第215页。
⑤ （南朝梁）萧统编，（唐）李善注：《文选》卷4《蜀都赋》，上海古籍出版社1986年版，第177页。

吕相偕；其奏乐或温润或哀婉，南国之音的柔妩尽显笔下：

> 罗金石与丝竹，若钧天之下陈。登东歌，操南音。胤《阳阿》，咏《韎》《任》。荆艳楚舞，吴愉越吟。翕习容裔，靡靡愔愔。若此者，与夫唱和之隆响，动钟鼓之铿耾。有殷坻颓於前，曲度难胜。皆与谣俗汁协，律吕相应。其奏乐也，则木石润色；其吐哀也，则凄风暴兴。①

北方的歌舞则少了一些南方的柔婉，多了一分古朴与豪放，悠扬的古曲与刚劲的武舞交相辉映，那是中原大地的唱响与律动，是敦睦四方的正声礼乐：

> 冠《韶》《夏》，冒《六茎》。傮响起，疑震霆。天宇骇，地庐惊。亿若大帝之所兴作，羸之所曾聆。金石丝竹之恒韵，匏土革木之常调。干戚羽旄之饰好，清讴微吟之要妙。②

西蜀的音乐则带着当地彪悍的民风，尚武的风习衍生了久盛不衰的巴渝歌舞：

> 若乃刚悍生其方，风谣尚其武。奋之则賨旅，玩之则渝舞。锐气剽于中叶，骄容世于乐府。③

《三都赋》中蕴含着较多的文化元素，音乐是对异域文化的认同与接受，文化名人则是对历史的追思，对文采风流、道德精神及安邦治国才能的歌颂。从春秋的苌弘、望帝到西汉的司马相如、严君平、王褒、扬雄，《蜀都赋》展示了蜀都悠远绵长的文化，表达了左思对他们的赞美之情："幽思绚道德，摛藻掞天庭。考四海而为俊，当中叶而擅名。"④《吴都赋》

---

① （南朝梁）萧统编，（唐）李善注：《文选》卷5《吴都赋》，上海古籍出版社1986年版，第230—231页。
② （南朝梁）萧统编，（唐）李善注：《文选》卷6《魏都赋》，上海古籍出版社1986年版，第284页。
③ （南朝梁）萧统编，（唐）李善注：《文选》卷4《蜀都赋》，上海古籍出版社1986年版，第179页。
④ （南朝梁）萧统编，（唐）李善注：《文选》卷4《蜀都赋》，上海古籍出版社1986年版，第189页。

则在春秋会盟、吴越争霸的历史硝烟中追忆着时代的风云人物阖闾、孙武、伍子胥、夫差、勾践。《魏都赋》则歌颂了魏绛、张仪、范雎、段干木、信陵君、侯嬴等春秋战国士人的道德与才能。对历史名人的列举,也表现出左思文章的用心之处。《魏都赋》中的历史名人多为谋士,且与君王风云际会、君臣相得成就王业。左思在文化情结中有着明显的政治倾向,借历史表达出对政治清明的赞颂。

左思对魏、吴、蜀三国的集市贸易描写也各具特色,其中不乏政治因素。《蜀都赋》注重写货物的流通,"邛杖传节于大夏之邑,蒟酱流味于番禺之乡"①,邛竹流通到西域,果酱交易到广州,蜀锦更是闻名全国,价格不菲。《蜀都赋》在不经意中记录了中国早期商业的发展情况。《吴都赋》重点写集市贸易的热闹及贸易品种的繁多。东南沿海商业繁荣、由来有自,《吴都赋》就是很好的说明。《魏都赋》写贸易,重在提倡一种商业道德:"质剂平而交易,刀布贸而无算。财以工化,贿以商通。难得之货,此则弗容。器周用而长务,物背窳而就攻。不鬻邪而豫贾,著驯风之醇酨。"② 不卖假冒伪劣商品,公平交易,今天所提倡的商业道德,在一千多年前的《魏都赋》中就已提出。其实这是对《礼记·王制》中仁政思想的申发。看来,真正的道德是历久弥新、历久弥贵的。

集市贸易展现了社会生活的一个方面,但左思的主要目的不在此,《三都赋》选取了一个很好的切入角度,来表达左思政通人和的观点。吴蜀的商业繁荣,带来了生活的享受,影响着贵族们的生活方式。在蜀国,"三蜀之豪,时来时往。养交都邑,结俦附党。剧谈戏论,扼腕抵掌……吉日良辰,置酒高堂,以御嘉宾。金罍中坐,肴槅四陈。觞以清醥,鲜以紫鳞。羽爵执竞,丝竹乃发。巴姬弹弦,汉女击节。起西音于促柱,歌江上之飂厉。纤长袖而屡舞,翩跹跹以裔裔。合樽促席,引满相罚。乐饮今夕,一醉累月"③。这样的欢乐在吴国也一样:"出蹑珠履,动以千百。里宴巷饮,飞觞举白。翘关扛鼎,拚射壶博。鄱阳暴谑,

---

① (南朝梁)萧统编,(唐)李善注:《文选》卷4《蜀都赋》,上海古籍出版社1986年版,第184页。
② (南朝梁)萧统编,(唐)李善注:《文选》卷6《魏都赋》,上海古籍出版社1986年版,第279页。
③ (南朝梁)萧统编,(唐)李善注:《文选》卷4《蜀都赋》,上海古籍出版社1986年版,第186页。

中酒而作。"①不仅是贵族,吴王也尽情享受着,《吴都赋》吴王田猎的场面盛大、恢宏,占据了比较大的篇幅。《魏都赋》对商业道德的强调,就是为了与吴蜀享乐生活的浓笔描绘形成对比,突出王化风教的政治观点。

袁枚将《三都赋》作类书看,这是肯定了左思的博学。但他接着说:"今类书、字汇,无所不备。使左思生于今日,必不作此种赋。即作之,不过翻摘故纸,一二日可成。而抄诵之者亦无有也。"②此说对又不对,左思《三都赋》中的儒学知识、地理历史知识、名物知识、人文画卷等或许都能相应地在类书中找到,但随着时代的发展,沧海变桑田,物种会灭绝,宫殿会消失,风俗会变化,只有作品所写的才是当下的、唯一的、永恒的。况且《三都赋》并不仅仅是类书,它还有丰富的社会内容与艺术技巧,即便不会"洛阳纸贵",也能保存再现社会历史的遗容遗貌。

第二节 "洛阳纸贵"与社会博学之风

《三都赋》丰富的内容已足见左思的博学,现存的史料也从不同角度共同记载了左思的博学多才:

> 左思少好经术,尝习钟、胡书不成。学琴又不成。貌丑口讷,甚有大才。博览诸经,遍通子史。③
> 家世儒学……思遂感激勤学,兼善阴阳之术。貌寝,口讷,而辞藻壮丽。④
> 及长,博览名文,遍阅百家。⑤

左思博览经史子集,有文采,善阴阳之术,学习过音乐、书法,广泛

---

① (南朝梁)萧统编,(唐)李善注:《文选》卷5《吴都赋》,上海古籍出版社1986年版,第218页。
② (清)袁枚:《随园诗话》卷1,浙江古籍出版社2011年版,第5页。
③ 《唐钞文选集注》卷8《三都赋·序》引王隐《晋书》。转引自余嘉锡《世说新语笺疏》上卷《文学68》注引,中华书局1983年版,第248页。
④ (唐)房玄龄等:《晋书》卷92《左思传》,中华书局1974年版,第2375—2376页。
⑤ 余嘉锡:《世说新语笺疏》上卷《文学68》注引,中华书局1983年版,第246页。

的猎涉学习成就了他的博学，这是《三都赋》成功的内在因素。与此同时，《三都赋》成功也有外部因素且均与博学关系密切。

一 左思与博学群体的同气相求

《三都赋》的流行固然体现了左思的博学，但也离不开当时人们的揄扬褒奖。《三都赋》出，皇甫谧为之作序，张华为之赞叹，张载、刘逵为之作注，卫权作《略解》，陆机搁笔，名人效应带来了轰动效果。那么，何以众多名家会一致赞赏《三都赋》？解此可先简单分析一下左思的这些人脉资源。

皇甫谧是当时西州著名学者，朝廷屡次征召不应，享誉当时。他"沉静寡欲，始有高尚之志，以著述为务"，"耽玩典籍，忘寝与食"①。其兴趣与左思颇为近似：出身儒学世家，不好交游，专意典籍与著述。

张华是当朝名臣，西晋平吴，三国归晋，功莫大焉。他学识广博、博览群书，"性好人物，诱进不倦，至于穷贱候门之士有一介之善者，便咨嗟称咏，为之延誉"②。据史书，张华奖掖延誉的后进不下二十人，以左思的才华，为其延誉是理所当然。

张载"性闲雅，博学有文章"③，其父为蜀郡太守，曾入蜀。为此，左思写《蜀都赋》时有关蜀事曾咨询张载。张载为傅玄赏识，起家为佐著作郎，后两为著作郎，见世乱告归，卒于家。

刘逵，元康年间曾为尚书郎，赵王伦执政期间曾为黄门侍郎、侍中。卫权《三都赋略解序》云："中书著作郎安平张载、中书郎济南刘逵，并以经学洽博，才章美茂……"④ 刘逵同样博学，曾任中书郎。

卫权，魏司徒卫臻之孙。据《三国志·卫臻传》裴松之注，汝南王司马亮辅政时，傅咸曾上书推荐说"卫伯舆贵妃兄子，诚有才章，应作台郎"⑤。卫权曾为左思《三都赋》作序与注，"叙粗有文辞，至于为注，了无所发明"⑥。

张载、刘逵、卫权与左思的关系，当属同僚。姜剑云《太康文学研

---

① （唐）房玄龄等：《晋书》卷51《皇甫谧传》，中华书局1974年版，第1409—1410页。
② （唐）房玄龄等：《晋书》卷36《张华传》，中华书局1974年版，第1074页。
③ （唐）房玄龄等：《晋书》卷55《张载传》，中华书局1974年版，第1516页。
④ （清）严可均：《全晋文》105卫权《三都赋略解序》，商务印书馆1999年版，第1114页。
⑤ （晋）陈寿：《三国志》卷22《卫臻传》，中华书局2006年版，第388页。
⑥ （晋）陈寿：《三国志》卷22《卫臻传》，中华书局2006年版，第388页。

究》认为,张载"再任著作郎与刘逵为中书郎,或许同时,皆在太康中,故相与为左思《三都赋》作序";卫权与左思"同为皇家外戚,又同在朝堂互为僚友,那么,卫权注解左思《三都赋》显然也在情理之中"。① 徐公持先生认为张载、刘逵"地位与左思相若,年龄恐亦相近,总之彼此为同辈人",他们作注,"不是前辈奖掖,应当属友情提携"。②

陆机"少有异才,文章冠世,伏膺儒术,非礼不动","天才秀逸,辞藻宏丽"。③ 左思作《三都赋》有关吴事曾访于陆机。陆机入洛本欲作此赋,闻听左思作赋曾讥笑他,后左思赋成,陆机叹服,以为自己不能超越,遂搁笔。

前辈提携也好,同僚友情赞助也罢,其实都不是他们赞赏左思的主要原因。细看上面所列的史料,会发现他们有一个共同特点:博学。皇甫谧、张华、陆机著述之丰,检阅史书随手可得,他们的学识之广博,前文多有论及。张载,《隋志》中有别集七卷,是比较多产的作家;刘逵,《隋志》中有《丧服要记》二卷,是经学修明的学者。当我们留心他们为《三都赋》所作的注时,就会发现他们同样是博学之士,他们对山、水、树木、鸟兽、典章制度等的注释,足见其名物知识的丰富。如刘逵注《吴都赋》各种鱼类水鸟,内容就十分丰富,有得名原因、产地、外形、功用等。张载注《魏都赋》则常常将相似的句子加以比较,指出异同优劣,如对"系"的注释,比较了《系辞》、司马相如和张衡等的相似之句,结论是"张氏同诸《系辞》之别可知也"。④ 这种笺注方式,不仅展示了张载的博览群书,也体现了他的理性分析能力。张载与刘逵的注释旁征博引,所引经史子集著作多达数十部(不含单篇作品),诸如:五经著作(包括郑玄等的笺注),《论语》《老子》《庄子》《史记》《汉书》《国语》《战国策》《尔雅》《说文解字》《淮南子》《吕氏春秋》《楚辞》《山海经》《越

---

① 姜剑云:《太康文学研究》,中华书局 2003 年版,第 262 页。这里涉及了《三都赋》研究中的一些争论,诸如《三都赋》作于何时,皇甫谧是否为左思作序,张载何时入蜀、陆机何时入洛等,这些问题大多至今尚无定论。顾农《左思〈三都赋〉及其序注综考》及姜剑云《左思〈三都赋〉撰作年代问题》对相关问题胪列较为详细,两文分别见顾农《文选论丛》,广陵书社 2007 年版,第 98—110 页;姜剑云《太康文学研究》,中华书局 2003 年版,第 255—267 页。

② 徐公持:《浮华人生——徐公持讲西晋二十四友》,天津古籍出版社 2010 年版,第 214 页。

③ (唐)房玄龄等:《晋书》卷 54《陆机传》,中华书局 1973 年版,第 1467、1480 页。

④ (南朝梁)萧统编,(唐)李善注:《文选》卷 6《魏都赋》,上海古籍出版社 1986 年版,第 292 页。

第三章 《三都赋》：儒学、博学、文学的典范结合　207

绝书》《吴越春秋》《益州志》《异物志》《列仙传》《风俗通》《天官星占》及众多文学作品，等等。

共同的知识素养、共同的博学多才使皇甫谧、张华、张载、刘逵等与左思彼此惺惺相惜，这是他们一致赞赏《三都赋》的基础。从他们各自的评价也可见其中包含的博学要素：

皇甫谧《三都赋序》："其物土所出，可得披图而校。体国经制，可得案记而验，岂诬也哉！"①

刘逵《注左思蜀都吴都赋序》："非夫研核者不能练其旨，非夫博物者不能统其异。世咸贵远而贱近，莫肯用心于明物。斯文吾有异焉……"②

卫权《略解》序曰："余观《三都》之赋，言不苟华，必经典要，品物殊类，禀之图籍；辞义瑰玮，良可贵也。"③

他们一致推崇的是左思的"博物"与"征实"，亦即上文所说的博学。有理由说，众多名家对《三都赋》的一致赞赏，与彼此的博学是分不开的。

二　《三都赋》与时代博学风气的同声相应

文学创作的成功往往有着时代的因素，左思《三都赋》的创作时间，学界颇有争议，但西晋统一的时代因素是不能忽略的。国家的统一带来的是政治上的励精图治、经济的逐步复苏、教育品质的不断提升，这样的时代往往是一个博学的时代。左思之妹左芬入宫事件即可让人感受到博学的时代气息。

芬少好学，善缀文，名亚于思，武帝闻而纳之。

后为贵嫔，姿陋无宠，以才德见礼。体羸多患，常居薄室，帝每游华林，辄回辇过之。言及文义，辞对清华，左右侍听，莫不称美。

帝重芬词藻，每有方物异宝，必诏为赋颂，以是屡获恩赐焉。④

---

① （清）严可均：《全晋文》卷71《三都赋序》，商务印书馆1999年版，第757页。
② （清）严可均：《全晋文》卷105《注左思蜀都吴都赋序》，商务印书馆1999年版，第1115页。
③ （清）严可均：《全晋文》卷105《三都赋略解序》，商务印书馆1999年版，第1114页。
④ （唐）房玄龄等：《晋书》卷31《左贵嫔传》，中华书局1974年版，第957、958、962页。

左芬以文才而非以容貌被纳为妃嫔，这是一个十分独特的现象。左思"貌寝，口讷"①，左芬"姿陋无宠"，兄妹容貌恐非长相平平可言，《世说新语·容止》载，左思绝丑，仿效潘岳出游，遭群妪乱唾。② 据此，左芬之丑可想而知。武帝纳左芬为妃固然是附庸风雅，将其作为一个摆设，但左芬能成为摆设的条件是她的才学，这从一个侧面也说明了重才学的时代风气。左芬文采出众，声名虽不及兄长，犹能闻名京城，被武帝纳入后宫，左思的名气也就可想而知了。兄妹俩没有显赫的家世，没有俊秀的容颜，没有清谈的口才，他们能小有社会声誉是因为他们的才学，这很好地说明了西晋博学的时代风气。比较西晋咏物赋与左思《三都赋》的创作，可以看到这种时代风气。

（一）从西晋咏物赋看博学的社会原因

博学时代的产生离不开国家的强盛。平吴之后，三国归晋，南金蜀秀纷纷应诏北上。南来北往的经历，使士人们的视野开阔了，对外界的认知扩大了，于是南北文化产生了碰撞与融合。就如一把小小的羽扇，也传递出文化交流的信息。傅玄《羽扇赋序》写道："吴人截鸟翼而摇风，既胜于方圆二扇，而中国莫有生意，灭吴之后，翕然贵之。"③ 中原士人纷纷使用羽扇的现象，嵇含《羽扇赋序》也有所说明："吴楚之士，多执鹤翼以为扇，虽曰出自南鄙，而可以遏阳隔暑。昔秦之兼赵，写其冕服，以□侍臣。大晋附吴，亦迁其羽扇，御于上国。"④ 言辞中虽然带着战胜国的傲慢，但羽扇被中原士人普遍接受却是不争的事实。羽扇改变了西晋士人的生活习惯，成为南北文化交流的载体，形成了独特的羽扇文化。在西晋咏器物的赋作中，"羽扇"几乎居题咏之首。

其实早在魏明帝太和年间，随着战乱的平息，人们就已经不满足于《说文解字》《尔雅》等字书的知识范围，张揖曾上《广雅》一书，他说："窃以所识，择撍群艺，文同义异，音转失读，八方殊语，庶物易名，不在《尔雅》者，详录品核，以著于篇，凡万八千一百五十文……"⑤《广雅》按《尔雅》的体例对其进行了大量的增补，到今天还是研究汉魏以前词汇和训诂的重要著作。

即使著述如斯，依然不能满足人们认知现实的需要。到西晋时，张华

---

① （唐）房玄龄等：《晋书》卷92《左思传》，中华书局1974年版，第2376页。
② 余嘉锡：《世说新语笺疏》下卷《容止7》，中华书局1983年版，第610页。
③ （清）严可均：《全晋文》卷51，商务印书馆1999年版，第531页。
④ （清）严可均：《全晋文》卷65，商务印书馆1999年版，第676页。
⑤ （清）严可均：《全三国文》卷40，商务印书馆1999年版，第413页。

第三章 《三都赋》：儒学、博学、文学的典范结合

写有《博物志》，传说嵇含写有《南方草木状》，两晋之交的郭璞也有《山海经图赞》《尔雅图赞》《尔雅注》等作品，表现出当时人们极大的博物热情。陆机的《吴章》、束皙的《发蒙记》、吕忱的《字林》等蒙学著作相继完成于西晋也就不难理解了。

就是在文学作品中，西晋士人也表现出博物的时代热情。以魏晋咏物赋为例，试看下表①：

内容	曹魏、东吴 （西蜀无咏物作品）	西晋	东晋	总计
动物赋	31 篇 17 种动物	55 篇 35 种动物	22 篇 15 种动物	108 篇
植物赋	21 篇 10 种植物	76 篇 38 种植物	13 篇 12 种植物	110 篇
器物赋	37 篇 20 种器物	69 篇 49 种器物	23 篇 22 种器物	129 篇
作家人数	30 人	38 人	39 人	107 人

魏晋时期是咏物赋创作的高潮时期，据表格，咏物赋的数量，西晋远远高于曹魏及东吴、东晋时期，占魏晋时期总数的一半多。咏物赋创作队伍的规模大体相同，这更能说明西晋士人的眼界扩大，关注的对象广泛。西晋咏物赋的繁荣，从一个方面说明了社会时代的博物风尚。不仅如此，西晋咏物赋在写作上往往采用写实的手法，注意描写物的外形、特征、习性、功用等，可以说西晋咏物赋表现出与《三都赋》同样的创作趣好：博物征实。这表明《三都赋》的创作与时代博学风气是一致的。借西晋咏物赋博物写实这一视角，可以较清楚地看到博学与西晋时代的关系。

首先，地域融合的社会环境丰富了士人的名物知识。傅玄有《蜀葵赋》《紫花赋》，赋中的两种植物蜀葵、紫花都产自蜀，傅玄因好奇而加以引种并作赋记载。他的《枣赋》介绍了枣的产地，"或布燕赵，或广河东"，很明显这是中原本地枣。赋中傅玄介绍了一种特别好吃的枣，该枣若瓜，吃了它"全身益气，服之如神"②。该枣出自海滨，非中原特产。地域的融合促使人们广泛认识世界，这成为时人增长知识的途径之一。

其次，西晋的庄园生活提供了士人博学的条件。傅玄不仅种蜀葵、紫

---

① 本表据《全晋文》而制，包括残篇及存目。曹魏士人指建安到西晋建国之间的士人；东晋士人不含十六国士人。"物"不包括日月星辰、风雨雷电、江河湖海等自然物象。统计数据不尽精确，但也足以说明问题。

② （清）严可均：《全晋文》卷45，商务印书馆1999年版，第464页。

花，从《瓜赋》《李赋》中可知他还种植了瓜果。此外，傅玄还驯养了小动物，他的《猕猴赋》写其酒后戏猴，为之戴帽穿袜，化妆唇面，观其种种表情，赋写得生动而有趣。傅玄子傅咸亦种有树木、养殖动物。他的《斑鸠赋》序写道："余舍下种楸，蔚然成林，闲居无为，有时游之。顾见斑鸠，音声可悦。于是捕而畜之……"① 傅玄父子事例说明，西晋士人种植树木瓜果，驯养动物是比较普遍的，原因恐怕与西晋当时的庄园经济有关。

前文曾叙何劭、张华、潘岳都有自己的庄园。还可再举两例。张协的《玄武馆赋》②，据赋内容，玄武馆在京郊，是张氏旧墟。四周有高大的围墙，其内高楼飞瓦，朱户幽闼，楸夹路梓，风光无限。潘尼的《东武馆赋》是应东武阳侯之邀而作。东武馆不在里巷，但其前是水陆交通中心，其后是崇山茂林，看来也在市郊。馆内有潜流飞渠，有芙蓉灵芝，庄园之大，从"虞人献鲜"可见。"虞人"是古代掌管山泽苑囿田猎的职官，可见东武馆是有专人管理的。西晋士人的庄园都种有各种瓜果树木，养殖动物，这种生活实践是士人博物的又一条途径。

最后，游历开阔了西晋士人的眼界。从西晋士人的赋中多可见他们出游的行踪：应贞《临丹赋》是观泉，"陟绵冈之迢邈，临窈谷之潺遏。览丹源之洌泉，眷县流之清派"③。傅玄因"同志来游，携手逍遥"④ 而作《柳赋》。嵇含"以太簇之月，登于历山之阳"⑤，闻槐香作《槐香赋》。庾儵离开许都回洛阳，种下槐树，作《大槐赋》。傅咸逐禽登北山，见款冬花作《款冬花赋》。殷巨任职广州，见大秦国赠送的奇布，作《奇布赋》。他们或游赏或游宦，不管出于何种原因，游历开阔了眼界，增长了见识。西晋的统一，在一定程度上扩大了士人的活动范围，相应地必然增加对外界的认知，增长知识。

咏物赋除了写实，写山川物产形胜，有时还写意，以物寓意。西晋士人这类咏物赋也表现出他们的博学。两晋时代，清谈者往往不擅长写，能写者往往不是清谈家。这已成为后世的共识。乐广辞让河南尹，请潘岳代笔就是典型事例。但是西晋士人却往往兼综儒玄，文学创作中对老庄思想的娴熟阐释，表明了他们的博学。对玄学或道家思想的体悟，往往形之于

---

① （清）严可均：《全晋文》卷51，商务印书馆1999年版，第536页。
② （清）严可均：《全晋文》卷85，商务印书馆1999年版，第908页。
③ （清）严可均：《全晋文》卷35，商务印书馆1999年版，第351页。
④ （清）严可均：《全晋文》卷45，商务印书馆1999年版，第465页。
⑤ （清）严可均：《全晋文》卷65，商务印书馆1999年版，第677页。

对微小生物的赋咏上。如：傅咸是礼法之士，经学修明，但其《扣头虫赋》通过一只小小的虫子诠释了老子柔弱胜刚强的思想。张华的《鹪鹩赋》以浅托深，以小喻大①，阐释了道家任运自然的人生态度。这类作品尚有傅玄《蝉赋》、成公绥的《鸿雁赋》、孙楚的《雉赋》等，它们都表达了顺应自然的观点。咏物赋中朝菌是士人赋咏较多的对象，就因为它朝开暮落，生命短暂；鹦鹉、蝉、螳螂、蜘蛛、青蝇等生物因为弱小也进入士人的视野。这些小生物成为士人达意的对象，并非偶然，在一定程度上表明了士人对老庄思想的接受与阐发。可以说，西晋的玄学思潮也促进了士人的博学，进而影响着创作。

西晋士人的博学是自身素质的表现，皇甫谧、张华、左思均如此。咏物赋中也可以看到这一点，如傅玄、成公绥精通音律，所以傅玄有《琴赋》《琵琶赋》《筝赋》《筑赋》《节赋》五篇咏乐器之作，是西晋咏乐器最多的作家。而成公绥也以一篇《啸赋》名动当时及后世。尽管如此，我们依然不能忽视士人博学的社会因素。西晋士人的博学与政治、教育、文化、学术思潮、时代风气息息相关。自身素质与社会因素促成了士人的博学，而博学与创作又紧紧关联。刘熙载《艺概·赋概》中曾说："才弱者往往能诗，不能为赋。积学以广才，可不豫乎？"②此言特别强调了博学与赋创作的关系。

博学不仅与赋创作有关，与诗歌创作也有关系。张载《诗》写道："太谷石榴，木滋之最。肤如凝脂，汁如清濑。江南都蔗，张掖丰柿。三巴黄甘，瓜州素柰。凡此数品，殊美绝快。渴者所思，铭之裳带。"③这是典型的名物风气在诗歌创作中的表现。诗作以诗名物，记录各地的物产，虽然少了诗味，但同咏物赋一样，可见作者的博识。

（二）左思《三都赋》中的时代风气

咏物赋中表现出时代风气与博学的关系，左思《三都赋》对此也有所呼应。一方面，左思《三都赋》对山川、草木、虫鱼、鸟兽的分类介绍，与当时社会博物征实的风气是一致的。另一方面，左思《三都赋》中丰富的历史、地理知识，展现出鲜明的时空意识，这与当时的游历之风也相吻合。

从整体上看，《蜀都赋》《吴都赋》的结构安排大体相同。先写蜀都、吴都的历史。接着介绍两都的地理位置与环境，其中穿插着物产的介绍。

---

① （清）严可均：《全晋文》卷58，商务印书馆1999年版，第601页。张华《鹪鹩赋序》说："夫言有浅而可以托深，类有微而可以喻大。"
② （清）刘熙载：《艺概》卷3《赋概》，上海古籍出版社1978年版，第101页。
③ 逯钦立：《先秦汉魏晋南北朝诗·晋诗》卷7，中华书局1983年版，第739页。

最后写人物活动，其中又穿插着风土人情的描写。《魏都赋》在结构上有变化，它以整个魏朝的历史为经，以地理环境、人物活动为维。这样的结构安排，便于以魏统一三国收束全篇，从而突出赋作主旨。

《三都赋》洋洋万言，但因为特别注重空间顺序，所以写来井井有条。三篇赋在写治所时都按由内而外的顺序，先写宫殿再写宫外、街道。但在宏观写蜀都、吴都的地理位置与环境时，却采用由外而内的顺序。所不同的是，《蜀都赋》按照由四周到中心的顺序，它以蜀都为参照，按前后东西的方位进行描写，最后写都城，其结构若辐辏。《吴都赋》则采用由江海到岛屿到郊区到居住中心这样由外而内的顺序，采用的是线性结构。

三篇赋在写人物活动时，也注重空间顺序。《蜀都赋》《吴都赋》中的人物活动是先集市再打猎，由城中至城外。《魏都赋》的人物活动主要是按魏建国历程的时间顺序来写，与前两赋不同。

清晰的地理方位无疑给了读者最直观的印象，与其说这是空间意识，真不如说是一种游历（旅游）意识。下面对魏都的介绍几乎就是现代版的旅游广告：

> 至於山川之倬诡，物产之魁殊。或名奇而见称，或实异而可书。生生之所常厚，洵美之所不渝。其中则有鸳鸯交谷，虎涧龙山。掘鲤之淀，盖节之渊。班班精卫，衔木偿怨。常山平干，钜鹿河间。列真非一，往往出焉。昌容练色，犊配眉连。玄俗无影，木羽偶仙。琴高沈水而不濡，时乘赤鲤而周旋。师门使火以验术，故将去而林燔。易阳壮容，卫之稚质。邯郸躧步，赵之鸣瑟。真定之梨，故安之栗。醇酎中山，流湎千日。淇洹之笋，信都之枣。雍丘之粱、清流之稻。锦绣襄邑，罗绮朝歌。绵纩房子，缣緫清河。若此之属，繁富夥够。①

这里有好山好水，有优美动人的传说，有漂亮的女子，有数不完的特产：真定的梨、故安的栗、中山酒、淇洹笋、信都枣、雍丘粱、清流稻、朝歌的罗绮、房子的绵纩、清河的缣緫，真是"谁不说我家乡好"。或许这样的介绍还真能撩动人们旅游的心思，即便不能亲身游历其境，但读《三都赋》至少也能饱耳福、长见闻。

《三都赋》也反映了时代尚清谈之风。左思写蜀都士人"剧谈戏论，

---

① （南朝梁）萧统编，（唐）李善注：《文选》卷6《魏都赋》，上海古籍出版社1986年版，第289—290页。

第三章 《三都赋》：儒学、博学、文学的典范结合

扼腕抵掌"的生活方式，颇有清谈意味。杨勇先生在《论清谈之起源、原意、语言特色及其影响》一文中指出："世人皆以为清谈是谈《老》《庄》等学术思想，或人物批评；而不知清谈始是谈嘲；滑稽笑语，供人娱心者也。"① 在杨先生看来，清谈"或谓之戏"。左思的"剧谈戏论"或即此一类。刘逵以桓谭《七说》中的"戏谈以邀誉"注左思此处之"戏"；李善也以《汉书》中的"扬雄口吃，不能戏谈"作注。可见杨先生之说有一定道理。这类清谈在蜀人中有不少表现，如《诸葛恪别传》：

> 孙权尝飨蜀使费祎，先逆敕群臣："使至，伏食勿起。"祎至，权为辍食，而群下不起。祎啁之曰："凤皇来翔，骐骥吐哺，驴骡无知，伏食如故。"恪答："爰植梧桐，以待凤皇，有何燕雀，自称来翔？何不弹射，使还故乡！"祎停食饼，索笔作《麦赋》，恪亦请笔作《磨赋》，咸称善焉。②
>
> 庞统有人伦识鉴，至吴，即品题陆绩、顾劭、全综，"陆子所谓驽马有逸足之用，顾子所谓驽牛可以负重致远"。对陆、顾二人的评价，吴人无以难。又评全综"全子好名声，似汝南樊子昭"。③

这里描写的就是蜀人费祎与东吴诸葛恪谑谈争锋及庞统品鉴东吴士人的事例，于此可证蜀有"剧谈戏论"的风气。《吴都赋》写虞、魏、顾、陆等大族生活时，也写到戏谑之风，如"鄱阳暴谑，中酒而作"，这表明当时"谈"风之盛。不仅在中原，东吴与蜀汉也如此。④ 左思关注蜀都"戏谈"、吴都"暴谑"，其实也表明了魏晋清谈之风的影响。左思"家世儒业"，但在《三都赋》中提倡儒家"德治"的同时，却引用了不少道家"三玄"的典故，聊摘引《魏都赋》数例：

> "昔市南宜僚弄丸，而两家之难解。聊为吾子复玩德音，以释二客竞于辩囿者也。"张载注：《庄子》曰："昔市南宜僚弄丸，而两家之难解。"

---

① 杨勇：《〈世说新语校笺〉修订本序》，见《杨勇学术论文集》，中华书局 2006 年版，第 481 页。
② （晋）陈寿：《三国志》卷 64《诸葛恪传》注引，中华书局 2006 年版，第 844 页。
③ 余嘉锡：《世说新语笺疏》中卷《品藻 2》，中华书局 1983 年版，第 500 页。
④ 《世说新语》中有数条关于东吴戏谈的记载，详见《杨勇论文集》中《论清谈之起源、原意、语言特色及其影响》一文。

"剑阁虽嶐，凭之者蹶，非所以深根固蒂也。"李善注：《老子》曰："有国之母，可以长久，是谓深根固蒂，长生久视之道也。"

"思重爻，摹《大壮》。览荀卿，采萧相。"张载注："重爻，《易》爻也。《大壮》，《易》卦名也。"

"先生玄识，深颂靡测。得闻上德之至盛，匪同忧于有圣。"张载注：《老子》曰："古之士微妙玄通，深不可识。夫唯不可识，故强为之颂。"①

《易经》《老子》《庄子》在魏晋时被称为"三玄"，左思所引不在少数，张载几乎都加以注明。左思、张载对老庄之说的熟稔，正是时代风气的反映。左思与扬雄一样"口讷"，不能清谈，但其援道入儒的学风与玄学的治学路径是一致的。左思与西晋咏物赋作家一样，在时代风气的熏染下，都兼修儒道，博学多识。不同的是，《三都赋》的主旨是儒家正统观念；咏物小赋中不少则强调谦顺退让、任运而安的道家思想。尽管如此，博学仍是他们的共同特点。

张华、皇甫谧、张载、刘逵等博学群体的同气相求，使他们对《三都赋》一致延誉，避免了《三都赋》因人废言的不幸命运。西晋时代的博学风气，使《三都赋》踏着时代的节拍，找到了"合格的读者"（文化素养、兴趣一致的欣赏者）②，以至豪贵之家竞相传抄，成就了京都大赋最后的辉煌。

第三节 《三都赋》博学的典范意义

《三都赋》是左思充分调动自己的知识而精心架构的作品，不仅对前代京都大赋博物之风有所继承，更是博学多识的体现。无论是经、史、子、集的知识汇聚，还是丰富的动、植物等物产的展示，无论是盛大的田猎场面、热闹的商贸集市、欢乐的歌舞宴会描绘，还是历史文化名人的历数，左思用他的笔传递出了知识与学术的信息，备受后人推崇。东晋孙绰绝重张衡、左思之赋，称之为"五经之鼓吹也"③。《隋书》和《北史》还

---

① （南朝梁）萧统编，（唐）李善注：《文选》卷6《魏都赋》，上海古籍出版社1986年版，第261、264、268、297页。

② 葛兆光：《论典故》，《汉字的魔方：中国古典诗歌语言学札记》，复旦大学出版社2008年版，第133页。

③ （唐）房玄龄等：《晋书》卷56，中华书局1974年版，第1544页。

第三章 《三都赋》：儒学、博学、文学的典范结合 215

记载了李德林与《蜀都赋》的趣事："德林幼聪敏，年数岁，诵左思《蜀都赋》，十余日便度。高隆之见而嗟叹，遍告朝士，云：'若假其年，必为天下伟器。'"① 只因年幼能记诵《蜀都赋》，便断言其今后的人生高度，《蜀都赋》被青睐、赏识一至如斯。

这样的推崇还表现在训诂学上，不少注家以《三都赋》来训诂史书，《史记三家注》及《三国志注》即如此：

《史记》【集解】：徐广曰："弟，但也。《史记》《汉书》见此者非一。又左思《蜀都赋》曰'弟如滇池'，而不详者多以为字误。学者安可不博观乎？"②

《史记》【索隐】：左思《吴都赋》云"长干延属"，是干为江旁之地。③

《史记》【正义】：《括地志》云："按：横渠首接漳水，盖西门豹、史起所凿之渠也……左思《魏都赋》云'西门溉其前，史起濯其后'也。"④

《三国志》裴松之注：今文《尚书》曰"优贤扬历"，谓扬其所历试。左思《魏都赋》曰"优贤著于扬历"也。⑤

《三国志》裴松之注：《河图·括地象》曰："岷山之地。上为东井络，帝以会昌，神以建福，上为天井。"左思《蜀都赋》曰："远则岷山之精，上为井络，天地运期而会昌，景福（胙）蠲而兴作。"⑥

《三国志》裴松之注：《汉书·礼乐志》曰："长离前掞光耀明。"左思《蜀都赋》"摛藻掞天庭"。⑦

这里有对字义的注释，如"弟""干""掞"之属；有对词义的注释，如"扬历"；有对地名的注释，如"井络"；有对史事的注释，如西门豹、史起凿渠等……毫无疑问，《三都赋》已成为后世词语解释及训诂的重要参考资料。左思丰富的知识缘于他对前人知识的广泛学习，他的知识又成

---

① （唐）令狐德棻等：《隋书》卷42《李德林传》，中华书局1973年版，第1193页。
② （汉）司马迁：《史记》卷1《五帝本纪》，中华书局1959年版，第47页。
③ （汉）司马迁：《史记》卷69《苏秦列传》，中华书局1959年版，第2255—2256页。
④ （汉）司马迁撰：《史记》卷126《滑稽列传》，中华书局1959年版，第3213页。
⑤ （晋）陈寿：《三国志》卷11《王烈传》，中华书局2006年版，第219页。
⑥ （晋）陈寿：《三国志》卷38《秦宓传》，中华书局2006年版，第581页。
⑦ （晋）陈寿：《三国志》卷45《邓芝传》，中华书局2006年版，第635—636页。

为后人学习的链条。其博学意义可见一斑。

不仅如此,作为文学作品,左思的博学带来了《三都赋》创作的几个鲜明的特点:模拟、用典、炼字、炼句。这些与西晋文坛的创作风尚是一致的,在这点上,《三都赋》同样具有典范意义。

一 模拟

模拟之作大体始于西汉的扬雄,自此拟作不断出现。从傅玄《七谟序》及《连珠序》中可以看到汉魏以来的模拟风气(从文中措辞"大魏英贤"推断,文章当为曹魏时作品)。傅玄自己也擅长模拟,除《七谟》《连珠》外,还模拟张衡作有《拟四愁诗》,模拟《楚辞》作有《拟天问》《拟招魂》,依照乐府旧题模拟创作乐府,等等。模拟之风至西晋太康年间有增无减。据陆机《遂志赋序》可知他作赋曾揣摩崔篆、冯衍、班固、张衡、蔡邕等众家的风格,其拟作较多,如《七徵》、《拟古诗》十二首、《演连珠》五十首等。西晋其他作家也有不少拟作,如傅咸、束皙、夏侯湛的拟经诗,张载的《拟四愁诗》,张协的《七命》等。这种模拟现象,有历史传承的因素,也有时代的影响。总之,模拟是西晋文学创作主要特色之一。

左思的《三都赋》就是在这种模拟风气之下创作的,其《三都赋序》言"摹二京而赋三都";刘逵《注左思蜀都吴都赋序》也说"观中古以来为赋者多矣,相如《子虚》擅名于前,班固《两都》理胜其辞,张衡《二京》文过其义。至若此赋,拟议数家,傅辞会义,抑多精致"[①],可见左思《三都赋》是对两汉大赋特别是京都题材大赋的继承。有趣的是,在模拟继承中,左思与张衡有不少惊人相似之处:

其一,张衡模拟《两都赋》作《二京赋》,精思附会十年乃成;左思模拟《二京赋》也是十年乃成。

其二,张衡拟作规模扩大,由班固的四千七百余字,增至七千七百余字;左思的拟作又由七千七百余字增至一万零一百一十三字,篇幅都明显增加。

其三,张衡作《二京赋》除政治目的外还有与班固一争高下之心[②];左思《三都赋》完成后曾言自己所作"不谢班张",即不比班固、张衡

[①] (清)严可均:《全晋文》卷105《注左思蜀都吴都赋序》,商务印书馆1999年版,第1115页。

[②] (唐)欧阳询《艺文类聚》卷61《居处部一》(上海古籍出版社2013年版,第1657页)载:"班固作《两都赋》……张平子薄而陋之,故更造焉。"

差，其一比高下之心依然。

其四，甚至在对帝王的称美中，都为后人非议。张衡赞东汉帝王"奢未及侈、俭而不陋"① 不合东汉中后期历史事实；左思赞魏明帝"料其建国，析其法度。咨其考室，议其举厝"② 也并非如史实所言。因此有研究者说，两人的赞美都是其政治理想的表现。

总体来说，左思的《三都赋》与东汉京都大赋的题材相似，都采用问答形式，对山川形胜、宫殿楼阁、物种物产、风土人情等极尽铺陈之能事。并且轨步京都大赋的规模体制，发扬京都大赋驰骋辞藻的语言风格，继班固、张衡之后再一次将京都大赋的创作推向高潮。

尽管与东汉京都大赋的创作有太多的相似，但左思的模拟并非一成不变的接受，他还是有所创新的。郭绍虞先生说："实则昔人拟古，乃古人用功之法，是入门途径，而非最后归宿。"③ 此言用于左思的确不虚。

左思有过不少的模拟经历，其《咏史诗》就说"弱冠弄柔翰，卓荦观群书。著论准《过秦》，做赋拟《子虚》"④。正是对前贤的模拟学习，才使他博通多识，才华出众，成为西晋文坛的佼佼者。《三都赋》最具创新处就是其征实手法的运用，"其山川城邑则稽之地图，其鸟兽草木则验之方志。风谣歌舞，各附其俗；魁梧长者，莫非其旧"⑤。名物、风俗、历史的校名核实，充分摆脱了以往京都赋的虚夸，表现出左思审慎求实的创作作风及博学的知识结构。

西晋盛行模拟之风，就拟古乐府而言，成就不大，创新不多。即便以陆机的才华，其拟古诗也没有太多的新意。但这并不代表他们所有的创作都没有创新，西晋文学还是有自身特点的。就模拟而言，它是西晋士人的博学在创作上的表现之一。陆机《遂志赋序》说"欲丽前人"，左思自认为"不谢班张"，这种敢与前贤比肩的自信，正源自他们的广泛揣摩。模拟使他们对前人的知识广泛继承，对自身的学问充满信心。左思、陆机、傅玄、张华等都是西晋拟古风气下博学的代表。

二 用典

葛兆光先生说："中国古代诗词中的典故有一个非常显著的特点，即

---

① （清）严可均：《全后汉文》卷53《东京赋》，商务印书馆1999年版，第544页。
② （清）严可均：《全晋文》卷74《魏都赋》，商务印书馆1999年版，第790页。
③ 郭绍虞：《沧浪诗话校释·诗评》，人民文学出版社1983年版，第191页。
④ 逯钦立：《先秦两汉魏晋南北朝诗·晋诗》卷7，中华书局1983年版，第732页。
⑤ （清）严可均：《全晋文》卷74《三都赋序》，商务印书馆1999年版，第776页。

它们主要来自古代典籍，而中国古代诗人使用典故时又有一种非常普遍的现象，即不仅用来增加诗的内涵，而且用来炫耀自己的博学。"① 博学带给西晋士人创作的第二个特点也在此：用典。

　　士人使用典故的历史，也可以上溯到两汉。刘勰说："自卿、渊以前，多役才而不课学；雄、向已后，颇引书以助文。"② 也就是说，司马相如、王褒之前，用典并不普遍，扬雄、刘向以后，引经据典始成风气。两汉以来，随着儒家地位的确定，士人学识修养的日渐加强，经史知识成为衡量学问高下的标尺，博学也就成为士人比较普遍的追求。至西晋，随着三国的统一，玄学思潮的影响，统治者的敦倡儒学，博学更是翕然成风，士人们几乎都博览经史、博通古今，创作往往见博学的根柢。用典是他们展示才学的方式之一，举凡儒家经典、历史典籍、两汉赋作等都成为援引的内容，诸如傅玄的《傅子》、陆机的《演连珠》、张载的《榷论》等，用事用语随处可见。用典不仅仅在文章范围内，诗赋创作中同样屡见不鲜，由于博学，用典已成为西晋文学创作的主要特色。

　　左思的《三都赋》也体现了这一特色。大致说来，用典主要表现为用语、用事两种。刘勰《文心雕龙·事类》定义"用典"为"据事以类义，援古以证今者也"，将"用典"分为"略举人事，以征义者"和"全引成辞，以明理者"两类。③ 对此，刘永济先生略加阐释说，用典"大别有二：一用古事，二用成辞"④，此即"用语""用事"之由来。

　　"用语"主要表现为引用经、史、子、集中的现成语句。经语，即儒家经典之语，西晋士人创作中援引较多，前文多有举例。经语的引用往往使诗文词赋显得典雅庄重。如《诗经》就是西晋士人诗文中常常引用的经典，陆云可说是其中的代表。此外，西晋士人较多地引用老庄之语，这与玄学思潮、士人隐与仕的处世原则等有关，前文也有所列举。历史似乎是西晋士人的必修课，西晋士人对《汉书》《史记》特别热衷，故也烂熟于心，援引自如。左思《三都赋》大量引用经、史、子、集之语，前文曾以《魏都赋》为例，有所列举。这里不妨再看《蜀都赋》关于蜀都士人饮酒、歌舞的享乐生活描写，其中用典颇为集中。

---

① 葛兆光：《论典故》，《汉字的魔方：中国古典诗歌语言学札记》，复旦大学出版社2008年版，第123页。
② 王运熙、周锋：《文心雕龙译注·才略》，上海古籍出版社2010年版，第229页。
③ 王运熙、周锋：《文心雕龙译注·事类》，上海古籍出版社2010年版，第180页。
④ （南朝梁）刘勰著，刘永济校释：《文心雕龙校释》，武汉大学出版社2013年版，第116页。

第三章 《三都赋》：儒学、博学、文学的典范结合　219

若其旧俗，终冬始春。吉日良辰，置酒高堂，以御嘉宾。金罍中坐，肴槅四陈。觞以清醥，鲜以紫鳞。羽爵执竞，丝竹乃发。巴姬弹弦，汉女击节。起西音于促柱，歌江上之飂厉。纤长袖而屡舞，翩跹跹以裔裔。合樽促席，引满相罚。乐饮今夕，一醉累月。①

引文中"置酒高堂，以御嘉宾"句，语出曹植《箜篌引》（又名《野黄雀行》）之句"置酒高殿上，亲友从我游"及《诗·小雅·吉日》中的"以御宾客，且以酌醴"。"纤长袖而屡舞，翩跹跹以裔裔"句，语出《韩非子·五蠹》中的文句"鄙谚曰：'长袖善舞，多钱善贾。'此言多资之易为工也"及《诗经·小雅·宾之初筵》中的"屡舞仙仙"之句。"合樽促席"句，据李善注，语出东方朔六言诗诗句"合樽促席相娱"。"乐饮今夕，一醉累月"句，语出《诗经·小雅·頍弁》中的"乐酒今夕，君子维宴"及《诗·小雅·小宛》中的诗句"彼昏不知，一醉日富"。

短短的一段话，连用七个典故，写歌舞酒宴场面。这么密集地引《诗经》及前贤语，的确显示出左思的才学不凡。尤为难能可贵的是，七个典故都旨归一处，即酒宴歌舞之欢乐（尽管五个典故来自《诗经·小雅》）。左思的殚精竭思，就算是炫耀才学，怕也能折服于人了。

左思赋中引用经、史、子、集之语，基本上没有脱离原来语句的本意，使用上或完整引用，或稍事增减；或叙述，或描写，或说理。在展示博学的同时，亦增强了语言的藻丽色彩。

"用事"，又称稽古，主要是引用典籍中的史事或传说故事。《三都赋》在介绍物产、风俗时经常稽古用事，对介绍对象予以强调。如《蜀都赋》写巴西、巴中特产及习俗：

丹沙赩炽出其坂，蜜房郁毓被其阜。山图采而得道，赤斧服而不朽。若乃刚悍生其方，风谣尚其武。奋之则賨旅，玩之则渝舞。锐气剽于中叶，蹻容世于乐府。②

山图、赤斧，典出《列仙传》，山图采药，身轻不食；赤斧炼丹，发

---

① （南朝梁）萧统编，（唐）李善注：《文选》卷4《蜀都赋》，上海古籍出版社1986年版，第186页。
② （南朝梁）萧统编，（唐）李善注：《文选》卷4《蜀都赋》，上海古籍出版社1986年版，第179页。

肤尽赤,皆古仙人。左思用山图、赤斧之典意在强调涪陵的赤土颜色不同于一般,汉昌的蜂蜜品质上乘。左思用典一个相当明显的特征是,典故大多为本土的人与事,这显然是遵循了征实的创作原则。

这样的例子不少,对三都的形胜物产、风俗、人物等往往依此原则引传说及历史故事,诸如《蜀都赋》中"幽思绚道德,摛藻揽天庭"①引扬雄之典,《吴都赋》"洪桃屈盘"②引《水经》东海大桃之典,《魏都赋》"千乘为之轼庐,诸侯为之止戈。则干木之德自解纷也"③引段干木之典,等等。这些用典只是对传说及历史事件的征引,意在彰显各自引以为傲的物产、人物,没有更多发明。当然,其中也有不少成功的例子,如《蜀都赋》写蜀都的鱼类"跃涛戏濑,中流相忘"④,典出《庄子·大宗师》"相呴以湿,相濡以沫,不如相忘于江湖"⑤。典故切合语境,写出了水鸟自由自在的生活。用典摆脱了介绍式的单一,赋予蜀都的鱼类以活泼的生机。

《三都赋》的典故有时具有指代作用,如《魏都赋》写曹操手下将帅"相兼二八,将猛四七"⑥。这里用舜举八元八凯十六相的典故和光武帝云台二十八将的典故,借以指代曹魏人才济济的盛况。典故使用比较巧妙,表面看,只是几个数字,当典故契合之后会发现,数字背后指代的是贤臣良相,是战功赫赫的开国功臣。典故运用言简意赅,内容丰富,意味深长,确如杜甫所说,如"水中着盐,饮水乃知盐味"⑦。

有时典故又富含比喻,如《魏都赋》写曹操出征"毕出征而中律,执奇正以四伐"⑧。"中律"典出《庄子·庖丁解牛》,用此典意在说明"魏武帝从初平元年起兵至建安二十五年,军无不克,抑亦庖丁用刀十九年之

---

① (南朝梁)萧统编,(唐)李善注:《文选》卷4《蜀都赋》,上海古籍出版社1986年版,第189页。
② (南朝梁)萧统编,(唐)李善注:《文选》卷5《吴都赋》,上海古籍出版社1986年版,第207页。
③ (南朝梁)萧统编,(唐)李善注:《文选》卷6《魏都赋》,上海古籍出版社1986年版,第292页。
④ (南朝梁)萧统编,(唐)李善注:《文选》卷4《蜀都赋》,上海古籍出版社1986年版,第183页。
⑤ 陈鼓应注译:《庄子今注今译》,中华书局2009年版,第195页。
⑥ (南朝梁)萧统编,(唐)李善注:《文选》卷6《魏都赋》,上海古籍出版社1986年版,第287页。
⑦ (宋)魏庆之:《诗人玉屑》卷之七《用事》,上海古籍出版社1978年版,第148页。
⑧ (南朝梁)萧统编,(唐)李善注:《文选》卷6《魏都赋》,上海古籍出版社1986年版,第281页。

义也"①。用庖丁解牛十九年刀不折，比喻曹操征战二十载攻无不克，用典形象，浑然天成。

《三都赋》用典，有时通过联想，创造出新的内容。如《吴都赋》写吴王君臣极尽酒宴歌舞之乐，渴盼欢乐永久，却用了鲁阳之典："鲁阳挥戈而高麾，回曜灵于太清。将转西日而再中，齐既往之精诚。"②典出《淮南子》卷六《览冥训》。传说周武王讨伐殷纣王时，战斗十分激烈，眼看天色已晚，武王部下鲁阳公向日怒吼、举戈挥舞，"日为之退三舍"。后"鲁阳挥戈"遂指力挽危局。《三都赋》却是写打猎胜利后欢乐的生活，典故在"日为之退"上相关联，极写吴王君臣的纵情享乐；"挥戈而高麾"是反用典故，写吴王君臣尽情打猎。魏庆之《诗人玉屑》中对反用典故者评价极高，认为不是学业高人、不是创新者难以做到。③就此处用典看，左思怕也能当得起该评价吧。

李士彪《魏晋南北朝文体学》说："魏晋南北朝人在用典时，经常提到'连类'一词。也就是借与当前事物有关的古事古词以申今情。用典的实质就是'连类'。"又说："魏晋南北朝文章中之连类多用'虽'字领起的句式。"④这种情况在《三都赋》中也有，如《魏都赋》写道：

　　虽明珠兼寸，尺璧有盈。曜车二六，三倾五城，未若申锡典章之为远也。⑤

这里用了两个典。其一，《史记·田敬仲世家》中魏惠王与齐威王之典：魏惠王有寸珠十枚照车前后十二乘，讶异齐大国而无珠宝。其二，《史记·廉颇蔺相如列传》中赵惠文王以十五城易和氏璧之典。用典意在强调典章制度远重于珠宝。这种用典缘于对偶句的因素，往往两事相对，钱钟书称之为"文字眷属"或"语言眷属"。⑥这是六朝习见的语言现象，原因就在于用典的类型化。

---

① （南朝梁）萧统编，（唐）李善注：《文选》卷6《魏都赋》，上海古籍出版社1986年版，第281—282页。
② （南朝梁）萧统编，（唐）李善注：《文选》卷5《吴都赋》，上海古籍出版社1986年版，第232页。
③ （宋）魏庆之：《诗人玉屑》卷之七《用事》，上海古籍出版社1978年版，第147页。
④ 李士彪：《魏晋南北朝文体学》，上海古籍出版社2004年版，第250—251页。
⑤ （南朝梁）萧统编，（唐）李善注：《文选》卷6《魏都赋》，上海古籍出版社1986年版，第298页。
⑥ 钱钟书：《管锥编》（第四册），中华书局1979年版，第1224、1402页。

《三都赋》用典或征实，或指代，或比喻，或联想；或正用，或反用，有不少成功的例子。当然也有不成功之例。如写巴郡盛产草药，列举名医神农、扁鹊、俞跗来增强这一事实。原句是"神农是尝，卢跗是料"①，如果不知道扁鹊又称卢医，不知俞跗为上古之医，恐怕读者不知所云。用典不成功与追求对偶句的对称有关，为求字数对称，省略而将人名割裂，造成了理解上的困难。

用典对学识的要求很高，它是对历史文化遗产的运用。随着时代的发展，人类的文化遗产也随之增加，士人必须饱读诗书，博观约取，才能自如运用典故。相比较而言，左思《咏史诗》中的用典艺术，整体水平显然要高于《三都赋》。其《咏史》八首中引历史人物浇胸中块垒，历史典故如数家珍，其用典"有意用事，有语用事"②，古人与自己浑然一体，"或先述己意，而以史事证之。或先述史事，而以己意断之。或止述己意，而史事暗合。或止述史事，而己意默寓"③。这已不是炫耀才学所能涵盖。正是这样的用典艺术奠定了《咏史》的文学地位。《三都赋》的用典不在抒情，更多的是叙事与描写，所以在才学的展示上相当明显。

三 炼字、炼句

文采风流、文辞绮靡是西晋作家创作的主流风格，这种风格离不开西晋士人对语言美的追求、对语言技巧的运用。他们努力经营诗赋表达的句式，刻意追求词语的表现效果，以至形成了后人一致认同的西晋特色——绮靡。左思《三都赋》同样表现了这种主流创作风格。

（一）整饬中见变化的句式经营

《三都赋》句式最明显的特点就是：整饬中见变化。整饬，即整齐，明显的表现为句式两两对出，形成对偶。变化，则因素比较多。大体说来，整饬中见变化，体现在下面几方面。

首先，就全篇而言，段落句式在整齐中富于变化。

有的段落运用基本一致的句式，这是整齐。如"于是乎长鲸吞航，修鲵吐浪。跃龙腾蛇，鲛鲻琵琶。……"④ 这是《吴都赋》写鱼类与水鸟的

---

① （南朝梁）萧统编，（唐）李善注：《文选》卷4《蜀都赋》，上海古籍出版社1986年版，第180页。
② （宋）魏庆之：《诗人玉屑》卷之七《用事》，上海古籍出版社1978年版，第150页。
③ （清）张玉穀著，许逸民点校：《古诗赏析》，上海古籍出版社2000年版，第251页。
④ （南朝梁）萧统编，（唐）李善注：《文选》卷5《吴都赋》，上海古籍出版社1986年版，第205—207页。

一段，几乎全为四字句，仅在开头用了"于是乎"，中间用"含乎其中"和"鸟则"加以穿插，形成较为整齐划一的四字句的段落。

有的段落则句式运用参差错落、长短不一，这是变化。有三字句、四字句、五字句、六字句、七字句、九字句等。试看《吴都赋》其中一段：

> 岛屿绵邈，洲渚冯隆。旷瞻迢递，迥眺冥蒙。珍怪丽，奇隙充。径路绝，风云通。洪桃屈盘，丹桂灌丛。琼枝抗茎而敷蕊，珊瑚幽茂而玲珑。增冈重阻，列真之宇。玉堂对溜，石室相距。蔼蔼翠幄，嫮嫮素女。江斐于是往来，海童于是宴语。斯实神妙之响象，嗟难得而觏缕！①

这一段的句式变化特别丰富。全段大多为对偶句，句式长短不一，三字对、四字对、六字对、七字对段中都有，最后两句，在对偶中衬以虚词，尤见变化之妙。整个段落整齐中富于变化，充分显示出左思句式运用的技巧。

整体来看，《三都赋》全段为一种句式的情况偏少，句式富于变化的段落居多。

其次，就段落而言，句子与句子之间整齐中见变化。

尽管句式长短不一，但不管句中字数多少，句子均为对出的偶句。单句的情况也有，但极少。这就是整齐。句式的变化就在于一段内，偶句尽管字数相同，但句子结构不同。看《蜀都赋》下面的句子：

> 天帝运期而会昌，景福肸蠁而兴作。碧出苌弘之血，鸟生杜宇之魄。妄变化而非常，羌见伟于畴昔。②

这段由三组六字对偶句构成，但对偶句结构却截然不同。第一组是由两个并列复句构成的对偶句。第二组是由两个倒装句构成的对偶句，正常语序是："出苌弘之碧血，生杜宇之鸟魄。"用的是苌弘血三年化碧，望帝死后为子规鸟的典故。第三组对偶句严格说来不是很工整，它是由一个复句和一个状语后置句构成，"羌"是语气词，无意，与"妄"不能对。其

---

① （南朝梁）萧统编，（唐）李善注：《文选》卷5《吴都赋》，上海古籍出版社1986年版，第207—208页。
② （南朝梁）萧统编，（唐）李善注：《文选》卷4《蜀都赋》，上海古籍出版社1986年版，第189页。

他"变化"对"见伟","而"对"于","非常"对"畴昔",大体说得过去。这段文字典型地表现出整饬中见变化的特点。

再如《吴都赋》中"拔象齿,戾犀角。鸟铩翮,兽废足"① 一句。这是写打猎战果的两组三字对,"拔象齿,戾犀角",是动宾结构的对偶句,动词突出了打猎者的勇猛;"鸟铩翮,兽废足"是被动句,表现为主谓结构的对偶句,主要强调鸟兽的受伤情况,以突出打猎的收获,暗示打猎者的勇猛。虽然同为三字对偶句,由于结构不同,语意重心发生了变化,因而在整齐中还是有变化感。这种情况的出现,固然能说明左思整齐中寓变化的特点,反过来也可以说明对偶的运用在西晋时并不十分严格,或者说尚不够成熟。对偶的严格规定恐怕应是永明体出现后。

最后,就句子而言,句子本身整齐中见变化。

《三都赋》中四字句、六字句居多。如纯用四字句,整齐是整齐,但文章会显得板滞。所以左思在长短句式的运用上有其规律。在方位词"于前则""于后则""于东则""于西则""内则""外则",时间词"远则""近则"及发语词"于是乎""尔乃""若乃""至乎""若夫""殆而"等后面往往跟四字句。在列举物种、物产时往往用四字句,只是前面加上"其间则有""其中则有""其树则有""其园则有"诸如此类的提示语。相对来说,四字句在全文中所占比例是最大的,运用上面这些词语,尤其是在连续较多的四字对偶句出现时,会使句式富于变化,增加些灵动感。上文举《吴都赋》水产的一段就有此特点,这样的例子很多,可再看一例,注意粗体标识:

于西则右挟岷山,涌渎发川。陪以白狼,夷歌成章。垌野草昧,林麓黝倏。交让所植,蹲鸱所伏。百药灌丛,寒卉冬馥。异类众夥,于何不育?**其中则有**青珠黄环,碧砮芒消。或丰绿荑,或蕃丹椒。②

一串四字句后,"其中则有"既是内容上的分割,也是句式上的变化,它的插入给人换气之感,原因在于它将一气而下的四字短句,变成一句舒缓的长句,变化就是这样产生的。下面这段更是典型地将长短句交织在一起:

---

① (南朝梁)萧统编,(唐)李善注:《文选》卷4《蜀都赋》,上海古籍出版社1986年版,第188页。
② (南朝梁)萧统编,(唐)李善注:《文选》卷4《蜀都赋》,上海古籍出版社1986年版,第180页。

第三章 《三都赋》：儒学、博学、文学的典范结合

> **于时运距阳九**，汉网绝维。奸回内贔，兵缠紫微。翼翼京室，眈眈帝宇，巢焚原燎，变为煨烬，**故荆棘旅庭也**。殷殷寰内，绳绳八区，锋镝纵横，化为战场，**故麋鹿寓城也**。伊洛榛旷，崤函荒芜。临菑牢落，鄢郢丘墟。**而是有魏开国之日**，缔构之初。万邑譬焉，亦独蘬䕫之与子都，培塿之与方壶也。①

这一段文字，第一、第九句用长句将四字句隔开，写汉末动乱。最后五句是散句，且多长句，用丑男"蘬䕫"与美男"子都"对比，来比喻汉末动乱与曹魏开国的天壤之别，凸显曹魏政权。这五句与前面众多四字句形成整散结合、长短交织的语言风貌，特显整齐中见变化的特点。尤其精妙的是，句式的变化与内容的变化步调一致。前面众多整句、短句铺排，彰显汉末动乱；后面五句散句、三句长句以少总多，歌颂"有魏开国"。

从整体上看，《三都赋》的偶句几乎占整个篇幅的90%以上，散句的出现比较少，但比较有特色。例如：

> 若其旧俗：终冬始春，吉日良辰，置酒高堂，以御嘉宾。②
> 羽族以觜距为刀铍，毛群以齿角为矛铗，皆体著而应卒。所以挂扢而为创痏，冲踤而断筋骨。莫不衄锐挫芒，拉捭摧藏。虽有石林之岝峉，请攘臂而靡之；虽有雄虺之九首，将抗足而跐之。③

第一例，重新标点原文，以冒号领起下文，可以发现，这就是一个句子，即：按习俗，一年中的良辰吉日都会大宴宾客。左思以整句的形式将它切割成五句，奇偶相间，于是整齐中富于变化，无疑增强了文学色彩。这也体现出西晋文学"繁缛"特色：简单的内容用丰富的语句表达。

第二例，写吴王打猎场面。第一句由三个分句构成，其中一组对偶句，加一单句。第二句是一组对偶句，却因"所以"一词破坏了它的整齐。第三句其实就是一长句却用六四句将它变为两个短句。第四句是个长对，由两个假设复句构成一组长对偶句。这四句句式错综变化，长短结

---

① （南朝梁）萧统编，（唐）李善注：《文选》卷6《魏都赋》，上海古籍出版社1986年版，第265页。
② （南朝梁）萧统编，（唐）李善注：《文选》卷4《蜀都赋》，上海古籍出版社1986年版，第186页。
③ （南朝梁）萧统编，（唐）李善注：《文选》卷5《吴都赋》，上海古籍出版社1986年版，第225页。

合，整散结合，反复铺陈，极写将帅打猎之勇。

左思在增强句式的表现力上，煞费苦心，力求整饬中见变化。文中句式的丰富表现的确让人称道。整饬中见变化在西晋的赋或文章中运用较多，对诗歌而言，整饬（对偶）则是最大的特点。

左思《三都赋》对偶成功的例子不少，如“日往菲薇，月来扶疏”[①]，这是很漂亮的一组工对：“日”对“月”，这是自然对自然；“往”对“来”，这是动作对动作；“菲薇”对“扶疏”，两个叠韵词相对，词意也相同，草木茂盛的样子。不仅对仗工整，语意也好，写出了蜀都庭院中常年果蔬繁盛的富庶景象。短短八个字却特别阳光，特别有生机。

当然，不成熟的对偶句也有，如“家有盐泉之井，户有橘柚之园”[②]，出句对句出现同样的用字“之”，这应该是对偶不成熟的表现，而这却是左思作品中的普遍现象。由此说明西晋对偶虽然大量出现，但尚在探索发展阶段。

左思对偶句中的一些长对，显见他在《三都赋》创作上的苦心孤诣：

隋侯于是鄙其夜光，宋王于是陋其结绿。[③]

喧哗鼎沸，则哤聒宇宙；嚣尘张天，则埃壒曜灵。[④]

虽则衰世，而盛德形于管弦；虽逾千祀，而怀旧蕴于遐年。[⑤]

玩其碛砾而不窥玉渊者，未知骊龙之所蟠也。习其弊邑而不睹上邦者，未知英雄之所躔也。[⑥]

正位居体者，以中夏为喉，不以边垂为襟也。长世字甿者，以道德为藩，不以袭险为屏也。[⑦]

---

① （南朝梁）萧统编，（唐）李善注：《文选》卷4《蜀都赋》，上海古籍出版社1986年版，第182页。

② （南朝梁）萧统编，（唐）李善注：《文选》卷4《蜀都赋》，上海古籍出版社1986年版，第181页。

③ （南朝梁）萧统编，（唐）李善注：《文选》卷5《吴都赋》，上海古籍出版社1986年版，第214页。

④ （南朝梁）萧统编，（唐）李善注：《文选》卷4《蜀都赋》，上海古籍出版社1986年版，第185页。

⑤ （南朝梁）萧统编，（唐）李善注：《文选》卷6《魏都赋》，上海古籍出版社1986年版，第266页。

⑥ （南朝梁）萧统编，（唐）李善注：《文选》卷5《吴都赋》，上海古籍出版社1986年版，第203页。

⑦ （南朝梁）萧统编，（唐）李善注：《文选》卷6《魏都赋》，上海古籍出版社1986年版，第262页。

第三章 《三都赋》：儒学、博学、文学的典范结合　227

　　袒裼徒搏，拔距投石之部。猿臂骿胁，狂趭犷猤。鹰瞵鹗视，趀
趩趰䠓。若离若合者，相与腾跃乎莽罻之野。干卤殳铤，旸夷勃卢之
旅。长矛短兵，直发驰骋。儇佻坌并，衔枚无声。悠悠旆旌者，相与
聊浪乎昧莫之垧。①

就今天而言，这些对偶不能算真正的工对，但的确展示了左思的功力与才学。如果说八字对、九字对、十一字对、十七字对、十八字对这些后人尚有所作，那么四十字的长对确实令人咋舌。叶枫宇先生说，这种长对已"发挥到了极致，它是作者逞才斗巧，惨淡经营的产物"②，一点儿不假。

（二）用字的讲究

西晋是个尚美的时代，也是盛产美的时代，王济、潘岳、夏侯湛、卫恒、卫玠、周小史等因貌美而留下了关于美的传说与诗文。美，不仅是欣赏人，同样也欣赏文，西晋不少士人的作品就被冠以"丽"：张华"温丽"、潘岳"绝丽"、陆机"宏丽"、左思"甚丽"等。"丽"源于辞藻的丰赡，讲究词采是其中不可少的。这主要表现为动词、色彩词及叠词与连绵词的运用，等等。对此，左思的《三都赋》都有很好的创作实践。

1. 生动传神的动词运用

动词运用得好，往往能带来作品的生气与灵动。《三都赋》中有大量的山川形胜、物种物产介绍，成功的动词运用，往往能摆脱机械的介绍，使介绍对象生动，富于文学性。例如：

　　岗峦纠纷，触石吐云。③

这句写山之多、之高。"触石"写山连着山，不见新颖，但"吐云"中的"吐"用得好，写出了山之高，云不是飘在山顶，而是出乎山嘴，有想象、有动感、有新意。杜甫《月》诗中有"四更山吐月，残夜水明楼"④之句，被苏轼赞为"古今绝唱"。或许这"山吐月"是受了"吐云"

---

① （南朝梁）萧统编，（唐）李善注：《文选》卷5《吴都赋》，上海古籍出版社1986年版，第223—224页。
② 叶枫宇：《西晋作家的人格与文风》，上海三联书店2006年版，第223页。
③ （南朝梁）萧统编，（唐）李善注：《文选》卷4《蜀都赋》，上海古籍出版社1986年版，第176页。
④ （清）仇兆鳌：《杜诗详注》卷17，中华书局1979年版，第1476页。

的启发？杜甫《衡州送李大夫七丈赴广州》有名句"日月笼中鸟，乾坤水上萍"①，巧的是左思《吴都赋》中亦有"笼乌兔于日月"②之句，杜甫的化用痕迹还是比较明显的。杜甫主张转益多师，他对六朝文化又十分心仪，曾在儿子宗武生日时嘱咐他要"熟精《文选》理"③。料想烂熟《文选》的杜甫对《三都赋》这样的名篇，应该耳熟能详。"吐""笼"即便是杜甫化用左思的文句，也是文坛一段佳话，说明左思的炼字得到了杜甫的肯定，而杜甫在此基础上，又推陈出新，创作出更精致的诗句。无论是"吐"还是"笼"都是左思运用动词成功的范例。

擢修干，竦长条。扇飞云，拂轻霄。④

该句的动词运用也很成功。这是介绍完蜀都山中各种树木之后对树的描绘。"擢"写出了树的挺拔，"竦"本是站立的意思，这里应是枝条横生之状。用得好的动词是"扇"和"拂"。"扇飞云，拂轻霄"，同写树之高，但却赋予树以顽皮的性格，它们扇动流云，轻拂高天，嬉戏玩耍，动词极为传神地以拟人的手法写出了树木在风中婆娑摇曳的姿态。再如：

大火流，凉风厉。白露凝，微霜结。⑤

这是季节描写，写秋天到来，天气转凉。简单的内容，左思用两组对偶句来表示，还是体现出西晋文学繁缛之风的特点。但句子的确能体现左思用字的技巧："火流""露凝""霜结"本是三个动宾结构的名词词组"流火""凝露""结霜"，它们原本指代节气、季候。"流火"典出《诗经·国风·豳风》"七月流火，九月授衣"，指农历七月；"凝露""结霜"就是白露结霜的时节，一般公历9月7日前后是白露节气，也就是农历七月。但将动词后置之后，节气的概念意味减弱了，随之而来的是季候来临

---

① （清）仇兆鳌：《杜诗详注》卷22，中华书局1979年版，第1942页。
② （南朝梁）萧统编，（唐）李善注：《文选》卷5《吴都赋》，上海古籍出版社1986年版，第226页。
③ （清）仇兆鳌：《杜诗详注》卷17，中华书局1979年版，第1478页。
④ （南朝梁）萧统编，（唐）李善注：《文选》卷4《蜀都赋》，上海古籍出版社1986年版，第178页。
⑤ （南朝梁）萧统编，（唐）李善注：《文选》卷4《蜀都赋》，上海古籍出版社1986年版，第182页。

的一种动态感。这也为后文对水果成熟的描写做了铺垫。

左思动词的使用，成功的例子不少。他往往在无生命或静态的景物描写时注重使用动词，从而使笔下的描写对象生动、富有灵气，也使整个行文活泼热闹起来。

2. 交织着味道、光泽的色彩词运用

山川形胜、草木植被、飞禽走兽本来就由各种色彩组成，左思又提倡写实，所以色彩的运用也需要匠心。左思往往不单独写色彩，看下面的例子：

> 百药灌丛，寒卉冬馥。异类众夥，于何不育？其中则有青珠黄环，碧砮芒消。或丰绿荑，或蕃丹椒。蘪芜布濩于中阿，风连莚蔓于兰皋。红葩紫饰，柯叶渐苞。敷蕊葳蕤，落英飘飖。神农是尝，卢跗是料。芳追气邪，味蠲疠痾。①

这是蜀都生长的各种草药，今天恐怕难得一见了。读这段文字会感叹原生态的环境太美！红黄绿紫，五彩相间。在烂漫的色彩中还能嗅到药草散发出的阵阵芬芳，这就是左思构思精巧之处。他不纯写视觉的感观，还写嗅觉的感知，如此，读者身临其境的感觉也就更多些。再如：

> 其间则有虎珀丹青，江珠瑕英。金沙银砾，符采彪炳，晖丽灼烁。②

这是写蜀都的珠宝、沙滩，同样色彩斑斓。但左思也不是纯粹写色彩，而是突出色彩中的光泽。琥珀、江珠的晶莹剔透，金沙、银砾的耀眼夺目，它们与色彩交织在一起，给人留下了极深刻的印象。这样的例子再如《吴都赋》写山草、水草"霩缘山岳之岊，幂历江海之流。扤白蒂，衔朱蕤。郁兮茂茂，晔兮菲菲。光色炫晃，芬馥肸蠁"③，草的色彩、光泽、香味交织在一起，极富感染力。写珠宝"赪丹明玑，金华银朴。紫贝流

---

① （南朝梁）萧统编，（唐）李善注：《文选》卷4《蜀都赋》，上海古籍出版社1986年版，第180页。
② （南朝梁）萧统编，（唐）李善注：《文选》卷4《蜀都赋》，上海古籍出版社1986年版，第177页。
③ （南朝梁）萧统编，（唐）李善注：《文选》卷5《吴都赋》，上海古籍出版社1986年版，第209页。

黄,缥碧素玉"①,同样溢彩流光。左思的色彩运用总是与气味、光泽交织在一起,这成为他写景的一大特色。

3. 富于音乐性的连绵词运用

富于音乐性的连绵词主要是叠词、双声叠韵词,它们最大的特点是"从最简单的字面里传达出客观事象的意态和神情,增进情感的强度,显示出回环复沓的音节之美"②,诗歌中运用叠词与双声叠韵词始自《诗经》,大量的连绵词增加了《诗经》的韵律,使诗歌富有音乐美。中国古典诗词继承了《诗经》这一语言运用传统,出现了不少叠词、双声叠韵词运用出色的作品,如《古诗十九首》、李清照《声声慢》等。

西晋文人对《诗经》多有继承,诸如束皙、夏侯湛、傅咸、陆云等都有模拟《诗经》,甚至化用《诗经》成句的作品,傅玄等的乐府诗对《诗经》中的叠词与双声叠韵词的化用尤为多。在赋作中大量运用叠词与双声叠韵词的当数左思,其《三都赋》无论是写物产还是写历史地理,遵循的原则是征实,所以静态、客观的描述居多。叠词与双声叠韵词在赋中的作用亦即如此,它们主要是摹写事物的形态,例如:

> 郁葐蒀以翠微,崛巍巍以峨峨。③
> 布绿叶之萋萋,结朱实之离离。④
> 总茎柅柅,裹叶榛榛。⑤
> 敷蕊葳蕤,落英飘摇。⑥
> 黍稷油油,粳稻莫莫。⑦

---

① (南朝梁)萧统编,(唐)李善注:《文选》卷5《吴都赋》,上海古籍出版社1986年版,第214页。
② 马茂元:《古诗十九首初探》,陕西人民出版社1981年版,第116页。
③ (南朝梁)萧统编,(唐)李善注:《文选》卷4《蜀都赋》,上海古籍出版社1986年版,第176页。
④ (南朝梁)萧统编,(唐)李善注:《文选》卷4《蜀都赋》,上海古籍出版社1986年版,第176页。
⑤ (南朝梁)萧统编,(唐)李善注:《文选》卷4《蜀都赋》,上海古籍出版社1986年版,第182页。
⑥ (南朝梁)萧统编,(唐)李善注:《文选》卷4《蜀都赋》,上海古籍出版社1986年版,第180页。
⑦ (南朝梁)萧统编,(唐)李善注:《文选》卷4《蜀都赋》,上海古籍出版社1986年版,第181页。

第三章 《三都赋》：儒学、博学、文学的典范结合 231

> 迎隆冬而不凋，常晔晔以猗猗。①
> 纤长袖而屡舞，翩跹跹以裔裔。②
> 重闱洞出，锵锵济济。③
> 习习冠盖，莘莘蒸徒。④
> 嘉颖离合以蓐蓐，醴泉涌流而浩浩。⑤
> 湛淡羽仪，随波参差。⑥
> 蔼蔼翠幄，嫋嫋素女。⑦
> 直冲涛而上濑，常沛沛以悠悠。⑧

这里的叠词有的写山之高，如"巍巍""峨峨"；有的写草木茂密、茂盛，如"蓐蓐""油油""莫莫""枛枛""蓁蓁""葳蕤"；有的写姿态柔美，如"嫋嫋""猗猗"；有的写流水的气势，如"浩浩"；有的写行动轻柔、轻缓或迅捷，如"跹跹""裔裔""沛沛""悠悠""湛淡""飘摇"；有的写数量众多，如"离离""济济""习习""莘莘"等。

《三都赋》叠词、双声叠韵词描摹的事物多样，形态丰富。在运用上，左思也有所用心，或置于句前，或放在句后，或两个叠词连用，甚至全句用叠词构成，如"磈磈磥磥，漉漉洒洒"⑨，这些位置变化丰富了叠词的表现。此外，叠词、双声叠韵还摹声、摹色，例如：

---

① （南朝梁）萧统编，（唐）李善注：《文选》卷4《蜀都赋》，上海古籍出版社1986年版，第176—177页。
② （南朝梁）萧统编，（唐）李善注：《文选》卷4《蜀都赋》，上海古籍出版社1986年版，第186页。
③ （南朝梁）萧统编，（唐）李善注：《文选》卷6《魏都赋》，上海古籍出版社1986年版，第271页。
④ （南朝梁）萧统编，（唐）李善注：《文选》卷6《魏都赋》，上海古籍出版社1986年版，第277页。
⑤ （南朝梁）萧统编，（唐）李善注：《文选》卷6《魏都赋》，上海古籍出版社1986年版，第286页。
⑥ （南朝梁）萧统编，（唐）李善注：《文选》卷5《吴都赋》，上海古籍出版社1986年版，第207页。
⑦ （南朝梁）萧统编，（唐）李善注：《文选》卷5《吴都赋》，上海古籍出版社1986年版，第208页。
⑧ （南朝梁）萧统编，（唐）李善注：《文选》卷5《吴都赋》，上海古籍出版社1986年版，第230页。
⑨ （南朝梁）萧统编，（唐）李善注：《文选》卷5《吴都赋》，上海古籍出版社1986年版，第204页。

> 濞焉汹汹，隐焉礚礚。①
> 翕习容裔，靡靡愔愔。②
> 黝黝桑柘，油油麻纻。③
> 车马雷骇，轰轰阗阗。④
> 符采彪炳，晖丽灼烁。⑤

"汹汹""礚礚"摹写水声，"轰轰""阗阗"摹写车声，"靡靡""愔愔"写音乐，"黝黝""灼烁"写色彩。相对而言，《三都赋》中连绵词摹声、摹色的要少些。色彩基本上有色彩词，声响属于动态的摹写，《三都赋》写动态往往由动词来完成。

叠词、双声叠韵词在《诗经》中就已经大量使用，左思《三都赋》中使用的这些词不少都可以在《诗经》中找到。因此，连绵词的使用除去形象描摹、音韵悦耳之外，在一定程度上也体现了左思对《诗经》的接受及他的博学逞才，这正如赋中大量使用难字、僻字的性质一样。其实，无论是用典，还是用句，或是用字，都离不开博学，正是由于博学，作家的创作技巧才会不断得以提高。事实上，左思的创作技巧并非单一使用，往往是综合运用。例如，左思写物种、物产不是单一的列举，他往往在列举之后，调动各种语言运用的技巧，对山川形胜、花鸟树木、虫鱼鸟兽等进行多方面的描绘，几乎可称短章咏物，与西晋咏物赋异曲同工。试看左思写吴都的竹子：

> 其竹则篔筜箖箊，桂箭射筒。柚梧有篁，篻簩有丛。苞笋抽节，往往纠结。绿叶翠茎，冒霜停雪。橚矗森萃，蓊茸萧瑟。檀栾蝉蜎，玉润碧鲜。梢云无以逾，嶰谷弗能连。鹥鷟食其实，鹓雏扰其间。⑥

---

① （南朝梁）萧统编，（唐）李善注：《文选》卷5《吴都赋》，上海古籍出版社1986年版，第205页。
② （南朝梁）萧统编，（唐）李善注：《文选》卷5《吴都赋》，上海古籍出版社1986年版，第231页。
③ （南朝梁）萧统编，（唐）李善注：《文选》卷6《魏都赋》，上海古籍出版社1986年版，第276页。
④ （南朝梁）萧统编，（唐）李善注：《文选》卷4《蜀都赋》，上海古籍出版社1986年版，第189页。
⑤ （南朝梁）萧统编，（唐）李善注：《文选》卷4《蜀都赋》，上海古籍出版社1986年版，第177页。
⑥ （南朝梁）萧统编，（唐）李善注：《文选》卷5《吴都赋》，上海古籍出版社1986年版，第212页。

第三章 《三都赋》：儒学、博学、文学的典范结合

这一段先写竹子的品种，接下来写竹子的丛生特点，再写竹笋。七、八两句动词"冒""停"传神地写出了竹子不畏严寒的品格。九、十两句写竹子旺盛的生命力，"櫹蔘""森萃""蓊茸"为茂盛的意思，"萧瑟"是写风吹竹叶的声音。十一、十二句写竹子的外形妍雅，色泽光艳。十三、十四句通过"梢云""嶰谷"典写出吴都名竹的优良质地。"梢云"据李善注："一说指山名，产竹。""嶰谷"典出《汉书·律历志上》："黄帝使泠纶，自大夏之西，昆仑之阴，取竹之嶰谷生，其窍厚均者，断两节间而吹之，以为黄钟之宫。"① 最后两句，用典衬托出竹的本质高洁。鹓鶵、鹓雏凤凰之属，《庄子·秋水篇》说凤"非梧桐不止，非练实不食，非醴泉不饮"②，左思这里借凤凰食竹实之典，衬托竹子的高洁品质。

这段文字不啻为一篇《竹赋》。左思通过传神的动词、通过对竹子色泽的描绘、通过用典、通过衬托，以四四、五五的对偶句式写出了竹子的凌寒不凋、品质高洁。左思的语言运用技巧在这里得到了充分展示，这也算是士人咏竹较早的作品，至少在汉魏晋的咏物赋中，除去江逌一篇《竹赋》，几乎就没有咏竹之作。左思在《蜀都赋》《吴都赋》中都写到竹子，这固然是物产使然，但如此用心写竹，不说左思对竹情有所钟，至少也能说他是一个懂得品竹的文人。

左思十载闭户，苦心经营，《三都赋》名世，甘苦唯其自知。但通过对《三都赋》的分析，可以强烈感受到博学对于左思创作的影响。没有广泛的学习，没有博通典籍的知识储备，没有在模拟中的实践，左思就不可能将用典、炼句、炼字的技巧娴熟地运用于文学实践。左思博学的创作实践，实际上是西晋士人的一个缩影。罗宗强先生评价西晋文学创作时说："没有激情的一代士人，创作了缺乏激情的华美的文学。"③ 个中原因，很大程度上就在于西晋士人是用技巧去创作。当我们回味中古文学评论家对西晋文学特色的评价时，不应该忽略这样一个事实：无论是"踵武前王，风流未沫"④，还是"结藻清音，流韵绮靡"⑤，抑或是"缛旨星稠，繁文

---

① （汉）班固：《汉书》卷23《律历志上》，中华书局1962年版，第959页。
② 陈鼓应注译：《庄子今注今译》，中华书局2009年版，第475页。
③ 罗宗强：《魏晋南北朝文学思想史》，中华书局2004年版，第85页。
④ （南朝梁）钟嵘撰，曹旭集注：《诗品集注·诗品序》，上海古籍出版社2011年版，第25页。
⑤ 王运熙、周锋：《文心雕龙译注·时序》，上海古籍出版社2010年版，第218页。

绮合"①，背后都离不开博学这一基本要素，因为西晋文学的特色正是在用典、用字、用句的创作技巧中得以显现的。而《三都赋》在这方面颇具用心与成果，也代表着西晋文坛的努力方向，在这点上，可以说《三都赋》具有典范意义。

---

① （南朝梁）沈约：《宋书》卷67《谢灵运传》，中华书局1974年版，第1778页。

下 编

西晋儒风与文风

第一章　儒家文艺思想与西晋文学创作评论

西晋士人儒家精神的缺失，反映在创作上就是缺少关注现实、关注社会人生的热情。学界共知的事实可以说明：除潘岳《关中诗》、潘尼《迎大驾》等有限的作品外，西晋士人之作几乎找不出能反映现实动乱、百姓悲苦的作品；与此同时也很难找到建安时期昂扬向上的精神风貌。他们的作品更多的是用才学和技巧抒发绮靡的清音，挥洒未沫的风流。尽管如此，儒家的文艺思想依然对西晋士人有着深刻的影响。

自西汉"独尊儒术"开始，尊经就成为一种主导思想。魏晋时代，玄学兴起，但无论是曹魏政权还是西晋武帝时代，他们对儒学的建设都不曾间断。即便是东吴政权与西蜀政权也都重视儒学，孙权、刘备的儿子都曾延请大儒为师，诸如东吴的诸葛恪、顾谭、阚泽、薛综等，西蜀的尹默、谯周都曾是太子老师。东吴孙休永安元年（258）继位时还诏令立五经博士。不仅统治者重视，魏、吴、蜀还有不少经学世家和儒学士人也重视儒学。因此，西晋宫廷的文事活动和士人创作表现出鲜明的儒家文化色彩，并为时人和后人品评。

第一节　西晋士人的儒家文学观

"文出五经"的观点似乎最早可以追溯到桓谭《新论·正经》，文中说：《易》、古文《尚书》、古袟《礼记》、古《论语》、古《孝经》乃"嘉论之林薮，文义之渊海"[①]。这种文学宗经观点到南朝刘勰《文心雕龙·宗经》中则已相当成熟，其"文出五经"之说一直影响到后世。其实，刘勰之前，西晋士人也有宗经的观点和主张，并在创作及评论中表现出儒家的文学观。

---

① （清）严可均：《全后汉文》卷14，商务印书馆1999年版，第131页。

一　左思《三都赋》与孙绰"五经鼓吹"说

《世说新语》记载了左思《三都赋》由"时人互有讥訾"到"莫不敛衽赞述"的变化过程，也记载了东晋孙绰的评价"《三都》《二京》，《五经》鼓吹"。刘孝标注解说："言此五赋是经典之羽翼。"① 换言之，《三都赋》《二京赋》都表现了儒家的思想主张。

张衡《二京赋》中《西京赋》写长安的奢侈无度，《东京赋》写洛阳的俭约之德、礼仪之盛，两赋内容无疑表达了张衡的儒家政治观。《三都赋》"抑吴都、蜀都而申魏都，以晋承魏统耳"②，故赋作主要表现出对西晋一统的歌颂，其中不少内容同样表现出左思的儒家思想及主张。《三都赋》《二京赋》都是润色鸿业的大赋，作品都蕴含着儒家思想，从这一角度出发，的确可说它们是"经典羽翼"。

这里有意思的是，孙绰用"鼓吹"来评价左思、张衡的作品。鼓吹，本指乐曲。《汉乐四品》中的第三品就是黄门鼓吹。它本是俗乐，后来日渐演化为雅乐，成为宫廷乐曲之一种，以配合礼仪，宣扬德治教化。孙毓《东宫鼓吹议》就这样概括鼓吹乐的作用："闻其音而德和，省其诗而志正；威仪足以化民俗，制度足以和神人"，"礼乐之教，义有所指，给鼓吹以备典章，出入陈作，因以移风易俗"。③ 据此说，鼓吹乐确为儒家礼义的羽翼。孙绰循此，将《三都赋》《二京赋》视为"五经"的羽翼，即用鼓吹乐与礼的关系来比《三都赋》《二京赋》与"五经"的关系。孙绰之说的确比较形象、新颖，强调了文学作品内容的雅正。用音乐比喻说明文学现象，孙绰不是首创。他之前，西晋陆机《文赋》中就有一段文字，全部以音乐作比，指出文章之病，表现他"应""和""悲""雅""艳"的文学主张。所不同的是，孙绰是用儒家的雅乐来评价作家的作品地位及思想内容。

孙绰借"鼓吹"来比文学作品的手法在后代还有继承。杜甫在《进雕赋表》中就直接化用了孙绰的文句："则臣之述作，虽不能鼓吹六经，先鸣数子，至于沉郁顿挫，随时敏捷，扬雄、枚皋之徒，庶可企及也。"④ 唐代张固有《幽闲鼓吹》，采摭唐玄宗至宣宗朝遗事，主要涉及宣帝及朝中官员遗事，有文坛逸闻，也有官场丑闻。从所记之事看，张固用"鼓吹"

---

① 余嘉锡：《世说新语笺注》上卷《文学81》，中华书局1983年版，第260页。
② （清）王鸣盛：《十七史商榷》卷51"三江扬都条"，商务印书馆1937年版，第463页。
③ （清）严可均：《全晋文》卷67，商务印书馆1999年版，第711页。
④ （清）仇兆鳌：《杜诗详注》卷24，中华书局1979年版，第2172页。

命名其书颇有关切世风之意。另，元好问有《唐诗鼓吹》，书中只选唐代七言律诗。钱谦益从元好问论诗主张"高华鸿朗，激昂痛快"的角度出发，认为此书为元氏所作。该书选诗偏重伤时感怀，韩成武认为是元好问借他人酒杯浇自己胸中块垒，寄托伤时之感。① 如此，"鼓吹"同样是用雅乐来比喻忧伤时事的文学作品。鼓吹乐曲与文学作品发生联系的关键，就在于它们内容的雅正。"鼓吹"与文学以这样的方式联结，始于晋代。用"鼓吹"就是要强调文学作品反映现实、反映政治，其中贯穿的仍然是儒家的文学思想与创作观念。

孙绰"五经鼓吹"的评价的确是看到了《三都赋》创作中的儒家文学观，概括说主要是三方面。

首先，左思序中开门见山表明《三都赋》与儒家经典的关系。"盖诗有六义焉，其二曰赋……先王采焉，以观土风"②，所以左思仿《二京赋》，以征实的手法，写山川城邑则考之地图，写鸟兽草木则验之方志，以此让王者观"土风"。

其次，继承汉代京都大赋的政教功能，提出自己的政治主张。如《魏都赋》中"剑阁虽嶕，凭之者蹶，非所以深根固蒂也。洞庭虽濬，负之者北，非所以爱人治国也"③，强调儒家的仁治。再如"丧乱既弭而能宴，武人归兽而去战。……斟《洪范》，酌典宪。……上垂拱而司契，下缘督而自劝。……既苗既狩，爰游爰豫。藉田以礼动，大阅以义举"④，进一步强调偃武修文、文治教化、礼乐治国的思想。

最后，作颂声，对大一统国家的热情赞颂。《魏都赋》结尾"日不双丽，世不两帝。天经地纬，理有大归"⑤，无疑是在对西晋新政权的歌颂。

上述分析表明，《三都赋》的确有对儒家经典思想的阐述，孙绰"五经鼓吹"之评是恰如其分的。

二 傅玄、挚虞的儒家文体观及创作实践

对于儒士而言，儒家经典就是他们藻练精神之本，因而时刻在手，吟

---

① （清）钱牧斋、何义门评注，韩成武、贺严、孙徽点校：《唐诗鼓吹评注·前言》，河北大学出版社2000年版，第3页。
② （清）严可均：《全晋文》卷74，商务印书馆1999年版，第776页。
③ （南朝梁）萧统编，（唐）李善注：《文选》卷6《魏都赋》，上海古籍出版社1986年版，第264页。
④ （清）严可均：《全晋文》卷74，商务印书馆1999年版，第282—285页。
⑤ （清）严可均：《全晋文》卷74，商务印书馆1999年版，第298页。

咏不绝。"《易》称法象,莫大乎天地""《论语》,圣人之至教,王者之大化"①,这是傅玄读经典的体会。"伫中区以玄览,颐情志于典坟""倾群言之沥液,漱六艺之芳润"②,这是陆机读经典的情致。"颂《卷耳》则忠臣喜,咏《蓼莪》则孝子悲。称《硕鼠》则贪民去,唱《白驹》则贤士归"③,这是束皙读《诗经》的见解。西晋士人对经典的领悟,亦可视为文人宗经的表现。

将经典与文章联系,傅玄有较多的看法,其颇具代表性的一段文字是:"《诗》之《雅》《诵》,《书》之《典》《谟》,文质足以相副。玩之若近,寻之若远,陈之若肆,研之若隐,浩浩乎其文章之渊府也。"④ 这是从经典的角度对文体进行评说,看上去与桓谭之说近似,但犹有不同,它反映出傅玄两个基本的儒家文学观点:其一要求文质相符;其二主张文出五经。这应该是刘勰观点更直接的来源。傅玄从文体的角度评论经典还有如下:

> 昔仲尼既殁,仲尼之徒追论夫子之言,谓之《论语》。其后邹之君子孟子舆拟其体,著七篇,谓之《孟子》。⑤

这里,傅玄从文体的角度,说明《论语》《孟子》其体相同。傅玄对文体关注比较多,注意考镜源流,并从儒家思想角度对文体进行评价。《七谟序》中他分析了汉魏"七体"的发展演变,指出汉代的"七体"特点是"或以恢大道而导幽滞,或以黜瑰奓而托讽咏",而魏时"七体"的特点是"并陵前而邈后,扬清风于儒林",最后对《七依》《七辨》《七启》《七释》四篇文章特点分别概括。⑥ 文章在对七体的考察中强调了七体的儒学意味。

《连珠序》对连珠文体的兴起、特点做了介绍,最后评价了班固、蔡邕、贾逵、傅毅作品的特点。同样,中间也从儒家文学观对"连珠"进行了评价,说它"贤者微悟,合于古诗劝兴之义"⑦。

傅玄在用儒家文学思想评说文体的同时,在创作中也注重用不同文体

---

① (清)严可均:《全晋文》卷46、49,商务印书馆1999年版,第476、506页。
② (清)严可均:《全晋文》卷97,商务印书馆1999年版,第1024页。
③ (清)严可均:《全晋文》卷87,商务印书馆1999年版,第929页。
④ (清)严可均:《全晋文》卷49,商务印书馆1999年版,第506页。
⑤ (清)严可均:《全晋文》卷49,商务印书馆1999年版,第506页。
⑥ (清)严可均:《全晋文》卷46,商务印书馆1999年版,第473页。
⑦ (清)严可均:《全晋文》卷46,商务印书馆1999年版,第474页。

反映儒家思想。如其铭文，他充分发挥了"铭"这种文体的"警戒"作用，强调修身养德。试看：

《剑铭》：道德不修，虽有千金之剑，何所用之？

《澡盘铭》：与其澡于水，宁澡于德。水之清，犹可秽也；德之修，不可废也。

《冠铭》：居高无忘危，在上无忘敬。惧则安，敬则正。

《衣铭》：衣以饰外，德以修内，内修外饰，礼有制也。

《裳铭》：上衣下裳，天地则也。服从其仪，君子德也。

《履铭》：戒之哉！念履正，无履斜！正者吉之路，斜者凶之征。

《被铭》：被虽温，无忘人之寒！无厚于己，无薄于人。①

傅玄《筝赋》说"筝"，"设之则四象在，鼓之则五音发。体合法度，节究哀乐。斯乃仁智之器"②，从仁智角度赋乐器，这是他礼乐思想的反映。《傅子·礼乐》中提出了"三本"之说："一曰君臣，以立邦国；二曰父子，以定家室；三曰夫妇，以别内外。三本者立，则天下正；三本不立，则天下不可得而正。"③ 由此出发，傅玄开国时的宫廷乐府在唱着赞歌的同时，也注重礼乐教化，如他的《鼓吹曲辞》中的《仲春振旅》《夏苗田》《仲秋狝田》《金灵运》等篇就提出了仁孝的主张。

同傅玄一样，挚虞也注意到文体的发展，重视文体的儒家思想特征，但他的儒家文体观较傅玄更成熟，这从《文章流别论》中可以看到。

《文章流别论》分析评价了诗、颂、铭、诔、赋、七体、箴、哀辞、哀策、设难体、碑、图谶这十二类文体。其文体论在曹丕《典论·论文》、陆机《文赋》的基础上又有所增加。曹丕论了奏、议、书、论、铭、诔、诗、赋八种文体；陆机则论了诗、赋、碑、诔、铭、箴、颂、论、奏、说十种文体。挚虞文体论的成熟，不在于文体种类的扩大，而是有自己鲜明的特点。

第一，重视"颂"体，将"颂"与"诗"做了界定："其功德者谓之颂，其余则总谓之诗。颂，诗之美者也。"④

第二，对各类文体从儒家思想角度出发做了要求。例如：

---

① （清）严可均：《全晋文》卷46，商务印书馆1999年版，第476—478页。
② （清）严可均：《全晋文》卷45，商务印书馆1999年版，第461页。
③ （清）严可均：《全晋文》卷47，商务印书馆1999年版，第486—487页。
④ （清）严可均：《全晋文》卷77，商务印书馆1999年版，第819页。

颂："颂之所美者，圣王之德也"，否则，颂形、颂声"非古颂之意"。

　　赋：指出赋中假象过大、逸辞过壮、辩言过理、丽靡过美则"背大体而害政教"。

　　诗："雅音之韵，四言为正"。

　　铭："其文典正""以表显功德"。①

挚虞不仅用自己的主张论说各文体具体作品的优劣，还在自己的创作实践中贯彻儒家思想，最明显的是"赞"。他现存十四篇"赞"，赞颂了历代帝王和先贤的文明教化。他的"铭"也如此，留存下来的《武库铭》《灶屋铭》分别强调了儒家的"五常"和"大孝"。他的诗歌创作亦遵循其主张，均为四言雅音诗。

挚虞对文体的论说及创作实践表明其文学主张倾向"雅颂"，在他看来，文章的目的在于"宣上下之象，明人伦之叙，穷理尽性，以究万物之宜者"②。

挚虞、傅玄雅颂、宗经的观点，对后世的文学观念产生了持久的影响。刘勰说"四言正体，则雅润为本；五言流调，则清丽居宗"③，这是对挚虞"雅颂"文学观的发展。刘勰《文心雕龙·宗经》中列举二十种文体，说明它们分别源自五经，强调"百家腾跃，终入（五经）环内者也"④；《颜氏家训·文章》亦说"夫文章者，原出《五经》"⑤；清代章学诚也认为，战国之文"其源皆出于六艺，人不知也。后世之文，其体皆备于战国，人不知；其源多出于《诗》教，人愈不知也"⑥。以上这些则是对傅玄宗经观的继承与发展。

第二节　儒家文学观下的西晋作品评价举隅

西晋有过多次文事活动，这主要表现在皇室成员召集的文学活动及金

---

① （清）严可均：《全晋文》卷77，商务印书馆1999年版，第819、819、820、820页。
② （清）严可均：《全晋文》卷77，商务印书馆1999年版，第819页。
③ 王运熙、周锋：《文心雕龙译注·明诗》，上海古籍出版社2010年版，第25页。
④ 王运熙、周锋：《文心雕龙译注·宗经》，上海古籍出版社2010年版，第11页。
⑤ （北齐）颜之推：《颜氏家训》卷4《文章第九》，上海古籍出版社2017年版，第100页。
⑥ （清）章学诚：《文史通义》卷1《诗教上》，上海古籍出版社2015年版，第18页。

谷园集会等。从留存下来的资料看，文事活动中的品评不多。结合其中零星资料及时人和后人的评点进行分析，还是可以推断出西晋士人创作中的儒家思想的。

一 孙楚、荀勖《与孙皓书》的评价分析

咸熙元年（264）冬十月，司马昭封晋王的第二年，遣使者徐劭、孙彧出使东吴，① 并令士人作书与孙皓，"子荆（孙楚）与荀公曾（荀勖）各奋笔札，孙最杰出，而荀独见用，谓胜十万师"②。在张溥看来，孙楚之文最优，而荀勖"独见用"，似有惋惜之意。

就文采而言，"孙最杰出"的评价在今天依然是公道的。孙楚《与孙皓书》共九段，洋洋洒洒，先述说魏承天应命，国势强大；接着以公孙渊、刘备为例，说明魏攻无不克；再显示魏的国威军容，最后两段强调结盟的好处与抗拒的后果。文章多用四字短句，读来酣畅淋漓，一气而下，颇有恫吓、威慑的色彩，以至《晋书·孙楚传》言，"劭等至吴，不敢为通"③。

荀勖《与孙皓书》④ 全文仅一段，通篇都在强调仁：开头说吴若"剿民之命，以争强于天下"，是违礼不仁的；其次说魏结束汉末动乱，平定蜀汉，是"欲止戈兴仁，为百姓请命"，是"奉天时之宜"；最后强调魏有战胜东吴实力，但没有乘胜灭吴，是因为在伐蜀之役中看到了百姓的灾难，劝降行为是"屈己以宁四海者，仁哲之高致也"。通篇晓之以"仁义"之理，文字平实，大不及孙楚的文采出众、情文并茂。

两篇文章显示了两人不同的性格。荀勖出身颍川荀氏家族，世以儒显，荀勖继承了家族的传统，有深厚的儒学根基，又博学多才，曾与贾充等定律令，又作新礼歌诗及《正德》《大豫》舞曲，撰次汲冢古文竹书以为《中经》。他深得武帝信赖，咸宁初，作为佐命功臣，列于铭飨；太康中为光禄大夫，开府仪同三司。他性格的一大特点就是"慎"。《晋书》本传载有他戒子的话语："人臣不密则失身，树私则背公，是大戒也。汝

---

① 案：两使者姓名，《晋书》与《全晋文》中有不同。《晋书·孙楚传》作符劭、孙郁；《晋书·文帝纪》作徐劭、孙彧；《全晋文》卷31荀勖《为晋文王与孙皓书》作徐绍、孙彧。
② （明）张溥：《汉魏六朝百三家集题辞注》，中华书局2007年版，第146页。
③ （唐）房玄龄等：《晋书》卷56，中华书局1974年版，第1542页。
④ （清）严可均：《全晋文》卷31，商务印书馆1999年版，第308—309页。

等亦当宦达人间，宜识吾此意。"① 这种谨慎之风与其从父荀攸颇为相似。据《三国志》本传："（荀攸）深密有智防，自从太祖征伐，常谋谟帷幄，时人及子弟莫知其所言。"② 正是这种谨慎的处世原则，使荀勖从"不犯颜忤争，故得始终全其宠禄"③。

其实，"慎"不独表现在荀勖身上，西晋时期不少大臣也以此作为处世指导思想。羊祜贵为权臣，行事却谨慎小心，他的"嘉谋谠议，皆焚其草，故世莫闻"④。他在《诫子书》中告诫子女，处世当"恭为德首，慎为行基。愿汝等言则忠信，行则笃敬，无口许人以财，无传不经之谈，无听毁誉之语。闻人之过，耳可得受，口不得宣，思而后动"⑤。如此谨慎的大臣还有李秉，从其《家诫》亦得观其慎行。他说："凡人行事，年少立身，不可不慎，勿轻论人，勿轻说事，如此则悔吝何由而生，患祸无从而至矣。"⑥ 这种处世原则固然有职业道德的因素，也与复杂的政治环境有关。他们之后的王戎、何劭、庾敳等，均以谨慎之道处八王之乱的险恶环境。谨慎使他们始终悠游权贵之间，立于不败之地。

荀勖"慎"不仅表现在工作与为人处世上，其行文也表现出此特点。他的《王昌前母服议》，对王昌是否服前母，他的回答是不够鲜明的，他只是举郑子群后妻子蔡元叠为前母陈氏服嫡母之服之例，说族宗兄伯指责他，乡里先达肯定他。这模棱两可之议，充分表现了他的谨慎为文。其"慎"体现在《与孙皓书》上，就是平稳、妥帖。

孙楚则不同，他是一位相当有个性的士人。《世说新语》刘孝标注引《语林》，有这样的记载："王武子葬，孙子荆哭之甚悲，宾客莫不垂涕。既作驴鸣，宾客皆笑。孙曰：'诸君不死，而令武子死乎？'宾客皆怒。"⑦ 他敢说敢做，一语而令诸君怒，性情之真可见。他"才藻卓绝，爽迈不群，多所陵傲，缺乡曲之誉"⑧，《晋书》本传载，他作为石苞的下属却对其不恭，与之纷争多年。又和同乡郭奕愤争。因而仕途蹇顿，沉滞多年。西晋规定参军必须敬府主，就始于孙楚不敬石苞之事。本传所载颇见其个性，颜延之、刘勰、王世贞却认为这是"轻薄"的性格缺陷。换一种角度

---

① （唐）房玄龄等：《晋书》卷39《荀勖传》，中华书局1974年版，第1157页。
② （晋）陈寿：《三国志》卷4《荀攸传》，中华书局2006年版，第197页。
③ （唐）房玄龄等：《晋书》卷39《荀勖传》，中华书局1974年版，第1157页。
④ （唐）房玄龄等：《晋书》卷34《羊祜传》，中华书局1974年版，第1019页。
⑤ （清）严可均：《全晋文》卷41，商务印书馆1999年版，第420页。
⑥ （清）严可均：《全晋文》卷53，商务印书馆1999年版，第552页。
⑦ 余嘉锡：《世说新语笺疏》下卷《伤逝3》，中华书局1983年版，第638页。
⑧ （唐）房玄龄等：《晋书》卷56《孙楚传》，中华书局1974年版，第1539页。

看，这种个性正是孙楚倨傲不驯、敢说敢做的真性情，《与孙皓书》淋漓尽致地表现了孙楚这一性情。

不妨以两人文章结尾为例，细品两人不同的文风：

> （荀勖之文）……若书御于前，必少留意，回虑革算，结欢弭兵，共为一家，惠矜吴会，施及中土，岂不泰哉！此昭心之大愿也，敢不承受。若不或命，则普天率土，期于大同，虽重干戈，故不获已也。①
>
> （孙楚之文）若能审识安危，自求多福，蹶然改容，祇承往告。追慕南越，婴齐入侍，北面称臣，伏听告策，则世祚江表，永为藩辅，丰报显赏，隆于今日矣。若侮慢不式王命，然后谋力云合，指麾风从；雍益二州，顺流而东；青徐战士，列江而西；荆、杨、兖、豫，争驱八冲；征东甲卒，虎步秣陵。……忽然一旦，身首横分，宗祀屠覆，取诫万世，引领南望，良以寒心。②

两文都是从正反两面说明罢兵休战的好处与抗拒的结果。荀勖之文简洁，措辞和婉，也不失分量。孙楚之文措辞倨傲，诸如"自求多福""北面称臣""不式王命"等，俨然不将孙皓放在眼里。就实际情况而言，东吴的国势每况愈下，灭亡是早晚之事。于是，孙楚说他想说，他敢说、真说，说得气势充沛、铿锵有力、淋漓痛快。

但这次致书孙吴，毕竟是一次外交礼节活动，晋王司马昭是"发使聘吴"③。"聘"是古代诸侯之间相互问候的外交礼仪，在谦让的礼仪中以示互不侵犯。当然，司马昭的目的并非以示友好，景元四年（263）灭蜀，次年即派使者出使东吴，其目的就是"喻孙皓以平蜀之事，致马锦等物，以示威怀"④。晋王司马昭有让孙皓称臣之心，但当时刚刚平蜀，国力尚不足以平吴。东吴虽处弱势，然百足之虫，死而不僵。加之孙皓刚刚继位，于礼也只能表示为罢兵修好。《晋书·荀勖传》叙述发书的结果是孙皓"报命和亲"，"和亲"这一措辞就表明了东吴的外交立场，说明"致书"外交活动的性质。

在聘礼上出示孙楚之书，咄咄逼人，于礼无疑不合。荀勖之文采用四字句，中规中矩，合乎礼仪又合乎礼义。《礼记·少仪》说"言语之美，

---

① （清）严可均：《全晋文》卷31，商务印书馆1999年版，第309页。
② （清）严可均：《全晋文》卷62，商务印书馆1999年版，第628—629页。
③ （唐）房玄龄等：《晋书》卷39《荀勖传》，中华书局1974年版，第1153页。
④ （唐）房玄龄等：《晋书》卷2《文帝纪》，中华书局1974年版，第44页。

穆穆皇皇"①，验以荀勖之文，是颇合此道的。不仅如此，此文还处处称颂文王之"仁"，颇有"颂体"之风。相形之下，孙楚之文突出的只是宣王与文王的"武功"而非"文治"。因此"帝用勖所作。皓既报命和亲，帝谓勖曰：'君前作书，使吴思顺，胜十万之众也'"②。荀勖文章"独见用"，非独是世家大族子弟之故，也非关文采，关键是有礼有节，符合儒家之道。

二 "应贞诗最美"探因

干宝《晋纪》曰："泰始四年二月，上幸芳林园与群臣宴，赋诗观志，散骑常侍应贞诗最美。"③ 当时参与宴集赋诗可考的尚有荀勖、王济。应贞，汝南南顿人。家族世以文章显，父祖辈中的应奉、应劭、应场、应璩等皆富文采。应贞本人凭其诗才得到夏侯玄乃至武帝的赏识。

应贞诗，名为《晋武帝华林园集诗》。诗歌先说西晋禅代是应天承命，国泰民安；次颂武帝之德；后与宴会情景。就今天而言，"文字素养不错，但没有什么新意，平稳而已"④，这样的评价不无道理。胡大雷先生推测：四言、颂体这种形式与内容可能是应贞诗最美的原因。⑤ 此论诚是。

该诗名为"诗"，实可目为"颂"。从儒家文学观出发，挚虞认为"颂，诗之美者""雅音之韵，四言为正"。⑥ 作为同时代的人，挚虞的主张应该是有一定的代表性的。后世刘勰承袭挚虞的观点，以为"颂者，容也，所以美盛德而述形容也"⑦。应贞《晋武帝华林园集诗》"最美"的评价应是与这种儒家文学观有关。

荀勖同时并作的《从武帝华林园宴诗》，共二章：

> 习习春阳，帝出乎震。天施地生，以应仲春。思文圣皇，顺时秉仁。钦若灵则，饮御嘉宾。洪恩普畅，庆乃众臣。

---

① （汉）郑玄注，（唐）孔颖达疏：《礼记正义》卷35，上海古籍出版社1990年版，第629页。
② （唐）房玄龄等：《晋书》卷39《荀勖传》，中华书局1974年版，第1153页。
③ 逯钦立：《先秦汉魏晋南北朝诗·晋诗》卷2，中华书局1983年版，第580页。案：李善注《文选》《晋武帝华林园集诗》题序中"散骑常侍应贞诗最美"出自孙盛《晋阳秋》。
④ 顾农：《文选论丛》下卷《平庸的士人应贞》，广陵书社2007年版，第146—147页。
⑤ 胡大雷：《中古文学集团》，广西师范大学出版社1996年版，第74—75页。
⑥ （清）严可均：《全晋文》卷77挚虞《文章流别论》，商务印书馆1999年版，第819—820页。
⑦ 王运熙、周锋：《文心雕龙译注》，上海古籍出版社2010年版，第36页。

> 其庆惟何，锡以帝祉。肆觐群后，有客戾止。外纳要荒，内延卿士。箫管咏德，八音咸理。凯乐饮酒，莫不宴喜。①

荀勖诗，首章颂美君王；次章交代宴会宾主、场面及气氛。如果说"四言颂体"是应贞诗最美的原因，那么荀勖此诗也同为"四言颂体"的应制之作，为何没能当"最美"之称号？探究起来还与此次宴饮的"赋诗观志"有关。潘尼《后园颂》有言"讲艺华林，肆射后园"②，说的是华林园宴集的程式，即先讲艺，后射礼。《晋书·成帝纪》写成帝"常欲于后园作射堂，计用四十金，以劳费乃止"③，这条材料可证皇家后园有肆射惯例。应贞的诗最后对儒家"射礼"礼义做了发挥，这才是其诗"最美"的主要原因。该诗末写道：

> 贻宴好会，不常厥数。神心所受，不言而喻。于是肆射，弓矢斯御。发彼五的，有酒斯饫。文武之道，厥猷未坠。在昔先王，躬御兹器。示武惧荒，过亦为失。凡厥群后，无懈于位。④

"贻宴好会，不常厥数。"李善注："数，犹礼也。"⑤ 这的确是很有道理的。这句话是说，这是一次不同寻常的礼仪嘉宴。接下来说宴会上的"射礼"游戏：射中五支箭者赐酒。李善引《周礼》"王射三侯五正"注此句，可见"射礼"还是遵守了古礼的。

古代射礼，包括五种：乡射、大射、燕射、宾射和泽宫之射。⑥ 五种射礼用于不同的等级与目的，射礼中，凡是射箭合乎乐曲的节拍，又射中

---

① 逯钦立：《先秦汉魏晋南北朝诗·晋诗》卷2，中华书局1983年版，第592页。案：逯钦立认为荀勖此诗与其《三月三日从华林园诗》为同时之作。认为王济《从事华林诗》是其《平吴后三月三日华林园诗》的佚文。则这些诗均作于太康元年平吴后。罗建伦认为荀勖《从武帝华林园宴诗》与王济《从事华林诗》二诗作于泰始四年。其辨析文字见《华林园宴饮赋诗考》，《吉林师范大学学报》（人文社会科学版）2011年第2期，第23页。
② （清）严可均：《全晋文》卷95，商务印书馆1999年版，第1005页。
③ （唐）房玄龄等：《晋书》卷7《成帝纪》，中华书局1974年版，第184页。
④ （南朝梁）萧统编，（唐）李善注：《文选》卷20，上海古籍出版社1986年版，第955页。
⑤ （南朝梁）萧统编，（唐）李善注：《文选》卷20，上海古籍出版社1986年版，第955页。
⑥ （清）王夫之：《礼记章句》卷46《射义》，《船山全集》单行本之四，岳麓书社2011年版，第1529页。

次数多的诸侯卿士,就有资格参加天子的祭祀;参加祭祀多的诸侯卿士就能得到奖励和提升,反之亦然。当然,射礼的意义并不在此,《礼记》有《射义》篇,阐述了射礼的意义:

> 古者诸侯之射也,必先行燕礼;卿大夫士之射也,必先行乡饮酒之礼。故燕礼者,所以明君臣之义也;乡饮酒之礼者,所以明长幼之序也。故射者进退周还必中礼。内志正,外体直,然后持弓矢审固,持弓矢审固然后可以言中。此可以观德行矣。
>
> 射者,仁之道也。射求正诸己,己正而后发。发而不中则不怨胜己者,反求诸己而已矣。孔子曰:"君子无所争,必也射乎。揖让而升下,而饮,其争也君子。"①

应贞诗最后申述了席间射礼的意义:"示武惧荒,过亦为失。凡厥群后,尢懈尔位。"《射义》上说"士"射箭的节拍是《诗经》中的《采蘩》,以示乐不失职。对《采蘩》断章取义的说明,也正是应贞诗末所强调的意义:宴会上射箭只是一种娱乐,应当适可而止,不能乐而失节,忘了职守。

"射礼""求正诸己",要持心平正。以此类推,为官亦应如此,方能不懈怠。一次宴饮,一次娱乐,应贞由此联想到为官之道,为文与儒家的礼教自然地结合在一起,这种符合儒家文学观的创作,自然能得到武帝君臣的认可。加之,泰始四年(268)前后,正是武帝敦促儒学、恢复古礼、加强礼乐建设用力最勤之时。于是触及儒家礼义的应贞诗歌,顺应了武帝的治国之道,这应是应贞诗最美的主要原因。

应贞深谙儒家礼仪,泰始初就与荀颢等参与新礼的刊定。正是他的儒学修为,增加了他此诗中的礼乐文化色彩,博得了"最美"的评价。

三 张华《博物志》的删改缘由

张华《博物志》的删定也与儒家礼乐文化有密切关系。

张华少时孤贫,但勤奋努力,博学多才。后经阮籍、刘放、卢钦等的举荐走上仕途,多所作为,成为西晋一代名臣。不仅如此,他博闻多识,"才综万代"。武帝曾经询问张华"汉宫室制度及建章千门万户,华应对如

---

① (汉)郑玄注,(唐)孔颖达疏:《礼记正义》卷62《射义》,上海古籍出版社1990年版,第1012、1018页。

流,听者忘倦,画地成图,左右属目"①。为证明张华的博物,《晋书》本传还列举了不少事例,诸如鸟毛三丈的预言,龙肉的验证,蛇化为雉的事实,龙泉、太阿剑的传说等。从唯物主义的观点看,这些事例当然没有事实根据,但多少增加了张华的神秘色彩与个人魅力。《世说新语》写刘令言(讷)初入洛,见诸名士而感叹:"王夷甫(衍)太解明,乐彦辅(广)我所敬,张茂先(华)我所不解……"② 这"不解"当是张华渊博的知识带给他的震撼。其实张华的知识主要来自他的广泛阅读及惊人的记忆力,本传载其"雅爱书籍,身死之日,家无余财,唯文史溢于机箧。尝徙居,载书三十乘。秘书监挚虞撰定官书,皆资华之本以取正焉。天下奇秘,世所希有者,悉在华所,由是博物洽闻,世无与比"③。

如此丰富的藏书,为张华写作《博物志》提供了便利的条件。王嘉《拾遗记》卷九载:

> 张华字茂先,挺生聪慧之德,好观秘异图纬之部,捃采天下遗逸,自书契之始,考验神怪,及世间闾里所说,造《博物志》四百卷,奏于武帝。帝诏诘问:"卿才综万代,博识无伦,远冠羲皇,近次夫子,然记事采言,亦多浮妄,宜更删翦,无以冗长成文!昔仲尼删《诗》《书》,不及鬼神幽昧之事,以言怪力乱神,今卿《博物志》,惊所未闻,异所未见,将恐惑乱于后生,繁芜于耳目,可更芟截浮疑,分为十卷!"④

"《拾遗记》乃小说家言,其中可靠的史料很少"⑤,这种观点代表了当今学术界不少学者的看法。对王嘉之说的质疑早已有之,王媛《〈博物志〉的成书、体例与流传》一文中有具体实例:

> 《通考》怀疑此说不当,云:"《博物》四百,本非有成书。"姚际恒《古今伪书考》认为《博物志》"浅狠无足观,决非华作",并对删书说提出异议:"魏、晋间人何尝有著书四百卷者?且从中选得十卷,

---

① (唐)房玄龄等:《晋书》卷36《张华传》,中华书局1974年版,第1070页。
② 余嘉锡:《世说新语笺疏》中卷下《品藻8》,中华书局1983年版,第508页。
③ (唐)房玄龄等:《晋书》卷36《张华传》,中华书局1974年版,第1074页。
④ (晋)王嘉撰,(南朝梁)肖绮录,齐治平校注:《拾遗记》,中华书局1981年版,第210—211页。
⑤ 顾农:《〈博物志〉与〈拾遗记〉》,《古典文学知识》2012年第1期,第52页。

不知当若何佳，今乃尔耶！"余嘉锡《四库全书总目提要辨证》也不同意原书为"四百卷"之说，他说："王嘉《拾遗记》所记之事，杜撰无稽，殆无一语实录。"①

王媛的结论是"张华删书说只能是一段历史疑案了"。不管王嘉之说的真伪如何，即便是附会之说，如果从儒家"礼"文化出发，也可见其附会的道理。武帝要求张华删"浮疑"，也就是"鬼神幽昧""怪力乱神"之类的内容，其理由是"子不语怪力乱神"。联系孔子的生活时代及《博物志》的成书时代可以看到：武帝要求张华"删书"，其实就是对"礼"的重视。何来此说？

不妨先看孔子的不言"怪力乱神"。"子不语怪力乱神"，《论语集注》是这样解释的："怪异、勇力、悖乱之事，非理之正，固圣人所不语。鬼神，造化之迹，虽非不正，然非穷理之至，有未易明者，故亦不轻以语人也。"②此说，历来纷争，但观《拾遗记》，武帝还是采传统之说，即不说怪异、勇力、悖乱、鬼神之事。

孔子不语怪力乱神是与他生活的时代有关。孔子生活在诸侯争霸的春秋时代，西周的一系列礼法在战乱中遭到破坏与践踏，这令孔子痛心疾首。孔子特别醉心于西周的礼治社会，他曾说"周监于二代，郁郁乎文哉，吾从周"③。恢复周礼是他毕生的政治理想，为此，他周游列国，努力去实现自己的政治理想。晚年，他对恢复周礼备感失望，曾感叹道："甚矣吾衰也！久矣吾不复梦见周公。"④对周公的景仰与对现实的失望是紧紧交织在一起的。晚年的孔子放弃了从政之心，几乎将所有精力都用来整理《诗》《书》《礼》《乐》《易》《春秋》这"六艺"经书。其中的《礼》，现存三种：《周礼》《仪礼》《礼记》，经地下发掘资料证实，"三礼"的实际成书时间要晚于孔子。尽管如此，不少学者仍然认为孔子整理过《周礼》，尤其是《仪礼》。《史记·孔子世家》记载，当西狩获麟之后，孔子《春秋》绝笔，对恢复礼治社会彻底绝望。孔子生活在那种乱世，不语怪力乱神，就是坚守自己对"礼"的那份遵从。当然不少研究者认为《论语》中有语怪力乱神的现象，认为自相矛盾。

其实，看武帝泰始元年（265）十二月颁发的《禁淫祀诏》，就可以明

---

① 王媛：《〈博物志〉的成书、体例与流传》，《中国典籍与文化》2006年第4期，第65页。
② （宋）朱熹：《论语集注·述而》，齐鲁书社1992年版，第68页。
③ （宋）朱熹：《论语集注·八佾》，齐鲁书社1992年版，第24页。
④ （宋）朱熹：《论语集注·述而》，齐鲁书社1992年版，第62页。

白其中的道理：

> 昔圣帝明王修五岳四渎、名山川泽，各有定制，所以报阴阳之功故也。然以道莅天下者，其鬼不神，其神不伤人，故祝史荐而无愧辞，是以其人敬慎幽冥而淫祀不作。末世信道不笃，僭礼渎神，纵欲祈请，曾不敬而远之，徒偷以求幸，妖妄相煽，舍正为邪，故魏朝疾之。其案旧礼具为之制，使功著于人者必有其报，而妖淫之鬼不乱其间。①

鬼神并非一律"不语"，合"礼"的鬼神"其鬼不神，其神不伤人"，不在禁忌范围之内；不合礼制的鬼神祭拜，则持坚决反对态度。从礼的角度推断：孔子对合"礼"的怪力乱神是不会加以排斥的。同样，十卷的《博物志》中仍有不少"浮疑"，恐怕也于"礼"无伤。

《禁淫祀诏》发布于泰始元年（265），诏令张华"删浮疑"，严可均《全晋文》系在咸宁年中。这十多年中，武帝恢复了一系列古礼，如泰始二年（266）的郊祀礼、泰始四年（268）的籍田礼、泰始五年（269）的正会礼、泰始六年（270）的乡饮酒礼等。正是因为对"礼"的重视，所以武帝诏令张华删书，理由是《博物志》"惊所未闻，异所未见，将恐惑乱于后生，繁芜于耳目"，这无疑暗示了其不合礼制的内容。

《拾遗记》之说是否真实可信，姑且不论。从"礼"的角度看，武帝命张华"删浮疑"，这与西晋儒学建设是相一致的。王嘉之说若真，那么从四百卷的煌煌巨篇删至十卷，张华一定参阅了不少礼仪标准，将不利于"社会稳定"的所谓怪力乱神部分予以了删除。王嘉《拾遗记》说"帝常以博物志十卷置于函中，暇日览焉"，也说明删改后的《博物志》甚合圣心。无论如何，以此为例，想说明的是，儒家"礼"文化对文学创作有着直接的影响。即便非真，王嘉以此附会也说明了"礼"对文学创作的影响。

---

① （唐）房玄龄等：《晋书》卷19《礼志上》，中华书局1974年版，第600—601页。

第二章 西晋文学作品中的儒学意蕴

在傅玄、挚虞儒家文体观的分析中可以看到，文体可以承载儒家思想，如赞、铭、颂等都与儒家文学观相关，只是这几类文体留存下来的作品不多，且文体功能如是，不易客观反映西晋士人自身的儒家思想观念。西晋的"议"与"四言诗"是较能反映士人创作思想的两类文体，不妨以这两类作品为例，分析西晋士人文学创作中的儒家文化色彩。

第一节　西晋"议"的儒学特质

儒家文化讲求忠孝仁义，注重人伦关系，强调礼法治国。其中"礼"是调适人伦关系重要的道德规范与行为准则，其作用在于"定亲疏，决嫌疑，别同异，明是非"①。武帝重儒举措的重心也在"礼"，诸如恢复古礼，加强礼乐文化，强调人伦教化、社会风气等。在所有的关于"礼"的文化内容中，西晋尤其注重"孝"，讲究以孝治天下。西晋文学的各类体裁中，"议"与"礼"的内容关系至为密切，也最能反映西晋"礼"文化的特色。

这里的"议"是指《全晋文》中标题带有"议"的文章，"议"不是随便的议论，许慎《说文解字》解作："语也。"② 刘勰《文心雕龙》则是把它作为一种文体，他对"议"下的定义是"周爰咨谋，是谓议"③。可见，"议"是用于咨政的文体。当然"奏""疏""策""对"等也议政，与"议"有相通之处，此处仅以"议"为例，探讨"议"体与儒家文化的关系。

---

① （汉）郑玄注，（唐）孔颖达疏：《礼记正义》卷1《曲礼上》，上海古籍出版社1990年版，第15页。
② （汉）许慎：《说文解字》，浙江古籍出版社2016年版，第70页。
③ 王运熙、周锋：《文心雕龙译注》，上海古籍出版社2010年版，第118页。

"礼"与"法"是封建社会统治者治国的双驾马车，作为议政文体的"议"自然少不了"礼"议。晋武帝提倡以儒治国，注重礼治教化，强调以孝治天下，因此西晋的礼"议"表现出明显的儒学时代特征。

一　两汉、曹魏至西晋"议"内容的变化

《文心雕龙·议对篇》中，刘勰评述了西晋"议"文的四位代表作家何曾、秦秀、傅咸、陆机："何曾蠲出女之科，秦秀定贾充之谥：事实允当，可谓达议体矣。……晋代能议，则傅咸为宗。……长虞识治，而属辞枝繁；及陆机《断议》，亦有锋颖，而谀辞弗剪，颇累文骨：亦各有美，风格存焉。"①四人中仅秦秀之"议"关乎礼；而《全晋文》中何曾之议尚有《议贬庾纯》，秦秀之议有《何曾谥议》《贾充谥议》《王昌前母服议》，傅咸之议有《议立二社表》，这些"议"均关乎礼。事实上，《全晋文》所录"议"，西晋约170篇，与礼仪制度相关的约140篇，约88%是关于"礼"的。"五礼"中吉礼的祭祀、嘉礼的婚嫁、军礼的仪仗都有所涉及，但主要是凶礼中的谥法和丧葬中的服丧。其中关于服丧、丧葬之议约90篇；庙祭及郊祭之议20余篇，谥号之议5篇左右，其他涉及礼制之议的文章10余篇。

庙祭及丧葬之议的文章占"议"的一半多，这与西晋的以孝治国的政策有密切关系。服丧与祭祖是"孝道"的具体表现，朝廷对此有多次讨论，足见其对"孝"的重视，而这些讨论甚至是大规模的讨论，也催生了西晋"议"对"礼"的重视。确切说，西晋"议"的特点就是以"服丧"为中心内容。试比较两汉魏晋的"议"就可以明了西晋"议"的独特之处。

据《全汉文》，西汉"议"78篇，其中最多的"议"是与"礼"相关的，有39篇之多，占一半；其次是关于"法"的议文；最后是与匈奴关系的议文，这应与西汉时代的民族关系有关。其他的尚有官员任免的议文、治理河水的议文等。与"礼"相关的39篇文章中，最多的是永光五年（前39）议毁孝文、孝武宗庙的文章，有11篇；其次是关于郊祀的文章，约7篇。39篇议文中关于丧服、丧礼的文章仅2篇。

《全后汉文》中"疏""奏"远多于"议"。"议"类文约70篇，同样与"礼"相关的议文最多，约20篇；其次，关于"法"、关于官员任免、关于民族关系包括与匈奴、鲜卑、西域等的战与和的议文均10余篇；最

---

① 王运熙、周锋：《文心雕龙译注》，上海古籍出版社2010年版，第118页。

后，关于天文历法的议文 5 篇左右。与"礼"相关的议文主要是关于庙祭与郊祭，共 13 篇；议谥号的文章 2 篇；关于丧服与葬礼的文章仅 1 篇。

《全三国文》中曹魏的议文约 90 篇，主要内容依然涉及"礼"，约有 60 余篇议文；其次关于刑法、军事、历法的议文分别近 10 篇。关于"礼"的议文中以郊祀的内容为多，约 25 篇，主要涉及祭拜天地神灵的礼仪与礼乐问题；其次是关于宗庙祭祀的议文约 10 篇；关于丧服及葬礼的议文约 15 篇，有关谥号的议文 5 篇左右；余则为改元及其他礼制的议文。

从上述粗略的统计中可以看到，"议"与儒学、与时代有密切关系。两汉魏晋的议文的共同点就是以礼、法为主要内容，但不同的时代又有其独特之处。西汉武帝时代兴儒学，独尊儒术；东汉光武帝时代儒学再度兴盛，儒学士人受优待礼遇，政治地位日渐提高。两汉政权对儒家文化的诠释尤重三统、五德之说，天地郊祀的神灵祭拜及祖宗祭拜成为帝王统治万民思想的重要措施之一，也成为议文中最主要的内容。就两汉的国情看，西汉、东汉在国内一统的同时，在边境上却始终与匈奴等少数民族关系紧张，因此民族关系也是两汉政权亟待解决的大事，民族关系与边境战争问题也就成为议文中的重要内容。

曹魏政权与西晋政权的建立十分相似，都是通过禅让得天下。尽管禅让的方式少了战争的硝烟，但政权转换中流血依然无可避免，是以汉魏之际与魏晋之际的议文不多，若有，也是对政敌的处罚的讨论居多，如魏末《议诛曹爽》《议发王凌、令狐愚冢》《议斩李丰、夏侯玄》等。作为议政文的"议"，更多地有讨论的意味，群臣朝堂讨论政事应该是在政局相对稳定之时，魏晋的"议"文很好地说明了这一点。

曹魏时代的"议"文以魏明帝时代居多，明帝时代可谓曹魏政权的黄金时代。西晋的"议"文以永康之前为多，太康、元康时代是西晋的黄金时代。在经历了禅让之后，魏晋盛世的统治都以敦倡儒学作为主要手段，"议"对此也有明显的表现：全魏文约 70%、西晋文约 88% 是对礼乐内容的反映，只是两者的侧重有着明显不同。魏明帝景初元年（237）改元、改正朔，大力加强礼乐文化建设，所以议文中的重点议题是郊庙祭祀中的乐舞议、祀天乐舞议、告瑞玺议、五郊祀议、改正朔议、改元议等，此类议文约占曹魏时礼类"议"文的一半。此外，明帝在位期间对法律极为重视，历法也由太和历改为景初历，因此曹魏"议"对法、对历法也多有反映。

西晋关于"礼"的议文中，有一半左右的篇幅是对丧服、丧礼的反映，一改两汉、曹魏对郊祀、庙祀的重视传统。西晋"议"类文对丧服、丧礼的反映主要表现在以下几个议题：王昌前母服议、孙为祖持重议、为旧君反服议、满宠为庶妹服议、乞绝从弟仪曹郎耽丧服议、冒丧嫁娶议等。西晋议文对丧服、丧礼的重视传递出西晋统治者以孝治国的信息。两汉以来"孝"就是士人入仕的主要途径之一，孝行主要表现为"生则养，没则丧，丧毕则祭"①，但观《晋书》及《世说新语》，孝子的孝行、孝养的记载不是很多，更多地表现在丧、祭上，表现在对礼仪的尊崇上，这与议文中重视服丧及丧葬礼仪如出一辙，这就明显地表现出西晋政策的导向及对世风的影响。

西晋政权创立的历史，使得它先天不能立国以忠；西晋以孝治国，"孝"更多地注重繁文缛节，流于形式。西晋的儒学，孝先于忠，形式重于内容，"从根本上消解了儒家孝行的神圣性"②，儒家忠孝的人格模式至西晋受到了强烈冲击。西晋"议"从内容上看是对西晋以儒治国政策的反映，但崇儒的同时也有不少内容开始远离儒学的精神实质。

二 从"议"类文体看西晋礼制之困境——以《王昌前母服议》为中心

《王昌前母服议》是有代表性的"议"，在《全晋文》中共录18篇。据《晋书》，参与讨论者连同武帝共计36人，从现存廷议资料看，这是西晋历史上规模最大的一次"议"。讨论缘起大致如下：东平相王昌之父王毖汉末赴京师，时吴魏相隔，王毖在魏为官，妻子在吴，久无音讯，遂另娶王昌之母。太康元年（280），吴平时王毖前妻已卒，王昌闻丧，请求去官服丧。东平王司马楙上言请求平议，儒臣展开了大规模的讨论，也因此产生了这18篇文章。

18篇文章大体有三种观点：以谢衡、荀勖、陈寿、刘卞、秦秀、卞粹为代表认为应当追服。谢衡认为前母有义，王昌追服"不害于道义"。荀勖仅举郑元叠为前母服丧，"乡里先达以元叠为合宜"③的事例，言辞虽不明确但还是能表明其态度的。④秦秀认为"二母之子，宜各相事，皆如所

---

① （汉）郑玄注，（唐）孔颖达疏：《礼记正义》卷49《祭统》，上海古籍出版社1990年版，第828页。
② 王永平：《汉晋间社会阶层升降与历史变迁》，社会科学文献出版社2011年版，第46页。
③ （清）严可均：《全晋文》卷31，商务印书馆1999年版，第307页。
④ 案：《全晋文·礼志中》载："黄门侍郎崔谅、荀悝、中书监荀勖、领中书令和峤、侍郎夏侯湛皆如溥议。"虞溥是坚定反对追服的，《全晋文》荀勖引郑元叠事，似同意追服。两处有矛盾。

生。虽无成典，期于相睦，得礼意也"①。刘卞、陈寿则类比《左传》赵姬礼让叔隗的史实，认为前母不废，王昌追服是合"礼"的。卞粹认为王昌前母与其父夫妻义未绝，追服前母与"母之不亲而服三年"是同样的道理。

第二种观点相对折中。张恽、程咸以赵姬、叔隗的史实说明王昌前母不废，但其父已亡，无正之分，故当各服其母。刘智、段畅则认为"礼不为非常设……平生不相见，去其加隆，以期为断"②，主张服一年。

第三种观点则反对追服。在虞溥、许猛、李苞等看来，"礼无二嫡"，由于地域隔绝，王昌父再娶，就是废前妻，所以不当追服。李胤、虞溥从政治观点出发，认为王昌前母为敌国之人，就臣道而言，王昌父理当废妻，所以不追服。卫恒认为"地绝死绝，诚无异也"③。司马攸则从实际出发，较为理性地认为"莫往莫来，恩绝殊隔"④，追服是不称情的。

尚书八座认为："昌之前母，宜依叔隗为比。若亡在昌未生之前者，则昌不应复服。生及母存，自应如礼以名服三年。"⑤

武帝权衡各方之说，最终的裁定是："……吴寇隔塞，悢与前妻，终始永绝。必义无两嫡，则赵衰可以专制隗氏。昌为人子，岂得擅替其母。且悢二妻并以绝亡，其子犹后母之子耳，昌故不应制服也。"⑥ 此事就此告一段落。

《全晋文》中，《下制王昌不应为前母服》是武帝诏令的第一条，它发布于太康年间，其后，武帝所有的诏令都按年代排列。之所以这样排列，或许是因为其为"制"，其他均为"诏"之故。其实，"制"与"诏"就文体而言，均为皇帝诏令，没有不同。不按时间顺序，将其置于第一，或许也有重视之意在内？无论如何，王昌为前母服丧的讨论是具有普遍的现实意义的，从中我们可以看到礼法在西晋的尴尬处境。

---

① （清）严可均：《全晋文》卷79，商务印书馆1999年版，第834页。案：《晋书·礼志中》载："段畅、秦秀、骆冲从猛。"许猛主张不追服，《全晋文》中秦秀此文是主张追服的。两处有矛盾。

② （清）严可均：《全晋文》卷39，商务印书馆1999年版，第399页。案：《晋书》此文的作者是"散骑常侍刘智安"，《全晋文》却是刘智。据《晋书·刘智传》刘智也曾为散骑常侍，疑"安"为衍字。此外，《全晋文》录段畅的文章与此完全一样，疑段畅文为《全晋文》误收。

③ （清）严可均：《全晋文》卷30，商务印书馆1999年版，第293页。

④ （清）严可均：《全晋文》卷16，商务印书馆1999年版，第148页。

⑤ （唐）房玄龄等：《晋书》卷20《礼志中》，中华书局1974年版，第638页。

⑥ （唐）房玄龄等：《晋书》卷20《礼志中》，中华书局1974年版，第638页。

首先是"礼不二嫡"与"一夫二妻"的现实冲突。"一夫二妻"是当时的普遍现象,造成这种现象的原因与时局有关。或是因为战争,夫妻两地,音讯断绝,如王毖与前妻之事。类似例子尚有吴纲:"魏征东长史吴纲亡入吴,妻子留在中国,于吴更娶,吴纲与后妻并子俱还,二妇并存,时人以为依典礼不应有二嫡妻。"①或是因为政治斗争,如毌丘俭女适沛国刘仲武,后俭兴兵反对司马氏,刘出妻另娶王氏。贾充妻李婉是李丰之女,因李丰参与谋诛司马师,连坐流徙,贾充另娶郭配之女郭槐。作为开国功臣,贾充得到武帝特许,可置左右二夫人,除此再无二例。尽管强调"礼无二嫡",现实生活中却"不遣后妻,多异居私通"②,二妻并立现象时而可见。泰始六年(270)③,"安丰太守程谅先已有妻,后又娶,遂立二嫡。前妻亡,后妻子勋疑所服。中书令张华造甲乙之问"④,郑冲、贾充、任恺、荀顗、荀勖均赞同为前母服丧。他们基本上都恪守着儒家礼仪,反对二妻并立,甚至主张先至为嫡,后至为庶。但总体而言,对如何解决礼法与现实的矛盾,礼官与儒臣们是颇感困惑与棘手的。《晋书·贾充传》载:"时沛国刘含母,及帝舅羽林监王虔前妻,皆毌丘俭孙女。此例既多,质之礼官,俱不能决。"⑤太康元年(280),"王昌为前母服"的议论纷纭,也说明了这一点。

正因为此,武帝的裁定也是有矛盾的。他赞同王昌前母之事类同《左传》赵姬、叔隗之事。《左传·僖公二十四年》载⑥,赵衰与公子重耳逃亡,先娶狄戎的叔隗为妻。后重耳回国成为晋文公,为报答赵衰的忠诚,将女儿赵姬嫁给赵衰。赵姬闻知叔隗之事后,主动坚决要求迎回叔隗,心甘情愿为妾,且让叔隗之子赵盾为嫡子。据此,王昌前母无疑当为嫡妻,王昌理当追服。事实不然,武帝判定王昌"不应制服"。武帝的这种矛盾其实反映了礼法在西晋的第二种尴尬处境,那就是礼法与当时政治观念的冲突。

武帝出身儒学世家,建国初又致力于以儒治国、以孝治国。武帝诏令

---

① (清)严可均:《全晋文》卷55《袁子正论》注,商务印书馆1999年版,第566页。
② (唐)房玄龄等:《晋书》卷40《贾充传》,中华书局1974年版,第1172页。
③ 案:参与《甲乙问议》的郑冲、荀顗都卒于泰始十年(274);据姜亮夫《张华年谱》,张华为中书令在泰始六年。故可推知张华甲乙问当在泰始六年前后。姜亮夫:《张华年谱》,古典文学出版社1957年版,第32页。
④ (唐)房玄龄等:《晋书》卷20《礼志中》,中华书局1974年版,第640页。
⑤ (唐)房玄龄等:《晋书》卷40,中华书局1974年版,第1172页。
⑥ (晋)杜预注,(唐)孔颖达等正义:《春秋左传正义》(上),上海古籍出版社1990年版,第255—256页。

言"今议此事,称引赵姬、叔隗者粗是也。然后狄与晋和,故姬氏得迎叔隗而下之"①,表明武帝是认同"礼不二嫡"的,泰始十年(274),武帝曾发布《妾媵不得为嫡正诏》就是最好的说明:"嫡庶之别,所以辨上下,明贵贱。而近世以来,多皆内宠,登妃后之职,乱尊卑之序。自今以后,皆不得登用妾媵以为嫡正。"②泰始十年,妾媵为嫡正的世风,或许就包含了"一夫二妻"的社会现象,太康元年,武帝参与《王昌前母服议》的讨论,与泰始年间的诏书应该是有密切关系的。儒家礼法特别讲究"名正言顺","礼不二嫡"的意义就在于此,它能很好维护封建宗法社会的尊卑贵贱的等级秩序。赵姬的行为昭示了所谓的"春秋大义":先来为妻,后至为妾;不以得宠而忘旧。武帝对此有认同,且泰始十年的诏令也有分清嫡庶、正名分、明尊卑的明确规定。那么武帝何以不让王毖前妻为嫡,王昌服丧呢?"且毖二妻皆已亡"是一方面,真正奥秘就在武帝所说的"吴寇"二字上,王昌前妻为"吴寇",怎能居于"正"的地位?正如李胤与虞溥所议.

  (李胤)毖为黄门郎,江南已叛,石厚与焉。大义灭亲,况于毖之义,可得以为妻乎?
  (虞溥)案昌父既策名魏朝,更纳后室,岂得怀旧君于江表,存外妻于仇国乎?非徒时政之所禁,乃臣道所宜绝。③

  这次讨论正值太康元年平吴之后,对于战败的吴国,西晋朝臣的胜利者姿态也显示在王毖的二妻事件上。武帝诏令的矛盾,正是礼法与政治观念冲突的表现。这种政治观念明显地表现为对吴、蜀之人的歧视,三国归晋后依然称"蜀贼""吴寇",斯为明证。
  泰始初年,蜀亡之后,武帝采取极为宽容的政策,广开言路,并举贤良方正。李密,《晋书·孝友传》中列为第一人,平蜀后是武帝极力征召者之一,武帝"立太子,征为洗马。诏书累下,郡县相逼"④,李密上《陈情表》遂不赴诏。武帝对其大为赞赏,叹其不虚名。李密正直、有才能,然太康年间命运急转直下,《晋书》本传载:"赐钱东堂,诏密令赋诗,末章曰:'人亦有言,有因有缘。官无中人,不如归田。明明在上,

---

① (唐)房玄龄等:《晋书》卷20《礼志中》,中华书局1974年版,第638页。
② (清)严可均:《全晋文》卷4《妾媵不得为嫡正诏》,商务印书馆1999年版,第30页。
③ (清)严可均:《全晋文》卷32、79,商务印书馆1999年版,第320、837页。
④ (晋)常璩:《华阳国志》卷11《后贤志》,齐鲁书社2010年版,第185页。

斯语岂然！'武帝忿之，于是都官从事奏免密官。后卒于家。"① 张爱波先生认为，四言公宴诗是为帝王唱赞歌的，李密的诗违反了这一创作原则，违反了怨而不怒、温柔敦厚的诗教传统，所以只能罢官卒家。② 此说或有一定道理。但蹊跷的是，武帝能原谅孔晁犯讳，能笑对刘毅比之桓灵，何以不能容李密的牢骚诗？推此中原委，或此事为杜撰；或武帝已步入昏聩，非泰始年间可比；再或就是因为李密是蜀人。晋人对蜀人的轻视在《陈骞传》中也可见，传中有"蜀贼寇陇右"句，清王鸣盛解释为："唐修《晋史》何必以蜀为贼，此沿袭旧文，芟除未净。"③ 据此，晋人对蜀人态度可知。终武帝朝，受重用的蜀人屈指可数，仅谯周、文立、罗宪等。李密虽有孝名于世，然终不为重用，在一定意义上也表明礼与政治的冲突。

同样，太康年间，入洛的东南士人，也并未得到很好的礼遇。南北之间的隔阂从陆机、陆云兄弟入洛，遭遇卢志、王济等中原世族子弟轻视的一系列事件中可以清晰地看到。周浚与蔡珪的戏言也能说明北人对东南士人的态度。《晋书·周浚传》载："初，吴之未平也，浚在弋阳，南北为互市，而诸将多相袭夺以为功。吴将蔡敏守于沔中，其兄珪为将在秣陵，与敏书曰：'古者兵交，使在其间，军国固当举信义以相高。而闻疆场之上，往往有袭夺互市，甚不可行，弟慎无为小利而忘大备也。'候者得珪书以呈浚，浚曰：'君子也。'及渡江，求珪，得之，问其本，曰：'汝南人也。'浚戏之曰：'吾固疑吴无君子，而卿果吾乡人。'"④ 虽是一句戏言，但对吴士的轻蔑还是溢于言表的。蔡洪赴洛，洛中人问："君吴楚之士，亡国之余，有何异才，而应斯举？"⑤ 或言蔡洪为华谭之误，但无论是蔡洪还是华谭，中原人对东吴士人的轻蔑于问话中一览无余。直到东晋，葛洪尚说道："昔吴士初附，其贡士见偃以不试。今太平已近四十年矣，犹复不试。"⑥ 这根深蒂固的对峙在平吴初年的这场讨论中就已露端倪，武帝"吴寇"的措辞，李胤、虞溥"义正词严"的说辞，都是将政治观点凌驾在传统的礼法之上的。

礼法与政治观念的冲突在其他的议题中也有所反映。泰始四年

---

① （唐）房玄龄等：《晋书》卷88《李密传》，中华书局1974年版，第2276页。
② 张爱波：《西晋士风与诗歌》，齐鲁书社2006年版，第94页。
③ （清）王鸣盛：《十七史商榷》卷48"蜀贼"条，商务印书馆1937年版，第435页。
④ （唐）房玄龄等：《晋书》卷61《周浚传》，中华书局1974年版，第1658—1659页。
⑤ 余嘉锡：《世说新语笺疏》上卷《言语22》，中华书局1983年版，第83页。
⑥ （晋）葛洪：《抱朴子·外篇》卷15《审举》，上海古籍出版社1990年版，第208页。

(268),尚书令史恂为故少府鲍融故吏,假诣丧所行服。为旧君反服是礼所规定,但鲍融是曹魏旧臣,是否应该反服?荀颢、何桢从礼经出发,主张为旧君反服,荀颢议道:"礼,臣为君斩缞三年,与子为父同。以进登天朝,绝无旧君之心,废反服礼,非所以敦风崇教。今使仕者反服旧君,于义为弘。"何桢议云:"夫贵之施贱,犹论恩纪以制服。况尝为臣吏,礼遇恩纪,优劣不同,焉可同之一例。今以为辟举正职之吏,宜依古为旧君服。"何曾之子何遵却反对说:"礼云,违大夫之诸侯不反服,则之天子亦不反服。恂等已登天朝,反服旧主,与礼相违。"①何遵的主张显然是政治观念居礼法之上,尽管他也引用了礼经之说,但毕竟较为牵强,其"议"中的政治色彩是不言而喻的。朝廷最终依何桢所言。但何遵的意见也透露出政治与礼法的冲突存在于现实中。

武帝以礼治国,治国是目的,"礼"只是手段。当目的与手段冲突时,自然是手段屈从目的,这点在太康前后是较为明显的。

礼法的第三种尴尬处境就是礼法与人情的冲突。这种冲突源自礼法自身的僵化,不能与时俱进。魏晋是人性觉醒的时代,也是性情舒展的时代。同两汉一样,服丧是传统孝道的体现,这种孝道表现在生与死两方面。儒家经典多有表述:

> 生,事之以礼;死,葬之以礼,祭之以礼。②
>
> 礼者,谨于治生死者也。生,人之始也;死,人之终也。终始俱善,人道毕矣。故君子敬始而慎终,终始如一,是君子之道、礼义之文也。③
>
> 是故孝子之事亲也,有三道焉:生则养,没则丧,丧毕则祭。养则观其顺也,丧则观其哀也,祭则观其敬而时也。尽此三道者,孝子之行也。④

服丧是尽孝的主要标志,是一个人德行的外在表现,《礼记·丧服四制》言通过服丧,"仁者可以观其爱焉,知者可以观其理焉,强者可以观

---

① 荀颢、何桢、何遵的言论出自(清)严可均《全晋文》卷31、32、18,商务印书馆1999年版,第300、312、161页。
② (宋)朱熹:《论语集注·为政》,齐鲁书社1992年版,第11页。
③ (唐)杨倞注,耿芸标校:《荀子》卷13《礼论篇》,上海古籍出版社2014年版,第234—235页。
④ (汉)郑玄注,(唐)孔颖达疏:《礼记正义》卷49《祭统》,上海古籍出版社1990年版,第828页。

其志焉。礼以治之，义以正之，孝子、弟弟、贞妇皆可得而察焉"①。因此，两汉清议对孝子青睐有加，"孝"成为人们步入仕宦的主要途径之一。即便是魏晋时代，依然如此。但是，随着时代的发展，儒家一些礼仪也越来越失去其活力。《礼记》大礼三百、小礼三千，面对如此众多的繁文缛节，孝子们的行为更多地表现在对礼仪形式的遵从上，内心真实的情感反在其次。《世说新语·德行篇》就有明证：

> 王戎、和峤同时遭大丧，俱以孝称。王鸡骨支床，和哭泣备礼。武帝谓刘仲雄曰："卿数省王、和不？闻和哀苦过礼，使人忧之。"仲雄曰："和峤虽备礼，神气不损；王戎虽不备礼，而哀毁骨立。臣以和峤生孝，王戎死孝。陛下不应忧峤，而应忧戎。"②

和峤哭泣备礼，但神气不损。由此可见礼与情的貌合神离，和峤更注重的是形式。余嘉锡先生对此评论道："孝友之道，关乎天性，未有孝于其亲而薄于骨肉者。……和峤兄弟食其园李，皆计核责钱……虽不得遽谓之不孝，而其所以事亲养志者，迨未能过从其厚矣。"③

何曾亦颇重礼法形式，《晋书》本传记载了以下关于何曾恪守礼法的事件：嘉平中弹劾阮籍居丧无礼；正元中招待武帝，礼节周备；训斥其子何劭仪容不整拜见武帝；闺门整肃；年老与妻以礼相见。这些恪守礼节的行为多表现在形式层面上。对礼仪形式的遵从易于为人所见，因而也是衡量人们道德水平的标准之一，傅玄对何曾、贾充的盛赞不无此因。

陈寿的遭遇最能说明礼制的不合情理。他"遭父丧，有疾，使婢丸药，客往见之，乡党以为贬议。及蜀平，坐是沈滞者累年"，后来"以母忧去职。母遗言令葬洛阳，寿遵其志。又坐不以母归葬，竟被贬议……再致废辱"。④ 陈寿两次遭遇，都因礼不缘情的粗暴。竹林名士正是看到了礼节形式化带来的虚伪，发出"越名教而任自然"的呼声，强调人的真性情。礼制与人情在此发生了激烈的碰撞，它对后世人们的行为有着不小的冲击。

---

① （汉）郑玄注，（唐）孔颖达疏：《礼记正义》卷64，上海古籍出版社1990年版，第1032页。
② 余嘉锡笺疏：《世说新语笺疏》上卷《德行17》，中华书局1983年版，第20页。
③ 余嘉锡笺疏：《世说新语笺疏》上卷《德行17》，中华书局1983年版，第20页。
④ （唐）房玄龄等：《晋书》卷82《陈寿传》，中华书局1974年版，第2137—2138页。

王昌追服前母的行为，明显地显示了情与礼的不合。王昌服丧为人称道，是孝子行为，他恪守了礼法。但此举又无疑是不合情理的。《中庸》说："敬其所尊，爱其所亲，事死如事生，事亡如事存，孝之至也。"① 生都不及事，事死又有何意义？无非是带来好的名声罢了。五服丧礼原是表达亲人之间的亲疏远近关系，表达生者不忘逝者的恩情，但后世越来越流于形式，前母与王昌无养育之恩，甚至无一面之缘，这样的追服未免矫情了些。齐王司马攸所言"莫往莫来，恩绝殊隔"，正是看到了情与礼的背离，看到了礼不称情之处。

这种情与礼的冲突在西晋的另一次"议"中表现得更明显。约太康末年，御史中丞裴祇兄弟等上《乞绝从弟仪曹郎耽丧服表》，表言：

> 耽受性凶顽，往因品署未了，怨恨亲亲，言语悖逆，仇绝骨肉。其兄司空秀，二息从纂昶以下薨亡，耽皆不制服发哀。昔二叔放流，郑段不弟，皆经典所绝。耽应见流徙，未及表闻之。顷耽忧恚荒越，遂成狂病，前即槛闭，今以丧亡，罪匿彰闻，秽辱宗胄。耽见周亲以下，皆宜绝服，葬不列墓次，请取断。②

裴氏是河东闻喜的大族，世以儒显，注重德业。裴祇兄弟的上表已然说明裴耽道德品行之差。即便如此，韩寿、田岳、徐宣仍然认为裴祇等不应"绝丧服"。在他们看来，丧礼是典制，表现的是"亲亲之道"，不宜妄加变动。只有刘维认为"先王制礼，因情而兴，五服之议，以恩为主。是以明亲亲之分，正恩纪属，恩崇则制重，意杀则礼降"③，强调礼缘情制，对裴耽不应服丧。

儒家礼制是经典，但不与时俱进，盲目恪守，必然会丧失礼典最初的本意，丧失儒家礼义的精髓。礼制在西晋遭遇的困境，它与现实、政治、人情的冲突，都表明儒学自身有待建设发展，否则就会丧失其生命力。

如何解决礼法面临的困境，西晋士人在探索。在《王昌前母服议》中，秦秀主张二母之子交相为服，以便家庭相睦。这无疑是对情与礼的一种调和，但秦秀也不能理直气壮，只是说"虽无成典，期于相睦，得礼意

---

① 赵清文译注：《大学·中庸》，华夏出版社2017年版，第90页。
② （清）严可均：《全晋文》卷33，商务印书馆1999年版，第323—324页。
③ （清）严可均：《全晋文》卷72，商务印书馆1999年版，第762页。

也"①。倒是袁準比较干脆，主张"并后配嫡，事不两立，前嫡承统，后嫡不传重，可也。二母之服，则无疑于两三年"②。东晋时，经历了永嘉之乱与五胡乱华的动荡，"一夫二妻"依然是普遍现象。东晋人也在探索，《晋书·礼志中》有干宝对《王昌前母服议》的一段评论，此段开宗明义"礼有经有变有权"，表明礼有经典，也有权变。接着指出"王昌服前母"中的矛盾现象："今二妻之入，无贵贱之礼，则宜以先后为秩，顺序义也。""今二母者，本他人也，以名来亲，而恩否于时，敬不及生，爱不及丧，夫何追服之道哉！"最后提出解决的办法：

> 朝廷于此，宜导之以赵姬，齐之以诏命，使先妻恢含容之德，后妻崇卑让之道，室人达长少之序，百姓见变礼之中。若此，可以居生，又况于死乎！古之王者，有以师友之礼待其臣，而臣不敢自尊。今令先妻以一体接后，而后妻不敢抗，及其子孙交相为服，礼之善物也。然则王昌兄弟相得之日，盖宜祫祭二母，等其礼馈，序其先后，配以左右，兄弟肃雍，交酬奏献，上以恕先父之志，中以高二母之德，下以齐兄弟之好，使义风弘于王教，慈让洽乎急难，不亦得礼之本乎！③

这与西晋秦秀、袁準的观点如出一辙，但干宝强调礼法需要随时而变，还是颇具发展眼光的。二嫡并立，有其名无其实，既钻"礼不二嫡"的空子，又符合实际现状，看似不错，但现实却不尽然。《晋书·礼志中》所举吴国朱谋家庭和睦似乎印证了这一办法。但其另举刘仲武家之例，则说明此法非良方。试看：

> 沛国刘仲武先娶毌丘氏，生子正舒、正则二人。毌丘俭反败，仲武出其妻，娶王氏，生陶，仲武为毌丘氏别舍而不告绝。及毌丘氏卒，正舒求祔葬焉，而陶不许。舒不释服，讼于上下，泣血露骨，缞裳缀络，数十年弗得从，以至死亡。④

服丧问题解决了，但"祔葬"依然涉及嫡庶的名分。"祔葬"就是按照昭穆顺序葬于祖茔，正如干宝上文所言："今生而同室者寡，死而同庙

---

① （清）严可均：《全晋文》卷77《王昌前母服议》，商务印书馆1999年版，第834页。
② （清）严可均：《全晋文》卷54《袁子正论》，商务印书馆1999年版，第566页。
③ （唐）房玄龄等：《晋书》卷20《礼志中》，中华书局1974年版，第639页。
④ （唐）房玄龄等：《晋书》卷20《礼志中》，中华书局1974年版，第639页。

者众，及其神位，固有上下也。"① 争取母亲与父亲祔葬的权利，则是子女不能轻易放弃的行为。毌丘氏之子为此付出了生命的代价。无独有偶，贾充前妻李婉之女贾荃，虽贵为齐王妃，亦付出了生命的代价。李丰之乱后，贾充出李婉，另娶郭槐即贾后之母。"及充薨后，李氏二女乃欲令其母祔葬，贾后弗之许也。及后废，李氏乃得合葬"，"后荃恚愤而薨"。②一代王妃竟然死于礼法的丧葬制度，令人感叹。从史书上看，死于丧葬制度者又岂止王妃贾荃一人！

不仅如此，东晋至南北朝时，屡有前母丧服之议，说明了干宝的提议并不是解决礼法困境的良方。古代礼法走至西晋陷入了困境，随着时代与世风的变化，礼法还将受到不断地冲击，儒家的礼制是在破坏中不断地重建才得以维系，西晋儒学随着国家的灭亡，也必将向死而生，得以继续传承。

第二节　西晋四言诗的儒学功能

刘勰《文心雕龙·明诗》曾对五言诗的产生、发展有过探索，他认为五言诗由来已久，可以上推至西周，在汉代成熟，建安时蔚为壮观。与刘勰同时的钟嵘，其《诗品》是对五言诗的检阅，上品十一位作家中，汉魏占六家，这也说明了五言诗在汉魏时的成熟与繁荣。西晋作家在跟随潮流的同时，却没有忽略传统，四言诗创作出现了中兴局面，这从崔宇锡先生的统计可以看出："（西晋）七十多位作者中，五十多人有四言诗（包含残句），其数量高达一百八十多首，在整个诗坛的占有率为30%左右。"③

四言诗在西晋的繁荣并非偶然，它是宗经文学观的产物，是对《诗经》语言形式和诗教传统的继承。历来士人于《诗经》"非相沿袭，则受彼压抑"④，这就是《诗经》经典地位的表现。西晋司马氏对儒学的提倡，成为四言诗复兴的契机；晋挚虞的"雅音之韵，四言为正"⑤的宗经观点，为不少西晋士人所赞同，四言颂体成为西晋四言诗的主要特点。"西晋文人写作以歌功颂德为主要内涵，应用于公开正式、严肃的场合之'应诏'

---

① （唐）房玄龄等：《晋书》卷20《礼志中》，中华书局1974年版，第639页。
② （唐）房玄龄等：《晋书》卷40《贾充传》，中华书局1974年版，第1172页。
③ 崔宇锡：《魏晋四言诗研究》，巴蜀书社2006年版，第147页。
④ （清）王夫之著，张国星校点：《古诗评选》，河北大学出版社2008年版，第93页。
⑤ （清）严可均：《全晋文》卷77《文章流别论》，商务印书馆1999年版，第820页。

'赠答''公宴''祖饯'等诗时，显然都以'四言正体'为主要媒介"①，此说诚是。西晋崇尚儒学促进了四言诗的繁荣，西晋四言诗又在不同方面反映了儒家思想文化。

一 阐发儒家教义，弘扬礼乐精神

用四言诗阐发儒家教义，最具代表性的作品就是束皙、夏侯湛的补亡诗和傅咸的"六经诗"。补亡诗就是补《诗经·小雅》"鹿鸣之什"中的《南陔》《白华》《华黍》和"南有嘉鱼之什"中的《由庚》《崇丘》《由仪》六首诗之辞。《毛诗序》曾言这六首诗"有其义而亡其辞"②；朱熹《诗集传》在宋代诸人之说③基础上言此六诗为："笙诗也，有声无词。"④不管是本有其辞还是本无其辞，至魏晋只能在《乡饮酒礼》和《燕礼》之乐中见其名称了。正因为此，束皙在其《补亡诗六首》序中说："所咏之诗，或有义无辞，音乐取节，阙而不备。于是遥想既往，存思在昔，补著其文，以缀旧制。"⑤夏侯湛也说："《周诗》者，《南陔》《白华》《华黍》《由庚》《崇丘》《由仪》六篇，有其义而亡其辞。湛续其亡，故云《周诗》也。"⑥

六首诗的主旨《毛诗序》曾有所阐发："《南陔》，孝子相戒以养也。《白华》，孝子之洁白也。《华黍》，时和岁丰，宜黍稷也。……《由庚》，万物得由其道也。《崇丘》，万物得极其高大也。《由仪》，万物之生各得其宜也。"⑦束皙《补亡诗》及夏侯湛《周诗》即是对这些内容的生发，强调孝道，强调王道治化与道德修身。

束皙、夏侯湛作《补亡诗》与他们的儒家思想是密切相关的。束皙为汉代大儒束广的后人，其《玄居释》中有言："且能约其躬，则儋石之畜以丰；苟肆其欲，则海陵之积不足。存道德者，则匹夫之身可荣；忘大伦者，则万乘之主犹辱。将研六籍以训世，守寂泊以镇俗，偶郑老于海隅，匹严叟于僻蜀。"⑧从中可见其安贫乐道的儒者情怀。夏侯湛有《昆弟诰》一文，以家风训导其弟，强调"古之载于训籍，传于《诗》《书》

---

① 崔宇锡：《魏晋四言诗研究》，巴蜀书社 2006 年版，第 150 页。
② （宋）朱熹：《诗集传》，中华书局 2017 年版，第 43 页。
③ 参见李婷婷《六"笙诗"考论》，《中国文学研究》2006 年第 2 期，第 41—42 页。
④ （宋）朱熹：《诗集传》卷 9《南陔》，中华书局 2017 年版，第 170 页。
⑤ 逯钦立：《先秦汉魏晋南北朝诗·晋诗》卷 4，中华书局 1983 年版，第 639 页。
⑥ 余嘉锡：《世说新语笺疏》上卷《文学 71》注引，中华书局 1983 年版，第 253 页。
⑦ （宋）朱熹：《诗集传》，中华书局 2017 年版，第 43—44 页。
⑧ （清）严可均：《全晋文》卷 87，商务印书馆 1999 年版，第 934 页。

者，厥乃不思，不可不行"①，期望兄弟能重孝养德。作为世家大族子弟，他也患有当时豪门通病，"性颇豪侈，侯服玉食，穷滋极珍"②，但这并不影响他服膺儒家教义。

对《补亡诗》后人有所评价，东晋葛洪说："近者夏侯湛、潘安仁并作补亡诗《白华》《由庚》《南陔》《华黍》之属，诸硕儒高才之赏文者，咸以古诗三百，未有足以偶二贤之所作。"③ 评价高了些，但也可见诗作的影响。之后，梁萧统《文选》将束晳《补亡诗》列于选诗之首，足见其认同的态度。

《补亡诗》是对《诗经》微言大义的阐发，傅咸拟经诗的内涵则进一步扩大到儒家其他的经典著作。其拟经诗今存六经诗，即《孝经诗》《论语诗》《毛诗诗》《周易诗》《周官诗》《左传诗》，六经诗是对这些儒家经典教义的阐发。《孝经诗》强调以孝事亲与君；《论语诗》《左传诗》论为臣之道；《毛诗诗》《周易诗》论君子之道；《周官诗》谈选贤任能。傅咸拟经诗几乎是句句援引经典，或因袭原文，或稍加改易，如《论语诗》：

> 守死善道，磨而不磷。直哉史鱼，可谓大臣。见危授命，能致其身。
> 克己复礼，学优则仕。富贵在天，为仁由己。以道事君，死而后已。④

《论语诗》两章，诗句均出自《论语》。第一章"守死善道"语出《太伯》；"磨而不磷"语出《阳货》；"直哉史鱼"语出《卫灵公》；"可谓大臣"语出《先进》；"见危授命"语出《宪问》；"能致其身"语出《学而》。第二章"克己复礼""富贵在天""为仁由己"语出《颜渊》；"学优则仕"语出《子张》；"以道事君"语出《先进》；"死而后已"语出《太伯》。

《毛诗诗》也全部采用《诗经》成句，第一章："无将大车，维尘冥冥。济济多士，文王以宁。显允君子。太猷是经。"⑤ 六句诗句分别取自《小雅·无将大车》和《大雅·文王》。第二章"聿修厥德，令终有俶。

---

① （清）严可均：《全晋文》卷68，商务印书馆1999年版，第720页。
② （唐）房玄龄等：《晋书》卷55《夏侯湛传》，中华书局1974年版，第1499页。
③ （晋）葛洪：《抱朴子·外篇》卷30《钧世》，上海古籍出版社1990年版，第255页。
④ 逯钦立：《先秦汉魏晋南北朝诗·晋诗》卷3，中华书局1983年版，第603—604页。
⑤ 逯钦立：《先秦汉魏晋南北朝诗·晋诗》卷3，中华书局1983年版，第604页。

勉尔遁思，我言维服。盗言孔甘，其何能淑。逸人罔极，有腼面目。"① 八句诗句依次摘自《大雅·文王》《大雅·既醉》《小雅·白驹》《大雅·板》《小雅·巧言》《大雅·桑柔》《小雅·青蝇》《小雅·何人斯》。

傅咸的这种创作方法，后人称为"集句"，即集合前人诗中成句以成新诗。元代陈绎曾《诗谱》称傅咸拟经诗为"集句诗之始"②，就此而言傅咸在诗体上颇有开创之功。在写作上，傅咸也颇见其学识之功，明代徐师曾就说，集句诗"必博学强识，融会贯通，如出一手，然后为工。若牵合傅会，意不相贯，则不足以语此矣"③。不妨以《周易诗》体会傅咸这一创作特点。

  卑以自牧，谦而益光。进德修业，既有典常。晖光日新，照于四方。小人勿用，君子道长。④

"卑以自牧""谦而益光"出自《谦卦象传》；"进德修业"出自《乾卦爻辞》；"既有典常"出自《系辞传下》；"晖光日新"语出《大畜象传》；"照于四方"语出《系辞传上》；"小人勿用"语出《师卦爻辞》；"君子道长"语出《泰卦象传》。卦辞、爻辞、彖传、象传、系辞传，没有深厚的功力，是不可能将《易经》语言如此娴熟运用的。其他拟经诗亦然。

从内容与艺术手法上看，傅咸拟经之作没有太多发明，他的诗反映出他渊博的儒学修养，更关键的是他将经典知识融会贯通，传达出正统的儒家思想和主张，《毛诗诗》不用国风、专用大小雅诗句，借此可窥一斑。傅咸拟经诗强调的就是孝悌忠贞、选贤进能、修身守道，这些与西晋以儒治国的方针是不谋而合的。傅咸之父傅玄、从父傅嘏都是崇尚儒学、注重事功的大臣。傅咸身居高位，在位期间不断上书，主张"唯农是务"，反对奢侈世风。在杨骏、司马亮辅政时，他多有讽谏，并将其诗教主张与政治主张付诸实践，是西晋时少有的直臣。

四言诗阐发儒家教义，除与作者的儒家思想有关外，还与儒家礼典、礼制有关。潘尼的《释奠诗》就是一例。其诗云："敦书请业，研几通理。

---

① 逯钦立：《先秦汉魏晋南北朝诗·晋诗》卷3，中华书局1983年版，第604页。
② （元）陈绎曾：《诗谱》，见丁福保《历代诗话续编》，中华书局2006年版，第626页。
③ （明）徐师曾撰，罗根泽点校：《文体明辨序说》，人民文学出版社1998年版，第111页。
④ 逯钦立：《先秦汉魏晋南北朝诗·晋诗》卷3，中华书局1983年版，第604页。

尊师重道，释奠崇祀。德成教伦，孰云不祉。"① 诗中对释奠礼的赞赏，实际上就是对释奠礼中"尊师重道"的礼义予以弘扬。此诗开东晋和南北朝释奠诗四言的先河，在五言诗日益繁盛的南北朝，释奠诗几乎是清一色的四言诗，诸如南朝宋颜延之《皇太子释奠会作诗一首》、南朝梁何思澄《释奠诗》、南朝陈王胄《在陈释奠金石会应令诗》、北魏王遵业《释奠侍宴诗》等。释奠礼祭祀孔子，是对儒家文化的继承，它造就了魏晋南北朝释奠诗四言的特点，释奠诗的创作可谓儒学传承与延续的方式之一。

二　述孝悌，表达人伦之情

忠孝是中国最基础、最传统的道德价值观，也是士人最基本的人格操守。但忠臣出于孝子之门，孝才是百德之首。西晋开国提倡"以孝治天下"，却有其先天不足，诚如鲁迅所说："因为天位从禅让，即巧取豪夺而来，若主张以忠治天下，他们立脚点便不稳，办事便棘手，立论也难了，所以一定要以孝治天下。"② 不仅有先天不足，还有后天的破坏。八王之乱，司马宗室的相互残杀，将君臣、父子、兄弟等人伦关系践踏殆尽。尽管如此，传统的道德力量与现实的政策相结合，西晋还是诞生了不少感人的孝子：阎缵被母亲诬陷，被清议十年不得为官，无怨无悔；李密孝养祖母，举秀孝不应，两拒朝廷征召，让武帝为之感叹；盛彦孝心使失明之母重建光明……不仅是尊亲与孝养，还有更多"死孝"之例：

（王接）及母终，柴毁骨立，居墓次积年。
（齐王司马攸）居文帝丧，哀毁过礼，杖而后起。
（张翰）性至孝，遭母忧，哀毁过礼。③

《晋书》中类似"柴毁骨立""哀毁过礼""毁瘠灭性"的孝子不在少数。西晋政权一方面提倡孝道，"孝"是仕进的主要途径之一；另一方面对不孝者清议，他们的仕途将严重受挫，陈寿、阎缵就曾有此遭遇。孝不仅影响个人仕进，也有重于国家社稷。元康元年杨皇后被废，董养游太学，感慨地说："每览国家赦书，谋反大逆皆赦，至于杀祖父母、父母不赦者，以为王法所不容也。奈何公卿处议，文饰礼典，以至此乎！天人之理既灭，大乱

---

① 逯钦立：《先秦汉魏晋南北朝诗·晋诗》卷8，中华书局1983年版，第766页。
② 鲁迅：《而已集·魏晋风度及药及酒》，人民文学出版社1976年版，第127页。
③ （唐）房玄龄等：《晋书》卷51《王接传》、38《司马攸传》、92《张翰传》，中华书局1974年版，第1434、1130、2384页。

作矣。"① 这条资料表明：晋初不孝子之罪甚于谋反。在董养看来，杨皇后被废是儒家孝道的破坏，预示国家大乱。孝道的重要性于此可见。

在一个如此重视孝道的社会，其文学作品对此不会没有回应。前文补亡诗及六经诗对孝道都有所阐发与强调，束皙《南陔诗》、夏侯湛《周诗》描写了孝子对父母的孝养，傅咸《孝经诗》强调了孝道的作用与做法。不妨细读夏侯湛的《周诗》：

> 既殷斯虔，仰说洪恩。夕定晨省，奉朝侍昏。宵中告退，鸡鸣在门。孳孳恭诲，凤夜是敦。②

夏侯湛，字孝若。吴成国先生认为魏晋人以孝为表字，表现了人们对孝德的推崇③。夏侯湛本身也是孝子，其《离亲咏》可见其孝心。诗写其远赴南荆为官，不能尽孝父母身边的愧疚及对父母的思念。诗句"苟违亲以从利兮，非曾闵之攸宝。视微荣之琐琐兮，知吾志之愈小"④表达了他为尽孝父母而甘愿弃功名的心情。他的《周诗》对孝子的定义就是晨昏定省，恭听教诲。潘岳见此诗，认为该诗不仅温雅，而且别见孝悌之性，于是写下《家风诗》：

> 绾发绾发，发亦鬓止。日祗日祗，敬亦慎止。靡专靡有，受之父母。鸣鹤非和，析薪弗荷。隐忧孔疚，我堂靡构。义方既训，家道颖颖。岂敢荒宁，一日三省。⑤

潘岳的诗名为《家风诗》，但主旨还是表达"孝"。《孝经·开宗明义章》提到"立身行道，扬名于后世，以显父母，孝之终也"⑥。潘岳的"孝"与前文所说赵至的"孝"是一致的，就是要显亲扬名，荣养父母。和赵至一样，潘岳的孝心也是通过自责加以表现。分析如下：

"绾发六句"："绾发"指年少时，"祗"即敬。前六句说自己从小就受到父母的教诲，为人要恭敬谨慎。

---

① （唐）房玄龄等：《晋书》卷94《董养传》，中华书局1974年版，第2434页。
② 逯钦立：《先秦汉魏晋南北朝诗·晋诗》卷2，中华书局1983年版，第593页。
③ 吴成国：《从人名看魏晋南北朝的孝道文化》，《光明日报》2008年2月20日第12版。
④ 逯钦立：《先秦汉魏晋南北朝诗·晋诗》卷2，中华书局1983年版，第594页。
⑤ 逯钦立：《先秦汉魏晋南北朝诗·晋诗》卷4，中华书局1983年版，第631页。
⑥ （唐）李隆基注，邢昺疏，金良年校点：《孝经》，上海古籍出版社2014年版，第5页。

"鸣鹤"四句:"鸣鹤"句典出《易·中孚》,原句"鹤鸣在阴,其子和之"①,指鹤在山北鸣叫,子和其声。"析薪"句典出《左传·昭公七年》,原句"古人有言曰:'其父析薪,其子弗克负荷。'"②,指父亲劈柴,儿子不能承受担当。这四句说自己辜负了父母的教诲,不能继承父(家)业,内心感到十分痛苦。

"义方"四句:"义方"典出《左传·隐公三年》,原句:"石碏谏曰:'臣闻爱子教之以义方,弗纳于邪。'"③"义方"后多指家教。"一日三省"典出《论语·学而》,原句:"曾子曰:'吾日三省吾身。'"④"颖颖",茂盛状。这四句说祖上家风使家道昌隆,自己一定要时时反省,不能荒废,要振兴家业。

潘岳诗多处用典,且均出自儒家经典,表现出良好的家风带来的学养。与夏侯湛诗不同之处在于,夏侯湛诗纯写"孝",而潘岳诗在写荣养父母的孝心中流露出强烈的振兴家业的进取心。这份进取心后来演变为强烈的功名欲望,导致了他人生的毁灭。据本传,潘岳之母屡劝其知足,少干谒,潘岳不听。临刑时,潘岳与母亲诀别,自责道:"负阿母!"潘岳以不能荣养的孝心而自责,又以愧对母亲的不孝走到人生尽头。良好的家风没有培育出良好的节操,时代扭曲异化了一位孝子,这真是儒家传统在西晋的悲哀。

父慈子孝,兄弟友于,这是儒家人伦关系的主要内容。重孝道必然带来强烈的家族意识,因此追述祖德、注重家业也是对孝道的一种表达,这类主题往往表现在亲人之间的赠答诗上。崔宇锡先生据逯钦立《先秦汉魏晋南北朝诗》统计,"完整的西晋四言诗一百三十九首,赠答诗就有70首,超过50%"⑤,高居各类题材之首。

西晋兄弟、叔侄之间互赠的四言作品主要有:应亨《赠四王冠诗》、潘岳《北芒送别王世胄诗》、欧阳建《赠石崇诗》、陆机《与弟清河云诗》、陆云《答兄平原诗》、潘尼《献长安君安仁诗》《赠司空掾安仁诗》《赠河阳诗》等。其中在述家世、祖德,表达兄弟情感内容上尤以陆机、

---

① 于海英译注:《易经》,华龄出版社2017年版,第205页。
② (晋)杜预注,(唐)孔颖达等正义:《春秋左传正义》卷44,北京大学出版社1999年版,第1246页。
③ (晋)杜预注,(唐)孔颖达等正义:《春秋左传正义》卷3,北京大学出版社1999年版,第80页。
④ (宋)朱熹:《论语集注·学而》,齐鲁书社1992年版,第3页。
⑤ 崔宇锡:《魏晋四言诗研究》,巴蜀书社2006年版,第154页。

陆云兄弟的赠答为典型。

陆氏一门东吴时"二相、五侯、将军十余人"①，至西晋，昔日显赫的家世已成过眼云烟，至太康年间"家邦颠覆。凡厥同生，凋落殆半"②。二陆兄弟的赠答诗是在对过去的缅怀中展开的。试看陆机《与弟清河云诗十首》及陆云《答兄诗》两组诗。诗都追述了父祖兄长的功业，都痛心家业的昔盛今衰。从结构上看，都从父祖兄长的功业说起：

> 于穆予宗，禀精东岳。诞育祖考，造我南国。南国克靖，实繇洪绩。惟帝念功，载繁其锡。其锡惟何？玄冕衮衣。金石假乐，旄钺授威。匪威是信，称丕远德。奕世台衡，扶帝紫极。③（陆机，第一首）
> 伊我世族，太极降精。昔在上代，轩虞笃生。厥生伊何，流祚万龄。南狱有神，乃降厥灵。诞钟祖考，彻兹神明。运步玉衡，仰和太清。宾御四门，旁穆紫庭。紫庭既穆，威声爰振。厥振伊何，播化殊邻。清风攸被，率土归仁。④（陆云诗节选）

紧承其后，两首诗都叙述了兄弟分别的缘由，表达了对兄弟的期望与思念之情。最后，两首诗都抒发了家族零落的伤感之情。就情感而言，伤感是兄弟诗歌的共同特点：

> 昔我斯逝，兄弟孔备。今予来思，我凋我瘁。昔我斯逝，族有馀荣。今我来思，堂有哀声。我行其道，鞠为茂草。我履其房，物存人亡。拊膺涕泣，血泪彷徨。⑤（陆机诗第九首）
> 昔我先公，邦国攸兴。今我家道，绵绵莫承。昔我昆弟，如鸾如龙。今我友生，凋俊坠雄。家哲永徂，世业长终。⑥（陆云诗节选）

但陆机的诗更侧重对兄弟之情的抒发，第五章兄弟之情的表达"依依同生，恩笃情结。义存并济，胡乐之悦。愿尔偕老，携手黄发"⑦，第六章

---

① 余嘉锡：《世说新语笺疏》中卷《规箴5》，中华书局1983年版，第551页。
② 逯钦立：《先秦汉魏晋南北朝诗·晋诗》卷5，中华书局1983年版，第674页。
③ 逯钦立：《先秦汉魏晋南北朝诗·晋诗》卷5，中华书局1983年版，第674—675页。
④ 逯钦立：《先秦汉魏晋南北朝诗·晋诗》卷6，中华书局1983年版，第708页。
⑤ 逯钦立：《先秦汉魏晋南北朝诗·晋诗》卷5，中华书局1983年版，第676页。
⑥ 逯钦立：《先秦汉魏晋南北朝诗·晋诗》卷6，中华书局1983年版，第709页。
⑦ 逯钦立：《先秦汉魏晋南北朝诗·晋诗》卷5，中华书局1983年版，第675页。

西征途中对与兄弟分别的时光的感叹"昔并垂发,今也将老。衔哀茹慼。契阔充饱"①,第九章兄长凋零的伤痛,读之都令人为之动容。

陆云的诗感情表达不如陆机的外露,诗中表达更多的是家族意识。如对不能振兴家业的自责:"昔我先公,爰造斯猷。今我六蔽,匪崇克扶……昔我先公,斯纲斯纪。今我末嗣,乃倾乃圮。世业之颓,自予小子。仰愧灵丘,衔忧没齿。"② 即便是后文写自己的东征旅途,也充满自责:"我之既存,靡绩靡纪。乾坤难并,寂焉其已。生若电激,没若川征。存愧松柏,逝惭生灵。匪吝性命,实悼徒生。苟克析薪,岂惮冥冥。"③ 不能振兴家族的自责溢于言表。文末是对家世凋零、家业长终的痛惜之情。这些情感的抒发,陆云往往是通过对比手法加以表现的,如此,其家世衰败之感就更沉痛,其自责之情就更强烈,其情感表达也更内敛。

孙楚《答弘农故吏民诗》,虽不是与亲人的赠答,其述祖德的内容还是相当鲜明的。诗曰:

> 昔我先侯,迈德垂化。康哉之咏,实由良佐。惟余忝辱,弗克负荷。每历贵邦,仰瞻泰华。追慕先轨,感想哀嗟。诜诜臣故,爰及群士。皓首老成,率彼邑里。阐崇高义,长幼以齿。④

孙楚祖为孙资,在魏明帝和齐王曹芳时代,屡次进爵封侯。嘉平三年(251),孙资去世,孙楚父孙宏嗣爵,为南阳太守。⑤ 孙楚"年四十余,始参镇东军事","后迁佐著作郎",因不敬府主石苞,"遂湮废积年"。⑥ 诗或作于此时,诗中有对父祖的颂美及追慕,有不能振兴家业的哀叹。与潘岳诗一样,运用了《左传》"弗克负荷"的典故。前文曾论《左传》在西晋的流行,此节西晋士人诗文用典亦可为之佐证。

孙楚此诗与潘岳、陆机、陆云赠答诗中述祖德有着同样的情感,这与他们的人生经历相关。他们都历经父祖的辉煌,都有家道中落的伤感,都有不能振兴家业的愧疚。时代的风云使一批旧的世家衰落,又兴起一批新的权贵。传统的孝道融入家族意识,使西晋这批富有才华的诗人在振兴家

---

① 逯钦立:《先秦汉魏晋南北朝诗·晋诗》卷5,中华书局1983年版,第675页。
② 逯钦立:《先秦汉魏晋南北朝诗·晋诗》卷6,中华书局1983年版,第708—709页。
③ 逯钦立:《先秦汉魏晋南北朝诗·晋诗》卷6,中华书局1983年版,第709页。
④ 逯钦立:《先秦汉魏晋南北朝诗·晋诗》卷2,中华书局1983年版,第598页。
⑤ (晋)陈寿:《三国志》卷14《刘放传》,中华书局2006年版,第278—279页。
⑥ (唐)房玄龄等:《晋书》卷56《孙楚传》,中华书局1974年版,第1539、1542页。

族的孝道意识中，开始了追逐权势的梦想，并在权势的追逐中失去了宝贵的生命。这样的孝道其实已经偏离了儒家传统意义上的孝道了。

三 揄扬颂美，歌颂治世与才德

《诗经》的雅、颂篇形成了后世诗歌对帝王颂美的特点，或颂帝王的创业之功，或颂帝王的治世之德；《诗经》的经学地位也形成了四言诗为正体的观念。因此，后世润色鸿业、为帝王歌功颂德的诗篇，不少是以四言颂体的形式来表达的。西晋颂美帝王的四言诗大致有如下几类。

第一，宫廷礼乐作品。

最有代表性的作家有傅玄、荀勖、张华等。傅玄郊庙歌辞二十一首，作于泰始二年（266），其中十五首为四言。《四厢乐歌》作于泰始五年（269），三首十八章均为四言。《正德、大豫舞曲歌》作于泰始九年（273），二首均为四言歌辞。荀勖的创作也大多为四言，他在《四厢乐歌》创作中曾与张华有过意见分歧，坚决主张以四言创作，《四厢乐歌》十七章仅一章为杂言，余均为四言。《正德、大豫舞曲歌》二首均四言。张华的《四厢乐歌》大多为杂言，《正德、大豫舞曲歌》二首为四言。这些庙堂文学主要是为帝王歌功颂德，内容严肃，选词用语上典雅庄重，"大抵都以融汇经诰之语，依傍《诗经》'大雅''三颂'体制为宗则，如后世梁武帝敕萧子云：'郊庙歌辞，应须典诰大语，不得杂用子、史文章浅言。'（《南朝梁会要》）"①。

对它们的内容及艺术成就，不少学者是持否定态度的，如王运熙先生、罗根泽先生等。但不可否认的是，它们对西晋雅颂四言诗的发展是有影响力的。《文心雕龙·乐府》云"逮于晋世，则傅玄晓音，创定雅歌，以咏祖宗"②，表明西晋不少四言诗的颂声雅音是受泰始初年的庙堂乐歌影响的。

此外，就情感而言，西晋初年的这些颂美乐歌，不能仅仅视为谀辞，其情感有一定的真实性，毕竟这些作品是诞生于统一后的新政权伊始。

第二，反映重要节日和重大事件的作品。

元会节是新年到来的节日，这一天，文武百官、四方君侯都要赴朝廷朝贺。程晓与傅玄于元会节有诗赠答，描写了节日的盛况：

---

① 崔宇锡：《魏晋四言诗研究》，巴蜀书社2006年版，第175页。
② 王运熙、周锋：《文心雕龙译注》，上海古籍出版社2010年版，第29页。

三光飞景，玉衡代迈。龙集甲子，四时成岁。权舆授代，徐陈荡秽。元服初嘉，万福咸会。赫赫应门，严严朱阙。群后扬扬，庭燎皙皙。（程晓《赠傅休奕诗》）①

奕奕两仪，昭昭太阳。四气代升，三朝受祥。济济群后，峨峨圣皇。元服肇御，配天垂光。伊州作弼，王室惟康。颙颙兆民，蠢蠢戎膻。率土充庭，万国奉蕃。皇泽云行，神化风宣。六合咸熙，遐迩同欢。赫赫明明，天人合和。下罔遗滞，焦朽斯华。矧我良朋，如玉之嘉。穆穆雍雍，兴颂作歌。（傅玄《答程晓诗》）②

读诗作，能感受到诗中的喜悦之情，这与当时的节日气氛有关。魏明安、赵以武《傅玄评传》将傅玄此诗系年于泰始二年（266）③，这是新政权成立后的第一个正会节，其隆重可想而知。作为私人文字交往，对盛世的歌颂应不至有太多虚伪的成分。况就二人性格言，也不至违心谀颂。傅玄为人刚直，《晋书》多所记载；程晓是三国魏卫尉桯昱之孙，恪守儒家名教，其《上疏罢校事官》颇见刚直之性。据此，可说傅玄答诗中对新王朝的礼赞确实倾注了诗人的真实情感。

裴秀《大蜡诗》，作于冬蜡节。《说文解字》载："冬至后三戌腊祭百神。"④ 腊祭这一天称腊日，后来逐渐固定为腊月初八，称为腊八节。人们在这一天祭祀祖宗、驱鬼逐疫、欢庆丰收，这也是一年中重要的节日。魏晋时期诗人江伟在正元二年（255）有一首《答贺蜡诗》，其序有云："正元二年冬蜡，家君在陈郡。余别在国舍，不得集会。弟广平作诗以贻余，余答之。"⑤ 腊日举家集会，可见魏晋时，冬蜡节依然是一个重要的传统节日。裴秀诗写道：

日躔星纪，大吕司辰。玄象改次，庶众更新。岁事告成，八蜡报勤。告成伊何，年丰物阜。丰粢孝祀，介兹万祜。报勤伊何，农功是归。穆穆我后，矜兹蒸黎。宣力畜亩，沾体暴肌。饮饯清祀，四方来绥。充牣郊甸，鳞集京师。交错贸迁，纷葩相追。掺袂成幕，连衽成帷。有肉如丘，有酒如泉，有肴如林，有货如山。率土同欢，和气来

---

① 逯钦立：《先秦汉魏晋南北朝诗·晋诗》卷1，中华书局1983年版，第577页。
② 逯钦立：《先秦汉魏晋南北朝诗·晋诗》卷1，中华书局1983年版，第569页。
③ 魏明安、赵以武：《傅玄评传》，南京大学出版社1996年版，第105页。
④ （汉）许慎：《说文解字》，浙江古籍出版社2016年版，第131页。
⑤ 逯钦立：《先秦汉魏晋南北朝诗·晋诗》卷1，中华书局1983年版，第551页。

臻。祥风叶顺，降祉自天。方隅清谧，嘉祚日延。与民优游，享寿万年。①

前四句写时序变化，腊月（"大吕"夏历十二月）来临，随后八句写农事结束，祭祀祈福。接下来是对盛世图景的描绘、对帝王的祝福。从诗句"玄象改次""四方来绥""方隅清谧"看，疑此诗作于泰始元年（265）西晋代魏之时。《晋书·武帝纪》："泰始元年冬十二月丙寅，设坛于南郊，百僚在位及匈奴南单于四夷会者数万人，柴燎告类于上帝曰……"②武帝在泰始元年冬十二月举行盛大祭祀礼仪，代魏登基。武帝登基的时间与冬腊节十分接近，此似也可证裴秀诗作于泰始元年。诗中的颂美有明显的夸张成分，但也不排除衷心喜悦的情感。

傅玄与裴秀的诗都与传统节日有关，也与改朝换代有关，颂美帝王也就自然而然了。

与政治事件有关的四言诗有王濬的《平吴诗》（残句）、石崇的《大雅吟》。试看《大雅吟》：

> 堂堂太祖，渊弘其量。仁格宇宙，义风遐畅。启土万里，志在翼亮。三分有二，周文是尚。于穆武王，奕世载聪。钦明冲默，文思允恭。武则不猛，化则时雍。庭有仪凤，郊有游龙。启路千里，万国率从。荡清吴会，六合乃同。百姓仰德，良史书功。超越三代，唐虞比踪。③

这首诗对武帝的歌颂不像庙堂乐歌的空泛，而是与武帝平吴这一重要政治事件相联系，这就使颂美落到实处。傅玄、裴秀的颂体诗有着节日的气氛和重大政治事件的背景，石崇的诗则与政治事件紧密关联，可见这些颂体四言诗的运用，在歌功颂德的背后还有着政治因素，这应该是对庙堂雅歌的发展。

第三，帝王宴会作品。

这主要表现为武帝时的华林园宴集诗，武帝时代的华林园宴会主要有两次：一是泰始四年（268）的华林园宴会，产生的四言作品有应贞《晋

---

① 逯钦立：《先秦汉魏晋南北朝诗·晋诗》卷2，中华书局1983年版，第583页。
② （唐）房玄龄等：《晋书》卷3《武帝纪》，中华书局1974年版，第50页。
③ 逯钦立：《先秦汉魏晋南北朝诗·晋诗》卷4，中华书局1983年版，第641—642页。

武帝华林园集诗》、荀勖《从武帝华林园宴诗》二章和王济《从事华林诗》。第二次华林园宴会是在太康元年（280）平吴后，作品有王济《平吴后三月三日华林园诗》和程咸《平吴后三月三日从华林园作诗》。此外，武帝召集的宴会还有太康六年（285）的后园宴会①，张华有《太康六年三月三日后园会诗》，诗句"于皇我后，钦若昊乾。顺时省物，言观中园。燕及群辟，乃命乃延"②可证明是帝王宴会。张华残诗"听朝有暇，延命群臣。冠盖云集，樽俎星陈"③则不知记载的是何年的帝王宴会了。这些作品几乎纯为颂美，有限的自然景物描写也不过是为颂美做铺垫，作品以歌颂盛世及武帝德治为核心内容。

这样的颂美作品延及公宴诗及祖饯诗，其一表现为以愍怀太子为中心的侍宴应诏诗，主要作家为陆机、陆云、王赞、潘尼等原东宫属官，诗歌主要是对太子德行的赞美。其二是对朝中王公等实权人物的歌颂，看下列诗题：（张华）《祖道征西应诏诗》《祖道赵王应诏诗》，（陆云）《大将军宴会被命作诗》《太尉王公以九锡命大将军让公将还京邑祖饯赠此诗》，其中征西将军为梁王司马肜，大将军指成都王司马颖，太尉王公指王衍。张华、陆云等诗中的歌颂，部分是为作诗而作诗，已经偏离了王公大臣实际的真实人品，诚如孙明君先生所言："其中充盈着不动真情的谀美之词，似乎是一种戴着面具的表演。"④

无论是帝王宴会还是太子、王公的宴会，士人献诗行为有类文学侍臣，他们的应诏诗对帝王权贵的颂美在很大程度上是屈身权贵、取悦帝王将相的产物。但在封建社会，这种颂美恐怕仍不失为臣道之一，是一种礼制。因此，从一定意义上可以说，礼制影响着西晋的四言诗及其颂美内容。

值得一说的是，这些诗中有不少题为三月三作或上巳作。上巳节也称三月三，是一个传统节日。四言诗与之结缘，恐怕与帝王大臣上巳节举行游宴有关。由于不少宴会在户外举行，所以诗歌在歌功颂德的同时会将视线转向自然，这多少冲淡了作品的谀颂品格。如张华《太康六年三月三后园会作》第一章：

---

① 案：冯源《晋武帝华林园雅集对西晋诗风的启引》（《甘肃社会科学》2016年第5期）认为这是武帝第三次华林园宴集。
② 逯钦立：《先秦汉魏晋南北朝诗·晋诗》卷3，中华书局1983年版，第616页。
③ 逯钦立：《先秦汉魏晋南北朝诗·晋诗》卷3，中华书局1983年版，第617页。
④ 孙明君：《两晋士族文学研究》，中华书局2010年版，第141页。

暮春元日，阳气清明。祁祁甘雨，膏泽流盈。习习祥风，启滞导生。禽鸟翔逸，卉木滋荣。纤条被绿，翠华含英。①

暮春三月，春风春雨，花木滋荣，翔鸟鸣禽，诗人描绘了大自然带给人们的欣欣向荣之景。即便诗以第一章的自然美景起兴，为后三章的颂美做铺垫，但我们还是看到了诗人眼中的春天。闾丘冲的《三月三日应诏诗》其一，颂美退居其次，春光抢了风头：

暮春之月，春服既成。阳升土润，冰涣川盈。余萌达壤，嘉木敷荣。后皇宣游，既宴且宁。光光华辇，诜诜从臣。微风扇秽，朝露翳尘。上荫丹幄，下藉文茵。临川挹盥，濯故洁新。俯镜清流，仰睇天津。蔼蔼华林，严严景阳。业业峻宇，奕奕飞梁。垂荫倒景，若沈若翔。②

前六句写春天来临，万物复苏；中间十二句写陪宴帝王的场景及拔禊习俗；最后六句写楼宇树木。全诗几乎不着一句赞美，这是应诏诗中少有的现象，应该说是另类吧。

四 规箴劝勉，砥砺风操

美刺是儒家诗教的传统，西晋四言诗中有美颂的作品，也有不少"刺"作。所谓"刺"不外是规箴讽谏，励人兼自励。这样的诗作在西晋之前有不少，代表作诸如韦孟《讽谏诗》、傅毅《迪志诗》等。西晋四言诗对这样的传统有所继承，其表现就是在四言赠答诗中出现了规箴劝勉的内容。西晋四言赠答诗的代表作家作品有傅咸存诗七首、陆机存诗八首、陆云存诗十六首、曹摅存诗七首、潘尼存诗五首、挚虞存诗四首。③ 他们作品表达的不外是赞美功绩、才能、以德劝勉规箴或是对友情的叙写，其中颂美几乎贯穿在各人的创作之中，是四言赠答诗的主要内容。就规箴劝勉对象而言，一是对他人，二是对自己；就规箴劝勉方式而言，一是直接劝勉，二是寓规箴劝勉于褒奖之中。下面细论之。

（一）规箴劝勉他人

四言赠答诗规箴劝勉他人，最大的特点就是在颂美中兼及规箴，规箴

---

① 逯钦立：《先秦汉魏晋南北朝诗·晋诗》卷3，中华书局1983年版，第616页。
② 逯钦立：《先秦汉魏晋南北朝诗·晋诗》卷8，中华书局1983年版，第749页。
③ 案：此统计以逯钦立《先秦汉魏晋南北朝诗》为准。

并不是主要内容。如傅咸《赠崔伏二郎诗》在赞美之后以诚义相规:"诚发自中,义形于辞。古人辞说,岂不尔思。"① 潘岳《为贾谧作赠陆机诗》结尾:"欲崇其高,必重其层。立德之柄,莫匪安恒。在南称柑,度北则橙。"② 以贾谧的口吻对陆机作劝勉。枣腆《答石崇诗》先称美石崇,诗末规讽道:"我闻有言,居安思危。位极则迁,势至必移。上德无欲,遗道不为。妙识先觉,通梦皇羲。窃睹党奥,钦蹈明规。"③ 曹摅《赠石崇诗》第二章:"人亦有云,上明下直。非唯具臣,谔谔在侧。谠言既奏,朝有正色。"④ 这些规箴或于开篇,或在结尾,或居诗中,主要以道德、诚义相规,所占篇幅不多、比重不大,在褒奖声中其意义并未凸显。

潘尼《答傅咸诗》稍有不同,诗序言:"司徒左长史傅长虞,会定九品。左长史宜得其才,屈为此职,执天下清议,宰割百国。而长虞性直而行,或有不堪,余与之亲。作诗以规焉。"⑤ 可见潘尼诗作的重点,是对傅咸定九品之职的规箴。其诗曰:

> 悠悠群吏,非子不整。嗷嗷众议,非子不靖。忽荷略纽,握纲提领。矫矫贞臣,惟国之屏。⑥

虽为规箴,却以褒奖出之,首四句赞美傅咸整肃吏治、评定众议的才能;后四句称赞其贞直品格。对潘尼的赞赏,傅咸有回应,其《答潘尼诗》序说道:"司州秀才潘正叔,识通才高,以文学温雅为博士。余性直,而处清论褒贬之任。作诗以见规,虽褒饰之举,非所敢闻,而斐粲之辞,良可乐也。"⑦ 傅咸谦虚地认为褒奖过当,但翻看史书,则知潘尼所言不虚。傅咸"在位多所执正""京都肃然,贵戚慑伏"。⑧ 今天重读潘尼此诗,以为此诗是寓劝勉于褒奖,在赞扬中强调傅咸的职责之所在。潘尼《安身论》有言:"盖崇德莫大乎安身,安身莫尚乎存正,存正莫重乎无私,无私莫深乎寡欲。是以君子安其身而后动,易其心而后语,定其交而

---

① 逯钦立:《先秦汉魏晋南北朝诗·晋诗》卷3,中华书局1983年版,第606页。
② 逯钦立:《先秦汉魏晋南北朝诗·晋诗》卷4,中华书局1983年版,第630页。
③ 逯钦立:《先秦汉魏晋南北朝诗·晋诗》卷8,中华书局1983年版,第772页。
④ 逯钦立:《先秦汉魏晋南北朝诗·晋诗》卷8,中华书局1983年版,第751页。
⑤ 逯钦立:《先秦汉魏晋南北朝诗·晋诗》卷8,中华书局1983年版,第764页。
⑥ 逯钦立:《先秦汉魏晋南北朝诗·晋诗》卷8,中华书局1983年版,第764页。
⑦ 逯钦立:《先秦汉魏晋南北朝诗·晋诗》卷3,中华书局1983年版,第606页。
⑧ (唐)房玄龄等:《晋书》卷47《傅咸传》,中华书局1974年版,第1324、1329页。

后求，笃其志而后行。"① 潘尼为人洁身自好，静退安身，守正笃志。以其为人，知傅咸秉性，故以褒奖之词，劝勉傅咸。

类似潘尼作品，寓劝勉规箴于褒奖的例子还有夏靖的《答陆士衡诗》，如其诗中赞颂陆机：

> 靡靡陆生，帝度其心。静恭夙夜，莫其德音。德音既莫，其美弥深。为物之主，为士之林。天作高山，大王荒之。荡荡荆土，子其康之。风俗未敦，子其臧之。群彦未叙，子其纲之。忝荣剖符，悠悠在兹。②

诗中，"其"多为语气助词，表达期望的语气，因此"康之""臧之""纲之"既是对陆云治绩的赞美，也是对其为政的期望、勉励。

四言赠答诗规箴劝勉他人，第二个特点就是，赠答对象往往是在职或赴任的官员，因此诗作更多的是在为政上加以劝勉。如傅咸《赠建平太守李叔龙诗》开篇强调"弘道兴化，实在良守"③，说明官员的职守与作用。挚虞有《赠李叔龙以尚书郎迁建平太守诗》，此当是与傅咸同时之作，诗第三章写道："亦既受命，作式南蕃。枢机之发，化流夷蛮。多见阙殆，以慎尔愆。无自立辟，而逾短垣。"④ 强调施政以德。陆机《赠顾令文为宜春令诗》第三章言："礼弊则伪，朴散在华。人之秉夷，则是惠和。变风兴教，非德伊何。"⑤ 主旨与挚虞诗是一样的，强调为政以德，移风易俗。

对赴任或在职官员劝勉，鼓励其以德为政，这样富有儒家色彩的赠答诗是对诗教传统的继承，在西晋赠答诗中所占比例并不大。后世杜甫的赠答诗对此却有发扬光大，其赠答诗中对官员的劝勉规箴内容极为丰富。诗中"按其官职不同之人，勖以各不相同之匡济责任"⑥。对守边武将，他"极意鼓舞，极意感动，使其竟日流汗，终夜胆战，自不能不努力竭心"⑦，如《送樊二十三侍御赴汉中判官》《送韦十六评事充同谷判官》《送长孙九侍御赴武威判官》《送从弟亚赴河西判官》等诗，"感慨悲壮，使人懦

---

① （清）严可均：《全晋文》卷95，商务印书馆1999年版，第1005页。
② 逯钦立：《先秦汉魏晋南北朝诗·晋诗》卷5，中华书局1983年版，第694页。
③ 逯钦立：《先秦汉魏晋南北朝诗·晋诗》卷3，中华书局1983年版，第607页。
④ 逯钦立：《先秦汉魏晋南北朝诗·晋诗》卷8，中华书局1983年版，第759页。
⑤ 逯钦立：《先秦汉魏晋南北朝诗·晋诗》卷5，中华书局1983年版，第670页。
⑥ 四川文史馆：《杜甫年谱》，四川人民出版社1981年版，第45页。
⑦ （清）杨伦：《杜诗镜铨》卷3注引，上海古籍出版社1981年版，第146页。

气亦奋"①。对朝廷重臣,他期以厚望:"公若登台府,临危莫爱身"(《奉送严公入朝十韵》)②;"致君尧舜赴公等,早居要路思捐躯"(《暮秋枉裴道州手札》)③;"王室仍多艰,苍生倚大臣"(《奉送韦中丞之晋赴湖南》)④。对地方官员则勉励他们为国出力,为邦好政,乘时建功:"努力输肝胆,休烦独起予"(《秋日荆南送石首薛明府辞满告别》)⑤;"国待贤良急,君当拔擢新"(《送陵州陆使君之任》)⑥;"要闻除猰貐,休作画麒麟"(《赠王二十四侍御契四十韵》)⑦;"骞腾访知己,淮海莫蹉跎"(《湖南送敬十使君适广陵》)⑧。

同西晋四言赠答诗相比,杜甫的诗歌虽不是四言体,但其规箴劝勉的内容却更具儒家思想色彩,这是对西晋四言赠答诗规箴劝勉内容的继承,更是发展。杜甫赠答诗中的这些内容完全体现了儒者风范,这是西晋的士人所不能比拟的。

(二) 自勉自励

《文选》"劝励"类选诗二首,其一是汉代韦孟《讽谏诗》,其二就是西晋张华的《励志诗》。韦孟的诗重在匡谏,张华的诗重在自勉,两首诗都富有儒家思想色彩。张华《励志诗》九章,一、二章谈时序流逝,当自强而非自弃。三、四、五、六章谈如何自强,那就是要进德修业。其原则是仁,其态度是勤,其方法是精研耽道,其目标是文质彬彬。七、八章谈成功贵在积累、坚持,其中颇多儒家经典之语,诸如"水积成川""土积成山""成人在始""累微以著"等。九章谈为人的最高境界,就是"复礼终朝,天下归仁";"辉光日新",天下景仰。全诗引经据典,用儒家修身进德的人格加以自励。明代的安磐在其《颐山诗话》中称:"三百篇后能以义理形之声韵以自振者,才见此耳。晋风浮荡不检,茂先(张华)以圣贤自励,可谓独立不群矣。"⑨清代黄子云《野鸿诗的》称其"雍和温

---

① (清) 杨伦:《杜诗镜铨》卷3注引,上海古籍出版社1981年版,第143页。
② (清) 杨伦:《杜诗镜铨》卷9,上海古籍出版社1981年版,第405页。
③ (清) 杨伦:《杜诗镜铨》卷20,上海古籍出版社1981年版,第995页。
④ (清) 杨伦:《杜诗镜铨》卷18,上海古籍出版社1981年版,第889页。
⑤ (清) 杨伦:《杜诗镜铨》卷19,上海古籍出版社1981年版,第933页。
⑥ (清) 杨伦:《杜诗镜铨》卷10,上海古籍出版社1981年版,第463页。
⑦ (清) 杨伦:《杜诗镜铨》卷11,上海古籍出版社1981年版,第526页。
⑧ (清) 杨伦:《杜诗镜铨》卷20,上海古籍出版社1981年版,第989页。
⑨ (明) 安磐:《颐山诗话》,文渊阁《四库全书》全文电子检索版,上海人民出版社1999年版。

雅，中规中矩，颇有儒者气象"①。《励志诗》可说是对张华儒者气象的诠释。

西晋四言赠答诗中也有自励的作品，虽不能与张华的《励志诗》相提并论，但也有可观之处。如曹摅《答赵景猷诗》第四、五章：

> 守真良难，知德者鲜。贤不闷时，乐在为善。陟彼弥高，流川日远。无忧不至，敦尔攸践。
>
> 道有夷险，遇有通否。骥不称力，士贵所履。识归要会，岂嫌涂轨。苟非德义，于我糠秕。②

第四章"敦尔"，第五章"于我"，宾主双提，先劝勉对方，再自我激励。或可作互文理解。曹摅，有孝行、有文采、有吏干，也有德行操守。齐王司马冏辅政时，曹摅曾讽谏其居高位而思危。曹摅身死之日，"故吏及百姓并奔丧会葬，号哭即路，如赴父母焉"③。去世后这样被百姓爱戴的西晋官员，在《晋书》的记载中只有羊祜、陶璜、束皙等少数几人。羊祜之死，百姓为之建碑，号称坠泪碑；陶璜之死，"举州号哭，如丧慈亲"④；束皙之死，"元城市里为之废业"⑤。以曹摅之口碑，其自励自勉自不足怪。

陆云《赠鄱阳府君张仲膺诗》同样也含有自励的内容，只是内容需多加咀嚼，从文字背后体会。首章写张仲膺出任鄱阳府君，次写张的治绩与吏干，再次写张的德行操守，再叙张的声名，末写离别之情。试看第二章：

> 谒帝东堂，剖符南征。天子命我，车服以荣。何以润之，德被苍生。何以济之，威振群城。却愚以化，崇贤以仁。凤舒其翮，龙濯其鳞。忆彼荒薮，莫敢不宾。虽云旧邦，其命维新。⑥

"车服以荣"，典出《尚书·舜典》，原句是"敷奏以言，明试以功，车服以庸"，孔安国注说："功成则赐车服以表显其能用。"⑦ 这里用"车

---

① （清）王夫之等：《清诗话》下册《野鸿诗的》，上海古籍出版社1978年版，第861页。
② 逯钦立：《先秦汉魏晋南北朝诗·晋诗》卷8，中华书局1983年版，第753页。
③ （唐）房玄龄等：《晋书》卷90《曹摅传》，中华书局1974年版，第2335页。
④ （唐）房玄龄等：《晋书》卷58《陶璜传》，中华书局1974年版，第1561页。
⑤ （唐）房玄龄等：《晋书》卷51《束皙传》，中华书局1974年版，第1434页。
⑥ 逯钦立：《先秦汉魏晋南北朝诗·晋诗》卷6，中华书局1983年版，第704页。
⑦ （汉）孔安国传，（唐）孔颖达疏：《尚书正义》，北京大学出版社1999年版，第60—61页。

服以荣"典表明张仲膺受命任职，同时赞美其治绩。虽是写张仲膺，陆云却以第一人称口吻出之，其玄机在于，借对张仲膺的颂美阐明自己的思想主张。"何以润之，德被苍生。何以济之，威振群城。却愚以化，崇贤以仁"这与其说是赞美张仲膺的施政措施，不如说是陆云的政治主张。《晋书》本传载，陆云曾为浚仪令，"县居都会之要，名为难理。云到官肃然，下不能欺，市无二价……郡守害其能，屡谴责之，云乃去官。百姓追思之，图画形象，配食县社"[①]。此段记载实际上就是陆云思想主张的具体实践与印证。因此，诗歌看似褒奖，着一"我"字，其中就蕴含了对张仲膺与自己的劝勉之意。段末化用《诗经·文王》诗句"周虽旧邦，其命维新"[②]，尤有期待勉励之意味。

  西晋崇儒，傅玄、挚虞等雅言颂体的儒家文学观促进了四言诗的复兴。四言诗在一定程度上也担负起传承儒学的作用。就思想内容而言，西晋四言诗更多的是对孝悌、德行等儒家教义进行阐述；就情感而言，更多地表现为颂美，颂美德治教化、才能功绩、品德操守等；就儒学实践而言，更多的是劝勉与自励；就写作手法而言，是大量引用或化用经典之语，甚至全部集经典之语。西晋四言诗在颂美中寓有以儒家道德为准的的规箴与讽谏，继承了儒家美刺的诗教传统，体现了"雅音颂体"的儒家文艺观，在内容与形式上表现出较为鲜明的儒家文化色彩。

---

① （唐）房玄龄等：《晋书》卷54《陆云传》，中华书局1974年版，第1482页。
② （宋）朱熹：《诗集传》卷16，中华书局2017年版，第269页。

第三章 礼乐文化与西晋文学的互动

诗文、礼、乐三位一体，它们不仅相互依存、同生共源，而且互通互动、相互影响。《诗经》与礼仪即是如此："祭礼与《诗经》祭祀诗，丧礼与《诗经》悼亡诗，军礼与《诗经》战争诗，宾礼与《诗经》朝聘诗，冠礼、婚礼与《诗经》婚俗诗，乡饮酒礼与《诗经》宴饮诗，籍田礼与《诗经》农事诗等等均可以找到对应关系。"① 礼与文体也是如此，如吉礼与颂赞、封禅文有关，凶礼与诔碑文有关，宾礼与章表有关，军礼与移檄有关等。②

诗文、礼、乐三位一体，在西晋初也表现得相当鲜明。晋初武帝敦倡儒学，重视儒家的礼乐文化，其间恢复了不少礼仪，这些礼典"离不开歌诗、乐舞的参与，诗、乐、舞结合用之于礼典，恰恰是礼典最明显的标志，也是其诗性特征的集中显现"③。晋初士人的创作不少是源于礼仪礼乐，或与之有密不可分的关系。西晋士人作品中的礼仪主要有元会礼、乡饮酒礼、释奠礼、耕籍礼等，礼乐主要有鼓吹乐、燕射乐、舞曲等。

西晋士人对礼乐文化的观照主要表现为对礼仪的描述、对礼乐的描写。作品主要有三类：第一类是有关元会礼、乡饮酒礼、释奠礼的赋颂作品，据严可均《全晋文》，主要有王沈的《正会赋》《辟雍颂》、何桢的《许都赋》、傅玄的《元日朝会赋》《辟雍乡饮酒赋》、傅咸的《释奠颂》、挚虞的《释奠颂》、潘尼的《释奠颂》、潘岳的《籍田赋》等。第二类是对礼仪乐舞描写的赋类作品，有夏侯湛的《鞞舞赋》、张载的《鞞舞赋》、陆机的《鼓吹赋》等。第三类是在礼仪中和乐而唱的乐府歌诗，主要是傅玄、张华、荀勖、成公绥的四厢乐歌、鼓吹乐歌及鞞舞歌诗等。

---

① 王秀臣：《"三礼"的文学价值及其文学史意义》，《文学评论》2006年第6期，第39页。
② 参见翁礼明《礼乐文化与诗学话语》，巴蜀书社2007年版，第132—149页。
③ 王秀臣：《"三礼"的文学价值及其文学史意义》，《文学评论》2006年第6期，第35页。

第一节　西晋赋颂与礼仪

西晋礼乐作品反映的传统礼仪，主要是元会礼（又叫正会礼）、乡饮酒礼、释奠礼。这三种礼仪的共同点就是都涉及燕飨，礼仪中都有君臣和乐而食的仪式程序。但赋颂作品对礼仪的再现却程度不一，方式各异。

一　西晋赋作与正会礼

描述正会礼的作品主要有王沈的《正会赋》、何桢的《许都赋》、傅玄的《元日朝会赋》。王、何的赋作于曹魏时代，傅玄的赋则作于西晋。

正会即正旦，又叫元会，每年的正月初一，届时百官有朝贺天子的正会礼，"公侯以下执贽来庭，二千石以上升殿称岁后作乐宴飨"①。西晋正会礼与东汉时的上陵礼及朝会礼程序大体相仿。《后汉书·明帝纪》言："永平元年（58）春正月，帝率公卿已下朝于原陵，如元会仪。"② 也就是说，东汉明帝之后祭拜先王陵寝的仪式与元会仪大体相同，不同之处在于，上陵礼是在陵寝祭拜先王，元会礼是在朝廷朝拜国君。《后汉书·礼仪上》对汉明帝时的上陵礼有颇为详细的记载：

> 东都之仪，百官、四姓亲家妇女、公主、诸王大夫、外国朝者侍子、郡国计吏会陵。昼漏上水，大鸿胪设九宾，随立寝殿前。钟鸣，谒者治礼引客，群臣就位如仪。乘舆自东厢下，太常导出，西向拜，[折]旋升阼阶，拜神坐。退坐东厢，西向。侍中、尚书、陛者皆神坐后。公卿群臣谒神坐，太官上食，太常乐奏食举，[舞]《文始》《五行》之舞。乐阕，[群]臣受赐食毕，郡国上计吏以次前，当神轩占其郡[国]谷价，民所疾苦，欲神知其动静。孝子事亲尽礼，敬爱之心也。周遍如礼。最后亲陵，遣计吏，赐之带佩。③

《后汉书·礼仪中》对朝会礼也有记载：

---

① 逯钦立：《先秦汉魏晋南北朝诗》魏诗卷7曹植《正会诗》注，中华书局1983年版，第449页。
② （南朝宋）范晔撰，（唐）李贤等注：《后汉书》卷2，中华书局1965年版，第99页。
③ （宋）范晔，（唐）李贤等注：《后汉书·志第四》，中华书局1965年版，第3103页。

第三章　礼乐文化与西晋文学的互动　285

> 每岁首[正月]，为大朝受贺。其仪：夜漏未尽七刻，钟鸣，受贺。及贽，公、侯璧，中二千石、二千石羔，千石、六百石雁，四百石以下雉。百官贺正月。二千石以上上殿称万岁。举觞御坐前。司空奉羹，大司农奉饭，奏食举之乐。百官受赐宴飨，大作乐。①

西晋的正会礼是对东汉上陵礼与朝会礼的继承。观《后汉书·礼仪中》注引蔡质《汉仪》后，对比后文西晋正会礼仪可知，西晋元会礼与东汉的上陵礼仪还是有所区别的。

关于曹魏正会礼，《宋书·礼志一》有这样的记载："《叔孙通传》载，通所制汉元会仪，纲纪粗举，施于今，又未周备也。魏国初建，事多兼阙，故黄初三年，始奉璧朝贺。何承天云，魏元会仪无存者。"② 史书不载，通过王沈《正会赋》、何桢《许都赋》可略知大概，稍事弥补。王沈《正会赋》现存如下：

> 伊月正之元吉兮，应三统之中灵。顺天地以交泰，协太蔟之玄精。荷介祉于上帝兮，祚圣皇以永贞。华幄映于飞云兮，朱幕张于前庭。絙青帷于两阶，象紫极之峥嵘。曜五旗于东序兮，表雄虹而为旌。备六代之象舞兮，厘箫韶于九成。睎玄夜以司晨兮，望庭燎之高炀。壮甲士之星罗兮，伟干戚之飘扬。胪人肃其齐列，九宾穆以成行。延百辟于和门，等尊卑而奉璋。齐八荒于蕃服兮，咸稽首而来王。
>
> 朝四国于东巡。③

首六句写元日祈福。"太蔟"指正月，"介祉"意为大福。《礼记·月令》所载：孟春正月，"天子乃以元日乞谷于上帝"④。"荷介祉于上帝兮，祚圣皇以永贞"应是对这种礼俗的继承，又或许是东汉祭祀陵寝的遗风。接下来六句写宫殿外的盛大场面：有华丽的帷幕，五彩的旗帜。赋中富于色彩，朱、青、紫突出了庄严的气氛。接下来六句写庄重的乐舞，写通明的烛火，写整肃的卫兵。再六句写胪人、九宾等礼仪官引导队列，公侯百

---

① （南朝宋）范晔，（唐）李贤等注：《后汉书·志第五》，中华书局1965年版，第3130页。
② （南朝梁）沈约：《宋书》卷14，中华书局1974年版，第342页。
③ （清）严可均：《全晋文》卷28，商务印书馆1999年版，第273页。
④ （汉）郑玄注，（唐）孔颖达疏：《礼记正义》卷14，上海古籍出版社1990年版，第286页。

官按尊卑等级秩序献礼。最后的残句写四夷宾服道贺。王沈赋雍容典雅，为我们展现了魏晋时正会节壮观的场面及正会礼仪习俗，但因是残篇，所以不能看到完整的仪式过程，但乐舞、朝贺、献礼的内容应与其前后朝代大体相同。

何桢的《许都赋》也有对元会礼的描述。据《太平御览》载："青龙元年，天子特诏：'扬州别驾何桢有文章，试使作《许都赋》。成封上，不得令人见。'桢遂造赋，上甚异之。"① 何桢也因此在仕途上腾达。他不仅有文采，还有军事才华。甘露二年（257），诸葛诞于淮南起兵反对司马昭，何桢代表朝廷出使淮南劳师慰军。泰始八年（272），匈奴刘猛反，何桢累破之。此外，何桢还有较深厚的儒学修为，撰有《冠仪约制》。对其才华，唐代刘知几评价甚高，对史书不传何桢等极为不平："当三国异朝，两晋殊宅，若元则（陈规）、仲景，时才重于许、洛；何桢、许询，文雅高于扬、豫。而陈寿《国志》、王隐《晋史》，广列诸传，而遗此不编。此亦网漏吞舟，过为讦阔者。"②

何桢赋首写郊外祭祀"元正大飨，坛彼东南"，应当也是祈福于上苍。接着写幄幕、旗帜、宫宇，"旗幕峨峨，檐宇弘深""景福郁枕以云起，飞栋鸟企而翼舒"。再写烛火庭燎，"乃然百枝，盛庭燎"。③ 虽是残篇，但与王沈作品中的场面描写十分接近，由此可以想见当时正会礼的规模与仪式。

沈约指出两首赋均为赋许昌时的元会，他是这样推断的：

> 何桢《许都赋》曰："元正大飨，坛彼西南④。旗幕峨峨，檐宇弘深。"王沈《正会赋》又曰："华幄映于飞云，朱幕张于前庭。綑青帷于两阶，象紫极之峥嵘。延百辟于和门，等尊卑而奉璋。"此则大飨悉在城外，不在宫内也。……何、王二赋，本不在洛京。何云《许都赋》，时在许昌也。王赋又云"朝四国于东巡"，亦赋许昌正会也。⑤

据《三国志·帝纪》载，曹丕黄初二年（221）改长安、谯、许昌、邺、洛阳为五都。自此之后直至魏明帝景初年间，文帝、明帝经常行幸于

---

① 郁沅、张明高：《六朝诗话钩沉》卷2，中国广播电视出版社1997年版，第192页。
② （唐）刘知几：《史通》卷8，上海古籍出版社2008年版，第172页。
③ （清）严可均：《全晋文》卷32，商务印书馆1999年版，第312页。
④ 案：严可均：《全晋文》中《许都赋》原文是"坛彼东南"，与此处有出入。
⑤ （南朝梁）沈约：《宋书》卷14《礼志一》，中华书局1974年版，第342—343页。

许昌与洛阳之间。查《明帝纪》,明帝最有可能在许昌宫行正会礼的时间有三次:第一次是太和六年(232)东巡,治许昌宫。十二月"行还许昌宫",来年即太和七年(233)的正会节,礼仪自然是在许昌宫举行。太和七年二月因青龙见于摩陂(今河南郏县东南)井中,魏明帝改元青龙元年。第二次是青龙三年(235)十一月幸许昌,如果待在许昌的时间长一点,那青龙四年(236)的正会节也许就在许昌宫度过了。第三次是青龙四年十二月幸许昌,景初元年(237)五月还洛阳。魏青龙五年(237)正月,山茌县(今山东长清东北)言黄龙见,于是改青龙五年为景初元年。许都第三次的正会礼应是青龙五年。

何桢的赋作于青龙元年,所咏应是太和七年的正会礼。这与史书所记大体不差。王沈《正会赋》则未必是作于青龙元年。从王沈的仕宦经历看,他初仕是"大将军曹爽辟为掾,累迁中书门下侍郎"①。根据《三国志·明帝纪》,曹爽为大将军是在景初二年(238)底,明帝病重时。这样,如果作为官员,景初元年的正会礼王沈是无缘参加的,因为尚未入仕。有资格参加正会礼已是正始及其以后的事了,但其时未见齐王曹芳、高贵乡公曹髦、元帝曹奂幸许昌宫的记载。

如此,王沈所赋许昌正会礼,可能是以布衣身份目睹礼仪而作,其时可在青龙元年、四年或景初元年。也可能是以官员身份亲临现场,地点则不是许昌而是正始之后的洛阳。赋作时间的确立与其是否亲自参加礼仪大有关系。

何桢、王沈所赋正会礼的共同点就是,礼仪都在城外举行。沈约所说不虚,两赋中的郊祭描写也可资证明。沈约根据王朗奏事说,洛阳的正会礼在宫内举行。王朗于太和二年(228)去世,所奏正会礼仪应是明帝之前。明帝及其后,正会礼是否一律在城外举行,不得而知,但通过王朗及王沈、何桢之赋,可知曹魏时代,正会礼有在宫内和城外举行的变动,礼制并不恒定。

西晋以后的正会礼则改在宫殿内进行了。《晋书·礼下》引《咸宁注》,对西晋正会节的礼仪有详细介绍,篇幅较长,不录,概述如下:首先是头一天的准备情况。节日当天,王公百官到庭,入殿拜伏;然后皇帝升御座,王公百官起。接下来是藩王、公、特进、匈奴南单于子、金紫将军当大鸿胪西,中二千石、二千石、千石、六百石、诸蛮夷胡客依次献礼朝贺。礼毕,藩王、侍中、中书令、尚书令、百官上寿酒;于是开宴,奏

---

① (唐)房玄龄等:《晋书》卷39《王沈传》,中华书局1974年版,第1143页。

乐；宴毕，歌舞表演；敕戒诸郡计吏于阶下；最后宴乐完毕，群臣北面拜出。晋代元会礼的每一步骤几乎都伴有乐曲，礼仪繁复。

傅玄有《元日朝会赋》，该赋作于泰始二年（266）①，这是武帝受命的第一个正会节。作品首先说明元会礼是在前代基础上综合而来。接着描写华灯："前三朝之夜中，庭燎晃以舒光，华灯若乎火树，炽百枝之煌煌。俯而察之，如亢烛龙而照玄方。仰而观焉，若披丹霞而鉴九阳。"②通过不同的角度，运用比喻，将灯火写得极为形象，远看"若火树"，俯视"如烛龙"，仰观"若披丹霞而鉴九阳"。这段描写颇富于文学意味。同王沈、何桢的赋比较，傅玄的赋没有描写幄幕与旗帜，也可说明何桢、王沈时正会礼仪在城外进行。当然，这也与武帝的诏令相关，武帝诏曰："朕遭悯凶，奉承洪业，追慕罔极，正旦虽当受朝，其伎乐一切勿有所设。又殿前及文武织成幄幕之属，皆不须施。"③

赋随后是对元会节的礼仪过程的详细叙述，可与《咸宁注》中的礼仪相参看：

> 阊阖辟，天门开。……相者从容，俟次而入。……胪人齐列，宾礼九重，群后德让，海外来同。束帛戋戋，羔雁邕邕。献贽奉璋，人肃其容。六钟隐其骇奋，鼓吹作乎云中……是时天子盛服晨兴，坐武帐，凭玉几，正南面以听朝……群司百辟，进胙纳觞……礼毕飨宴，进止有章。六乐递奏，磬管铿锵，渊渊鼓钟，嗺嗺笙簧。搏拊琴瑟，以咏先皇，雅歌内畅，颂声外扬。④

开头写正会节前夜的灯火之景。接下来入殿、行礼，主要内容与《咸宁注》没有太大区别，所差唯"召诸郡计吏前，授敕戒于阶下"这一程序。据《咸宁注》，该程序是在宴飨之后，御座延阶下进行。元康年间，惠帝曾咨访王浑元会节问郡国计吏方俗事如何进行，王浑回答说："旧三朝元会前，计吏诣轩下，侍中读诏，计吏跪受。臣以诏文相承已久，无他

---

① 案：魏明安《傅玄评传》言《元日朝会赋》是"晋武帝泰始元年（265年）底改元之初所写。《晋书·礼志下》提到了傅玄的这篇赋，属'晋氏受命'时的作品"。据《晋书》，武帝在泰始元年十二月丙寅受禅，受命之后的第一个元日应是泰始二年正月，所以《元日朝会赋》作于泰始二年无疑。
② （清）严可均：《全晋文》卷45，商务印书馆1999年版，第456页。
③ （清）严可均：《全晋文》卷2，商务印书馆1999年版，第11页。
④ （清）严可均：《全晋文》卷45，商务印书馆1999年版，第456—457页。

新声,非陛下留心方国之意也。可令中书指宣明诏,问方土异同……"①
"三朝"指元会节,因为它是一年中年、月、日的开始,故名。看来,召诸郡计吏敕戒,是元会礼常规仪式之一。王浑的回答表明该程序是惯例,敕戒诏文甚至也相承无异,敕戒在元会仪式前进行。但是咸宁注表明,敕戒是元会仪式的最后一项。傅玄《元日朝会赋》说:晋元会仪式"采秦汉之旧仪"。考汉上陵仪式,所言不假,敕戒应是仪式最后一项。如此,王浑所言"旧"应不是武帝朝,也非汉朝。这"旧"确指何时还颇令人费解。

泰始二年,傅玄与程晓有赠答诗:《赠傅休奕诗》《答程晓诗》《又答程晓诗》。程晓赠诗言"权与受代,徐陈荡秽"②,表明是受禅之时。魏明安《傅玄评传》说《答程晓》作于泰始二年,这是很有道理的。诗篇对正会礼仪也有所提及,如程晓诗中"群后扬扬,庭燎晢晢"③、傅玄诗句"元正始朝享,万国执珪璋。枝灯若火树,庭燎继天光"④之类,但总体上是以歌颂为主,礼仪描写很少,这是西晋雅颂作品的特征。傅玄尚有《庭燎诗》残篇,疑也作于是年。

三篇正会赋记载了曹魏到西晋时的正会礼,展示了正会礼的场面及礼仪程序,可与史料相参,具有一定的文献价值。

二　西晋诗赋与乡饮酒礼、释奠礼

乡饮酒礼与释奠礼是两种传统的礼仪,它们有一些共同点。首先,它们都在辟雍宫举行,是国家的礼仪制度之一。辟雍原本是西周天子为贵族子弟所设的大学,《礼记·王制》言:"大学在郊,天子曰辟雍,诸侯曰泮宫。"⑤西汉以来,历代皆有辟雍,是行乡饮酒礼、大射礼或祭祀之礼的地方。其次,它们都与古代的养老之礼有关。《礼记·文王世子》言:"凡释奠者,必有合也,有国故则否。凡大合乐,必遂养老。"⑥"合"是指乐舞表演,有曲、有歌、有舞;"大合乐"就是盛大的音乐舞蹈表演。这句话就是说:释奠礼一定有乐舞表演;天子视察学校,盛大乐舞表演之后,一

---

① (唐)房玄龄等:《晋书》卷42《王浑传》,中华书局1974年版,第1204页。
② 逯钦立:《先秦汉魏晋南北朝诗·晋诗》卷1,中华书局1983年版,第577页。
③ 逯钦立:《先秦汉魏晋南北朝诗·晋诗》卷1,中华书局1983年版,第577页。
④ 逯钦立:《先秦汉魏晋南北朝诗·晋诗》卷1,中华书局1983年版,第571页。
⑤ (汉)郑玄注,(唐)孔颖达疏:《礼记正义》卷20,上海古籍出版社1990年版,第235页。
⑥ (汉)郑玄注,(唐)孔颖达疏:《礼记正义》卷20,上海古籍出版社1990年版,第394页。

定要举行养老之礼。

乡饮酒礼与养老之礼的关系要复杂些。根据《礼记》，乡饮酒礼有两种情况。一是"诸侯之乡大夫，三年大比，献贤者能者于其君，以礼宾之，与之饮酒"①，这是对贤能者的礼遇。其次就是每年十二月腊祭，年龄越长者受到的礼遇就越高，以示养老之义。

乡，是西周比较大的行政单位，其下尚有州、党、族、闾等较小的行政单位。因此，乡饮酒礼是诸侯所用之礼。《后汉书·礼仪志上》载："上始帅群臣躬养三老、五更于辟雍。行大射之礼。郡、县、道行乡饮酒于学校，皆祀圣师周公、孔子，牲以犬。"②自此之后，人们将在郡县学校举行的乡饮酒礼与皇帝在辟雍宫举行的乡饮酒礼统称为乡饮酒礼。如此一来，乡饮酒礼就与古礼有所不同，天子之礼与诸侯之礼也混为一谈了。

造成这种情况的一个原因是在对"乡"的理解上。"乡"的甲骨文字形是"𗊯"，恰似两人对食，所以有研究者认为，乡饮酒礼起源于饮食，自然，"乡"与行政单位就没有了联系，也就不分天子之礼与诸侯之礼了。

但还是有学者对此说有不同意见，陈戍国先生说："我们可以说天子行养老之礼于辟雍与乡饮酒礼相类，但是二礼不可能等同。"③他认为傅玄《辟雍乡饮酒赋》"皇帝亲枉万乘之尊号，以幸乎辟雍"，题名为"乡饮酒"，使人费解。对此，他辨析说："《说文·广部》：'天子飨饮辟雍。'这是并不错的。可是《说文段注》以为'飨饮谓乡饮酒也''天子养老之礼即乡饮酒之礼'，岂其然乎！乡飨音同，音同未必时时处处相通。声训固大有可为，然而有时却误人如此！段君固一代通人，此通人之蔽也。"④

唐代贾公彦疏《仪礼》道："凡乡饮酒之礼，其名有四：案此宾贤能谓之乡饮酒，一也；又案《乡饮酒义》云'六十者坐，五十者立侍'，是党正饮酒，亦谓之乡饮酒，二也；《乡射》州长春秋习射于州序，先行乡饮酒，亦谓之乡饮酒，三也；案《乡饮酒义》，又有卿大夫士饮国中贤者，用乡饮酒，四也。"⑤据此，养老之礼只是乡饮酒礼的一种，两者有界限，

---

① （汉）郑玄注，（唐）贾公彦疏：《仪礼注疏》卷8《乡饮酒礼》疏，上海古籍出版社1990年版，第79页。
② （南朝宋）范晔撰，（唐）李贤等注：《后汉书》，中华书局1965年版，第3108页。案：《晋书·礼志下》记载大体相同，唯最后一句有异："皆祠先圣先师周公、孔子，牲以太牢。"礼仪规格拔高了。
③ 陈戍国：《中国礼制史·魏晋南北朝卷》，湖南教育出版社2002年版，第200页。
④ 陈戍国：《中国礼制史·魏晋南北朝卷》，湖南教育出版社2002年版，第200页。
⑤ （汉）郑玄注，（唐）贾公彦疏：《仪礼注疏》卷8《乡饮酒礼》疏，上海古籍出版社1990年版，第79页。

似不能混为一谈。

乡饮酒礼与释奠礼也有不同，它们最大的区别在于：天子在辟雍宫行乡饮酒礼；皇太子在辟雍宫行释奠礼。因此，《晋书》将释奠礼和乡饮酒礼分别在《礼志上》和《礼志下》中加以叙述。

> 魏齐王正始二年二月，帝讲《论语》通。五年五月，讲《尚书》通。七年十二月，讲《礼记》通，并使太常释奠，以太牢祠孔子于辟雍，以颜回配。武帝泰始七年，皇太子讲《孝经》通。咸宁三年，讲《诗》通。太康三年，讲《礼记》通。惠帝元康三年，皇太子讲《论语》通。元帝太兴二年，皇太子讲《论语》通。太子并亲释奠，以太牢祠孔子，以颜回配……
>
> 武帝泰始六年十二月，帝临辟雍，行乡饮酒之礼。……咸宁三年，惠帝元康九年，复行其礼。①

齐王曹芳之所以不亲自去太学行释奠礼，而委之以太常，就因为其时曹芳已为帝，非皇太子。但是这样的区分在古代并不是特别明确。《礼记·文王世子第八》记载了天子行养老之礼。

> 天子视学，大昕鼓征，所以警众也。众至，然后天子至，乃命有司行事，兴秩节祭先师、先圣焉。有司卒事反命。始之养也，适东序，释奠于先老，遂设三老、五更、群老之席位焉。适馔省醴养老之珍具，遂发咏焉。退修之，以孝养也。反，登歌《清庙》。既歌而语，以成之也。言父子、君臣、长幼之道，合德音之致，礼之大者也。下管《象》，舞《大武》，大合众以事，达有神，兴有德也。正君臣之位，贵贱之等焉，而上下之义行矣。有司告以乐阕，王乃命公、侯、伯、子、男及群吏曰："反，养老幼于东序。"终之以仁也。②

释奠礼之后，天子行养老之礼，按汉代以来的说法，应该是乡饮酒礼了，但先秦并未如此称呼。不管礼仪称谓如何，这里强调的是天子对三老、五更、群老（指的是退休的公、卿、大夫）的孝养，目的是为天下做

---

① （唐）房玄龄等：《晋书》卷19、21《礼志上、下》，中华书局1974年版，第599、670页。

② （汉）郑玄注，（唐）孔颖达疏：《礼记正义》卷20，上海古籍出版社1990年版，第402—403页。

出孝悌的榜样。礼仪相当细致周到，从席位安排，到饮食安排，到乐歌舞曲安排，处处体现养老、尊老之意。

王沈《辟雍颂》是对高贵乡公行养老之礼的咏颂，文章当作于甘露三年。王沈仕宦在明帝之后，据《三少帝纪》，明帝后的三少帝只有高贵乡公于甘露元年（256）、二年、三年幸辟雍宫。甘露元年幸太学，讲《易》《尚书》《礼记》；甘露二年幸辟雍，命群臣赋诗；甘露三年幸辟雍，诏"以（王）祥为三老，（郑）小同为五更"，并"车驾亲率群司，躬行古礼焉"①。王沈《辟雍颂》所言"天子亲整法驾，抚玉辂，幸于雍宫，亲拜三老五更，出于南门之外"②与史书极为吻合，其作无疑作于甘露三年。③就现存文字看，它与《文王世子》相比，少了宴飨的内容，其序也不见对宴飨的描述。因是残文，我们已无从知道当时行古礼的全貌。但序文对古礼的作用及兴废的叙述还是有文献价值的："唐虞三代，咸崇辟雍，养老之制也。亲降万圣之尊，而执子弟之礼。自春秋以来，礼乐昏废，惟东京之后，始创其义。明堂之位，复陈于洛邑。"④养老之制始于何时，已不能确切知晓，东汉于洛阳修建辟雍宫，恢复此礼则无可置疑。但由于汉末的动乱，古礼再一次遭到废弃，所以晋武帝于泰始六年（270）十二月，临辟雍，行乡饮酒之礼，赐太常绢百匹，丞、博士及学生牛酒，并感叹："礼仪之废久矣，乃今复讲肄旧典。"⑤

傅玄于其时写有《辟雍乡饮酒赋》，其赋曰：

> 时皇帝亲枉万乘之尊兮，以幸乎辟雍。卤簿齐列，官正其容。侍卫参差，阶戟百重。乃延卿士，乃命王公。是日也，定小会之常仪兮，飨殊俗而见远邦，连三朝以考学兮，览先贤之黄同。揖让而升，有主有宾，礼虽旧制，其教惟新。若其俎豆有数，威仪翼翼。宾主百拜，贵贱修敕。酒清而不饮，肴乾而不食。及至嘒嘒笙磬，喤喤钟鼓，琴瑟安歌，德音有叙，乐而不淫，好朴尚古。四坐先迷而后悟，然后知礼教之弘普也。⑥

---

① （晋）陈寿：《三国志》卷4《三少帝纪》，中华书局2006年版，第87页。
② （清）严可均：《全晋文》卷28，商务印书馆1999年版，第275页。
③ 《晋书·礼下》及《宋书·礼一》都将曹髦"亲帅群司行养老之礼"的时间记为"甘露二年"，《三国志·三少帝纪》则为甘露三年。
④ （清）严可均：《全晋文》卷28，商务印书馆1999年版，第274—275页。
⑤ （唐）房玄龄等：《晋书》卷21《礼志下》，中华书局1974年版，第670页。
⑥ （清）严可均：《全晋文》卷45，商务印书馆1999年版，第457页。

傅玄的赋与《礼记·文王世子》的礼义是相同的，重在通过礼仪序长幼、别贵贱，以推广教化。但具体到仪式上，则感觉类似一次宫廷燕飨之礼，不见敬贤、养老之礼仪，唯有"俎豆"尚有一丝意味。陈戍国先生说"晋人甚至把乡饮酒礼与天子飨礼混淆为一"①，在傅玄此文中表现得还是相当明显的。可见西晋时代乡饮酒礼与古礼已有较大的差别，赋中"礼虽旧制，其教惟新"也颇有变化意味。

同样，释奠礼也经历了一个发展变化的过程，与古礼不尽相同。东晋范坚书问冯怀曰："汉代以来，释奠先师，唯飨仲尼，不及公旦，何也？"冯答曰："若如来之谈，亦当宪章尧、舜、文、武，岂唯周公乎？"② 从范坚所问可知释奠礼由来已久，先秦的释奠礼不独祭祀孔子，尚有周公等，汉代才专门祭奠孔子。汉代后，释奠礼中的先师先圣已由周公、孔子而变为孔子一人。

《晋书·礼上》说，"汉世虽立学，斯礼无闻"③。释奠礼真正有记载始于魏晋时期，太子亲自释奠孔子则起于西晋。南朝沿袭晋代，"元嘉二十二年，太子释奠，采晋故事，官有其注。祭毕，太祖亲临学宴会，太子以下悉豫"④。所谓"晋故事"，指的是太子每通一经之后，亲自在辟雍宫行释奠礼，以太牢祠孔子，以颜回配。自此以后，释奠礼代代相传，一直发展到今天，成为人们祭奠孔子、弘扬儒家传统文化的一种形式，当然其中又有不少制度沿革。

潘尼元康三年（293）的《释奠颂序》，对西晋释奠礼仪有详细叙述，为后人保存了较详尽的相关资料，想来是南北朝时期的释奠礼制的蓝本之一。试摘录如下：

> 太傅在前，少傅在后，恂恂乎弘保训之道；宫臣毕从，三率备卫，济济乎肃翼赞之敬。乃扫坛为殿，悬幕为宫。夫子位于西序，颜回侍于北墉。宗伯掌礼，司仪辨位。二学儒官，缙绅先生之徒，垂缨佩玉，规行矩步者，皆端委而陪于堂下，以待执事之命。设樽篚于两楹之间，陈罍洗于阼阶之左。几筵既布，钟悬既列，我后乃恭拜俯之勤，资在三之义。……于是牲馈之事既终，享献之礼已毕，释玄衣，

---

① 陈戍国：《中国礼制史·魏晋南北朝卷》，湖南教育出版社2002年版，第225页。
② （唐）欧阳询：《艺文类聚》卷38《礼部上·释奠》，上海古籍出版社2013年版，第1070页。
③ （唐）房玄龄等：《晋书》卷19《礼志上》，中华书局1974年版，第599页。
④ （南朝梁）沈约：《宋书》卷14《礼志一》，中华书局1974年版，第367—368页。

御春服，弛斋禁，反故式。天子乃命内外郡司、百辟卿士、藩王三事，至于学徒国子，咸来观礼，我后皆延而与之燕。金石萧管之音，八佾六代之舞，铿锵闛閤，般辟俯仰……①

此次礼典，极为壮观，人们无论愚智，无论远近，都竞相扶老携幼，聚集观览。作为朝廷官员，潘尼亲侧其列，印象至深，所以详细记下了礼仪程序，并作长篇《释奠颂》与《释奠诗》，阐明礼义，对帝王尊师重道之举予以赞颂。

尽管同写释奠礼，同为"颂"体作品，挚虞的《释奠颂》、傅咸的《释奠颂》与潘尼的《释奠颂》还是有所不同，各有侧重。此外，释奠颂与释奠诗也有不同，比较如下：

挚虞《释奠颂》：如彼泉流，不盈不运。讲业既终，礼师释奠。升觞折俎，上下惟宴。邑邑其来，肃肃其见。②

傅咸《释奠颂》：蒸蒸皇储，既睿且聪。神而明之，夫岂发蒙？谦以制礼，靡事不恭。乃修嘉荐，于国之雍。敬享先师，以畴圣功。亶亶皇嗣，希心阙里。企兹良辰，卜近于市。光光舆服，穆穆容止。祗奉圣灵，躬承明祀。济济儒生，佽佽胄子。清酒于觞，匪宴斯喜。欣道之弘，自今以始。③

潘尼《释奠诗》：敦书请业，研几通理。尊师重道，释奠崇祀。德成教伦，孰云不祉。④

《全晋文》录潘尼的《释奠颂》五段，首段写西晋建国历史及功绩。第二、三段讲太子习经及行释奠礼的过程。第四段写这次释奠礼的教化意义。最后一段是对太子的赞颂。作品较长，不录。潘尼的《释奠诗》重在写尊师重道的意义；挚虞的颂则重在写释奠礼的过程；傅咸的颂重在颂扬太子，揭示礼仪的意义。三人作品不一定作于同时，但对释奠礼的意义还是有共识的。就内容而言，潘尼的《释奠颂序》及挚虞的《释奠颂》具有文献价值，记录、保存了晋释奠礼的礼仪程序；而傅咸的作品则少了礼仪的文化色彩，更多的是对太子的颂赞了。此外，释奠礼后的养老之礼，在

---

① （清）严可均：《全晋文》卷94，商务印书馆1999年版，第1003页。
② （清）严可均：《全晋文》卷77，商务印书馆1999年版，第815页。
③ （清）严可均：《全晋文》卷52，商务印书馆1999年版，第548页。
④ 逯钦立：《先秦汉魏晋南北朝诗·晋诗》卷8，中华书局1983年版，第766页。

上述文章中不见提及，想来，释奠礼发展到晋代已经成为专门的尊师重道之礼，与尊老敬老之礼分道扬镳了。

元会礼、乡饮酒礼、释奠礼等礼仪作为一种道德实践活动，重在通过礼仪形式定尊卑长幼之序，明上下贵贱之别，推行教化统治。这些已不适合今天的社会，但其中和睦谦让、尊老敬贤、尊师重道的传统已经深深植根在中华文化之中，成为中华民族宝贵的文化遗产，世代相传。这些礼仪程序或许烦琐，不适合当下，但其本身庄重严肃的仪式感仍有社会意义，为当今社会所认同和借鉴。西晋留存的礼仪赋颂作品不多，但却有普适的文化意义，意义就在此。

第二节　西晋诗文与礼乐

《礼记·乐记》是我国古代音乐理论的代表作品，其"乐"指的是歌辞、乐曲与舞蹈三者的统一。《乐记》中对礼仪与礼乐的关系有着相当多的阐发，在作者看来：礼与乐是密不可分的，"礼"代表着节制，"乐"代表着和谐；"乐"是内心情感的表现，"礼"是外部强加的行为；"乐"使人易于亲近，"礼"使人互相敬重。"乐至则无怨，礼至则不争。揖让而治天下者，礼乐之谓也"①，"乐所以修内也，礼所以修外也。礼乐交错于中，发形于外。是故其成也怿，恭敬而温良"②，《礼记》经典诠释了儒家音乐思想的要义。

儒家的音乐思想往往可以通过各种礼仪表现出来。荀勖《奏条牒诸律问列和意状》有言"昔先王之作乐也，以振风荡俗，飨神祐贤，必协律吕之和，以节八音之中。是故郊祀朝宴，用之有制，歌奏分叙，清浊有宜"③，很好地说明了郊祀、朝宴之礼与乐的相互依存、相互对应的关系以及共同作用于教化的功能。

礼乐相互依存、相互对应的关系在《东观汉记·乐志》中也阐述得极为明确。书中说："汉乐四品，一曰《大予乐》，典郊庙、上陵殿诸食举之乐……二曰《周颂雅乐》，典辟雍、乡射、六宗、社稷之乐……三曰《黄

---

① （汉）郑玄注，（唐）孔颖达疏：《礼记正义》卷37《乐记》，上海古籍出版社1990年版，第666页。
② （汉）郑玄注，（唐）孔颖达疏：《礼记正义》卷20，上海古籍出版社1990年版，第396页。
③ （清）严可均：《全晋文》卷31，商务印书馆1999年版，第304页。

门鼓吹》，天子所以宴乐群臣……其短箫铙歌，军乐也。"① 其中只有"三曰"，不见"四曰"。后代《晋书·乐志》《隋书·音乐志》，以沈约《宋书·乐志》为成说，将"汉乐四品"定为：大予乐、周颂雅乐、黄门鼓吹、短箫铙歌。"以短箫铙歌为汉乐四品中的第四品，为后世治乐府史者所一致遵承，似从未置疑"，钱志熙先生对此表示怀疑，他主张"第四品应为相和乐或清商乐"。② 文中的考证可以充分看到礼仪与礼乐的对应关系。

"乐"包含舞蹈与歌辞，则礼仪、礼乐的密切关系，不仅仅是指礼仪与音乐，还包括乐舞与歌诗。《礼记·仲尼燕居》对礼、乐、诗的关系有如下阐述："礼也者，理也；乐也者，节也。君子无理不动，无节不作。不能诗，于礼谬；不能乐，于礼素；薄于德，于礼虚……达于礼而不达于乐，谓之素；达于乐而不达于礼，谓之偏。"③ 可见自古诗文、礼、乐有一种共生共融的关系。西晋士人的诗文中，礼乐往往以三种形式出现。

一 西晋礼仪赋颂中的礼乐

礼与乐相辅相成，"礼乐"本身就是礼仪的有机组成部分。因此对礼仪的描写必定会写到礼乐。王沈《正会赋》描写正会礼仪，其中就有描写乐舞的句子："备六代之象舞兮，厘箫韶于九成。"④

"象舞"是周代的祭祀乐舞。早在《礼记·内则》中就有关于"象舞"的文字记载："十有三年学乐、诵诗、舞《勺》，成童舞《象》、学射御。"⑤ "象舞"是贵族子弟学习内容之一。孔颖达疏《诗·周颂·维清序》对"象舞"的解释是："文王时有击刺之法，武王作乐，象而为舞，号其乐曰象舞。至周公、成王之时，用而奏之于庙。"⑥ "象舞"由最初的"击刺之法"成为宫廷教化之乐，再后，成为一种武舞。但王国维先生认为这里的"象舞"是一种文舞，他说："周一代之大舞曰《大武》，其小舞曰《勺》、曰《象》。"又说："《维清》之所奏，与升歌《清庙》后之

---

① （汉）刘珍等撰，吴树平校注：《东观汉记校注》，中州古籍出版社1987年版，第159页。
② 钱志熙：《论蔡邕叙"汉乐四品"之第四品应为相和清商乐》，《北京大学学报》（哲学社会科学版）2010年第2期，第45、47页。
③ （汉）郑玄注，（唐）孔颖达疏：《礼记正义》，上海古籍出版社1990年版，第852—853页。
④ （清）严可均：《全晋文》卷28，商务印书馆1999年版，第273页。
⑤ （汉）郑玄注，（唐）孔颖达疏：《礼记正义》，上海古籍出版社1990年版，第536页。
⑥ （汉）毛公传，（汉）郑玄笺，（唐）孔颖达等正义：《毛诗正义》，北京大学出版社1999年版，第1286页。

所管,《内则》之所舞,自当为文舞之象,而非武舞之象也。二者同名异实,后世往往相淆,故略论之。"①

"箫韶",舜时的乐舞,共九部,故又被称为"《箫韶》九成"。据《周礼·春官宗伯·大司乐》"乃奏姑洗,歌南吕,舞《大韶》,以祀四望"②,知其为天子祭祀山川之乐。于文哲先生从乐器、舞蹈、文舞等多方面对《韶》乐做考证,指出:"秦代以后,《韶》乐舞以其'中正和平''典雅纯正'的雅乐性质,为历代统治阶层所尊崇,成为历代沿袭的朝廷郊庙祭祀乐舞。"③

沈约《宋书·乐志》对郊庙祭祀乐舞的演变有较详细的记载:"周存六代之乐,至秦唯余《韶》《武》而已。始皇改周舞曰《五行》,汉高祖改《韶舞》曰《文始》,以示不相袭也。"④后,汉代几经改易成为《文始》《四时》《五行》之舞,诸帝皆奏。魏文帝黄初二年(221)时又加以改动,改"《文始武舞》曰《大韶舞》,《五行舞》曰《大武舞》"⑤。魏明帝时又将庙乐改为《武始》《咸熙》《章斌》,其时在景初元年(237)。不管如何改变,其实就是对周代《韶舞》与《武舞》的继承。它们名称不同,舞乐、舞容不变。《古今乐录》曰:"自周以来,唯改其辞,示不相袭,未有变其舞者也。"⑥郭茂倩将它们归于雅舞类,在他看来,舞曲"有雅舞、有杂舞。雅舞用之郊庙、朝飨,杂舞用之宴会"⑦。

王沈《正会赋》若作于明帝时,其作品中的"象舞"及"箫韶"应该就是曹魏时郊庙乐舞中的文舞与武舞,即《大韶舞》《大武舞》。若作于正始之后,"象舞""箫韶"则是《宋书·乐志》中所说的文舞《武始》《咸熙》《章斌》和武舞《昭武》,它们是对古乐舞的继承,于明帝景初元年改革魏氏之舞曲而来,属宫廷雅乐舞曲。王沈赋中仅仅述及乐舞的名称,它只是表明了乐舞的性质,并不是作品独立观照的对象。

傅玄有比较深的音乐造诣,西晋建国初的郊庙乐歌主要由他创作。傅玄的《元日朝会赋》对乐曲的描写,比王沈进了一步。试看:

---

① 王国维:《观堂集林》卷2《艺林第二》,河北教育出版社2003年版,第50—51页。
② (汉)郑玄注,(唐)贾公彦疏:《周礼注疏》卷22,上海古籍出版社1990年版,第339页。
③ 于文哲:《〈箫韶〉九成,凤凰来仪:〈韶〉乐舞考论》,《广西大学学报》(哲学社会科学版)2011年第4期,第116页。
④ (南朝梁)沈约:《宋书》卷19,中华书局1974年版,第533页。
⑤ (南朝梁)沈约:《宋书》卷19,中华书局1974年版,第534页。
⑥ (宋)郭茂倩:《乐府诗集》卷52,中华书局1979年版,第754页。
⑦ (宋)郭茂倩:《乐府诗集》卷52,中华书局1979年版,第753页。

> 六钟隐其骇奋，鼓吹作乎云中……六乐递奏，磬管铿锵，渊渊鼓钟，嗜嗜笙簧。搏拊琴瑟，以咏先皇。雅歌内畅，颂声外扬。①

首先，傅玄交代了正会礼仪中的各种乐曲，有钟鼓乐，有六乐。根据《咸宁注》可以看到，西晋的正会礼仪自始至终都伴有乐曲：

"先正一日……大乐鼓吹又宿设四厢乐及牛马帷合于殿前。"
"皇帝出。钟鼓作，百官皆拜伏。太常导皇帝升御座。钟鼓止。"
王公百官献礼毕，"太乐令跪请奏雅乐。以次作乐"。
诸蛮夷胡客献礼毕，皇帝入，复出，"钟鼓作"。
藩王上寿酒，"四厢乐作"。
侍中、中书令、尚书令上寿酒，"登歌乐升"。
行百官酒，奏登歌。
群臣就席，"食。举乐"。
食毕，"舞以次作"，又"以次进众伎"。
最后，"钟鼓作，群臣北面再拜出"。②

其中，钟鼓三次大作，均为皇帝、群臣出入场之时，可见，钟鼓之乐在正会礼中作为仪仗乐，是为礼仪增添气氛、气势的。这自古就有传统，宋代陈旸《乐书》曾说"以《书·大传》推之，自古天子将出，撞黄钟，右五钟皆应。……入撞蕤宾，左五钟皆应……"③仪式乐中，钟鼓大作自古就是为帝王造势。不仅如此，"天子亲祠南郊及大飨登歌，用金钟、玉磬，可谓得古人致美之意矣"④。

"六乐"原指《云门大卷》《咸池》《大韶》《大夏》《大濩》《大武》六套礼仪乐舞。前四个为"文舞"，舞时左手执籥，右手秉翟；后两者属武舞，舞者手拿干戚，"从乐舞情调上看，武舞的刚气代表着统治阶级威慑四方、囊括四海的政治心态；而文舞的'温文尔雅''尽善尽美'，则又代表了统治阶级'文德'之治的另一面"⑤。到汉代，"六乐"只有《大

---

① （清）严可均：《全晋文》卷45，商务印书馆1999年版，第457页。
② （南朝梁）沈约：《宋书》卷14，中华书局1974年版，第343—344页。
③ （元）马端临：《文献通考》卷140《乐考十三》，中华书局1986年版，第1236页。
④ （元）马端临：《文献通考》卷140《乐考十三》，中华书局1986年版，第1237页。
⑤ 孙颖主编：《中国汉代舞蹈概论》，中国文联出版社2010年版，第63页。

韶》和《大武》两种了。"六乐"在傅玄赋中还是指雅乐舞曲,应该就是《咸宁注》中所写的行礼乐、上寿乐、登歌乐、食举乐等《四厢乐歌》。按照礼仪,它们是依次演奏的,所以是"六乐递奏"。

其次,赋中写了各种乐器及其演奏时的乐音。乐器主要有磬管、鼓钟、笙簧、搏拊、琴瑟等,它们是构成四厢金石乐的主要乐器,以吹奏和打击为主。乐器之声包括"钟隐""鼓骇""锵铿""渊渊""嘒嘒"。"六钟"即六吕,十二律中的阴声之六音,《晋书·乐上》解释"吕"为"助也,所以助成阳功也"[1],自然要"隐其骇奋"。其他三个象声词则没有太多创新,是对《诗经》中音乐描写的袭用,如《小雅·采芑》有"伐鼓渊渊,振旅阗阗"[2],《商颂·那》有"鞉鼓渊渊,嘒嘒管声"[3] 等。

最后,写了乐曲伴奏下的歌诗吟诵。从荀勖、傅玄、张华、成公绥的乐府之作中,可知行礼乐、上寿乐、登歌乐、食举乐等《四厢乐》都是和有歌诗的。

傅玄从乐器、乐舞、乐声、乐歌等方面写礼仪之乐,相对王沈是大大进了一步。但当我们比较他乐府作品中的礼仪之乐描写时,就会发现,尽管傅玄音乐造诣很深,但对礼仪之乐的描写是因袭大于创造。《辟雍乡饮酒赋》中的乐曲描写是"嘒嘒笙磬,喤喤钟鼓,琴瑟安歌……",音乐描写依然袭用《诗经·商颂·那》诗句"鞉鼓渊渊,嘒嘒管声"和《周颂·执竞》诗句"钟鼓喤喤,磬筦将将"[4] 等。究其原因,或是为了与礼仪的气氛吻合,或是因为乐曲相近。更主要的是宗经观的缘故,通过对经典的引用,来表明礼仪之乐的雅颂特征,表明其德治教化的作用。因此傅玄的作品在描写完乐音之后,总是会描写乐歌,揭示乐歌的"德音"。从根本上说,傅玄作品的音乐描写还是将乐曲作为了儒家教义的载体,而不是作为独立的欣赏对象。

潘尼《释奠颂序》中对乐曲的描绘是:"金石箫管之音,八佾六代之舞,铿锵阆阆,般辟俯仰……"[5]《释奠颂》中则是:"舞以六代,歌以九成。"[6] 潘尼更多的是将歌舞结合来写,一句写曲,一句写舞。"八佾六代之舞"写队形,"般辟俯仰"写舞姿,对"舞"的描写富于动作性,给人

---

[1] (唐)房玄龄等:《晋书》卷22《乐志上》,中华书局1974年版,第678页。
[2] (宋)朱熹:《诗集传》卷10,中华书局2017年版,第182页。
[3] (宋)朱熹:《诗集传》卷20,中华书局2017年版,第369页。
[4] (宋)朱熹:《诗集传》卷19,中华书局2017年版,第343页。
[5] (清)严可均:《全晋文》卷94,商务印书馆1999年版,第1003页。
[6] (清)严可均:《全晋文》卷94,商务印书馆1999年版,第1004页。

以想象的空间。曲的描写就显得单调多了，仅仅是交代乐器、摹拟声音。

描写礼仪的作品，其音乐描写是单调的。究其原因，不在于作家的文思才华是否出色，西晋有不少出色的写音乐的作品，像成公绥的《啸赋》就名动当世。礼仪作品中音乐描写的平板单调，首先是因为乐曲本身。作为雅乐，乐曲不是作为欣赏的对象，而是配合着礼仪，担负着教化功能，"钟磬干戚，所以祭先王之庙，又所以献酬酳酢也"①。作为雅音颂声，它们用于宫廷祭祀、朝会、宴飨等不同的场合，必须庄重、严肃、典雅，与礼仪一起，传导出德治之音。因此，历代宫廷礼乐都尽量保持着"华夏正声"，雅乐也就相对稳定，缺乏变化。《宋书·乐志》载：泰始五年（269），傅玄、荀勖、张华各造正旦行礼及王公上寿酒、食举乐歌诗。荀勖认为魏氏歌诗与古诗不类，以问司律中郎将陈颀。颀曰："被之金石，未必皆当。"故勖造晋歌，皆为四言，唯王公上寿酒一篇为三言五言。②张华以为："二代三京，袭而不变，虽诗章词异，兴废随时，至其韵逗曲折，皆系于旧，有由然也。"③ 陈颀、张华的言论可以证明，礼仪歌辞变化较多，而礼乐则相对稳定不变。因此，才如傅玄、张华、荀勖、成公绥等，作品中都没有采用更多的词汇来描写、形容乐曲，只是袭用经典之句，这也就不足为怪了。向斯先生说得好："用乐舞传述礼义，调和天地，表现仁，实在是难为了乐舞，负此重大使命的乐舞怎能不严肃、沉重、平板？"④ 雅乐渐渐丧失生命力，以致失传，只能是必然的结果。

其次，叙述礼仪的作品，其主要对象是礼仪，礼仪之乐只是礼仪的从属，过多描写乐曲就会喧宾夺主，不能凸显礼仪制度。虽然说"礼乐相须以为用，礼非乐不行，乐非礼不举"⑤，礼与乐是平等的、相互为用的，但现实生活中，对礼仪还是会有偏重。经学大师郑玄注《月令·季冬》有言："凡用乐必有礼，用礼则有不用乐者。"⑥ 可见礼相对于乐更为重要，因此"士人更多侧重于礼，自觉不自觉地将乐作为礼的附庸来认知"⑦，这在反映礼仪的作品中表现得尤为明显。

---

① （南朝梁）沈约：《宋书》卷19《乐志一》，中华书局1974年版，第535—536页。
② （南朝梁）沈约：《宋书》卷19《乐志一》，中华书局1974年版，第539页。
③ （南朝梁）沈约：《宋书》卷19《乐志一》，中华书局1974年版，第539页。
④ 向斯：《皇朝内的隐秘生活》，中国工人出版社2007年版，第5页。
⑤ （宋）郑樵：《通志》卷49《乐略第一》，中华书局1987年版，第625页。
⑥ （汉）郑玄注，（唐）孔颖达疏：《礼记正义》卷17《月令》，上海古籍出版社1990年版，第347页。
⑦ 项阳：《礼乐、雅乐、鼓吹乐之辨析》，《中央音乐学院学报》2010年第1期，第4页。

二 西晋音乐赋中的礼乐

魏晋时代是人的自觉时代，也是才艺绽放的时代，音乐、书法、绘画各种艺术都不乏人才。对音乐的喜爱，使士人们创作出大量的音乐作品，尤以咏乐器的赋居多。专门描写宫廷礼乐舞曲的西晋赋类作品主要有夏侯湛、张载的《鞞舞赋》及陆机的《鼓吹赋》。前两者是写舞，后者是写曲。无论是鞞舞还是鼓吹乐，在西晋都逐步雅化，尽管它们都与礼仪有密不可分的关系，但作品中更多的是将乐舞作为欣赏的对象加以观照，所以这类作品就有较强的文学性，乐舞也摆脱了娱神、悦君的重担，表现出娱人的品性。这些作品在一定程度上印证了魏晋时期"文的自觉"这一观点。

陆机、张载、夏侯湛的赋也有不同之处。陆机写鼓吹，表现出他的音乐思想；张载的赋更多的是对鞞舞本身的艺术欣赏；夏侯湛的赋突出了鞞舞的作用。

（一）陆机《鼓吹赋》解绎

"鼓吹"作为一种乐种，其名不知起于何时。从汉代到魏晋，"鼓吹"从边地进入宫廷，从俗乐演变为雅乐。鼓吹的功用主要表现为军乐、仪仗乐及宴会乐。西晋初年，傅玄改制《汉铙歌》二十二曲，鼓吹乐开始成为歌功颂德的朝廷礼乐并渐趋雅化。[①]"武帝太康中平吴后，南越献驯象，诏作大车驾之，以载黄门鼓吹数十人，使越人骑之。元正大会，驾象入庭。"[②] 古人以为，象车，"王者德泽流洽四境则出"[③]，是仁政的象征。以象车载鼓吹施于朝廷元正大会，斯可证鼓吹的宫廷礼乐性质。孙毓《东宫鼓吹议》论鼓吹的作用是"闻其音而德和，省其诗而志正；威仪足以化民俗，制度足以和神人"[④]，于此可见西晋鼓吹的雅化。陆机的《鼓吹赋》不像傅玄《鼓吹曲辞》的显德明功，也不像孙毓强调礼乐教化，更多的是将鼓吹曲作为音乐对象而独立观照。

1. 陆机《鼓吹赋》的创作背景及其鼓吹曲类别

陆机的《鼓吹赋》不知作于何时何地，根据姜亮夫《陆平原年谱》：陆机生于吴永安四年（261），凤凰三年（274）其父陆抗病逝，当时陆机

[①] 参见拙文《傅玄鼓吹曲辞的继承与新变——兼论西晋鼓吹曲的雅化》，《乐府学》2014年第九辑，第179—193页。
[②] （唐）房玄龄等：《晋书》卷25《舆服志》，中华书局1974年版，第756页。
[③] （南朝梁）沈约：《宋书》卷29《符瑞下》，中华书局1974年版，第841页。
[④] （清）严可均：《全晋文》卷67，商务印书馆1999年版，第711页。

十四岁，与其兄弟分领父亲荆州旧部，在荆州担任牙门将。此后晋积极准备伐吴，太康元年（280）晋灭吴，陆机与弟陆云退居旧里华亭，闭门勤学十余年。从陆机的生平看，《鼓吹赋》极可能作于入洛后。对于陆机初次入洛时间，学界尚有争议，大体在太康、元康年间。据此，陆机所写的应是西晋时的鼓吹曲。

郭茂倩根据《东观汉记》记载，指出"鼓吹"之名始于汉代；根据《古今注》辨析说："黄门鼓吹、短箫铙歌与横吹曲，得通名鼓吹，但所用异尔。"①"鼓吹"所用不同，指的是："黄门鼓吹"供天子宴群臣；"短箫铙歌"为军乐；"横吹曲"为马上乐。此外，"鼓吹"还常赏赐有功诸侯。

袁思亮先生为《汉短箫铙歌注》作序时说："魏晋六朝所造鼓吹曲辞往往沿袭旧称或别制曲名以当之，于是铙歌曲与鼓吹、横吹曲混合不可辨。"②此言得之。西晋孙毓《东宫鼓吹议》所言"鼓吹者，盖古之军声，振旅献捷之乐也。施于时事不当，后因以为制，用之期（朝）会，用之道路"③，可证此时鼓吹与铙歌、横吹是没有细加区分的。作为古军乐的鼓吹，西晋时更多的是"用之期（朝）会，用之道路"，换言之更多的是用于宴乐与仪仗乐（卤簿）。

事实上，作为宫廷礼乐，在雅化的演变进程中，鼓吹更多地列于殿庭，用于歌功颂德，润饰鸿业，用于卤簿也越来越少。《晋书·礼中》言："汉魏故事，将葬，设吉凶卤簿，皆以鼓吹。新礼以礼无吉驾导从之文，臣子不宜释其衰麻以服玄黄，除吉驾卤簿。"④这表明，泰始五年（269）制定的新礼废除了作为吉驾卤簿的鼓吹。当然也有例外，泰始八年（272）安平献王司马孚去世，仍有"吉凶导从二千余人，前后鼓吹"⑤。

西晋鼓吹很少用于军乐，并非没有军乐，只是军乐名为"凯乐"罢了。张华有凯歌两首——《命将出征歌》《劳还师歌》，应是西晋泰始六年、七年间对西北用兵时的军乐歌辞，这两首"凯歌"，郭茂倩《乐府诗集》卷19将它们归于鼓吹曲辞。郭茂倩的归类有其理由。凯歌即"凯乐"之歌辞，"凯乐"是鼓吹之歌曲。凯乐为军乐自古有由然，《周礼》《春秋》《左传》等典籍对此都有记载。⑥ "魏晋以来鼓吹曲章，多述当时战

---

① （宋）郭茂倩：《乐府诗集》卷16，中华书局1979年版，第224页。
② 夏敬观：《汉短箫铙歌注》序言，商务印书馆1931年版。
③ （清）严可均：《全晋文》卷67，商务印书馆1999年版，第711页。
④ （唐）房玄龄等：《晋书》卷20《礼中》，中华书局1974年版，第626页。
⑤ （唐）房玄龄等：《晋书》卷37《司马孚传》，中华书局1974年版，第1085页。
⑥ 参见（宋）郭茂倩《乐府诗集》，中华书局1979年版，第223页。

功,是则历代献捷必有凯歌。"① 这或许也是张华以"凯歌"命名军乐的本意。作为军乐,《唐会要》卷33"参酌今古",对凯乐及其演奏程式有详细记载,可资参考。

西晋时鼓吹曲已不加细分,那么陆机《鼓吹赋》中的鼓吹应是哪一类呢?《鼓吹赋》说:"原鼓吹之攸始,盖禀命于黄轩。"这或许是采纳了蔡邕《礼乐志》的说法:"汉乐四品,其四曰短箫铙歌,军乐也。黄帝、岐伯所作,以建威扬德、风敌劝士也。"②如此看来,陆机所写的"鼓吹"应是"短箫铙歌"之属,赋中有《汉铙歌十八曲》的六支曲子,似乎也喻示了其短箫铙歌性质。

其实不然。前面已分析,魏晋时鼓吹曲与短箫铙歌已相混不复细分,它更多地用于朝廷,用于时事。细斟陆机的《鼓吹赋》,它更像宫廷的宴乐、仪仗乐而非短箫铙歌。

首先,就《鼓吹赋》中鼓吹地位而言,西晋鼓吹曲不是短箫铙歌。

陆机《鼓吹赋》中称鼓吹乐器为"圣器""君器","播威灵于兹乐,亮圣器而成文""宫备众声,体僚君器"指出了鼓吹的礼乐教化功能,似可证其为宫廷礼乐,而非军乐,非短箫铙歌。《太平御览》卷567说鼓吹"至梁周隋,各述本朝功业,随而改之,以自扬其勋烈"③,鼓吹依然为朝廷颂歌,表明其宫廷雅乐性质。鼓吹曲"述本朝功业"在汉铙歌中已有端倪,延至曹魏缪袭和吴蜀韦昭的鼓吹曲中也有所继承,但数量不多,西晋傅玄的鼓吹曲辞才开始大量叙述本朝功业,至此,鼓吹曲更多地进入殿庭成为宴乐、仪式乐。傅玄《元日朝会赋》中就写到鼓吹在正会节的应用:"六钟隐其骇奋,鼓吹作乎云中。"④《晋书·舆服志》也有记载:太康年间象车载黄门鼓吹入廷殿参加隆重的正旦大会,这些都是很好的说明。陆机的《鼓吹赋》作于西晋,其鼓吹曲应带有西晋时代的特点,不太可能为短箫铙歌,至多是混杂了汉短箫铙歌的乐曲。

其次,就《鼓吹赋》的演奏乐器而言,西晋鼓吹不是短箫铙歌。

赋中说鼓吹起源黄轩,那只是溯源,非指当下。《鼓吹赋》中的乐器主要是鼓与箫,吴钊、刘东升以为是建鼓和排箫,认为陆机所写鼓吹是宴乐、仪仗乐,乐工可以坐在鼓车中演奏。⑤前文引《晋书·舆服志》可证

---

① (宋)王溥:《唐会要》卷33《雅乐下》,上海古籍出版社1991年版,第709页。
② (宋)郭茂倩:《乐府诗集》卷16,中华书局1979年版,第223页。
③ (宋)李昉:《太平御览》卷567,中华书局1960年版,第2561页。
④ (清)严可均:《全晋文》卷45,商务印书馆1999年版,第457页。
⑤ 吴钊、刘东升:《中国音乐史略》,人民音乐出版社1993年版,第64页。

此：武帝太康年间平吴，令数十黄门鼓吹乐工坐象车参加正会节演出。乐工所坐虽不是鼓车，是象车，但性质一样。正会节上有百官朝贺天子和天子宴飨二千石以上官员的礼仪，太康年间鼓吹乐工坐象车入朝廷的这则资料可证西晋鼓吹的宴乐与仪式乐性质。

最后，就《鼓吹赋》的演唱而言，西晋鼓吹不是短箫铙歌。

陆机所写的鼓吹，不仅有乐器的演奏还有歌工的演唱。赋中"悲唱流音""音踯躅于唇吻""咏悲翁之流思"等描写明显是歌工的演唱。此外，玩味赋中"节应气以舒卷，响随风而浮沉"一句，也可见歌工的演唱活动。

"响"指声响，包括曲声与歌声；对应地，"节"指的也是声响。"节"是打击乐器一种，应是鼓类，《宋书·乐志》解释道："革，鼓也，鞀也，节也。"①《尔雅·释乐》言"和乐谓之节"②。可见"节"是和节拍的，大体与歌者相关，即"孙（丝）竹合作，执节者歌"③。"节"与歌者的关系，傅玄《节赋》也有所表述："黄钟唱歌，九韶兴舞。口非节不咏，手非节不拊。"④ 从"孙（丝）竹合作""黄钟唱歌，九韶兴舞"的描写看，作为歌者伴奏的"节"乐器更多地用于宫廷宴乐，陆机赋中对"节"的描写，其鼓吹也不似短箫铙歌。

陆机《鼓吹赋》中的演唱曲目主要有《思悲翁》《临高台》《君马黄》《战城南》《巫山高》《芳树》，这是汉铙歌十八曲中的曲子，有研究者据此认为陆机《鼓吹赋》中的鼓吹是短箫铙歌。这样的推论看似合理，但仍有商榷之处。

汉铙歌二十二曲在魏晋南北朝发生了演变：魏受命，缪袭改汉铙歌二十二曲中的十二曲，其余《君马黄》《临高台》等十曲之名仍如汉。其时，吴韦昭也做了同样的改动。缪袭、韦昭改汉铙歌在景初元年（237）⑤，但"魏、吴歌辞，存者唯十二曲，余皆不传"⑥。西晋武帝受禅，傅玄"再制二十二曲，而《玄云》《钓竿》之名不改旧汉"⑦，曲辞基本上是再创作。南朝"宋、齐并用汉曲。又充庭十六曲，梁高祖乃去其四，留其十

---

① （南朝梁）沈约：《宋书》卷19，中华书局1974年版，第555页。
② （晋）郭璞注，王世伟校点：《尔雅》，上海古籍出版社2015年版，第92页。
③ （宋）郭茂倩：《乐府诗集》卷16引《伎录》语，中华书局1979年版，第223页。
④ （清）严可均：《全晋文》卷45，商务印书馆1999年版，第461页。
⑤ 见拙文《曹魏缪袭鼓吹曲辞系年的三重考论及意义》，《广西师范大学学报》（社会科学版）2015年第5期，第131—135页。
⑥ （宋）郭茂倩：《乐府诗集》，中华书局1979年版，第224页。
⑦ （宋）郭茂倩：《乐府诗集》，中华书局1979年版，第224页。

二,更制新歌"①。这些演变正如袁思亮所言:"魏晋六朝所造鼓吹曲辞往往沿袭旧称或别制曲名以当之,于是铙歌曲与鼓吹、横吹曲混合不可辨。"②另外值得注意的是,这些改制的鼓吹曲均是"充庭"乐曲,即均在朝廷演奏,而非用于郊庙、军营,这是魏晋以来鼓吹乐与短箫铙歌的一个比较明显的区别。

陆机《鼓吹赋》之所以用汉短箫铙歌曲名,究其原因,主要是鼓吹曲与短箫铙歌的混杂。甚至,萧亢达《汉代乐舞百戏艺术研究》据汉代蔡邕《乐志》和东晋崔豹《古今注》推断短箫铙歌是"作为黄门鼓吹的一部分"③,如此,陆机《鼓吹赋》用短箫铙歌曲名自不足怪。当然《君马黄》《临高台》等曲辞在魏、吴时已失传,陆机仅是借古曲甚至古曲名,陆机赋中的鼓吹曲与短箫铙歌也自然不能混为一谈。

有研究者质疑:"作为一种宴享用乐、仪式用乐与陆机文中所述'马顿迹而增鸣,士攒蹙而沾襟''悲唱流音,怅惶依违'等特点不符'。"④这一质疑不无道理,宴飨应该欢快,仪式应该严肃,而这两句则颇显悲伤。该如何看待这一矛盾呢?本书以为,陆机《鼓吹赋》应是残篇,现存文字写"悲"的内容偏多。尽管如此,也有些欢乐之处:"含欢嚼弄,乍数乍稀""欢芳树之可荣"。文章就在写"欢"之处戛然而止,所以不能确定文章是否还有更多写"欢"的文字。玩其文句"舒飘摇以遐洞,卷徘徊其如结""节应气以舒卷,响随风而浮沈",音乐中的"舒""卷"应该是同时包含悲喜两种情感的。

况且,即便是作为军乐,汉短箫铙歌也含有悲伤的乐歌,与劳军的目的不尽一致。陆机赋中"悲"的内容偏多,主要是陆机将乐曲作为独立的欣赏对象,通过汉铙歌曲名的联想展开音乐描绘,写出音乐感人的效果。这部分将文学与音乐有机结合,通过精巧的构思和精妙的语言,表达了陆机的以悲为美的音乐思想。此容下文详述。

2. 陆机《鼓吹赋》的编排与内容

严可均《全晋文》所录陆机《鼓吹赋》出自《艺文类聚》卷68和《初学记》卷16,但他将两段文字做了重新编排:开头(前八句),结尾("及其悲唱"以后),这两部分出自《艺文类聚》;中间部分("宫备众

---

① (宋)郭茂倩:《乐府诗集》,中华书局1979年版,第224页。
② 夏敬观:《汉短箫铙歌注》序言,商务印书馆1931年版。
③ 萧亢达:《汉代乐舞百戏艺术研究》,文物出版社1991年版,第23页。
④ 贾丽娜、严可:《汉魏六朝〈鼓吹赋〉〈横吹赋〉音乐史料研究》,《齐鲁师范学院学报》2019年第4期,第144页。

声"到"之为最")出自《初学记》。这种编排很明显将《鼓吹赋》分为三个部分：开头介绍了鼓吹的起源与鼓吹乐器特点，中间介绍鼓吹曲的演奏，结尾介绍鼓吹曲的演唱。

《全晋文》所录傅玄《琵琶赋》《筝赋》中也有类似的编排，试看严可均对傅玄《筝赋·序》的编排：

> 世以为蒙恬所造。今观其器，上崇似天，下平似地，中空准六合，弦柱拟十二月。设之则四象在，鼓之则五音发。体合法度，节究哀乐。斯乃仁智之器，岂蒙恬亡国之臣能关思运巧哉？①

其中"体合法度，节究哀乐"出自《宋书·乐志一》，其前后文字均出自《通典》卷144。这样的编排文思是清晰、严谨的，"体合法度，节究哀乐"前的文字介绍了筝的由来、外形及寓意；其后文字则是对筝所由来的评价。

《全晋文》中西晋音乐赋有15篇，这是一个比较可观的数量，两汉时期约14篇，整个魏晋南北朝时期约40篇。西晋音乐赋中以乐器赋为多，共12篇，另外，乐种1篇，乐舞2篇。事实上，15篇音乐赋均交织着音、声、曲、舞的内容。通观《全晋文》音乐赋的编排，严可均基本上是以意断文，按一定顺序编排。以乐器赋为例，一般先是乐器由来、乐器外形、乐器材质，然后是乐器的弹奏（吹奏）、乐器的音声、曲调，最后是乐器的演奏（弹奏）效果或作用。如夏侯淳《笙赋》：

> 嗟万物之殊观，莫比美乎音声。总众异以合体，匪求一以取成。虽琴瑟之既丽，犹靡尚乎清笙。尔乃采桐竹，蒭朱密。摘长松之流肥，咸昆仑之所出。抑扬嘘吸，或呴或吹。攀拈挹按，同覆互移。初进飞龙，重继鹍鸡。振引合和，如会如离。若夫缠绵约杀，足使放达者循察。通豫平旷，足使廉规者弃节。冲虚冷澹，足使贪荣者退让。开明爽亮，足使慢惰者进竭。岂众乐之能伦，邈奇特而殊绝。②

赋前十句先介绍笙的特点与材质，中间八句写笙的吹奏及曲调，最后十句写笙乐的作用及地位。其他乐器赋大体如此，陆机的《鼓吹赋》也同

---

① （清）严可均：《全晋文》卷45，商务印书馆1999年版，第460—461页。
② （清）严可均：《全晋文》卷69，商务印书馆1999年版，第730页。

样遵循这一编排原则。具体分析如下。

（1）《鼓吹赋》① 首八句

首先溯源"原鼓吹之攸始，盖禀命于黄轩"；其次论其功能"播威灵于兹乐，亮圣器而成文"，即帮助君王实现文治教化；最后谈乐器特点"骋逸气而愤壮，绕烦手乎曲折。舒飘摇以遐洞，卷徘徊其如结"。

"骋逸气而愤壮，绕烦手乎曲折"，这两句是鼓声的特点与演奏手法。鼓声最大的特点就是渲染气氛、激发情绪，"骋逸气而愤壮"是也。"烦手"，古代指民间音乐（俗乐）的一种复杂的弹奏手法，这里是指击鼓的手法。萧亢达《汉代乐舞百戏艺术研究》指出：汉代击鼓的花式动作多姿多态。萧先生根据汉画像石（砖）、壁画中敲击建鼓的形象资料总结出汉代击鼓下肢动作十三式、上肢动作六型三式。"演奏者通过上述繁多的方式敲击出复杂的花点，能表达多种情绪，动人情感。"② 这应该就是所谓的"绕烦手乎曲折"。

"舒飘摇以遐洞，卷徘徊其如结"，这两句用"舒卷"写出箫声的两种特点："飘摇以遐洞"写箫声的悠扬、余音袅袅；"徘徊其如结"写箫声的低沉呜咽。

（2）《鼓吹赋》中间十二句

介绍鼓吹曲的演奏。前四句说乐器的组合、配合乃至乐曲的形成："宫备众声，体僚君器。饰声成文，雕音作蔚。响以形分，曲以和缀。放嘉乐于会通，宣万变于触类。"通过声—音—曲—乐的过程描述，揭示出鼓吹乐的演奏过程，即：不同的乐器发声而为旋律，连缀而成曲调，触类感物而形成千变万化的嘉乐。

"饰声成文，雕音作蔚"，指箫鼓之声雕饰成音，颇为盛大。

"响以形分，曲以和缀"，箫鼓之声各有特点。这里的"和"特别值得一说。《尔雅·释乐》解释为："徒吹谓之和。"③ 可见鼓吹曲通过箫将鼓声和箫声连缀成曲。

中间的后四句介绍了鼓吹乐演奏中的三个关键："适清响以定奏，期要妙于丰杀。邈坰博之所管，务戛历之为最。""适"（适合）、"期"（期待）、"务"（务必），三个词都带有目标指向性，那就是演奏基调"清响"，节奏变化使乐曲"要妙"，鼓乐不仅声音悠扬，还要追求"戛历"

---

① （清）严可均：《全晋文》卷97，商务印书馆1999年版，第1027页。本节《鼓吹赋》文句均出自此。
② 萧亢达：《汉代乐舞百戏艺术研究》，文物出版社1991年版，第77—85页。
③ （晋）郭璞注，王世伟校点：《尔雅》，上海古籍出版社2015年版，第91页。

的演奏方式。

第一个关键是"适清响以定奏",确定乐曲演奏的基调:清脆响亮。何谓"清响"?《释名》曰"箫,肃也,其声肃肃然,清也"①,看来箫对乐曲基调的确立有明显作用。鼓对乐曲基调的作用有帮助否?回答这个问题,首先要确定陆机《鼓吹赋》中的鼓有几类。文中明确提到的有鼓、节、拊搏,本书以为尚有鞉鼓。先看典籍对鼓乐器的解释:《宋书·乐志一》"八音四曰革。革,鼓也,鞉也,节也","以枹击之曰鼓,以手摇之曰鞉","小鼓有柄曰鞀(鞉)。大鞀谓之鞞"。②"节"与"拊搏"两者相同,"节"即是"拊搏",形状似小鼓,以手拍击,为节乐乐器。萧亢达《汉代乐舞百戏艺术研究》引用多条资料对此有详细说明,可参看。③ 充庭演奏的鼓吹主要用于宴乐和仪式乐,故以建鼓为主,另有鞉、节、拊搏之类。其中"鞉,导也。所以导乐作也"④,其声音"清而不乱"⑤,"汉画像石中常常是乐人一手持排箫吹奏,一手摇鞉"⑥。据此,可以推测,"适清响以定奏"就是乐人以鞉导乐,用鞉与排箫确定乐曲"清响"的演奏基调。

第二个关键是"期要妙于丰杀",即在曲折多变的节奏中表现乐曲的精微美好。"要妙"指音乐的精微美好,西晋成公绥在《啸赋》中就这样描述道:"音要妙而流响,声激嚁而清厉。"⑦"丰杀",有版本作"丰会",无论"丰杀"还是"丰会",指的都是乐曲的节奏。"丰"有高大之义,"杀"有凋落之义,合在一起就是指节奏的高低快慢。"会"也有音乐节奏之义。《周礼·春官·大胥》说"以六乐之会正舞位",郑玄注:"大同六乐之节奏正其位,使相应也。"⑧ 再如《庄子·庖丁解牛》中"合于桑林之舞,乃中经首之会"⑨的"会",据陈鼓应先生注释,也为"节奏"之义,所以"丰会"也就是丰富的节奏。想来,这里强调的是鼓点节奏与箫声的巧妙配合,只有这样才能形成千变万化的嘉乐。

---

① (清)王先谦撰集:《释名疏证补》卷7《释乐器》,上海古籍出版社1984年版,第333页。
② (南朝梁)沈约:《宋书》卷19,中华书局1974年版,第555页。
③ 萧亢达:《汉代乐舞百戏艺术研究》,文物出版社1991年版,第88—89页。
④ (清)王先谦撰集:《释名疏证补》卷7《释乐器》,上海古籍出版社1984年版,第329页。
⑤ (晋)郭璞注,王世伟校点:《尔雅·释乐第七》,上海古籍出版社2015年版,第92页。
⑥ 萧亢达:《汉代乐舞百戏艺术研究》,文物出版社1991年版,第88页。
⑦ (清)严可均:《全晋文》卷59,商务印书馆1999年版,第615页。
⑧ (汉)郑玄:《周礼注疏》,上海古籍出版社1990年版,第352页。
⑨ 陈鼓应:《庄子今注今译》,中华书局2009年版,第106页。

第三个关键是"邈坿搏之所管,务戛历之为最",强调鼓乐的演奏。"邈"为凌驾、超过之意。"坿搏"疑即为"柎搏",前文已说,其为节乐乐器,"以韦盛糠,形如鼓,以手柎拍之"①。"戛"为敲击之意,"历"本意"过也,从止",与脚的动作有关。推测"戛历"指的是鼓员击鼓时的娴熟优美步法与手势。萧亢达先生根据考古资料指出,汉代打击乐器的演奏方式"大都赏心悦目,演奏者并非木然立于乐器之前,呆板地按照节奏曲谱敲击,而是边击边舞,仪态万千"②。因此,怀疑本句是在强调鼓乐敲击方式(步法手法)的生动活泼、丰富优美。也就是说,鼓乐除去鼓声,其最关键处是要追求"戛历"这种演奏方式。

(3)《鼓吹赋》最后二十二句

主要介绍鼓吹的演唱。前八句"悲唱流音,快惶依违。含欢嚼弄,乍数乍稀。音蹢躅于唇吻,若将舒而复回。鼓砰砰以轻投,箫嘈嘈而微吟",重在"唱音",它有悲欢、有断续、有疏密、有张弛,还有箫鼓的伴奏。后十四句既是对曲名的介绍,同时也是对乐曲效果的描绘:

> 咏悲翁之流恩,怨高台之难临。顾穹谷以含哀,仰归云而落音。节应气以舒卷,响随风而浮沈。马顿迹而增鸣,士犟慹而沾襟。若乃巡郊泽,戏野坰。奏君马,咏南城。惨巫山之遐险,欢芳树之可荣。

这里,陆机巧妙地将汉铙歌十八曲中《思悲翁》《临高台》《君马黄》《战城南》《巫山高》《芳树》这六支曲名嵌在作品中,一方面暗示出鼓吹曲的曲名,另一方面也用文学化的手法描绘出鼓吹曲的音乐效果。

结合上述分析,《全晋文》所录陆机《鼓吹赋》提供了西晋鼓吹曲不少有价值的音乐资料。

从音乐功能看,西晋鼓吹曲更多的是宫廷宴飨乐和宫廷仪式用乐。

从乐器搭配上看,主要是箫、鼓,但人们往往忽略了鼓的种类与演奏。陆机《鼓吹赋》中鼓类乐器包括建鼓、鞉、节、柎搏等。从"节"的出现可以知道西晋鼓吹尚有"歌",这也表明了其宴乐、仪式乐的功能。西晋鼓吹中有歌唱,这也是不少研究者忽略之处。正是这个忽略,造成了"鼓砰砰以轻投,箫嘈嘈而微吟"的难以理解。原文强调鼓吹"愤壮"

---

① (清)王先谦撰集:《释名疏证补》卷22《释乐器》,上海古籍出版社1984年版,第334页。

② 萧亢达:《汉代乐舞百戏艺术研究》,文物出版社1991年版,第85页。

"清响",何以又"轻投""微吟"?当知道鼓吹有演唱时,就不难理解,这是箫鼓在为歌者伴奏,乐声自然是不能盖过歌声了,"轻投"与"微吟"也就理所当然了。

从演奏方式看,鼓与箫的演奏方式有独奏、合奏、伴奏三种,当然箫鼓合奏仍是最主要的演奏方式。鼓乐的演奏有䩹的导乐演奏,有优美的步法与手势,这是值得注意的。

从演唱曲目看,主要是《思悲翁》《临高台》《君马黄》《战城南》《巫山高》《芳树》,但六支歌曲仅是古曲,甚至仅是借用古曲之名,其歌辞应有所改制甚至是新创。

陆机《鼓吹赋》不仅有音乐史料价值,还表现出陆机的音乐思想,为后人提供了一个了解西晋士人音乐观的窗口。

3. 陆机《鼓吹赋》的音乐思想

陆机《文赋》中指出"赋"的文体特征是"体物而浏亮",《鼓吹赋》中的"物"就是鼓吹乐曲,"体物浏亮"就是要体察、摹写鼓吹乐曲并清晰、明朗地表达出来。在这里,鼓吹曲是作为一种审美对象存在的,陆机不仅摹写了鼓吹的乐器、演奏和演唱,还在这种摹写中表达了自己的音乐思想。

史书不见对陆机音乐才华的记载,但通过陆机的创作可推知其音乐造诣。他有五十首乐府诗,可见其对音乐的谙熟。不仅如此,陆机在《文赋》《演连珠》中多用音乐作比阐述其论文处世的观点,这些信手拈来的音乐比喻既可见陆机的音乐造诣,又表达了陆机的音乐思想。《鼓吹赋》更是将乐曲作为欣赏主体加以观照,其中同样贯穿了陆机的音乐思想。有趣的是,《文赋》用音乐来说明文学创作理论,《演连珠》用音乐来强调政治思想,而《鼓吹赋》则是用文学化的语言描写音乐。上述文章的观点异曲同工,音乐理论与文学理论、政治主张几乎合而为一。《鼓吹赋》的音乐思想主要表现在其音乐理论和音乐审美两方面。

(1) 音乐理论上,强调了声、音、乐、响的关系,主张"物感说"

在儒家的音乐理论中,声、音、乐三者是有区别的,《礼记·乐记》中就说:"乐者,通伦理者也,是故知声而不知音者,禽兽是也。知音而不知乐者,众庶是也。唯君子为能知乐。是故审声以知音,审音以知乐,审乐以知政,而治道备矣。"[①] 不仅如此,《礼记·乐记》还指出了声、音、乐的相互关系:"凡音之起,由人心生也。人心之动,物使之然也。

---

① (汉)郑玄注,(唐)孔颖达正义:《礼记正义》卷37,上海古籍出版社1990年版,第663页。

感于物而动,故形于声。声相应,故生变;变成方,谓之音。比音而乐之,及干、戚、羽、旄,谓之乐。"①句中的"方",《康熙字典》是这样解释的:"方谓文章,声既变转和合,次序成就文章,谓之音。音则今之歌曲也。"②朱熹解释"成文"是"其清浊高下、疾徐疏数之节,相应和也"③。所以整句话可以这样理解:"声"是感于物而发出的声响,它没有节奏、音调的变化。声与声之间相互应和,产生某种有韵律的变化,这就是"音"。音相互编排连缀用乐器表现出来,并伴之以干、戚、羽、旄等舞具表演的乐舞,这就是"乐"。声、音、乐的关系是逐次递进的,正如《诗序》所说:"情发于声,声成文而为音。"④

陆机《鼓吹赋》对儒家声、音、乐的音乐理论有明显的继承,他在赋中说:

> 宫备众声,体傺君器。饰声成文,雕音作蔚。响以形分,曲以和缀。放嘉乐于会通,宣万变于触类。

"声"指的是箫鼓发出的声响,经过修饰雕琢,"声"就成为"音",音进而形成曲,曲触类旁通就形成千变万化的"乐"。赋中由声到音,到曲,再到乐的变化过程与《礼记·乐记》中的理论是一脉相承的。所不同的是,赋中还有"响"字,关于"响",《康熙字典》有如下集释:

> 《说文》:"声也,从音,乡声。"
> 《注》:徐锴曰:"声之外曰响。响犹恍也,恍恍然浮也。实而精者曰声,朴而浮者曰响。响之附声,如影之著形。"
> 《玉篇》:"应声也。"⑤

综合《说文解字》《注》和《玉篇》的解释,"响"是声,或是回声。陆机赋中的"响"包括上面两种解释:一是指鼓与箫发出的声响,即"响以形分";二是指乐声即"响随风而浮沈",这里的"响"就是徐锴所谓

---

① (汉)郑玄注,(唐)孔颖达正义:《礼记正义》卷37,上海古籍出版社1990年版,第660页。
② (清)陈廷敬、张玉书等编撰:《康熙字典》(第6册),中国书店2010年版,第2802页。
③ (宋)朱熹:《诗集传》,中华书局2017年版,第5页。
④ (宋)朱熹:《诗集传》,中华书局2017年版,第5页。
⑤ (清)陈廷敬、张玉书等编撰:《康熙字典》(第6册),中国书店2010年版,第2805页。

的"朴而浮者",换言之就是飘荡在上空的乐声。

《鼓吹赋》写声(响)、音、乐的关系,其重点是为了强调"放嘉乐于会通,宣万变于触类"。陆机在这里触及音乐的自然审美问题:好的音乐能使欣赏者"会通";音乐的千变万化离不开"触类"。人与音乐的交融,音乐与自然的相通,说的其实就是"物感",就是审美情绪和审美体验。陆机这一观点与儒家音乐理论中的"乐由心生""其本在人心之感于物也"[①] 的"物感说"是一致的。陆机的"物感"理论在《文赋》中甚为鲜明:"遵四时以叹逝,瞻万物而思纷。悲落叶于劲秋,喜柔条于芳春。"[②] 人的审美情绪、审美体验都与大自然的四季变化息息相关,这种典型的"物感"理论在《鼓吹赋》中的表现与《文赋》如出一辙。《文赋》说"瞻万物而思纷",《鼓吹赋》也说"宣万变于触类";《文赋》说悲喜源于秋天的落叶与春天的柔条,《鼓吹赋》说悲、惨、欢、愉的情感源于悲翁流恩、高台难临、穹谷含哀、归云落音、巫山遐险、芳树可荣。陆机提出"物感说",强调了"物"与"情"的感应关系,揭示出物、情、音乐、文学创作之间的相互关系。

陆机的"物感说"并非是对儒家"物感说"的全盘接受,他的"物感说"在很大程度上表现为音乐理论与文学理论、音乐审美与文学审美的相通一致,甚至是音乐与政治人生的相关联。所以他的《文赋》用"应、和、悲、雅、艳"的音乐理论来说明文章的五种弊病,他的《演连珠》五十首中有十七首用音乐作比来表达其政治主张与人生态度。同样,他的《鼓吹赋》在音乐描写中也喻示了其文学主张。统观陆机的音乐理论,他论音乐重在音乐的本体,或将音乐作为独立的对象加以审美观照,或将音乐作为独立的参照沟通文学与政治人生;而不是像儒家强调音乐的政教功能,强调"治世之音安以乐,其政和;乱世之音怨以怒,其政乖;亡国之音哀以思,其民困。声音之道,与政通矣"[③]。"物感说"理论在刘勰《文心雕龙·物色》及钟嵘《诗品序》中走向成熟,陆机的《文赋》与《鼓吹赋》功不可没。

(2)音乐审美思想上,强调应和之美,提倡以悲为美

陆机的音乐理论与文学理论是相通的,其音乐审美与文学审美也有一

---

① (汉)郑玄注,(唐)孔颖达正义:《礼记正义》卷37,上海古籍出版社1990年版,第661页。
② (清)严可均:《全晋文》卷97,商务印书馆1999年版,第1024页。
③ (汉)郑玄注,(唐)孔颖达正义:《礼记正义》卷37,上海古籍出版社1990年版,第661页。

致之处。在《文赋》中，陆机用音乐作比，批评了文章的五种毛病："含清唱而靡应""应而不和""和而不悲""悲而不雅""雅而不艳"，提出了"应、和、悲、雅、艳"这五种审美标准，其中的"应、和、悲"在《鼓吹赋》中也有明显表现。

《鼓吹赋》中"响以形分，曲以和缀"就是应和之美。"应"与"和"是不同。"应"可以是响应，可以是感应，可以是应变。在《鼓吹赋》中，"应"是相对乐器、乐声而言。所谓"响以形分"，强调的是"同声相应"，就如"贲鼓密而含响，朗笛疏而吐音"①，它是"指相同的声音、曲调间的互相呼应而构成的一种音乐美"②。但这只是"应"的最基本的层面，"应"还必须感应节拍与旋律，随着节拍、旋律的变化而变化，就如《鼓吹赋》中"节应气以舒卷"，如《文赋》中的"舞者赴节以投袂，歌者应弦而潜声"③，如《演连珠》中"赴曲之音，洪细入韵；蹈节之容，俯仰依咏""万殊之曲，穷于五弦"④。鼓吹曲之美就在于它能"放嘉乐于会通，宣万变于触类"，这"变"离不开乐器之声的感应与应变。《文赋》中"偏弦之独张，含清唱而靡应"⑤是一种单调的"同"，解决之法就是遵循规律地"变"，正如《文赋》所言"丰约之裁，俯仰之形。因宜适变，曲有微情"⑥，这就是"应"。"应"就是同声相应，是同中有变。

"和"是相对乐曲而言，前文说"和"是徒吹，所谓"曲以和缀"，就是箫的吹奏与鼓的打击节奏连缀成曲，从这个意义上说，"和"是和合，是调和，是和谐。"和"是将乐器、旋律、乐音、节拍等调和一致，形成和谐的乐曲。这种"和"就是"柷敔希声，以谐金石之和；鼖鼓疏击，以节繁弦之契"⑦的契合，是万变不离其宗，是异中求同。

陆机的应和之美，强调的就是同中有变、异中求同的中和之美。这种美既是和谐的，又是多姿多彩的，《鼓吹赋》前两部分对乐器、乐曲的描写带给读者的感受就是如此。鼓吹曲中响有浮沉、气有逸壮、节有舒卷、曲有飘摇与徘徊、乐器有吹奏打击、演奏手法繁富曲折……这一切却又中节、中律，融会成和谐的乐章，带给人审美上的愉悦。

---

① （清）严可均：《全晋文》卷99《演连珠》，商务印书馆1999年版，第1051页。
② 张少康：《应、和、悲、雅、艳——陆机〈《文赋》〉美学思想琐议》，《文艺理论研究》1984年第1期，第69页。
③ （清）严可均：《全晋文》卷97，商务印书馆1999年版，第1026页。
④ （清）严可均：《全晋文》卷99，商务印书馆1999年版，第1049、1051页。
⑤ （清）严可均：《全晋文》卷97，商务印书馆1999年版，第1026页。
⑥ （清）严可均：《全晋文》卷97，商务印书馆1999年版，第1026页。
⑦ （清）严可均：《全晋文》卷99《演连珠》，商务印书馆1999年版，第1050页。

《鼓吹赋》第三部分的美学思想强调的是以悲为美，这"悲"是就音乐欣赏主体的情感而言的。

鼓吹曲以悲为美，体现了时代的审美风尚。汉魏六朝时期音乐审美崇尚以悲为美，这在嵇康《琴赋》序言中可以清楚地看到：

> 然八音之器，歌舞之象，历世才士，并为之赋颂，其体制风流，莫不相袭。称其才干，则以危苦为上；赋其声音，则以悲哀为主；美其感化，则以垂涕为贵。①

嵇康在这里揭示出音乐赋颂的特点就是"危苦""悲哀""垂涕"，这种尚悲之风自汉至魏晋历世相袭。对此，钱钟书先生评王褒《洞箫赋》时也曾明确指出："奏乐以生悲为善者，听乐以能悲者为知音，汉魏六朝，风尚如斯……"② 西晋士人的音乐赋也多为尚悲之音，例如：

> 成公绥《啸赋》："唱引万变，曲用无方，和乐怡怿，悲伤摧藏。"③
> 孙楚《笳赋》："衔长葭以泛吹，嗷啾啾之哀声。奏胡马之悲思，咏北狄之遐征。"④
> 夏侯湛《夜听笳赋》："相和兮哀谐，惨激畼兮清哀。"⑤

陆机《文赋》将"以悲为美"上升到理论高度，鲜明地表达了他的"尚悲"倾向。《鼓吹赋》亦然，赋中"咏悲翁之流恩，怨高台之难临。顾穹谷以含哀，仰归云而落音""马顿迹而增鸣，土鞷蹙而沾襟"，都是对悲情的肯定与自觉。陆机《鼓吹赋》涉及古曲，这些西晋前的鼓吹曲多与战阵之事有关，引发的情思尤以"悲情"动人，但这不是《鼓吹赋》"悲"的主要原因。《鼓吹赋》写悲，主要还是要突出其"以悲为美"的审美思想，强调音乐的感染力与效果，否则就不足以回答鼓吹乐作为宫廷仪式乐与"悲"的特点不符合的质疑。

事实上，陆机《鼓吹赋》中的"悲""不是指的悲哀，而正是指音乐

---

① （清）严可均：《全三国文》卷47《琴赋序》，商务印书馆1999年版，第493页。
② 钱钟书：《管锥编》（第三册），中华书局1979年版，第946页。
③ （清）严可均：《全晋文》卷59，商务印书馆1999年版，第614页。
④ （清）严可均：《全晋文》卷60，商务印书馆1999年版，第623页。
⑤ （清）严可均：《全晋文》卷68，商务印书馆1999年版，第714页。

艺术的这种感染作用。因为悲哀之音易于感动人，所以就由此而引申出感动的含义"①。这就是对前文质疑的解答。换言之，陆机写鼓吹曲的"悲"，就是写音乐的感人效果。"以悲为美"，强调的是音乐欣赏主体对被欣赏的音乐本体所产生的审美感受，强调的是音乐的情感力量。汉魏六朝"尚悲"的时代风尚，其实也就是"尚情"，是"人的自觉"在音乐和文学创作上的突出表现。

（二）《鞞舞赋》及西晋鞞舞的雅化

鞞舞是古代宴飨时的宫廷舞曲，《宋书·乐志》载："未详所起，然汉代已施于燕享矣。"②《乐府诗集》（卷53）和《隋书·音乐志》都谈到它用于宴飨。鞞舞也用于朝会，《宋书·乐志》载："晋鞞舞歌亦五篇……并陈于元会。"③元会是指皇帝元旦朝会群臣，又称正会，是重要而盛大的朝会。西晋时，鞞舞还用于郊庙祭祀，从夏侯湛《鞞舞赋》可见：

> 专奇巧于乐府兮，苞殊妙乎伶人。匪繁手之末流兮，乃皇世之所珍。在庙则格祖考兮，在郊则降天神。纳和气于两仪兮，通克谐乎君臣。协至美于九成兮，等太上乎睿文。④

赋中，先由衷赞美鞞舞，说它"奇巧""殊妙"，是皇世珍品。然后叙述它在祭祀礼仪中的作用：能感动先祖及神灵，能纳天地和气、助君臣和谐，能用优美的舞曲彰显君王的文德。夏侯湛《赋鞞舞》没有摆脱舞曲的教化功能，但他是把鞞舞作为独立的主体来突出它的作用，而非作为礼仪的陪衬。赋中也融入了他自己的喜爱之情。从"皇世之所珍"看，西晋时鞞舞为统治者所喜爱，是宫廷舞曲之一。

张载的《鞞舞赋》更多的是从娱乐角度出发，注重舞蹈本身的艺术性，读其赋可以使人对鞞舞有大略的感知，可以想见鞞舞轻裾缓带的优美。

> 盖以歌以咏，所以象德；足之蹈之，所以尽情也。
> 鞞舞焕而特奏兮，冠众伎而超绝。采干戚之遗式兮，同数度于

---

① 张少康：《应、和、悲、雅、艳——陆机〈文赋〉美学思想琐议》，《文艺理论研究》1984年第1期，第72—73页。
② （南朝梁）沈约：《宋书》卷19，中华书局1974年版，第551页。
③ （南朝梁）沈约：《宋书》卷19，中华书局1974年版，第551页。
④ （清）严可均：《全晋文》卷68，商务印书馆1999年版，第714页。

二八。

　　手运无方，足不及带。轻裾鸾飞，漂微逾曳。①

第一句从视觉、听觉写鞞舞，它载歌载舞，声情并茂。第二句写艺人高超的舞技。第三句写舞容，两列十六人，执舞器而舞。第四句写舞姿、轻盈迅疾、摇曳曼妙。

鞞舞得名于它的舞具——鞞鼓。鞞鼓原为军中小鼓，后作为舞具，舞时由舞者执鞞鼓在前导舞，故得名。夏侯湛的诗中，还可见舞具的使用，但鞞鼓作为舞具到隋朝开始废止不用，《隋书·音乐志》载：牛弘谏言使用鞞、铎、巾、拂四种舞曲时，隋文帝答"其声音节奏及舞，悉宜依旧，唯舞人不须捉鞞、拂等"②。可见，鞞舞的表演形式已不同于魏晋之时。

曹植《鼙舞诗序》云："古曲多谬误，异代之文未必相袭，故依前曲，改作新歌五篇。不敢充之黄门，近以成下国之陋乐焉。"③ 不充黄门，仅为"陋乐"，曹植所言，表明当时鞞舞舞曲不为雅乐，甚至不在黄门范围，似为民间俗乐。不过，《宋书·乐志》记载说"汉代已施于燕享矣"，则鞞舞似又属黄门鼓吹。汉魏的黄门鼓吹属于宫廷俗乐④，鞞舞当然属于俗乐。然西晋时，鼓吹乐已渐趋雅化，鞞舞也同样趋于雅化。

雅舞之说，最早见于《南齐书·乐志》，其录傅玄鞞舞歌辞前这样说道："舞曲，皆古辞雅音，称述功德，宴享所奏。"⑤ 郭茂倩《乐府诗集》对"雅舞"的解释是："雅舞者，郊庙朝飨所奏文武二舞是也。"⑥ 换言之，雅舞是用于祭祀天地、太庙及朝贺、宴享等大典的乐舞，它有别于宫廷宴会时所用俗乐及民间"郑卫之音"。

在《乐府诗集》中，郭茂倩是将鞞舞归入杂舞类，属俗乐。其实，在时代的变迁、朝代的更迭中，"旧京荒废，（雅乐）今既散亡，音韵曲折，又无识者，则于今难以意言"⑦。因此，历代统治者制礼作乐咸有增删，雅与俗都是相对而言的，即如鼓吹曲，自西晋也逐渐由俗乐而雅化；再如唐武德九年（626）的"大唐雅乐"，其中也掺杂了胡汉俗乐。

---

① （清）严可均：《全晋文》卷85，商务印书馆1999年版，第903页。
② （唐）令狐德棻等：《隋书》卷15，中华书局1973年版，第377页。
③ 逯钦立：《先秦汉魏晋南北朝诗·魏诗》卷6，中华书局1983年版，第427页。
④ 钱志熙《论蔡邕"汉乐四品"之第四品应为相和清商类》（《北京大学学报》2010年第3期）用大量材料说明，黄门是汉代掌管俗乐的主要音乐机构。
⑤ （南朝梁）萧子显：《南齐书》卷11，中华书局1972年版，第191页。
⑥ （宋）郭茂倩：《乐府诗集》卷52，中华书局1979年版，第753页。
⑦ （南朝梁）沈约：《宋书》卷19，中华书局1974年版，第540页。

第三章 礼乐文化与西晋文学的互动

西晋鞞舞的雅化，主要表现在以下三方面。

首先，施用场合雅化。郭茂倩言："雅舞用之郊庙、朝飨，杂舞用之宴会。"① 从夏侯湛的赋中可以看到，晋代《鼙舞》不仅施于宴会，也用于郊庙祭祀，按郭茂倩此说，西晋鞞舞显然有雅舞性质。

其次，鞞舞曲辞雅化。《宋书·乐志》有如下记载："晋武帝泰始二年，改制郊庙歌，其乐舞亦仍旧也。""晋又改魏《昭武舞》曰《宣武舞》，《羽籥舞》曰《宣文舞》。咸宁元年，诏定祖宗之号，而庙乐同用《正德》《大豫》之舞。"② 很明显，文舞指《宣文》（《正德》），武舞指《宣武》（《大豫》）。西晋傅玄、张华、荀勖都作有雅舞歌辞，皆为颂扬西晋帝王的开国功业。梁海燕总结雅舞乐的特点时说，"文、舞二舞的创制却具有功成作乐，改朝换代的重要象征意义""代表新王朝的文、武舞乐及其歌辞，一经制定，少有改动"③。验以上述作品不无道理。傅玄的鞞舞歌辞五篇——《洪业篇》《天命篇》《景皇篇》《大晋篇》《明君篇》——主题与傅玄、张华、荀勖的雅舞歌辞完全一样，有着明显的雅辞颂声特点，这一定程度上也证明了鞞舞曲辞与鞞舞的雅化。

再次，鞞舞舞容雅化。鞞舞在西晋时是二佾十六人的队列，但东晋时"桓玄将即真，太乐遣众伎，尚书殿中郎袁明子启增满八佾，相承不复革"④，则东晋及其后已为八列六十四人。按《周礼》，天子舞容是八佾，西晋用"二佾"，尚不具备天子之乐舞的礼制，表明其尚在雅化进程中；东晋桓玄鞞舞用"八佾"，虽有违礼制，是为僭越，但从侧面表明，鞞舞至东晋已然为雅舞的性质。从材料看，是时，鞞舞似属太乐管辖。循制，太乐管辖之乐必为雅乐（雅舞）。如此，鞞舞为雅舞则无太多疑义。一直到隋朝，鞞舞仍是雅舞性质，试看《隋书·何妥传》的一则材料：隋帝令何妥考定钟律，何妥"书奏，别敕太常取妥节度。于是作清、平、瑟三调声，又作八佾《鞞》《铎》《巾》《拂》四舞"⑤。材料表明鞞舞隶属太常，舞容八佾，这都是雅舞的标志属性。

另外，张载"采干戚之遗式兮"也值得一说。舞人执干戚而舞，是古代雅舞中武舞的舞容特征，"汉高祖四年，（就曾）造《武德舞》，舞人悉

---

① （宋）郭茂倩：《乐府诗集》卷52，中华书局1979年版，第753页。
② （南朝梁）沈约：《宋书》卷19，中华书局1974年版，第538、540页。
③ 梁海燕：《舞曲歌辞研究》，北京大学出版社2009年版，第49页。
④ （南朝梁）沈约：《宋书》卷19《乐志一》，中华书局1974年版，第552页。
⑤ （唐）令狐德棻等：《隋书》卷75，中华书局1973年版，第1715页。

执干戚，以象天下乐已行武以除乱也"①。张载此言，表明他对鞞舞雅舞性质的认同。

南朝时鞞舞尚存，王僧虔在宋顺帝昇明二年（478）上表说："大明中，即以宫县合和《鞞》《拂》，节数虽会，虑乖雅体。"他认为"《风》《雅》之作，由来尚矣。大者系乎兴衰，其次者著于率舞""夫钟县之器，以雅为用，凯容之制，八佾为体"。②可见雅舞歌辞与国家兴衰有关，雅舞之乐应是金石之声，舞容应是八佾。王僧虔认为大明中的鞞舞"虑乖雅体"，说明此前鞞舞的雅舞性质。王僧虔此言目的是倡议改变鞞舞雅舞性质。《魏书》则明确表明：至北魏，鞞舞已为清商俗乐，"江左所传中原旧曲，《明君》《圣主》《公莫》《白鸠》之属（鞞舞等）及江南吴歌，荆楚西声，总谓清商"③。但隋朝似又有变化，《何妥传》的材料说明了鞞舞的雅舞性质，《隋书·音乐志》同样也能看到鞞舞雅舞性质。隋朝开皇初定七部乐，牛弘进言，请存《鞞》《铎》《巾》《拂》四舞，与新伎并陈。他说道："平陈所得者，犹充八佾，于悬内继—舞后作之，为失斯大。检四舞由来，其实已久。请并在宴会，与杂伎同设，于西凉前奏之。"④在牛弘看来，《鞞》《铎》《巾》《拂》四舞的队列八佾且继文舞、武舞之后演奏是不妥当的。建议在西凉乐前演奏，颇有让四舞还"俗乐"之意。无论是雅舞还是俗舞，随着隋《九部乐》的确定，鞞舞渐趋走出人们的视野，至唐则已消亡。

综合上述内容，鞞舞从汉魏到两晋南朝再到北朝、隋朝，经历了一个由俗而雅再俗再雅的变化过程。事实上，雅与俗历来都是相对的，《宋书·志序》就说道："郊庙乐章，每随世改，雅声旧典，咸有遗文。"⑤所以，雅乐舞曲虽然相对稳定，但随着时代的发展及帝王的喜好，应该也会有所变化。

作为为数不多的描写礼仪乐曲的作品，陆机、夏侯湛、张载的三篇赋，不是将乐曲作为礼仪教化的陪衬，而是将乐曲作为独立的欣赏对象，写出它们的娱乐品性：或是写音乐引发的悲情，或是写舞蹈曼妙的舞姿。表现出文的自觉，不再是为"厚人伦，美教化"的功利，只是为言情娱乐、为艺术。鲁迅说，魏晋时代"可说是'文学的自觉时代'，或如近代

---

① （宋）郭茂倩：《乐府诗集》，中华书局1979年版，第754页。
② （南朝梁）沈约：《宋书》卷19《乐志一》，中华书局1974年版，第552—553页。
③ （北齐）魏收：《魏书》卷109《乐志》，吉林人民出版社1995年版，第1660页。
④ （唐）令狐德棻等：《隋书》卷15，中华书局1973年版，第377页。
⑤ （南朝梁）沈约：《宋书》卷11《志序》，中华书局1974年版，第204页。

所说,是为艺术而艺术的一派"①,这正是陆机、张载、夏侯湛这类作品的意义所在。

三 西晋乐府歌辞中的礼乐

根据《晋书·乐志》及《宋书·乐志》,元会礼、乡饮酒礼及释奠礼中涉及的歌辞大体有鼓吹曲辞、燕射曲辞、舞曲曲辞三类。它们大多创作于泰始年间,由于武帝对古礼的恢复、对儒家礼制的强调,带动了礼乐文化的繁荣,带来了士人乐府创作的高潮。

就文本内容而言,这些曲辞主要是歌功颂德,歌颂司马氏四代帝王创业之功,歌颂德治教化的盛世之景,大同小异,没有太大的特色。值得一说的是傅玄的曲辞。他的鼓吹曲辞二十二首与鞞舞曲辞五首带有明显的诗史性质,曲辞中宣帝、景帝、文帝、武帝的开国功业在史书中几乎都可以找到对应的史实。不仅如此,傅玄的曲辞明显带有他自己的政治主张与倾向。比如,他强调治国要文武相济,文不废武,反对穷兵黩武。这一观点在鼓吹曲辞《仲春振旅》《仲秋狝田》《顺天道》和《宣武舞》曲辞《穷武篇》中都反复申说。鞞舞曲辞《明君篇》可以说就是一篇谏言,强调君主应贤明,忠臣才能有作为。《食举东西厢歌》第五章"虽安勿安,乾乾匪暇",十三章"礼慎其仪,乐节其声"则有警示意味。作为歌功颂德的作品,傅玄在颂声中书写了他自己的思想主张,提出了讽谏,尽管所占比例不大,但还是表现出一定的思想意义。

作为宫廷礼仪的舞曲,往往是雅乐,舞曲歌辞对乐舞及乐曲有所描写。傅玄的《宣武舞》是其中比较有特色的作品。它不纯为歌功颂德之作,曲辞以大量篇幅描写乐舞,将歌诗与乐舞结合在一起,乐舞的动作、节奏生动可感。从标题上能感知到乐舞的演出内容与演出顺序,其标题标注有:《矛俞第一》《剑俞第二》《弩俞第三》《安台行乱第四》,表明了矛、剑、弩的先后演出顺序。从文字描写上可见乐舞的舞容、舞姿:

剑弩齐列,戈矛为之始。进退疾鹰鹞,龙战而豹起。如乱不可乱,动作顺其理,离合有统纪。

剑为短兵,其势险危。疾逾飞电,回旋应规。武节齐声,或合或离。电发星骛,若景若差。兵法攸象,军容是仪。

弩为远兵军之镇,其发有机。体难动,往必速,重而不迟。锐精

---

① 鲁迅:《而已集·魏晋风度及药及酒》,人民文学出版社1976年版,第119页。

分镈,射远中微。《弩俞》之乐一何奇!变多姿,退若激,进若飞。五声协,八音谐。宣武象,赞天威。①

作为武舞,与鞞舞的轻裾缓带、缓步曼舞刚好相反,宣武舞表现的是速度、是力量。舞蹈往往借助舞步与队列的变化,或进或退,或回旋或腾跃,在看似杂乱却有序的队列变化中,淋漓尽致地渲染了一种阳刚之美。《宣武舞》的前身是汉代的《巴渝舞》。《晋书·乐志》载有其发展演变过程:"汉高祖自蜀汉将定三秦,阆中范因②率賨人以从帝,为前锋。及定秦中,封因为阆中侯,复賨人七姓。其俗喜舞,高祖乐其猛锐,数观其舞,后使乐人习之。阆中有渝水,因其所居,故名曰《巴渝舞》。……黄初三年,又改《巴渝舞》曰《昭武舞》。……及晋又改《昭武舞》曰《宣武舞》。"③左思《蜀都赋》写賨人的民风道:"若乃刚悍生其方,风谣尚其武。奋之则賨旅,玩之则渝舞。锐气剽于中叶,矫容世于乐府。"④从傅玄的《宣武舞》中,我们依然能感受到賨人剽悍的民风。就乐舞描写而言,《宣武舞》是比较成功的作品。

泰始九年(273),荀勖典知乐事,"使郭夏、宋识等造《正德》《大豫》二舞"⑤,傅玄、荀勖、张华都作有《正德》舞曲歌辞。其中对舞、乐的描写交织在一起,例如:

(荀勖)声以依咏,舞以象功。干戚发挥,节以笙镛。羽籥云会,翊宣令踪。敷美尽善,允协时邕。

(张华)金石在县,万舞在庭。象容表庆,协律被声。轶《武》超《濩》,取节六英。同进退让,化渐无形。大和宣洽,通于幽冥。⑥

从曲辞中可以看出《正德舞》武舞的性质:有武舞的舞具"干戚发挥";有舞容"同进退让";有舞乐"节以笙镛""金石在县",即金石之声的乐悬。乐舞的作用就是"舞以象功""象容表庆"。对比傅玄的《宣

---

① 逯钦立:《先秦汉魏晋南北朝诗·晋诗》卷10,中华书局1983年版,第839页。
② (唐)李善:《文选》卷4注左思《蜀都赋》时,引《风俗通》作范目,上海古籍出版社1986年版,第180页。
③ (唐)房玄龄等:《晋书》卷22,中华书局1974年版,第693—694页。
④ (南朝梁)萧统编,(唐)李善注:《文选》卷4,上海古籍出版社1986年版,第179页。
⑤ (唐)房玄龄等:《晋书》卷22,中华书局1974年版,第692页。案:"郭夏"在沈约《宋书·乐志一》中作"郭琼"。
⑥ 逯钦立:《先秦汉魏晋南北朝诗·晋诗》卷10,中华书局1983年版,第837—838页。

武舞》曲辞,张华、荀勖对乐舞的描写还是较少,更多地还是突出它们雅乐的性质及礼教的意义,相应地,诗歌也就缺少形象性与生动性。

四厢乐歌诗与鼓吹曲辞中有不少描写乐曲的诗句,尤其是四厢乐歌中,摘录如下:

> 树羽设业,笙镛以间。琴瑟齐列,亦有麂埙。喤喤鼓钟,枪枪磬管。八音克谐,载夷载简。(傅玄)
> 晰晰庭燎,喤喤鼓钟。笙磬咏德,万舞象功。八音克谐,俗易化从。(荀勖)
> 庆元吉,宴三朝。播金石,咏泠箫。奏《九夏》,舞《云》《韶》。迈德音,流英声。八纮一,六合宁。(张华)
> 羽旄曜辰极,钟鼓振泰清。百辟朝三朝,或或明仪刑。济济锵锵,金振玉声。(成公绥)
> 建五旗,罗钟虡。列四县,奏《韶》《武》。铿金石,扬旌羽。纵八佾,巴渝舞。咏《雅》《颂》,和律吕。于胥乐,乐圣主。(成公绥)
> 神祇应,嘉瑞章。恭享礼,荐先皇。乐时奏,磬管锵。鼓渊渊,钟喤喤。奠樽俎,实玉觞。神歆飨,咸悦康。(傅玄)①

这些乐府作品写礼仪音乐,往往套用《诗经》中的诗句,表现"八音克谐"的"德音"。当我们把傅玄、荀勖、张华、成公绥作品中描写乐曲的乐句集中在一起时,就会发现,这些富有音乐才华的西晋作家竟然都是如此,所写音乐的面貌几乎一样:一样的乐器名称(笙镛、钟磬);一样的乐舞名称(《韶》《武》);引用一样的《诗经》诗句(喤喤鼓钟,锵锵磬管)……这些现象表明礼仪之乐只是礼仪中的一种形式,是礼的载体或附庸,是统治者德治的象征,缺乏独立个性,缺少生动形象。另一方面也说明宫廷礼仪之乐的特征就是如此,较为稳定、缺少变化。它最大的特点就是以"乐悬"领衔,演奏"华夏正声"。宫廷宴飨时,主要表现为《四厢乐歌》。马端临《文献通考·乐考》卷十三有《乐悬》②一章,对"乐悬"及《四厢乐歌》有较详细的介绍和考证,征引如下:

---

① 逯钦立:《先秦汉魏晋南北朝诗·晋诗》卷10,中华书局1983年版,第817、820、822、823、824、831页。
② (元)马端临:《文献通考·乐考》卷13,中华书局1986年版,第1238页。

陈氏《乐书》曰："自两汉而下，晋及宋、齐，钟磬之县皆不过十六虡。黄钟之宫，北方北面，编钟起西，其东编钟，其东衡，其东镈。太蔟之宫，东方西面，起北。蕤宾之宫，南方北面，起东。姑洗之宫，西方东面，起南。所次并如黄钟之宫。设建鼓于四隅，县内四面各有柷、敔。武帝曰，今太乐有黄钟、姑洗、蕤宾、太蔟四格，号为四。指名置五钟，别以五钟应之。然《大传》言：天子出，撞黄钟，右五钟皆应，是起建丑月至建巳月也。入撞蕤宾，左五钟皆应，是起建未月至建亥月也。合二五而十之，就黄钟、蕤宾，则十二律之数备矣。晋太元中，杨蜀正四厢，宋元嘉中，钟宗之调金石，不知乎此，乃用四律，律各铸五钟，奏乐之日，各以参之，置左则缺右，置右则缺左，失之远矣。"

梁制：凡律吕十二月而各一钟。天子宫县，黄钟、蕤宾在南北，自余则在东西。黄钟厢宜用钟、磬各二十四，以应二十四气也。当是时，因去衡钟，设十二镈钟，各依辰位而应律。每一镈钟设编钟、磬各一簨，簨合三十六架。植鼓於四隅，元会备用焉。初，宋、齐以太蔟代夹钟，在东厢西向，以姑洗代南吕，在西厢东向。不亦失乎！

《四厢乐歌》实为金石之声，其特点是"宫悬"，四面悬钟磬之属，但钟磬之县皆不超过十六架。四厢谓"太乐中的黄钟、姑洗、蕤宾、太蔟四格"，黄钟、蕤宾在南北，姑洗、太蔟在东西。沈约《宋书·乐志》言："正旦大会，太尉奉璧，群后行礼，东厢雅乐郎作者是也。今谓之行礼曲，姑洗厢所奏。"① 说明《四厢乐歌》从汉魏到南朝是有沿袭的。但从陈旸对东晋和南朝宋四厢用四律的批评中，从马端临对宋、齐"太蔟代夹锺，在东厢西向，以姑洗代南吕，在西厢东向"的批评中，也可以看到四厢金石之乐历代皆有损毁，非是完整的古乐。尽管如此，它始终代表着朝廷的雅乐，具有相对的稳定性。

《四厢乐歌》包括行礼歌、上寿歌及食举歌。它们与饮食有着密切的关系。汉代鲍业说："古者天子食饮，必顺四时五味，故有食举之乐，所以顺天地、养神明、求福应也。"② 傅玄食举歌诗有言"树羽设业"，可知食举乐以"羽"声为主，因为"闻其羽声，使人恭俭而好礼"③，符合燕

---

① （南朝梁）沈约：《宋书》卷19，中华书局1974年版，第539页。
② （宋）郭茂倩：《乐府诗集》卷13《燕射歌辞》，中华书局1979年版，第181页。
③ （唐）房玄龄等：《晋书》卷22《乐志上》，中华书局1974年版，第677页。

礼之礼义。以《四厢乐》为代表的乐悬，风格典雅、庄重，配合着礼义，是儒家礼乐文化中不可或缺的一部分。西晋的乐歌曲辞凸显的就是礼乐的教化功能，因而作品中的音乐也就失去了它的独立与鲜活，反过来，音乐的单调平板又影响了曲辞的生动与形象。

在缺乏科技手段的古代，乐曲的保存是极为困难的，曲辞的句式特点或许与乐曲的节奏、韵律有关。但随着荀勖对《诗经》雅颂四言句式的复古，这仅存的一点关联也难以再现。梁海燕认为傅玄《宣武舞》曲辞中"惟圣皇"等乐句，鞞舞歌辞《洪业篇》中的"体无为""化云布"等乐句在"舞辞中有规律地出现，表现为舞曲的主旋律"，是曲式中"艳"的成分，它们"在乐曲中主要起渲染情感的作用"。① 这一点点的句式特点，勉为其难地说明了乐舞曲辞对音乐的再现功能。

西晋乐府曲辞难以对音乐的节奏韵律加以保存与再现，但我们依然能从作品中感受到礼、乐、诗文的相互关系，能把握到礼仪之乐的总体特征：礼仪之乐是辅助礼仪、宣扬德治教化的雅乐，它以宫悬领衔的四厢金石乐为主，乐曲典雅、庄重；相对稳定、缺少变化。诗文描写往往将它视为礼仪的附属，而不是作为独立欣赏的对象，因而作品中的礼仪之乐显得平板单调，缺少独立个性，作品的描写相应也缺乏形象性与生动性。

明代学者王守仁说："文也者，礼之见于外者也。礼也者，文之存于中者也。文，显而可见之礼也；礼，微而难见之文也。是所谓体用一源，而显微无间者也。"又说："《诗》也者，志吾心之歌咏性情者也；《礼》也者，志吾心之条理节文者也；《乐》也者，志吾心之欣喜和平者也……"② 也就是说，"诗文"是"礼"的外在表现形式，"礼"是"诗文"的内在思想内容，"乐"则是内心情感的表现。诗文、礼、乐的关系大体如此。在西晋诗文中，礼乐或伴随礼仪出现，或是独立的欣赏对象，或纯为礼仪之乐。作为礼仪之乐或伴随礼仪出现的礼乐，是单调的、平板的，描写性文字也是严肃的、刻板的。一旦礼乐成为独立的欣赏对象，音乐就大大丰富起来，描写性文字也随即生动活泼。由此而言，礼仪中的诗文、礼、乐既同源共生，也相互制约。

---

① 梁海燕：《舞曲歌辞研究》，北京大学出版社2009年版，第155页。
② （明）王守仁撰，吴光等编校：《王阳明全集》，上海古籍出版社1992年版，第266、254—255页。

结　语

儒家文化以儒学为指导思想，通过对个体的人生信仰、价值判断、生活方式等的深刻影响，倡导德性品格，塑造民族精神。"儒学是中华文化的主体部分，它奠定了中国文化的核心价值与道德规范"①，两汉时期，儒学谈"仁义"、传"圣法"，儒学培养了士人的君子人格及担当精神。汉末信仰危机，魏晋两次禅代，且玄学兴起，儒学核心价值观受到冲击。尽管如此，魏晋时儒学的作用与地位依然存在，从20世纪五六十年代起，不少学者如刘学智、万绳楠、任继愈、汤用彤等先生就主张魏晋时儒学是主流思想，在国家意识形态中占支配地位。21世纪不少学者反对经学中衰的观点，如刘运好先生近几年多次撰文强调魏晋经学"一直顽强地发展并逐步走向繁荣鼎盛。弥漫着学界的皮锡瑞'中衰'说，其实是一个绝大的历史误读"②。不管是主流意识形态还是复兴与繁荣，儒家文化与西晋士人都有着千丝万缕的联系。

作为一个群体，西晋士人是复杂而又矛盾的。思想上，他们既受儒家思想熏陶，又浸润于新时代的玄学思潮。道德上，他们学行优博，既有对儒家操守的坚持，行事却又偏离了儒家思想轨道。仕宦上，他们有事功之念却又心怀出尘之想。学术上，他们博通经义，却又崇尚玄谈。文学上，他们主张"宗经""雅颂"的文艺观，却又背离了儒家关注现实、反映民瘼的文学传统。诸如此类矛盾交织在一起，因此，对待西晋士人，不能一概而论。

传统上论及西晋士人，更多的是看到他们的清谈、奢靡和堕落对儒学的冲击，对世道人心的败坏，对国家灭亡的影响。在他们身上体现了儒学的衰微，这是不争的事实，但这并不是西晋士人的全部。儒学两千年的传

---

① 陈来：《如何看待儒家文化与中国传统文化》，《中国哲学史》2018年第1期，第24页。
② 刘运好：《从崛起到鼎盛：魏晋经学"中衰"论辨正》，《浙江社会科学》2018年第4期，第120页。

承，西晋也是这传承链上的一环，从未断开、从未脱环。在玄风炽热、世风败坏、儒风不振的背景下，西晋士人的儒学传承尤其难能可贵。所以看待西晋士人，不能以非此即彼的思维，应一分为二。一方面，要看到他们偏离儒学的思想观念、价值观念与行为方式等对儒家文化产生的消极作用；另一方面，也要看到他们的事功观、价值观、文学观在一定程度上对儒家文化的传承及发展。

一　西晋士人对儒家文化的消极影响

西晋的儒学有着先天的不足：在立身准则上，提倡孝先于忠，家大于国；在儒学实践上，形式重于内容；在思想纯度上，儒玄杂糅，儒学失去了它的独尊地位。正是这种先天的不足，加上政治的阴影，上层统治阶级的立行不端，西晋士人的价值观、人格与儒家思想有了背离，儒家的礼法纲常受到破坏。士大夫的责任感、担当意识随着君子人格的退化而减弱甚至淡化，他们往往徘徊于仕与隐之间，其思想行为对儒家文化有着多方面的冲击。

首先也是最突出的表现，是对儒家核心价值观的背离。西晋士人或从三国的纷争中走来，或向八王之乱、五胡乱华的混乱中走去。时局的动荡，生命的脆弱，都使他们以自我保全为要务。他们或违心地上着劝进表，如郑冲、乐广等；或无奈出仕为贰臣，如向秀、陆机等。儒家忠君死节的君子人格日渐消失，代之而起的是阿谀取容、媚附权贵，贾谧二十四友是为代表。

其次是人生信仰的蜕变。武帝时代是西晋最繁荣的时代，天下统一，人心思安，本无可厚非。但随着社会的稳定、财富的增加，士人不是积极进取，而是追求"身名俱泰"，追逐权势与财富。石崇劫财、和峤守财、王戎聚财、蒋济收财；潘岳、石崇浮华趋进拜路尘，陆机华亭鹤唳求家声……缺乏崇高的精神，不少西晋士人的人生理想与目标就止步于此。

再次是，务实与担当精神的缺乏。西晋玄风大畅，士人崇尚老庄，以清谈为尚，或雅咏玄虚，或玄默静退。关心时事，求真务实反为"俗务"，遭人耻笑，社会风气一至如斯。士人仕宦更多的是与时浮沉，边仕边隐，无所建树。

最后是行事作风的浮靡、放纵。他们或炫富以为荣，或任诞以为高。西晋社会的奢靡令人瞠目：羊琇比肩帝王乘羊车；何曾日食万钱、任恺一食万钱竟觉无以下筷;王济、王恺、石崇则斗富花样翻新不穷。不仅如此,士人还往往蔑视儒家礼法,举止放诞虚浮,谢鲲、阮放、毕卓、羊曼、桓彝、阮孚等"八达"的放浪形骸最为典型。

西晋儒学在统治者的提倡中开始复兴,在士人的背离中走向式微。这种式微尤其表现在士人的立身行事上,他们崇尚清谈,立身不能以德,行事不能循礼,儒家传统文化的精神受到蔑视。西晋衰亡后,人们往往以此反思历史、反思清谈,总结西晋亡国的教训。显然西晋士人对儒学有破坏之力,不过与此同时,也应看到西晋士人对儒学的传承之功。

二 西晋士人对儒家文化的传承

西晋士人普遍道德下滑,却又活出了自己的精彩,充满创造。他们的人生多以悲剧谢幕,但他们的学识与才华却推动了文化的传承与发展。

魏晋时代是玄学兴盛的时代,但玄学与儒学并非彼此对立。在玄学思潮下,曹魏和西晋一度有过儒学复兴。无论是三国入晋的士人还是西晋成长起来的士人,都曾得到儒学的沾溉。儒家文化的精神其实已融入士人的血脉中,潜移默化地影响着他们,并因他们而得以传承。

首先是儒家事功观的传承。西晋士人没有杜甫"致君尧舜上,再使风俗淳"① 的高尚理想,但儒家的事功观也使他们在武帝初年的儒学建设中大显身手。西晋的礼乐文化、新礼与晋律、五等爵官吏制度、国家典籍和汲冢古书的整理、平吴战役的胜利……几乎建国初年所有的国家政治、经济、军事、文化、教育、典章制度等方面的建设,都彰显出西晋士人的人生价值。他们的努力与所取得的成就又带来了儒家文化的进一步发展,如《晋律》促进了法律儒家化的发展,《新礼》是对儒家礼典的修缮与发扬,太学与国子学是对儒家经典的传授,等等。"八王之乱"爆发,惠帝执政的元康和永康年间,西晋的国家机器维持运转,离不开张华、裴頠、傅祗、傅咸、荀藩、华廙、刘寔、刘颂等一大批儒臣的努力,这些西晋年间成长起来的士人同样有事功观,如张华,遇难之前其子劝其逊位,不从,遭难。这"不从",恐与其力挽狂澜之心有关,可惜生不逢时。事功观促使西晋士人实现自我人生价值,这是对儒家文化的极大认同。

---

① (清)仇兆鳌:《杜诗详注》卷1,中华书局1979年版,第74页。

其次是儒家道德观的传承。儒家文化特别强调人的道德养成与实践。西晋玄学思潮盛行，社会普遍崇尚清谈、不缨事务。与此同时，社会也不乏"守道不阿之士，介立耸峙，不慕放达；立朝正色，砥排异端"①。干宝《晋纪总论》有段话是对西晋士风的批判，当我们反过来看时，正见西晋士人的人品：

  刘颂屡言治道，傅咸每纠邪正，皆谓之俗吏……子真著崇让而莫之省，子雅制九班而不得用……思郭钦之谋，而寤戎狄之有衅；览傅玄、刘毅之言，而得百官之邪；核傅咸之奏、《钱神》之论，而睹宠赂之彰……②

文中的刘颂、傅咸、刘寔（子真）、郭钦、傅玄、刘毅、鲁褒（《钱神论》作者）可谓西晋守正不阿的儒士代表，他们能为国分忧、公正执法、建言献策、笃于职守，儒家的道德品质在他们身上有鲜明的体现。此外，西晋还有一批清廉的士人如羊祜、李憙等，他们不置产业，清廉自守，安贫乐道，儒家的道德自律在他们身上也得以再现。重孝则是西晋士人普遍的道德行为，《晋书》对孝子孝行有较多记载。西晋士人注重个人操守，也是对儒家文化传承的诠释。

最后，是儒家立言观的传承。"立言"是儒家三不朽之一，西晋士人的著书立说颇丰，主要表现为三方面：一是对儒家经典的注疏；二是史书子书等的著述；三是文章（含文学）的写作。据《隋书·经籍志》，西晋有别集的士人约130家，有学术著述的士人70余人。他们博览群书、著书立说、诠释经典，对儒学尤其是经学的传播，作用是明显的。在文学上，他们主张"雅颂""宗经"，以儒家文艺思想衡量作家创作，促进了四言诗的复兴，记录了礼仪乐章，弘扬了礼乐文化。在经学上，他们创新方法，注经解经，古今兼治，推动了经学的繁荣。在子书上，他们阐发儒家学说，针对时政，提出自己的政治主张。"立言"是儒家三不朽之一，西晋士人的著述表明了他们的追求。

---

① 孙德宣：《魏晋士风与老庄思想之演变》，《中德学志》1944年第1—2期，第239页。
② （清）严可均：《全晋文》卷127，商务印书馆1999年版，第1368—1369页。

三 西晋士人传承儒学的方式

西晋士人对儒家文化的传承有官方和民间两个层面。就民间层面而言大体有如下几种方式。

第一，地方官员在自己有限的治辖范围内，兴教重学，传播儒家文化。如羊祜、杜预、唐彬、张轨、李雄、虞溥、华轶等。值得一说的是张轨与李雄，他们的兴学不是在和平时期，不是在繁荣的都市，而是在天下多难、海内大乱时的凉州与蜀地。他们的兴学重教之举，足见儒家精神在士人心中的植根。士人对儒家文化的固守，也是儒家文化生生不息的源泉之一。

第二，学者课徒授业。如皇甫谧、刘兆、徐苗、王裒、陈原、范平等。他们或安贫乐道，终身布衣；或辞官归家，敦悦儒学。他们几十年如一日，谨守儒家操守，保持儒者本色，学不为利，行不邀名，默默无私地教育生徒。甚至乱世中在转徙、流离时，也会自觉传授经学文化，使得儒家文化薪火相传。

第三，家学传承。汉魏晋以来的士家大族，不少是经学世家，世代业儒。以北地傅氏家族傅咸一支为例，傅咸曾孙傅瑗"以学业知名"，傅瑗子傅亮"博涉经史"，傅迪"亦儒学"。① 傅咸玄孙傅隆"博学多通，特精《三礼》"②，傅咸七世孙傅昭"祖和之，父淡，善《三礼》，知名宋世"③。傅氏历经几代人，家传《三礼》。魏晋类似家族不少，以东晋而言，其重臣不少就出自经学世家，如王导、荀崧、华恒、应詹、庾亮等，他们以自己的儒学修为为东晋的儒学建设做出了贡献。家学对儒家文化的继承与发扬可谓居功甚伟，正是因为世代相传，儒家文化才能源远流长。

第四，学者潜心著述，阐释儒家经典，弘扬儒家学说。这主要包括对经典的注释和史书、子书的撰写。注经不必说，是对儒家经典的阐发。西晋注者之多、著述之丰，亦可见士人崇儒之心。如通儒常宽，《诗》《礼》《尚书》《易》兼治，博涉《史记》《汉书》。战乱流离至交州，却仍鸠合经籍，研究著述，表现出学者对儒家经典的自觉传承。傅玄著《傅子》和

---

① （南朝梁）沈约：《宋书》卷43《傅亮传》，中华书局1974年版，第1335—1336页。
② （南朝梁）沈约：《宋书》卷55《傅隆传》，中华书局1974年版，第1552页。
③ （唐）姚思廉：《梁书》卷26《傅昭传》，中华书局2000年版，第392页。

袁準著《袁子正论》，两部子书对儒家学说中的礼乐思想、人才观等多有阐发。此外，傅玄还主张仁政、重农，袁準主张公心、先政后兵，他们将儒家的思想自觉地运用于自己的政治主张中，体现出儒者的政治责任感。

第五，身教言传的道德实践。儒家文化强调的孝悌、清廉、忠义、逊让等美德在士人的日常生活中经常得到身体力行的贯彻，即使被后人非议的何曾，也有薄葬、致仕之请，恪守孝道与礼仪之举。西晋的孝文化尤其鲜明，永嘉末年，庾阐的母亲被害。庾阐不梳洗，不结婚做官，不食酒肉，接近二十年。王裒事母至孝，母亲去世后，每传授《诗经》，读到《蓼莪》诗句"哀哀父母，生我劬劳"，未尝不痛哭流涕，以至"门人受业者并废《蓼莪》之篇"①。从国家层面说，"以孝治国"是一种策略；从个体层面说，孝行往往缘自传统文化的熏陶。

四　西晋士人儒家文化传承的意义

魏晋时期，儒学衰微，然而儒家文化两千年传承不衰，原因是多方面的。就其地位而言，汉代以降，儒学始终是国家主流意识形态，其主体地位不曾改变，国家对儒学的敦倡，是儒学社会传承的制度保障。

就儒学本身而言，儒学的包容开放是它得以持续发展的内部要素。时至魏晋，儒道综合，"玄学化经学"应运而生即是明证。儒学不是僵化的，它会随着时代的发展而发展。钱穆先生曾从历史学的角度将儒学分为六期，第三是魏晋南北朝扩大期，儒学"不但有义疏之学的创立，而且扩大到史学，从此经、史并称"②。这在西晋也可以得到印证。魏晋时期史学意识得到强化，西晋儒士多博通经史，他们的著述中除注释经典外，史书及杂传的撰写也极多。今存傅玄《傅子》，以儒家思想为主，杂有道家学说，人物传记就达七篇之多。

钱穆先生"一向认为中国学术传统以贯通和整合为其最主要的精神。经、史、子、集虽分为四部，四部之内又各有千门万户，但是所有部门都呈露中国文化的特性，因而也都可以互通"③。验之以西晋士人，可谓确论。西晋政治一统，文化却开放自由，西晋的士人承袭儒家博学之风，他

---

① （唐）房玄龄等：《晋书》卷88《王裒传》，中华书局1974年版，第2278页。
② 余英时：《钱穆与新儒家》，《中国文化》1992年第6期，第9页。
③ 余英时：《钱穆与新儒家》，《中国文化》1992年第6期，第2页。

们不但博通经史,也在自然科学和社会科学中博学多通,创造了灿烂的文化大观。儒学与其他知识门类的发展并不冲突,两者是并行不悖甚至相互融合、相互促进的。

西晋士人作为群体,他们的历史评价并不高,在看到他们消极面的同时,也应看到他们种种积极的努力。西晋士人在儒学衰微时对儒家文化的传承,尤其难能可贵。正是衰世中士人的文化自觉,儒学才能在衰落中蕴含生机,儒家传统文化才能在不断传承创新中成为我们民族的精神命脉,这是本书想重点传达的观点。

附录 《西晋士人及著述列表》

说明：西晋士人及著述的来源如下：

（一）《晋书》本传中载有著述情况的士人
（二）《诗品》中入品的士人
（三）《文心雕龙》中提及的士人
（四）《文选》中录有作品的士人
（五）《隋书·经籍志》中录有著述（无论经、史、子、集）的士人
（六）逯钦立《先秦汉魏晋南北朝诗》录有作品的士人
（七）严可均《全三国魏晋文》录有作品（包括各类文章）的士人
（八）王伊同《五朝门第》的家族

本表主要参照了姚振宗《隋书·经籍志考证》、严可均《全晋文》、逯钦立《先秦汉魏晋南北朝诗》、刘汝霖《汉晋学术编年》、陆侃如《中古文学系年》、吴文治《中国文学史大事年表》、曹道衡和沈玉成《中国文学家大辞典·先秦两汉魏晋南北朝卷》、张可礼《东晋文艺综合研究》、胡阿祥《魏晋本土文学地理研究·文学家考表》等著作。

据此，附表罗列了约360名西晋士人，其中可分三种情况：有生平可考的士人；史书中有简略提及的士人；只见姓名与作品名、其他付之阙如的士人。其中，第三种情况的士人主要参考《全晋文》，他们不一定是西晋士人，但可考材料中所记其活动主要在西晋。

对西晋士人的界定，本书主要以卒年为主，即公元265—316年去世的士人。没有详细史料记载的士人，以上述著作为参考。十六朝士人基本未列入，不能找到材料依托的士人也未列入。

本表分三栏，主要有四方面内容：第一，西晋士人的籍贯、生年、表字等；第二，西晋士人之间的血亲关系；第三，西晋士人的著述情况（含残篇）；第四，西晋延续到东晋南朝的世家大族的士人（家族栏）。

家族	姓名	著述情况
一　太原王氏	1. 王沈（？—266）字处道，太原晋阳人。《晋书》卷39有传。	1. 《隋志二》录其《魏书》四十八卷，《旧唐志》录其《魏书》四十四卷，《新唐志》录其《魏书》四十七卷。 2. 《隋志四》《旧唐志》《新唐志》录其集五卷。 3. 《全晋文》卷二十八录其赋五首、文十篇。
	2. 王浚（252—314）字彭祖，太原晋阳人。（沈子）《晋书》卷39《王沈传》附传。	《全晋诗》卷八录其诗一首。
	3. 王浑（223—297）字玄冲，太原晋阳人。（王沈从兄弟）《晋书》卷42有传。	1. 《隋志四》《旧唐志》《新唐志》录其集五卷。 2. 《全晋文》卷二十八录其文九篇。
	4. 王深①太原晋阳人。（浑弟）	《隋志四》录其集五卷，《旧唐志》《新唐志》录其集均为四卷。
	5. 王济（245?—290?）字武子，太原晋阳人。（浑子）《晋书》卷42《王浑传》附传。	1. 《隋志四》《旧唐志》《新唐志》录其集二卷。 2. 《全晋文》卷二十八录其赋一首、文三篇。 3. 《全晋诗》卷二录其诗四首。
	6. 王澄字道深，太原晋阳人。（济弟）《晋书》卷42《王浑传》附传。	《全晋文》卷二十八录其文一篇。
	7. 王佑（？—290?）②太原晋阳人。（王沈从侄）《晋书》卷75《王湛传》有王佑及子王峤的介绍。	《隋志四》《新唐志》录其集三卷，《旧唐志》录其集二卷。
二　琅琊王氏	8. 王祥（？—269）字休徵，琅琊临沂人。《晋书》卷33有传。	《全晋文》卷18录其文一篇。
	9. 王戎（234—305）字濬冲，琅琊临沂人。（祥族子）《晋书》卷43有传。	《文心雕龙》提到其创作。
	10. 王衍（256—311）字夷甫，琅琊临沂人。（王戎从兄弟）《晋书》卷43《王戎传》附传。	《全晋文》卷十八录其文二篇。

① 据《三国志·魏书·王昶传》，王昶有三子：王浑、王深、王湛。推此王深恐为王昶之子，曾官冀州刺史。

② 《晋书·羊祜传》载："时王佑、贾充、裴秀皆前朝名望，祜每让，不处其右。"由《晋书·王湛传》知王佑为杨骏心腹。《晋书·崔洪传》载："杨骏诛，洪与都水使者王佑亲，坐见黜。"杨骏诛于291年，知王佑时尚在世。王鸣盛《十七史商榷》以为《羊祜传》中的"王佑"是"王沈"之误。《隋志四》作"《王佑集》"，《新唐志》《旧唐志》作"《王祐集》"，恐字形之误。

续表

家族	姓名	著述情况
三 汝南应氏	11. 应贞（230？—269）字吉甫，汝南南顿人。《晋书》卷90《文苑传》有传。《三国志·魏书》卷21《王粲传》裴松之引《文章序录》有介绍。	1.《旧唐志一》录应吉甫《周易论》一卷。《新唐志》录应吉甫《明易论》一卷。 2.《隋志四》录其集一卷（梁五卷），《旧唐志》《新唐志》均录其集五卷。 3.《文选》录其诗一首。 4.《全晋文》卷三十五录其赋三首、文六篇。 5.《全晋诗》卷二录其诗二首。 6.《隋志四》录应贞注应璩《百一诗》八卷。
	12. 应琳 汝南南顿人。（贞从父）	《全晋文》卷三十五录文一篇。
	13. 应亨 汝南南顿人。（贞从孙）	1.《隋志四》《旧唐志》《新唐志》录其集二卷。 2.《全晋文》卷三十五录其文五篇。 3.《全晋诗》卷二录其诗一首。
	14 谯周（201？—270）字允南，巴西西充国人。《蜀书》卷十二有传。	1.《隋志一》录《论语》注十卷。 2.《隋志一》《旧唐志》《新唐志》录《五经然否论》五卷。 3.《隋志二》《旧唐志》《新唐志》录《古史考》二十五卷。 4.《隋志二》《旧唐志》《新唐志》录《三巴记》一卷。 5.《隋志三》《旧唐志》《新唐志》录《谯子法训》八卷、《谯子五教志》五卷。 6.《全晋文》卷七十录其文十篇。
	15. 谯熙（《谯周传》附）（谯周长子）	《全晋文》卷七十录其文一篇。
四 河东裴氏	16. 裴秀（223—271）字季彦，河东闻喜人。《晋书》卷35有传。	1.《隋志四》《旧唐志》《新唐志》录其集三卷。 2.《全晋文》卷三十三录其文四篇。 3.《全晋诗》卷二录其诗三首。 4.《易论》（《文章序录》《魏志·裴潜传》注引）。
	17. 裴頠（267—300）字逸民，河东闻喜人。（秀子）《晋书·裴秀传》附传。《三国志》卷23《裴潜传》注引荀绰《冀州志》等有介绍。	1.《隋志四》录其集九卷，《旧唐志》《新唐志》录其集十卷。 2.《全晋文》卷三十三录其文十五篇。
	18. 裴楷（237？—291？）字叔则，河东闻喜人。（秀从弟）《晋书》卷35《裴秀传》附传。	1.《隋志四》录其集二卷，《旧唐志》《新唐志》录其集二卷。 2.《全晋文》卷三十三录其文一篇。
	19. 裴祇（226—297）河东闻喜人（据墓志）。（秀从弟）	《全晋文》卷三十三录其文一篇。
	20. 裴邈 字景声，河东闻喜人。（秀从子）《世说新语》刘孝标笺注中提及。	1.《隋志四》《旧唐志》《新唐志》录其集二卷。 2.《全晋文》卷三十三录其文二篇。
	21. 裴希声 严可均疑为裴邈兄弟。	《全晋文》卷三十三录其文一篇。

续表

家族	姓名	著述情况
四 河东裴氏	22. 罗宪（献）（？—271）字令则，襄阳人。《晋书》卷57有传。	1.《全晋文》卷七十录其文一篇。 2.《晋书》：年十三能属文。
	23. 罗尚（？—303）字敬之。（宪从子）《晋书》卷57《罗宪传》附传。	1.《全晋文》卷七十录其文二篇。 2.《晋书》：善属文。
	24. 向秀（227—272）字子期，河内怀人。《晋书》卷49有传。	1.《隋志三》《旧唐志》《新唐志》录《庄子》注二十卷。 2.《隋志三》录《庄子音》一卷。 3.《隋志四》《旧唐志》《新唐志》录其集二卷。 4.《全晋文》卷七十二录其赋一首、文一篇。 5.《周易注》（《世说新语》《竹林七贤传》注引）。
五 荥阳郑氏	25. 郑袤（189—273）字林叔，荥阳开封人。《晋书》卷44有传。	《隋志四》《旧唐志》《新唐志》均录其集二卷。①
	26. 郑默（213—280）字思元，荥阳开封人。（袤子）《晋书》卷44《郑袤传》附传。	《全晋文》卷五十九录其文一篇。
	27. 郑冲（？—274）字文和，荥阳开封人。《晋书》卷33有传。	1.《全晋文》卷十八录其文一篇。 2.《晋书·郑冲传》：与孙邕、曹羲、荀顗、何晏共集《论语》，名《论语集解》。
六 颍川庾氏	28. 庾峻（？—273）字山甫，颍川鄢陵人。《晋书》卷50有传。	1.《隋志四》《旧唐志》《新唐志》录其集三卷。 2.《全晋文》卷三十六录其文三篇。
	29. 庾敳（261—311）字子嵩，颍川鄢陵人。（峻子）《晋书》卷50《庾峻传》附传。	1.《隋志四》录其集一卷；《旧唐志》《新唐志》录其集二卷。 2.《全晋文》卷三十六录其赋一篇、文一篇。
	30. 庾纯 字谋甫，颍川鄢陵人。（峻弟）《晋书》卷49有传。	《全晋文》卷三十六录其文二篇。
	31. 庾旉 字允臧，颍川鄢陵人。（纯子）《晋书》卷49《庾纯传》附传。	《全晋文》卷三十六录其文一篇。
	32. 庾儵 字玄默，颍川鄢陵人。（峻从弟）	1.《隋志四》录其集二卷，《旧唐志》《新唐志》录三卷。 2.《全晋文》卷三十六录其赋三篇。
	33. 成公绥（231—273）字子安，东郡白马人。《晋书》卷92有传。	1.《隋志四》录其集九卷，《旧唐志》《新唐志》录十卷。 2.《全晋诗》卷二录其诗四首。 3.《全晋文》卷五十九录其赋二十四首、文十一篇。

① 《隋志四》在晋《王沈集》后录《郑袤集》二卷。《旧唐志》《新唐志》在《王沈集》后作《郑袤集》卷。

续表

家族	姓名	著述情况
七 颍川荀氏	34. 荀顗（？—274）字景倩，颍川颍阴人。《晋书》卷39有传。	1.《旧唐志二》《新唐志》录其《晋杂议》十卷①。 2.《全晋文》卷三十一录其文四篇。 3.《晋书·郑冲传》：与孙邕、曹羲、郑冲、何晏共集《论语》，名《论语集解》。
	35. 荀勖（？—289）字公曾，颍川颍阴人。（顗从子）《晋书》卷39有传。	1.《旧唐志下》《新唐志一》录其《太乐杂歌辞》三卷，《新唐志一》又录其《太乐歌辞》二卷、《乐府歌诗》十卷。 2.《隋志二》《旧唐志》《新唐志》录《晋中经》十四卷。② 3.《隋志二》录其《杂撰文章家集叙》十卷。 4.《隋志四》录其集三卷，《旧唐志》《新唐志》录其集二十卷。 5.《隋志四》录其《魏宴乐歌辞》七卷、《晋歌章》十卷、《晋歌诗》十八卷、《晋宴乐歌辞》十卷。 6.《全晋文》卷三十一录其赋一篇、文十五篇。 7.《全晋诗》卷二录其诗二首。
八 范阳卢氏	36. 卢钦（？—278）字子若，范阳涿郡人。《晋书》卷44有传。	1.《晋书》：所著诗赋论难数十篇，名曰《小道》。 2.《全晋文》卷三十四录其文一篇。
	37. 卢浮 字子云，范阳涿郡人。（钦子）《晋书》卷44《卢钦传》附传。	《全晋文》卷三十四录其赋一篇。
九 陈郡何氏	38. 何曾（199—278）字颖考，陈国阳夏人。《晋书》卷33有传。	1.《南齐书》卷三十七《虞悰传》载其有《食疏》一书。 2.《全晋文》卷十八录其疏奏三篇。
	39. 何劭（236—301）字敬祖，陈国阳夏人。（曾次子）《晋书》卷33《何曾传》附传。	1.《隋志四》《旧唐志》《新唐志》录其集二卷。 2.《全晋文》卷十八录其文三篇。 3.《全晋诗》卷四录其诗五首。
	40. 何遵 字思祖，陈国阳夏人。（曾长子）《晋书》卷33《何曾传》附传。	《全晋文》卷十八录其文一篇。

---

① 《旧唐志》是"荀翊"撰。
② 书名略有不同：《隋志》为《晋中经》；《旧唐志》为《中书簿》；《新唐志》为《晋中经簿》。

续表

家族	姓名	著述情况
十 北地傅氏	41. 傅玄（217—278）字休奕，北地泥阳人。《晋书》卷47有传。	1.《隋志三》《旧唐志》《新唐志》均录《傅子》百二十卷，《宋志》录《傅子》五卷。 2.《隋志四》录其集十五卷，《旧唐志》《新唐志》录其集五十卷，《宋志》录其集一卷。① 3.《旧唐志上》《新唐志一》录《周官论评》十二卷。（陈邵驳） 4.《全晋诗》卷一录其诗六十七首、曲辞六十九首。 5.《全晋文》卷四十五至卷五十录其赋五十三首、文四十篇、《傅子》四卷。
	42. 傅咸（239—294）字长虞，北地泥阳人。（玄子）《晋书》卷47《傅玄传》附传。	1.《隋志四》录其集十七卷，《旧唐志》《新唐志》录其集三十卷。 2.《全晋文》卷五十一、卷五十二录其赋三十六首、文三十九篇。 3.《全晋诗》卷三录其诗十九首。
	43. 傅祇（243—311）字子庄，北地泥阳人。（玄从子）《晋书》卷47《傅玄传》附传。	《全晋文》卷五十二录其文三篇。
	44. 郤正（200？—278）字令先，河南偃师人。《三国志》卷四十二有传。	1.《隋志四》《旧唐志》《新唐志》均录其集一卷②。 2.《全晋文》卷七十录其文三篇。
十一 泰山羊氏	45. 羊祜（221—278）字叔子，泰山南城人。《晋书》卷34有传。	1.《隋志三》录其《老子解释》二卷，《旧唐志》《新唐志》录四卷。 2.《旧唐志》《新唐志》录其《老子》注二卷。 3.《隋志四》录其集一卷，《旧唐志》《新唐志》录其集二卷。 4.《全晋文》卷四十一录其赋一首、文六篇。
	46. 羊琇 字稚舒，泰山南城人。（祜从弟）	《全晋文》卷四十一录其文《卫公碑》一篇。
	47. 羊亮（祜伯父秘孙）字长玄，泰山南城人。	《全晋文》卷四十一录其文一篇。
	48. 羊秉（祜伯父秘孙）字长达，泰山南城人。	《全晋文》卷六十九录其文四篇。
	49. 文立（？—279？）字广休，巴郡临江人。《晋书》卷91有传，《华阳国志》有传。	《全晋文》卷七十录其赋一首、文三篇。

---

① 《傅子》《傅玄集》至宋亡佚严重。
② 《隋志四》在《庾峻集》后录《郤正集》一卷，《旧唐志下》《新唐志四》在《庾峻集》后作《郄正集》一卷。

续表

家族	姓名	著述情况
十二 平原贾氏	50. 贾充（217—282）字公闾，平阳襄陵人。《晋书》卷40有传。	1. 《隋志四》录其集五卷，《旧唐志》《新唐志》录其集二卷。 2. 《旧唐志二》《新唐志》录《刑法律本》二十一卷又《晋令》四十卷。 3. 《全晋诗》卷二录其联句诗一首。 4. 《全晋文》卷三十录其文四篇。
十三 丹阳薛氏	51. 薛莹（220？—282）字道言，吴沛郡竹邑人。《三国志·吴书八》之《薛综传》附其传。	1. 《隋志二》录其《后汉纪》六十五卷，《旧唐志》《新唐志》均录《后汉纪》一百卷，《清史志》录其《后汉书》一卷。 2. 《隋志四》录其集三卷，《旧唐志》《新唐志》均录其集五卷，《宋志七》录其《洞庭诗》一卷。 3. 《全晋文》卷八十一录其文八篇。 4. 《全晋诗》卷二录其诗二首。
	《全晋文》卷六十七录其文二篇。	52. 赵至（245？—282）代郡人。《晋书》卷92有传。
十四 河内山氏	53. 山涛（205—283）字巨源，河内怀人。晋书卷43有传。	1. 《隋志四》录其集九卷，《旧唐志》《新唐志》录其集五卷。 2. 《隋志四》录《山公启事》三卷。 3. 《全晋文》卷三十四录其文六篇（含《山公启事》）。
	54. 山简（253—312）字季伦，河内怀人。（山涛子）《晋书》卷43《山涛传》附传。	1. 《隋志四》《旧唐志》《新唐志》录其集二卷。 2. 《全晋文》卷三十四录其文二篇。
十五 安定皇甫氏	55. 皇甫谧（216—283）字士安，安定朝那人。《晋书》卷51有传。	1. 《隋志二》《旧唐志》《新唐志》录《帝王世纪》十卷。① 2. 《旧唐志》《新唐志》录其《年历》六卷。 3. 《隋志二》录其《高士传》六卷，《旧唐志》录七卷，《新唐志》录十卷。 4. 《隋志二》《新唐志》录其《逸士传》一卷。 5. 《隋志二》《旧唐志》《新唐志》录其《列女传》六卷。 6. 《隋志二》《旧唐志》《新唐志》录《玄晏春秋》三卷。 7. 《隋志二》录其《韦氏家传》一卷，《旧唐志》《新唐志》录三卷。 8. 《隋志三》录其《鬼谷子》注三卷、《朔气长历》二卷。 9. 《隋志三》录皇甫谧、曹翕《论寒食散方》二卷。 10. 《旧唐志三》《新唐志》录其《黄帝三部针经》十三卷，《宋志》录十二卷。② 11. 《隋志四》录其集一卷，《旧唐志》《新唐志》录其集二卷。 12. 《全晋文》卷七十一录其文十三篇。 13. 《全晋诗》卷二录其诗二首。

① 书名略有不同：《隋志》为《帝王纪》；《旧唐志》为《帝王代记》；《新唐志》为《帝王代纪》。

② 《新唐志》作《皇帝三部针经》。

续表

家族	姓名	著述情况
十六　京兆杜陵杜氏	56. 杜预（222—284）字元凯，京兆杜陵人。《晋书》卷34有传。	1.《隋志一》录《丧服要集》二卷，《旧唐志》《新唐志》录《丧服要集议》均三卷，《清志》录《丧服要集》一卷。 2.《隋志一》《新唐志》《宋志》录《春秋左氏经传集解》三十卷。 3.《隋志一》《新唐志》《清志》录《春秋释例》十五卷。 4.《隋志一》《旧唐志》《新唐志》均录《春秋左氏传评》二卷、《春秋左氏传音》三卷。 5.《旧唐志二》录《春秋左氏传》三十卷、《春秋左氏传例》七卷，又十五卷。 6.《宋志》录《春秋世谱》七卷。 7.《隋志二》录《律本》二十一卷、《杜预杂律》七卷，《新唐志》录《刑法律本》二十一卷，又《晋令》四十卷。 8.《隋志二》《旧唐志》《新唐志》《女记》十卷。① 9.《隋志四》录其集十八卷，《旧唐志》《新唐志》录其集二十卷。 10.《隋志四》录其《善文》五十卷，《旧唐志》《新唐志》录四十九卷。 11.《全晋文》卷四十二、卷四十三录其文二十九篇。
	57. 盛彦（？—284）字翁子，广陵人。《晋书》卷88有传。	1.《隋志四》录其集五卷。 2.《全晋文》卷八十一录其赋二首、文二首。
	58. 枣据（？—284?）字道彦，颍川长社人。《晋书》卷92有传。	1.《隋志四》《旧唐志》《新唐志》录其集二卷。 2.《全晋诗》卷二录其诗九首。 3.《全晋文》卷六十七录其赋四首、文一篇。
	59. 枣腆字玄方，颍川长社人。（据子）《晋书》卷92《枣据传》附传。	1.《隋志四》《旧唐志》《新唐志》录其集二卷。 2.《全晋诗》卷八录其诗三首。
	60. 枣嵩（？—314）字台产，颍川长社人。（据弟）《晋书》卷92《枣据传》有介绍。	1.《隋志四》录其集一卷，《旧唐志》《新唐志》录其集二卷。 2.《全晋诗》卷八录其诗三首共十六章。
	61. 刘毅（？—285）字仲雄，东莱掖人。《晋书》卷45有传。	1.《隋志四》《旧唐志》《新唐志》录其集二卷。 2.《全晋文》卷三十五录其文五篇。
	62. 刘暾（？—308?）②字长生，东莱掖人。（毅子）《晋书》卷45《刘毅传》附传。	《全晋文》卷三十五录其文二篇。

---

① 《新唐志》作《列女记》。
② 刘暾卒于王弥入洛之年，查怀帝纪，在永嘉二年（308）（《晋将相大臣表》：卒于310年）。

续表

家族	姓名	著述情况
十六 京兆杜陵杜氏	63. 王濬（206—285）字士治，弘农湖人。《晋书》卷42有传。	1.《隋志四》录其集一卷，《旧唐志》《新唐志》录其集二卷。 2.《全晋诗》卷二录其诗二首。 3.《全晋文》卷四十三录其文三篇。
	64. 曹志（？—288）字允恭，谯国谯人。（曹植子）《三国志》卷19《曹植传》裴注《曹志别传》，《晋书》卷50有传。	1《隋志四》《旧唐志》《新唐志》录其集二卷。 2.《全晋文》卷三十二录其文二篇。
	65. 曹臣 谯国谯人。（志子）	《全晋文》卷三十二录其文一篇。
	66. 曹嘉 沛国谯人。（志从兄弟）《三国志》卷20《曹徽传》裴注《曹嘉别传》。	《全晋诗》卷四录其诗一首。
	67. 曹摅（255？—308）字颜远，谯国谯人。（志族兄弟）《晋书》卷90有传。	1.《隋志四》录其集三卷，《旧唐志》《新唐志》录其集二卷。 2.《全晋诗》卷八录其诗十首。 3.《全晋文》卷一百七录其赋三首。
	68. 曹翕 沛国谯人。（志从兄弟）《三国志》卷20《曹徽传》裴注《曹翕别传》。	《隋志三》录《皇甫谧、曹翕论寒食散方》二卷，亡。
十七 庐江何氏	69. 何桢（220？—289？）字元幹，庐江灊人。《三国志》卷11裴注引《士人传》有其介绍。	1.《宋志一》载其有《官仪约制》。 2.《隋志四》录其集一卷，《旧唐志》《新唐志》录其集五卷。 3.《全晋文》卷三十二录其赋一首、文四篇。 4.《全晋诗》卷一录其诗一首。
	70. 何恽 庐江灊人。（桢子）	《全晋文》卷三十二录其文一篇。
十八 平原刘氏	71. 刘智（？—289）字子房，平原高唐人。《晋书》卷41《刘寔传》附传。	1.《隋志一》录其《丧服释疑》二十卷，《清志》录一卷。 2.《隋志三》《新唐志》录其《正历》四卷。 3.《清志》录《天方典礼择要解》二十卷。 4.《全晋文》卷三十九录其文三篇。
	72. 刘寔①（220—310）字子真，平原高唐人。（智兄）《晋书》卷41有传。	1.《隋志一》录其《春秋条例》十一卷，《旧唐志》《新唐志》录十卷。 2.《隋志一》《旧唐志》《新唐志》均录其《春秋公羊达义》三卷。 3.《新唐志一》录其《左氏牒例》二十卷。 4.《隋志四》《旧唐志》《新唐志》录其集二卷。 5.《全晋文》卷三十九录其文一篇。

---

① 《旧唐志》"刘寔"作"刘实"；《新唐志》"《春秋条例》"作"《条例》"；《隋志》作《春秋公羊达义》，《旧唐志》《新唐志》则为《春秋公羊违义》。

续表

家族	姓名	著述情况
十九 太原孙氏	73. 孙楚（218?—293）字子荆，太原中都人。《晋书》卷56有传。	1.《隋志四》录其集六卷，《旧唐志》《新唐志》录其集十卷。 2.《全晋文》卷六十录其赋十七首、文二十八篇。 3.《全晋诗》卷二录其诗八首。 4.《清志四》录其《冯翊集发微》四卷。
二十 平原华氏	74. 华峤（230?—293）字叔骏，平原高唐人。《晋书》卷44《华表传》附传。	1.《隋志二》录其《后汉书》十七卷，本九十七卷，今残缺；《旧唐志》《新唐志》录三十一卷。 2.《旧唐志二》《新唐志三》录其《紫阳真人周君传》一卷。 3.《隋志四》录其集八卷，《旧唐志》录一卷，《新唐志》录二卷①。 4.《全晋文》卷六十六录其文九篇。
	75. 华廙 字长骏，平原高唐人。（峤兄）《晋书》卷44《华表传》附传。	1.《晋书》：集经书要事，名曰《善文》，行于世。 2.《全晋文》卷六十六录其文一篇。
	76. 华畅（272—312）平原高唐人。（峤子）《晋书》卷44《华表传》附传。	《晋书》本传：所著文章数万言。
	77. 华轶 字彦夏，平原高唐人。（峤从子）《晋书》卷44《华表传》附传。	《全晋文》卷六十六录其文一篇。
二十一 陈留阮氏	78. 阮浑 字长成，陈留尉氏人。（阮籍子）《晋书》卷49《阮籍传》附传。	1.《隋志一》录《周易论》二卷。 2.《隋志四》录其集三卷，《旧唐志》《新唐志四》录其集二卷。
	79. 阮咸 字仲容，陈留尉氏人。（阮籍从子）《晋书》卷49《阮籍传》附传。	1《隋志一》《旧唐志》《新唐志》均录《周易论》二卷。② 2.《宋志七》录《阮咸集》一卷。 3.《全晋文》卷七十二录阮咸文二篇。
	80. 阮瞻（281—310）字千里，陈留尉氏人。（阮咸子）《晋书》卷49有传。	1.《隋志四》《旧唐志》《新唐志》录其集二卷。 2.《全晋文》卷七十二录其赋一首。
	81. 阮种（240?—320?）字德猷，陈留尉氏人。（籍从子）《晋书》卷52有传。	1.《隋志四》《旧唐志》《新唐志》录其集二卷。③ 2.《全晋文》卷七十八录其文二篇。 3.《全晋诗》卷二录其诗一首。

---

① 《新唐志四》为"《华颂集》三卷，《刘峤集》二卷"，"华颂""刘峤"应为"华峤""刘颂"之误。

② 《旧唐志》为暨长成难，暨仲容答。《新唐志》为阮长成难，阮仲容答。

③ 在《向秀集》和《阮侃集》之间，《隋志》作《阮种集》；《旧唐志》《新唐志》作《阮冲集》。

附录 《西晋士人及著述列表》

续表

家族	姓名	著述情况
二十一 陈留阮氏	82. 阮修（270—311） 字宣子，陈留尉氏人。（阮籍从子，一说阮咸从子）《晋书》卷49有传。	1.《隋志四》录其集二卷。 2.《全晋文》卷七十二录其赋一首、文一篇。 3.《全晋诗》卷七录其诗一首。
	83. 阮侃（215？—285？） 字德如，陈留尉氏人。《世说新语·贤媛6》注引《陈留志》有关于阮侃的介绍。①	1.《隋书·经籍志三》录《摄生论》二卷。 2.《隋志四》《旧唐志》《新唐志》录其集五卷。 3.《全魏诗》卷八录其答嵇康诗二首。
二十二 吴郡陆氏	84. 陆喜（？—285？） 字恭仲（文仲），吴郡吴人，《晋书》卷54有传。	1.《晋书》：作《自叙》《西州清论》。其书近百篇。 2.《全晋文》卷八十一录其文二篇。
	85. 陆机（261—303） 字士衡，吴郡吴人。（喜从子）《晋书》卷54有传。	1.《隋志一》录《吴章》二卷。 2.《隋志二》录《晋纪》四卷，《旧唐志》《新唐志》录《晋帝纪》四卷。 3.《旧唐志二》《新唐志》录《惠帝百官名》三卷。 4.《隋志二》《旧唐志》《新唐志》录《洛阳记》一卷。 5.《旧唐志三》《新唐志》录《要览》三卷，《清志》录《陆氏要览》一卷。 6.《隋志四》录其集十四卷，《旧唐志》《新唐志》录其集十五卷。 7.《全晋文》卷九十六至卷九十九录其赋三十首、文四十三篇。 8.《全晋诗》卷五录其诗一百一十三首。
	86. 陆云（262—303） 字士龙，吴郡吴人。（陆机弟）《晋书》卷54《陆机传》附传。	1.《隋志三》《旧唐志》《新唐志》录《陆子》十卷。 2.《隋志四》录其集十二卷，《旧唐志》《新唐志》录其集十卷。 3.《全晋文》卷一百至卷一百五录其赋七首、文四十四篇。 4.《全晋诗》卷六录其诗三十四首。
	87. 陆冲②	1.《隋志四》《旧唐志》《新唐志》录其集二卷。 2.《全晋文》卷八十六录其赋一首。
	88. 李密（224—289？） 一名虔。字令伯，犍为武阳人。《晋书》卷88有传。	1.《旧唐志上》《新唐志一》录其《续通俗文》二卷。 2.《隋志四》录《李虔集》一卷，《旧唐志》《新唐志》录十卷。③ 3.《全晋文》卷七十录其文三篇。 4.《全晋诗》卷二录其诗一首。

---

① 严可均《全晋文》小序介绍，阮种为阮籍从子。阮侃字德如，与阮种似有关联，或为族人，姑置一处。
② 胡阿祥《魏晋本土文学地理研究》，将陆冲归为西晋人。
③ 姚振宗《隋书·经籍志考证》：李虔即为李密。

续表

家族	姓名	著述情况
二十二 吴郡陆氏	89. 李兴（据《晋书》305年前后尚在世）字隽石，犍为武阳人。（密次子）《晋书·李密传》附传。《晋书》载有《玄鸟赋》一首。	《全晋文》卷七十录其文二篇。
	90. 李赐（265？—289？）字宗石，犍为武阳人。（密长子）《晋书·李密传》附传。	
二十三 河东卫氏	91. 卫瓘（220—291）字伯玉，河东安邑人。《晋书》卷36有传。	1.《隋志一》录其《丧服仪》一卷。 2.《隋志一》录其《集注论语》六卷，《清志一》录《论语》注一卷。 3.《全晋文》卷三十录其文六篇。
	92. 卫恒（？—291）字巨山，河东安邑人。（瓘子）《晋书》卷36《卫瓘传》附传。	1.《隋志一》《旧唐志》《新唐志》录其《四体书势》一卷。 2.《全晋文》卷三十录其文三篇。
	93. 卫展（？—220？）字道书，河东安邑人。（瓘族子）《晋书》卷36《卫瓘传》附传。	1.《隋志四》录其集十二卷，《旧唐志》录其集四十卷，《新唐志》录其集十四卷。 2.《全晋文》卷三十录其文三篇。
二十四 谯国夏侯氏	94. 夏侯湛（243—291）字孝若，谯国谯人。《晋书》卷55有传。	1.《隋志三》《旧唐志》《新唐志》录《新论》十卷。 2.《隋志四》《旧唐志》《新唐志》录其集十卷。 3.《全晋文》卷六十八至卷六十九录其赋二十五首、文二十四篇。 4.《全晋诗》卷二录其诗十首。
	95. 夏侯淳 字孝冲，谯国谯人。（湛弟）《晋书》卷55《夏侯湛传》附传。	1.《隋志四》录其集二卷，《旧唐志》《新唐志》录其集十卷。 2.《全晋文》卷六十九录其赋四首。
	96. 夏侯盛 谯国谯人。	《全晋文》卷六十九录其文三篇。
	97. 夏侯冲	《全晋诗》卷四录其诗一首。
	98. 刘伶（221？—301？）字伯伦，沛国人。《晋书》卷49有传。	1.《全晋诗》卷一录其诗二首。 2.《全晋文》卷六十六录其文一篇。
	99. 陈寿（233—297）字承祚，巴西安汉人。《晋书》卷82有传。	1.《隋志二》录其《三国志》六十五卷，《旧唐志》《新唐志》录《魏国志》三十卷、《蜀国志》十五卷、《吴国志》二十一卷。 2.《隋志二》录其《魏名臣奏事》四十卷、目一卷，《旧唐志》《新唐志》录其《汉名臣奏事》三十卷。 3.《隋志二》《旧唐志》《新唐志》录其《益部耆旧传》十四卷，《新唐志》录其《益州耆旧杂传记》二卷。 4.《全晋文》卷七十一录其文二篇。

续表

家族	姓名	著述情况
二十四 谯国夏侯氏	100. 邹湛（230？—299）字润甫，南阳新野人。《晋书》卷92有传。	1.《隋志一》录《周易统略》五卷，《旧唐志》《新唐志》录《周易统略论》三卷，《清志》录一卷。 2.《隋志四》录其集三卷，《旧唐志》《新唐志》录其集四卷。 3.《全晋诗》卷四录其诗一首。 4.《全晋文》卷六十七录其文一篇。
	101. 邹捷（？—313）字太应，南阳新野人。（湛子）《晋书·邹湛传》附传。	《晋书》本传：有文才，"赵王伦篡逆，捷与陆机等俱作禅文"。
二十五 范阳张氏	102. 张华（232—300）字茂先，范阳方城人。《晋书》卷36有传。	1.《隋志二》录《神异经》注一卷，《新唐志三》录二卷。 2.《旧唐志二》录《列异传》三卷，《新唐志》录一卷。 3.《隋志三》《旧唐志》《新唐志》录《博物志》十卷。 4.《隋志三》《新唐志》录《张公杂记》一卷。 5.《隋志三》录《杂记》十一卷。 6.《隋志四》《旧唐志》《新唐志》录其集十卷。 7.《全晋文》卷五十八录其赋六首、文二十三篇。 8.《全晋诗》卷三录其诗四十五首。
	103. 潘岳（247—300）字安仁，荥阳中牟人。《晋书》卷55有传。	1.《旧唐志二》《新唐志》录其《关中记》一卷。 2.《隋志四》《旧唐志》《新唐志》录其集十卷。 3.《全晋文》卷九十至卷九十三录其赋二十二首、文三十八篇。 4.《全晋诗》卷四录其诗二十三首。
	104. 潘尼（250—311？）字正叔，荥阳中牟人。（岳从子）《晋书》卷55《潘岳传》附传。	1.《隋志四》《旧唐志》《新唐志》录其集十卷。 2.《全晋文》卷九十四至卷九十五录其赋十四首、文十二篇。 3.《全晋诗》卷八录其诗三十首。
	105. 潘滔（？—312）字阳仲，荥阳中牟人。（尼从子）《三国志》卷21《卫觊传》附《晋诸公传》提及。	《全晋文》卷九十五录其文一篇。
	106. 郭泰机（239—300？）河南人。	1.《全晋文》卷八十六录其文一篇。 2.《全晋诗》卷三录其诗一首。
	107. 陶璜（？—301）字世英，丹阳秣陵人。《晋书》卷57有传。	《全晋文》卷八十一录其文二篇。
	108. 陶浚（生卒年不详）丹阳秣陵人。（璜弟）《晋书》卷57《陶璜传》提及。	《隋志四》《旧唐志》《新唐志》录其集二卷。

续表

家族	姓名	著述情况
二十五 范阳张氏	109. 嵇喜（生卒年不详）字公穆，沛国铚人。（嵇康兄）	1.《隋志四》录其集一卷，《旧唐志》《新唐志》录其集二卷。 2.《全晋诗》卷一录其诗四首。 3.《全晋文》卷六十五录其文一篇。
	110. 嵇蕃 字茂齐，沛国铚人。（喜子）	《全晋文》卷六十五录其文一篇。
	111. 嵇绍（254—304）字延祖，谯国铚人。（喜从子）《晋书》卷89有传。	1.《隋志四》《旧唐志》《新唐志》录其集二卷。 2.《全晋文》卷七录其诗一首。 3.《全晋文》卷六十五录其文五篇。
	112. 嵇含（260—306）字君道，谯国铚人。（绍从子）《晋书·嵇绍传》附传。	1.《隋志四》《旧唐志》《新唐志》录其集十卷。 2.《全晋文》卷七录其诗四首。 3.《全晋文》卷六十五录其赋十六首、文九篇。
	113. 刘兆 字延世，济南东平人。《晋书》卷91有传。	《隋志一》录《春秋公羊、穀梁传》十二卷，《旧唐志》《新唐志》录其《春秋三家集解》十一卷。
	114. 索靖（239—303）字幼安，敦煌人。《晋书》卷60有传。	1.《隋志四》录其集三卷，《旧唐志》《新唐志》录其集二卷。 2.《晋书》：撰《索子》《晋诗》各二十卷。 3.《全晋文》卷八十四录其文三篇。
	115. 左思（250？—305？）字太冲，齐国临淄人。《晋书》卷92有传。	1.《隋志四》录其集二卷，《旧唐志》《新唐志》录五卷。 2.《全晋文》卷七十四录其赋五首、文三篇。 3.《全晋诗》卷七录其诗十五首。
	116. 左芬（255？—300）齐国临淄人。（思妹）《晋书》卷31《武悼杨皇后传》附传。	1.《隋志四》录《左九嫔集》四卷，《旧唐志》《新唐志》录《左九嫔集》一卷。 2.《全晋文》卷十三录其赋七首、文二十篇。 3.《全晋诗》卷六录其诗二首。
二十六 河内司马氏	117. 司马彪（246？—306）字绍统，河内温人。（宣帝从孙）《晋书》卷82有传。	1.《隋志二》《旧唐志》《新唐志》录《续汉书》八十三卷。① 2.《隋志二》录《九州春秋》十卷，《旧唐志》《新唐志》录九卷。 3.《隋志三》录《庄子》注十六卷，《旧唐志》《新唐志》录二十一卷。 4.《隋志三》《新唐志》录《庄子音》一卷。 5.《隋志三》录《兵记》八卷，《旧唐志》《新唐志》录十二卷。 6.《隋志四》录其集四卷，《旧唐志》《新唐志》录其集三卷。 7.《全晋文》卷十六录其文五篇。 8.《全晋诗》卷七录其诗四首。

① 《隋志》为《续汉书》，《旧唐志》《新唐志》为《后汉书》。

续表

家族	姓名	著述情况
二十六 河内司马氏	118. 司马攸（248—283）字大猷，小字桃符，河内温人。（**文帝二子**）《晋书》卷 38 有传。	1.《隋志四》《旧唐志》《新唐志》录其集二卷。 2.《全晋文》卷十六录其文八篇。
	119. 司马囧（？—302）字景治，河内温人。（**攸子**）《晋书》卷 59 有传。	《全晋文》卷十六录其文五篇。
	120. 司马歆（？—303）字弘舒，河内温人。（**宣帝孙**）《晋书》卷 38 有传。	《全晋文》卷十六录其文一篇。
	121. 司马亮（？—291）字子翼，河内温人。（**宣帝子**）《晋书》卷 38 有传。	《全晋文》卷十六录其文二篇。
	122. 司马伷（227—283）字子将，河内温人。（**宣帝子**）《晋书》卷 38 有传。	《全晋文》卷十六录其文一篇。
	123. 司马肜（？—302）字子徽，河内温人。（**宣帝子**）《晋书》卷 38 有传。	《全晋文》卷十六录其文一篇。
	124. 司马伦（？—301）字子彝，河内温人。（**宣帝子**）《晋书》卷 38 有传。	《全晋文》卷十六录其文二篇。
二十七 义兴周氏	125. 周处（240—297）字子隐，义兴阳羡人。《晋书》卷 58 有传。	1.《隋志二》录《风土记》三卷，《旧唐志》《新唐志》录十卷。 2.《晋书》：《默语》三十篇及《风土记》，并撰集《吴书》。 3.《全晋文》卷八十一录其文一篇。 4.《全晋诗》卷四录其诗一首。
	126. 石鉴（215？—294）字林伯，乐陵厌次人。《晋书》卷 44 有传。	《全晋文》卷三十三录其文一篇。
	127. 石崇（249—300）字季伦，渤海南皮人。《晋书》卷 33 有传。	1.《隋志四》录其集六卷，《旧唐志》《新唐志》录其集五卷。 2.《全晋文》卷三十三录其文九篇。 3.《全晋诗》卷四录其诗九首。
	128. 石苞（197—272）字仲容，渤海南皮人。（**崇父**）《晋书》卷 33 有传。	《全晋文》卷三十三录其文四篇。

家族	姓名	著述情况
二十七 义兴周氏	129. 欧阳建（270—300）字坚石，渤海南皮人。**（崇外甥）**《晋书》卷33有传。	1.《隋志四》《旧唐志》《新唐志》录其集二卷。 2.《全晋文》卷一百九录其赋一首、文一篇。 3.《全晋诗》卷四录其诗二首。
	130. 李胤（？—282）字宣伯，辽东襄平人。《晋书》卷44有传。	《全晋文》卷三十二录其文二篇。
	131. 李秉 字玄胄，江夏平春人。	《全晋文》卷五十三录其文一篇。
	132. 李重（253—300）字茂曾，江夏钟武人**（秉子）**。①《晋书》卷46有传。	1.《隋志四》《旧唐志》《新唐志》录其集二卷。 2.《全晋文》卷五十三录其文八篇。
	133. 刘颂（245？—300）字子雅，广陵人。《晋书》卷46有传。	1.《隋志四》《旧唐志》《新唐志》录其集三卷。 2.《全晋文》卷四十录其文四篇。
	134. 褚陶（240？—302？）字季雅，吴郡钱塘人。《晋书》卷92有传。	《旧唐志二》《新唐志二》录《褚氏家传》一卷注，褚结撰。
	135. 刘宝（？—301）字道真，高平人。	1.《隋志二》《旧唐志》《新唐志》录其《汉书驳议》二卷。 2.《隋志四》《旧唐志》《新唐志》录其集三卷。 3.《全晋文》卷七十五录其文一篇。
	136. 宋岱②（？—303）字处宗。	1.《隋志一》录荆州刺史宋岱《周易论》一卷，《旧唐志》《新唐志》录宋处宗《（通）易论》一卷。 2.《隋志四》录《宗岱集》二卷，《旧唐志》及《新唐志》录《宗岱集》三卷。
二十八 济阴卞氏	137. 卞粹（？—303）字玄仁，济阴冤句人。《晋书·惠帝纪》中提及。	1.《隋志四》录其集一卷，《旧唐志》《新唐志》录其集二卷。 2.《全晋文》卷八十四录其文二篇。
	138. 孙拯③（？—303）字显世，吴郡富春人。《晋书》卷54有传。	1.《隋志四》《旧唐志》《新唐志》录其集二卷。 2.《全晋诗》卷六录其诗一组十章。
	139. 牵秀（？—304）字成叔，武邑观津人。《晋书》之《陆机传》及《司马颙传》中提及。《魏书》卷26《牵招传》裴松之注引荀绰《冀州记》介绍。	1.《隋志四》录其集四卷，《旧唐志》《新唐志》录五卷。 2.《全晋文》卷八十四录其赋一首、文五篇。 3.《全晋诗》卷七录其诗六首。

---

① 《晋书》中李重父为李景，严可均根据《魏志·李通传》注认为是李秉。
② 据姚振宗《隋书·经籍志考》，宋岱实为宗岱。
③ 《隋志》《旧唐志》《新唐志》均作《孙极集》二卷，恐是字形之误，"极"的繁体字是"極"，与"拯"接近。《晋书》有《孙拯传》。

续表

家族	姓名	著述情况
二十九 南阳 乐氏	140. 乐广（？—304）字彦辅，南阳淯阳人。《晋书》卷43有传。	《隋志四》《旧唐志》《新唐志》录其集二卷。
	141. 孙惠（258—304）字德施，吴国富春人。《晋书》卷71有传。	1.《隋志四》录其集八卷，《旧唐志》《新唐志》录十卷。 2.《全晋文》卷一百十五录其赋四首、文六篇。
	142. 王接（265？—304）字祖游，河东猗氏人。《晋书》卷51有传。	1.《晋书》本传：注《公羊春秋》。又撰《列女后传》七十二人，杂论议、诗赋、碑颂、驳难十余万言，丧乱尽失。 2.《全晋文》卷一百十五录其文三篇。
	143. 张辅（？—306）字世伟，南阳西鄂人。《晋书》卷60有传。	1.《隋志二》《新唐志》录《楚国先贤传赞》十二卷，晋张方撰。① 2.《隋志四》《旧唐志》《新唐志》录其集二卷。 3.《全晋文》卷一百五录其文三篇。
三十 沛国 刘氏	144. 刘弘（236—306）字和季，沛国相人。《三国志·魏书》卷15《刘馥传》裴松之引《晋阳秋》有传，《晋书》卷66有传。	1.《隋志四》《旧唐志》《新唐志》录其集三卷。 2.《全晋文》卷七十三录其文十篇。
三十一 陈留 考城 蔡氏②	145. 蔡克（？—307）字子尼，陈留考城人，《晋书》之《司马腾传》《陆机传》《江统传》等中提及。卷77《蔡谟传》附传。	1.《隋志四》《新唐志》录其集二卷，《旧唐志》录五卷。 2.《全晋文》卷一百十三录其文三篇。
	146. 张载（250？—310？）字孟阳，安平人。《晋书》卷55有传。	1.《隋志四》录其集七卷，《旧唐志》录其集三卷，《新唐志》录其集二卷。 2.《全晋文》卷八十五录其赋七首、文六篇。 3.《全晋诗》卷七录其诗二十五首。
	147. 张协（255？—307）字景阳，安平人。（载弟）《晋书》卷55《张载传》附传。	1.《隋志四》录其集三卷，《旧唐志》《新唐志》录其集二卷。 2.《全晋文》卷八十五录其赋六首、文九篇。 3.《全晋诗》卷七录其诗十五首。
	148. 缪播（？—309）字宣则，东海兰陵人。《晋书》卷60有传。	《隋志一》录其《论语旨序》三卷，《旧唐志》《新唐志》录二卷。
	149. 缪征 东海兰陵人。（播弟）《晋书》卷40《贾谧传》提及，《三国志·刘劭传》也提及。	《隋志四》《旧唐志》《新唐志》录其集二卷。

---

① 湖北人民出版社1986年出版的《楚国先贤传校注》，责任人是张辅原著。张辅与张方是否同一人待考。《旧唐志》中《楚国先贤传》的作者是"杨方"。
② 陈留历史上曾隶属陈留郡、济阳郡，所以亦可称陈留蔡氏为济阳蔡氏。

续表

家族	姓名	著述情况
三十二 济阳江氏	150. 江统（260？—310）字应元，陈留圉人。《晋书》卷56有传。	1. 《旧唐志二》录《江氏家传》七卷。① 2. 《隋志四》《旧唐志》《新唐志》录其集十卷。 3. 《全晋文》卷一百六录其赋二首、文十三篇。
	151. 束晳（260—300）字广微，阳平元城人。《晋书》卷51有传。	1. 《隋志一》《隋志二》录其《发蒙记》一卷。 2. 《晋书》：著述颇丰，所著《三魏人士传》《七代通记》《晋书纪》《志》因为战乱多亡佚，其《五经通论》《发蒙记》《补亡诗》文集数十篇，当时还在流行。 3. 《隋志四》录其集七卷，《旧唐志》《新唐志》录其集七卷。 4. 《全晋诗》卷四录其诗六首。 5. 《全晋文》卷八十七录其赋五首、文十五篇。
	152. 王铨 陈郡陈人。《晋书》卷82《王隐传》介绍，卷38《梁王肜传》提及。	1. 《全晋诗》卷二录其诗一首。 2. 《全晋文》卷八十六录其文一篇②。
	153. 杜育（？—311）字方叔，襄城定陵人。《晋书》卷30《贾谧传》、卷61《荀晞传》等提及。	1. 《隋志四》《旧唐志》《新唐志》录其集二卷。 2. 《全晋诗》卷八录其诗三首。 3. 《全晋文》卷八十九录其赋二首。
	154. 闾丘冲（？—311）字宾卿，高平人。荀绰《兖州记》有传。	1. 《隋志四》《旧唐志》《新唐志》录其集二卷。 2. 《全晋诗》卷八录其诗三首。 3. 《全晋文》卷一百二十四录其文一篇。
	155. 王讚（245？—311）字正长，义阳人。	1. 《隋志四》录其集五卷，《旧唐志》录其集三卷，《新唐志》录其集二卷。 2. 《全晋文》卷八十六录其文二篇。 3. 《全晋诗》卷八录其诗五首。
	156. 挚虞（252—311）字仲洽，京兆长安人。《晋书》卷51有传。	1. 《隋志二》《新唐志》录《决疑要注》一卷。 2. 《隋志二》《旧唐志》《新唐志》录其注《三辅决录》七卷。 3. 《隋志二》《旧唐志》《新唐志》录《文章志》四卷。 4. 《隋志四》录其集九卷，《旧唐志》二卷，《新唐志》十卷。 5. 《隋志四》录其《文章流别集》四十三卷、《文章流别志》《流别论》二卷，《旧唐志》《新唐志》录《文章流别集》三十卷。 6. 《全晋诗》卷八录其诗六首。 7. 《全晋文》卷七十六至卷七十七录其赋五首、文五十五篇。

---

① 《江氏家传》，《隋志》是江统的父亲"江祚撰"，而《新唐志》则是"江饶撰"。

② 《全晋文》署名王钤，严可均疑为王铨。

续表

家族	姓名	著述情况
三十二 济阳 江氏	157. 虞溥（250？—311？） 字允源，高平昌邑人。《晋书》卷82有传。	1.《旧唐志二》《新唐志》录其《江表传》五卷。 2.《隋志四》《旧唐志》《新唐志》录其集二卷。① 3.《晋书》：注《春秋》经、传，撰《江表传》及文章诗赋数十篇。 4.《全晋文》卷七十九录其文四篇。
	158. 郭象（？—312） 字少玄，河南人。《晋书》卷50有传。	1.《隋志一》《旧唐志》《新唐志》录其《论语体略》二卷。② 2.《隋志一》录《论语隐》一卷。 3.《隋志三》录《庄子》注三十卷、目一卷。《旧唐书》《新唐书》录十卷。 4.《隋志三》录其《庄子音》三卷。 5.《隋志四》录其集二卷，《旧唐志》《新唐志》录其集五卷。 6.《全晋文》卷七十五录其文一篇。
三十三 吴郡 顾氏	159. 顾荣（？—312） 字彦先，吴郡吴县人。《晋书》卷68有传。	1.《隋志四》《新唐志》录其集五卷，《旧唐志》录其集二卷。 2.《全晋文》卷九十五录其文五篇。
	160. 顾祕 字公真。	《全晋诗》卷五录其诗一首。
三十四 陈郡 袁氏	161. 袁準（237？—316） 字孝尼，陈郡阳夏人。《晋书》卷83《袁瑰传》附传，《魏志·袁涣传》注引。	1.《隋志一》录《丧服经传》一卷，《旧唐志》录《丧服纪》一卷，《新唐志》录《仪礼》注一卷，《清史稿》录《丧服经传》一卷。 2.《隋志三》录《袁子正论》十九卷，《旧唐志》录二十卷，《清志》录二卷。 3.《隋志三》《旧唐志》《新唐志》录《正书》二十五卷，《清志》录一卷。 4.《隋志四》《旧唐志》《新唐志》均录其集二卷。 5.《全晋文》卷五十四至卷五十五录其文五篇，《正书》一卷。
三十五 吴郡 张氏	162. 张翰（258？—319？） 字季鹰，吴郡吴人。《晋书》卷92有传。	1.《隋志四》《旧唐志》《新唐志》录其集二卷。 2.《全晋文》卷一百七录其赋三首、文一篇。 3.《全晋诗》卷七录其诗六首。
	163. 阎缵③（约卒于元康后） 字续伯，巴西安汉人。《晋书》卷48有传。	1.《隋志四》《旧唐志》《新唐志》录其集二卷。 2.《全晋文》卷一百五录其文四篇。 3.《全晋诗》卷四录其诗一首。
	164. 段灼（武帝朝人） 字休然，敦煌人。《晋书》卷48有传。	《全晋文》卷六十六录其文四篇。

---

① 《隋志四》称虞溥为"东晋鄱阳太守"，查《晋书》本传，虞溥卒于西晋。两者矛盾，姑从《晋书》。
② 《旧唐志》称《语体略》，《新唐志》称《体略》。
③ 《隋志》《旧唐志》《新唐志》均作阎缵，《晋书》本传作阎缵，《晋书·杨骏传》作阎纂。

350 附录 《西晋士人及著述列表》

续表

家族	姓名	著述情况
三十五 吴郡 张氏	165. 王峻	《隋志四》《旧唐志》《新唐志》录其集二卷。
	166. 刘许 字文生，涿郡人。《三国志·魏书》卷14《刘放传》裴松之注介绍。	《隋志四》《旧唐志》《新唐志》录其集二卷。
	167. 秦秀 字玄良，新兴云中人。《晋书》卷50有传。	《全晋文》卷七十八录其文四篇。
三十六 高阳 许氏	168. 许孟① 字子豹，高阳人。《世说新语·贤媛8》注引《世语》《晋诸公赞》中有介绍。	1.《隋志四》录其集三卷，《旧唐志》《新唐志》录二卷。 2.《全晋文》卷八十三录其文四篇。
	169. 张敏 太原中都人。《晋书·张载传》提及。	1.《隋志四》《旧唐志》《新唐志》录其集二卷。 2.《全晋文》卷八十录其赋二首、文二篇。
三十七 高平 王氏	170. 王沈 字彦伯，高平人。《晋书》卷92有传。	《全晋文》卷八十九录其文一篇。
三十八 吴郡 蔡氏	171. 蔡洪 字叔开，吴郡人。《晋书》卷92介绍。《世说新语》记有其入洛对吴士人的评价。	1.《隋志三》录其《蔡氏化清经》十卷，《旧唐志》《新唐志》录其《清化经》十卷。② 2.《隋志四》《旧唐志》《新唐志》录其集二卷。 3.《全晋文》八十一录其赋二首、文二篇。
	172. 殷兴 吴郡云阳人。荀绰《士人传》介绍。	1.《隋志一》《旧唐志》《新唐志》录其《春秋左氏释滞》十卷。 2.《隋志三》《旧唐志》《新唐志》录其《通语》十卷，《清志三》录其一卷。③ 3.《全晋文》卷八十一录其文一篇。
	173. 殷巨 字元大，吴郡云阳人。（兴子）《吴志·顾劭传》注引《士人传》介绍。	1.《隋志四》《旧唐志》《新唐志》录其集二卷。 2.《全晋文》卷八十一录其赋二首。
	174. 殷佑 字庆元，吴郡云阳人。（巨子）	《全晋文》卷八十一录其文一篇。
	175. 江伟（生卒年不详） 陈留襄邑人。	1.《隋志四》录其集六卷，《旧唐志》《新唐志》录其集五卷。 2.《全晋诗》卷一录其诗二首。 3.《全晋文》卷六十七录其文二篇。

① 《隋志》《旧唐志》《新唐志》均作许孟；《晋书》卷四十、卷四十六、卷九十四均作许猛，高阳人，曾任博士、幽州刺史。
② 《旧唐志》《新唐志》均作《清化经》。
③ 殷兴，又作殷基，三国吴殷礼之子。平吴后入晋。《清史稿·艺文志》"殷兴"作"殷基"。《通语》《旧唐志》《新唐志》作"殷兴续撰"。

续表

家族	姓名	著述情况
三十八 吴郡 蔡氏	176. 程咸（生卒年不详）字延休。王隐《晋书·补遗》介绍。《晋书·何曾传》及干宝《晋纪》提及。	1.《隋志四》录其集三卷，《旧唐志》《新唐志》录其集二卷。 2.《全晋诗》卷一录其诗二首。 3.《全晋文》卷四十四录其文三篇。
	177. 卢播① 字景宣，陈留人。阮籍有《与晋文王书荐卢播》文，时卢播已三十岁。	1.《隋志四》录其集一卷，《旧唐志》《新唐志》录其集二卷。 2.《全晋文》卷八十九录其文一篇。
	178. 宣舒（生卒年不详）字幼骥，陈郡人。	1.《旧唐志》《新唐志》录其《通易象论》一卷。 2.《隋志三》《旧唐志》《新唐志》录《宣子》二卷。 3.《隋志四》录其集五卷，《旧唐志》《新唐志》录其集三卷。② 4.《全晋文》卷六十七录其文二篇。
	179. 栾肇（生卒年不详）字永初，泰山高平人。曾任广陵太守。	1.《隋志一》录其《周易象论》三卷，《旧唐志》《新唐志》均录一卷。③ 2.《隋志一》《旧唐志》《新唐志》录其《论语释疑》十卷。 3.《隋志一》《旧唐志》《新唐志》录其《论语驳序》二卷。 4.《隋志四》《新唐志》录其集五卷，《旧唐志》录其集二卷。
三十九 颍川 钟氏	180. 钟琰 颍川长社人，**钟繇曾孙**。余嘉锡《世说新语·贤媛12》笺疏中简介。	1.《隋志四》录《王浑妻钟夫人集》五卷，《旧唐志》《新唐志》录其集二卷。 2.《全晋诗》卷一录其诗一首。
	181. 孙毓④（？—278？）字休朗，东莞人⑤。	1.《隋志一》《旧唐志》《新唐志》均录其《毛诗异同评》十卷，《清志一》录三卷。 2.《隋志一》录其《礼记音》二卷。 3.《隋志一》录其《春秋左氏传义注》十八卷，《旧唐志》《新唐志》均录三十卷。 4.《隋志一》《旧唐志》《新唐志》均录其《春秋左氏传贾、服异同略》五卷。 5.《隋志三》《旧唐志》《新唐志》录其《孙氏成败志》三卷，《清志》录一卷。 6.《隋志四》录其集六卷，《旧唐志》《新唐志四》录其集五卷。 7.《全晋文》卷六十七录其文十五篇。

---

① 严可均《全晋文卢播小序》指出：此卢播与不救援周处的卢播非同一人。
② 《隋志》是"宣舒"，《旧唐志》《新唐志》则作"宣聘"或"宣骋"（《新唐志》别集）。
③ 《隋志一》是栾肇撰，《旧唐志》称字，栾永初撰，《新唐志》是栾肇撰。
④ 《晋辟雍碑》刻于晋咸宁四年（278），碑阴刻有孙毓姓名，则咸宁四年，孙毓应当仍在世。
⑤ 陆德明《经典释文》言是北海平昌人。

续表

家族	姓名	著述情况
三十九 颍川 钟氏	182. 王叔和（201—280） 名熙，高平人。	1.《隋志三》录其《脉经》十卷，《王叔和论病》六卷。 2.《旧唐志》《新唐志》录其《张仲景药方》十五卷。 3.《新唐志三》录其《伤寒卒病论》十卷。
	183. 刘徽（225？—295？） 山东邹平人。	1.《隋志三》《旧唐志》《新唐志》录其《九章重差图》一卷。 2.《隋志三》录其《九章算术》十卷。 3.《旧唐志》《新唐志》录其《海岛算经》一卷。
	184. 陈邵① 字节良，东海襄贲人。《晋书》卷91有传。	1.《隋志一》《旧唐志》《新唐志》录其《周官礼异同评》十二卷，《清志》录《周官礼异同评》一卷。 2.《全晋文》卷七十八录其文一篇。
	185. 徐苗（？—302） 字叔胄，高密淳于人。《晋书》卷91有传。	1.《隋志三》《旧唐志》《新唐志》录《周易筮占》二十四卷。 2.《晋书》：《五经异同评》。
	186. 王长文（238—302） 字德睿，广汉人。王隐《晋书》卷9有传，《华阳国志》有传，《晋书》卷82有传。	《隋志三》录其《通经》二卷。 《华阳国志》：著《无名子》十二篇。
	187. 郤诜 字广基，济阴单父人。《晋书》卷52有传。	《全晋文》卷七十八录其文三篇。
	188. 伊说②	1.《隋志一》录其《尚书义疏》四卷，《旧唐志上》《新唐志一》录其《尚书释义》四卷。 2.《隋志一》录其《周官礼》十二卷注，《旧唐志》《新唐志》均录十卷。③
四十 陈国 谢氏	189. 谢衡（240—300） 字德平，陈国阳夏人。（谢鲲父）《晋书》卷49《谢鲲传》介绍。	1.《隋志四》《旧唐志》《新唐志》录其集二卷。 2.《全晋文》卷八十三录其文三篇。
	190. 孔晁（武帝时为博士）	1.《隋志一》录其《尚书义问》三卷。 2.《隋志一》录其《春秋外传国语》二十卷，《新唐志》录《国语解》二十一卷。 3.《旧唐志二》《新唐志》录其注《周书》八卷，《宋志》录其注《汲冢周书》十卷。 4.《旧唐志二》《新唐志》录其《晋明堂郊社议》三卷。 5.《全晋文》卷七十三录其文二篇。
	191. 刘逵 济南人。《晋书》《赵王伦传》及《傅祇传》等提及。	1.《隋志一》录其《丧服要记》二卷。 2.《隋志四》录张载及晋侍中刘逵、晋怀令卫权注左思《三都赋》三卷。 3.《全晋文》卷一百五录其文一篇。

---

① 《隋志一》作"陈劭"。《晋书》本传及新旧唐书均作"陈邵"。魏末晋初人，据本传约泰始年间去世。《周官礼异同评》，《旧唐志》《新唐志》为《周官论评》。

② 伊说，乐安王友，应为西晋人，或主要生活在西晋。

③ 《旧唐志》为"《周官礼》十卷伊说撰"，《隋志》《新唐志》为"伊说注"。

续表

家族	姓名	著述情况
四十 陈国 谢氏	192. 张靖 字彦贞，中山人。 据《晋书》，张靖泰始间为礼官参议博士。	1.《隋志一》录其《穀梁传》十卷注，《旧唐志》《新唐志》录《穀梁传集解》十卷。 2.《隋志一》《旧唐志》《新唐志》均录其《春秋穀梁废疾》三卷笺。 3.《全晋文》卷七十八录其文二篇。
	193. 京相璠（裴秀客）	《隋志一》《隋志二》《新唐志一》录《春秋土地名》三卷。
	194. 吕忱	《隋志一》《新唐志》录其《字林》七卷，《旧唐志》录十卷。
	195. 吕静 （忱弟）	《隋志一》录《韵集》六卷，《旧唐志》《新唐志》录五卷。
	196. 张斐 《晋书·刑法志》有提及①。	1.《隋志二》录其《汉晋律序注》一卷、《杂律解》二十一卷，《新唐志》录其《律解》二十卷，《旧唐志》录其《律解》二十一卷。 2.《全晋文》卷七十五录其文一篇。
	197. 王懋约	1.《隋志一》《旧唐志》《新唐志》均录其《周官宁朔新书》八卷。② 2.《隋志一》录其《礼记宁朔新书》八卷注，《旧唐志》《新唐志》录其二十卷注。
	198. 张骘③	《隋志二》《旧唐志》《新唐志》录其《文士传》五十卷。
	199. 郭颁 字长公。	1.《隋志二》录其《魏晋世语》十卷，《旧唐志》录其《魏晋代语》十卷，《新唐志》录其《魏晋代说》十卷。④ 2.《隋志三》录其《群英论》一卷。
	200. 白褒 《山涛传》载有白褒奏山涛。《刘颂传》言：咸宁中诏刘颂与白褒巡抚荆扬。	《隋志二》录其《鲁国先贤传》二卷，《旧唐志》《新唐志》录十四卷。
	201. 王嬰	《隋志三》录其《古今通论》二卷，《旧唐志》《新唐志》录三卷。
	202. 杨泉 字德渊，别名杨子，梁国睢阳人。	1.《隋志三》《旧唐志》《新唐志》录其《杨子物理论》十六卷、《大元经》十四卷。⑤ 2.《隋志四》录其集一卷。

---

① 《晋书·刑法志》作"张裴"。《南齐书·孔稚珪传》及《隋志》等皆作"张斐"。
② 《周官宁朔新书》，《隋志》言王懋约撰，《旧唐志》曰王懋约注，《新唐志》则言司马伷撰。
③ 姚振宗《隋书·经籍志考证》认为是西晋人。
④ 在《隋志》《旧唐志》《新唐志》中，"世"与"代"常互用，如《帝王世纪》写作《帝王代纪》。
⑤ 《旧唐志》《新唐志》均作《太元经》。

354　附录　《西晋士人及著述列表》

续表

家族	姓名	著述情况
四十 陈国 谢氏	203. 鱼豢① 长鱼氏，京兆人。	1.《旧唐志二》录其《魏略》三十八卷，《新唐志》录五十卷。 2.《隋志二》录其《典略》八十九卷，《旧唐志》录五十卷。
	204. 杨乂 字玄舒，汝南人。	1.《隋书一》《旧唐志》《新唐志》均录其《周易卦序论》一卷。 2.《隋书一》《旧唐志》《新唐志》均录其《毛诗辨异》三卷。② 3.《隋志一》录其《毛诗异义》二卷、《毛诗杂义》五卷。 4.《隋志四》《旧唐志》《新唐志》录其集三卷。 5.《全晋文》卷八十九录其赋一首、文一篇。
	205. 吴商 字彦声，吴兴长城人。	1.《隋志》录其《礼难》十二卷、《杂议》十二卷、《礼议杂记故事》十三卷、《丧杂事》二十卷。 2.《旧唐志》《新唐志》录其《杂礼议》十一卷。 3.《隋志四》《旧唐志》《新唐志》录其集五卷。 4.《全晋文》卷四十四录其文七篇。
	206. 鲁胜 字叔时，代郡人。《晋书》卷94有传。	1.《全晋文》卷八十九录其文三篇。 2.《晋书》载其注《墨辩》四章，《刑》《名》二篇。
	207. 任熙	《华阳国志》：好述作，诗、谏、论、难皆灿烂。
	208. 胡济	1.《隋志四》《旧唐志》《新唐志》录其集五卷。 2.《全晋文》卷一百九录其赋二首、文二篇。
	209. 郑丰 字曼季，沛国人。《吴志》"大帝赤乌二年"注引《文士传》提及。	1.《隋志四》《旧唐志》《新唐志》录其集二卷。 2.《全晋文》卷一百九录其文三篇。 3.《全晋诗》卷6录其诗七首。
	210. 木华 字玄虚，渤海广川人。	《全晋文》卷一百五录其赋一首。
	211. 成粲 字伯阳，太康中博士。	《全晋文》卷八十六录其赋一首、文二篇。
	212. 陶佐	《隋志四》《旧唐志》《新唐志》录其集五卷。
	213. 杨建	《隋志四》录其集九卷。
	214. 陈略	《隋志四》《旧唐志》《新唐志》录其集二卷。
	215. 夏靖 字少明，会稽永兴人。（与陆机有诗赠答）	1.《隋志四》《旧唐志》《新唐志》录其集二卷。③ 2.《全晋诗》卷五录其诗一首。
	216. 崔寔（与汉代崔寔同名）爵里不详。	《全晋诗》卷五录其诗一首。

---

① 近人张鹏一《魏略辑本》言：魏鱼豢卒于太康后。
②《旧唐志》《新唐志》均作"《毛诗辩》三卷"。
③《旧唐志》《新唐志》均作"《夏侯靖集》二卷"。

续表

家族	姓名	著述情况
四十 陈国谢氏	217. 黄章 字伯仁，鲁国人。	《全晋文》卷一百五录其赋一首。
	218. 董养 字仲道，陈留浚仪人。《晋书》卷94有传。	《晋书》：贾后乱政喟叹隐居有《元化论》。
	219. 唐彬（244—294） 字儒宗，鲁国邹人。《晋书》卷42有传。	《全晋文》卷四十四录其文一篇。
	220. 魏舒（209—290） 字阳元，任城樊人。《晋书》卷41有传。	《全晋文》卷四十四录其文三篇。
四十一 琅琊诸葛氏	221. 诸葛绪 琅琊人。《晋书》卷31载：武帝受禅为卫尉。	《全晋文》卷四十四录其文一篇。
	222. 李苞 字孝章，谯国人。	《全晋文》卷四十四录其文二篇。
	223. 朱整（？—290） 臧荣绪《晋书》：字伟齐。《晋将相大臣年表》：泰始八年领吏部，十年右仆射。	《全晋文》卷四十四录其文二篇。
	224. 任茂	《全晋文》卷四十四录其文一篇。
	225. 董勋（入晋为议郎）	1.《隋志一》《旧唐志》《新唐志》录其《问礼俗》十卷，《清史志》录一卷。 2.《全晋文》卷四十四录其文一篇。
	226. 姜辑	《全晋文》卷四十四录其文四篇。
	227. 淳于睿	《全晋文》卷四十四录其文七篇。
	228. 孔瑄	《全晋文》卷四十四录其文一篇。
	229. 成洽 字休甫。	《全晋文》卷四十四录其文二篇。
	230. 胡烈（220—270） 字武玄，安定临泾人。**(兄胡奋)**	《全晋文》卷五十九录其文二篇。
	231. 李婉（225？—280？） 冯翊东县人。**(贾充前妻)**	1. 逯钦立《全晋诗》卷二录其与贾充联句诗一首。 2.《晋书·贾充传》载其有《女训》一书。 3.《隋志四》录贾充妻《李扶集》一卷。
四十二 东海王氏	232. 王恂（？—278） 东海人，字良夫。**(王肃子，武帝舅)**	《全晋文》卷五十九录其文一篇。
	233. 张邈（元康初卒） 字辽叔，巨鹿人。	《全晋文》卷六十五录其文三篇。
四十三 河南褚氏	234. 褚䂮 河南阳翟人。**(褚裒祖父)**	《全晋文》卷六十七录其文二篇。

家族	姓名	著述情况
四十三 河南 褚氏	235. 郭奕（？—287）字大业，太原阳曲人。《晋书》卷45有传。	《全晋文》卷六十七录其文一篇。
	236. 郝诩	《全晋文》卷六十七录其文一篇。
	237. 冯收 河东人。	《全晋文》卷六十七录其文一篇。
	238. 程猗	《全晋文》卷七十二录其文二篇。
	239. 管辰① 平原人。（管辂弟）	1.《隋志二》录其《管辂传》三卷，《旧唐志》《新唐志》录二卷。 2.《全晋文》卷七十二录其文一篇。
四十四 南阳 韩氏	240. 韩寿（？—290）南阳堵阳人。《晋书》卷40有传。	《全晋文》卷七十二录其文一篇。（《裴秖乞绝从弟耽丧服议》）
	241. 李彝	《全晋文》卷七十二录其文一篇。（《裴秖乞绝从弟耽丧服议》）
	242. 刘维	《全晋文》卷七十二录其文一篇。（《裴秖乞绝从弟耽丧服议》）
	243. 田岳	《全晋文》卷七十二录其文一篇。（《裴秖乞绝从弟耽丧服议》）
	244. 徐亶	《全晋文》卷七十二录其文一篇。（《裴秖乞绝从弟耽丧服议》）
	245. 张显（泰始初为议郎）	1.《隋志二》录其《逸民传》七卷，《旧唐志》《新唐志》录其《逸人传》三卷。② 2.《隋志三》录其《析言论》二十卷，《清史志》录一卷。 3.《隋志三》录其《古今训》一卷，《清史志》录一卷。 4.《全晋文》卷七十三录其文一篇。
	246. 姜铤	《全晋文》卷七十三录其文一篇。
	247. 刘意（泰始初为太常博士）	《全晋文》卷七十三录其文五篇。
	248. 刘克（泰始初为少府）	《全晋文》卷七十三录其文一篇。
	249. 爰幹（泰始初为太常博士）	《全晋文》卷七十三录其文一篇。
	250. 韩光（泰始初为太常博士）	《全晋文》卷七十三录其文四篇。
	251. 张髦（？—312）	《全晋文》卷七十三录其文一篇。
	252. 刘斌	《全晋文》卷七十五录其文一篇。
	253. 庞札	《全晋文》卷七十五录其文一篇。
	254. 李通	《全晋文》卷七十五录其文一篇。

---

① 丁国钧《隋书·经籍志考证》：卒于太康初。
② 唐代避李世民讳，故曰《逸人传》。

续表

家族	姓名	著述情况
四十四 南阳 韩氏	255. 孙和 陈留人。	《全晋文》卷七十五录其文一篇。
	256. 郭冲 金城人。	1.《旧唐志上》《新唐志二》录其《诸葛亮隐没五事》一卷。 2.《全晋文》卷七十五录其文一篇。
	257. 杜琬（泰始中为博士） 字文琰，京兆人	《全晋文》卷七十五录其文一篇。
	258. 王敞	《全晋文》卷七十五录其文二篇。
	259. 王崇 字幼远，广汉郪人。	《全晋文》卷七十八录其文二篇。（泰始七、八年与李密、陈寿等同入洛阳）
	260. 何攀（243—301） 字惠兴，蜀郡郫人，《晋书》卷45 有传。《华阳国志·后贤志》有传。	《全晋文》卷七十八录其文三篇。
	261. 陈逵（泰始末为博士）	《全晋文》卷七十八录其文二篇。
	262. 段畅（一作殷畅）① 字永弘，京兆人	《全晋文》卷七十八录其文三篇。
	263. 彭礼（一作彭权）	《全晋文》卷七十八录其文一篇。
	264. 张放（咸宁中博士）	《全晋文》卷七十九录其文一篇。
四十五 弘农 杨氏	265. 杨珧（？—291） 字文琚，弘农华阴人。《晋书》卷40《杨骏传》附传。	《全晋文》卷七十九录其文三篇。
	266. 杨济（？—291） 字文通，弘农华阴人。（珧弟）《晋书》卷40《杨骏传》附传。	《全晋文》卷七十九录其文二篇。
	《全晋文》卷七十九录其文一篇。	267. 赵休
	《全晋文》卷八十录其文一篇。	268. 李毅（？—306） 字允刚，广汉郪人。《华阳国志·后贤志》有传。
	《全晋文》卷八十录其文一篇。	269. 刘卞（？—299？） 字叔龙，东平须昌人。《晋书》卷36 有传。
四十六 太原 温氏	270. 温羡（？—306） 字长卿，太原祁人。《晋书》卷44 有传。	《全晋文》卷八十录其文一篇。
	《全晋文》卷八十一录其文一篇。	271. 蔡珪 汝南人。《晋书》卷61《周浚传》提及。

---

① 段畅：《晋辟雍碑》碑阴刻的是"叚畅"。

续表

家族	姓名	著述情况
四十七 会稽 虞氏	272. 虞耸 字世龙，会稽余姚人。（虞翻子）	《全晋文》卷八十二录其文二篇。
	273. 虞昺 字子文，会稽余姚人。（耸弟）	《全晋文》卷八十二录其文一篇。
	274. 张恽（太康初领博士）	《全晋文》卷八十三录其文一篇。
	275. 郭钦 西河人。	《全晋文》卷八十三录其文二篇。
	276. 震	《全晋文》卷八十三录其文一篇。
	277. 梁柳（？—306？） 皇甫谧表弟	《全晋文》卷八十四录其文一篇。
	278. 刘汉	《全晋文》卷八十四录其文一篇。
	279. 遂殷	《全晋文》卷八十六录其文一篇。
	280. 丘众	《全晋文》卷八十六录其文一篇。
	281. 安虑 字仲元。	《全晋文》卷八十六录其文一篇。
	282. 孙尹 字文旗，乐安人。	《全晋文》卷八十六录其文一篇。
	283. 朱则	《全晋文》卷八十六录其文一篇。
	284. 卢无忌	《全晋文》卷八十六录其文一篇。
	285. 陈总（？—300）	《全晋文》卷八十六录其文一篇。
	286. 步熊（？—304） 字叔罴，阳平发干人。《晋书》卷95有传。	《全晋文》卷八十六录其文二篇。
	287. 刘世明	《全晋文》卷八十六录其文一篇。
	288. 卞推	《全晋文》卷八十九录其文七篇。
	289. 苟晞（？—312） 字道将，河内山阳人。《晋书》卷61有传。	《全晋文》卷八十九录其文三篇。
	290. 滕并 南阳西鄂人（滕修子）。	《全晋文》卷八十九录其文一篇。
	291. 程晓 字季明，东郡东阿人。	《全晋诗》卷一录其诗一首。 《全三国文》卷三十九录其文三篇。
	292. 苏宙 赵国人。	《全晋文》卷九十五录其文一篇。
	293. 卫权 字伯舆，陈留人。（卫臻孙）	1.《隋志四》录张载及晋侍中刘逵、晋怀令卫权注左思《三都赋》三卷。 2.《全晋文》卷一百五录其文一篇。
	294. 周哀	《全晋文》卷一百五录其文一篇。

续表

家族	姓名	著述情况
	295. 孙兆	《全晋文》卷一百五录其文一篇。
	296. 刘繇	《全晋文》卷一百五录其文一篇。
	297. 缪应世（一作世应）	《全晋文》卷一百七录其文一篇。
	298. 张观	《全晋文》卷一百九录其文一篇。
	299. 刘亶、留颂	《全晋文》卷一百九录其文一篇。
	300. 马平	《全晋文》卷一百九录其文一篇。
	301. 车永 字茂安。	《全晋文》卷一百九录其文二篇。
	302. 王琨	《全晋文》卷一百九录其文一篇。
	303. 李矩（？—317?） 字世回，平阳人。《晋书》卷63有传。	《全晋文》卷一百九录其文二篇。
	304. 张林（卒于永康年间） 常山真定人。	《全晋文》卷一百九录其文二篇。
	305. 郑方（卒于永宁间） 字子回。《晋书》卷59有传。	《全晋文》卷一百九录其文一篇。
	306. 王豹（卒于永宁间） 顺阳人。《晋书》卷89有传。	《全晋文》卷一百九录其文二篇。
四十七 会稽 虞氏	307. 华简	《全晋文》卷一百十三录其文一篇。
	308. 李蕊	《全晋文》卷一百十三录其文一篇。
	309. 耿藤（卒于永康初） 中山人。	《全晋文》卷一百十三录其文一篇。
	310. 鲁褒 字元道，南阳人。《晋书》卷94有传。	《全晋文》卷一百十三录其文一篇。
	311. 范頵	《全晋文》卷一百十三录其文一篇。
	312. 王堪（？—309） 字世胄，东平人。《世说新语·赏誉》介绍。	《全晋文》卷一百十三录其文二篇。 《宋书》卷十四：王堪私撰《冠仪》。
	313. 高齐	《全晋文》卷一百十六录其文一篇。
	314. 李猛	《全晋文》卷一百十六录其文二篇。
	315. 孙辨	《全晋文》卷一百十六录其文一篇。
	316. 修肃	《全晋文》卷一百十六录其文一篇。
	317. 刘陶	《全晋文》卷一百二十四录其文一篇。
	318. 刘坦	《全晋文》卷一百二十四录其文一篇。
	319. 毛孟	《全晋文》卷一百二十四录其文一篇。
	320. 习嘏	《全晋文》卷一百二十四录其赋一篇。

360　附录　《西晋士人及著述列表》

续表

家族	姓名	著述情况
	321. 吕会	《全晋文》卷一百二十七录其文一篇。
	322. 严宪（杜有道妻，杜预伯母）	《全晋文》卷一百四十四录其文一篇。
	323. 阮氏（阮咸姑姑）	《全晋文》卷一百四十四录其文一篇。
	324. 卫氏（卫瓘女）	《全晋文》卷一百四十四录其文一篇。
	325. 湛氏（陶潜母）	《全晋文》卷一百四十四录其文一篇。
	326. 辛萧（傅统妻）	《全晋文》卷一百四十四录其文三篇。
	327. 绿珠（石崇妾）	《全晋诗》卷四录其诗一首。
	328. 翔凤（石崇妾）	《全晋诗》卷四录其诗一首。
	329. 苏伯玉妻	1.逯钦立《全晋诗》卷二录其《盘中诗》一首。 2.《玉台新咏》录其诗一首。
	330. 陈玢（徐藻妻）①	《隋志四》录其集五卷。
	331. 刘伶	《全晋文》卷七十八录其文一篇。
	332. 王宫	《全晋文》卷八十四录其文一篇。
四十七 会稽 虞氏	333. 辛旷 安定人。	1.逯钦立《全晋诗》卷二录其诗一首。 2.《全晋文》卷七十二录其文一篇。
	334. 闵鸿 广陵人。《世说新语》言，入晋曾赞吴士人。	1.《隋志四》录其集三卷，《旧唐志》《新唐志四》均录其集二卷。 2.《全三国文》卷七十四录其赋四首、文一篇。
	336. 董京 《晋书》卷94 有传。	《全晋诗》卷二录其诗三首。
	336. 杨伟② 字世英，冯翊人。	1.《隋志三》录其《桑丘先生书》二卷。 2.《隋志三》《旧唐志》《新唐志》均录其《时务论》十二卷，《清史志》录一卷。 3.《隋志三》《旧唐志》《新唐志》录其《景初历》三卷。 4.《隋志三》录其《景初历术》二卷、《景初历法》三卷、《刻漏经》三卷。 5.《全晋文》卷三十录其文四篇。
	337. 陈卓（230？—320？） 吴人。	1.《隋志三》录其《天文集占》十卷，《旧唐志》《新唐志》录七卷。 2.《隋志三》《新唐志》录其《五星占》一卷，《旧唐志》录二卷。 3.《隋志三》《旧唐志》《新唐志》录其《四方星占》一卷。③ 4.《隋志三》录其《石氏星经》七卷、《天官星占》十卷。

①　姚振宗考为徐邈母（据文学家大辞典）。
②　魏时作《景初历》，《旧唐志》作"杨祎"。
③　《隋志三》作《四方宿占》。

续表

家族	姓名	著述情况
	338. 蔡玄通	《隋志四》录其集五卷。
	339. 马朗	《隋志三》：《围棋势》二十九卷，晋赵王伦舍人马朗等撰。
	340. 郭义恭	《隋志三》《新唐志》《清史志》录其《广志》二卷。
	341. 蜀才①	1.《隋志一》《旧唐志》《新唐志》均录其《周易》注十卷。 2.《隋志三》《旧唐志》《新唐志》均录《老子》注二卷。
	342. 陈符 巴西安汉人。	《华阳国志》载：为陈寿侄子，所作数十篇。
	343. 陈莅 巴西安汉人。	《华阳国志》载：为陈寿侄子，所作数十篇。
	344. 陈阶 巴西安汉人。	《华阳国志》载：为陈寿侄子，所作数十篇。
四十七 会稽虞氏	345. 卫操（？—310）（十六国人） 《魏书》卷26有传。	有《大邘碑》。
	346. 贾彪	《全晋文》卷八十九录其赋一首。
	347. 伏伟	《隋志四》录其集一卷。
	348. 杜崧（嵩） 庐江人。	《隋志》录《任子春秋》一卷。
	349. 张韩	《全晋文》卷一百七录其文一篇。
	350. 王化	《华阳国志》载：有《蜀书》及诗赋之属数十篇。
	351. 杜万年	《全晋文》卷六十七录其赋一首。
	352. 陈铨	《隋志一》录其《丧服经传》一卷。
	353. 杜袭（入晋）	《华阳国志》：有《蜀后志》。
	354. 黄容	《华阳国志》：《家训》《梁州巴纪》《姓族》《左传抄》，凡数十篇。
	355. 崔君苗	程章灿《先唐赋存目》录其赋三首。
	356. 何道彦	程章灿《先唐赋存目》录其赋三首。
	357. 王范 南海人②。	《新唐志》录其《交广二州记》一卷。

---

① 陆德明《经典释文·序录》及颜延之《家训·书证篇》认为"蜀才"是范长生。晋常璩《华阳国志》有传。据《晋书·李特、李雄载记》，范长生是李雄的谋士。
② 《广东通志》卷44《人物志》有王范传。其著述见《三国志·吴志·孙策传》裴松之注："臣松之案：太康八年，广州大中正王范上《交广二州春秋》。"

续表

家族	姓名	著述情况
四十七 会稽 虞氏	358. 郭琦 字公伟，太原晋阳人。《晋书》卷94有传。	《晋书》本传：作《天文志》《五行传》，注《穀梁》《京氏易》百卷。
	359. 周馥（？—311） 字祖宣，汝南安成人。（周浚从父弟）《晋书》卷61有传。	《全晋文》卷八十六录其文一篇。
	360. 仲长敖	《全晋文》卷八十六录其文一篇。
	361. 曾环	1.《全晋文》卷八十九录其文一篇。 2.《隋志》《旧唐志》《新唐志》均录其集三卷。①
	362. 贾彬	《全晋文》卷八十九录其赋一首。
	363. 张翼	《全晋文》卷八十九录其文一篇。

① 《隋志》《旧唐志》《新唐志》均为《曾瑰集》，而非《曾环集》。

参考文献

古　籍

经　部

（汉）毛公传，（汉）郑玄笺，（唐）孔颖达等正义：《毛诗正义》，见《十三经注疏》之三，上海古籍出版社1990年版。

（汉）毛公传，（汉）郑玄笺，（唐）孔颖达等正义：《毛诗正义》，北京大学出版社1999年版。

（汉）郑玄注，（唐）贾公彦疏：《周礼注疏》，见（清）阮元校刻《十三经注疏》之四，上海古籍出版社1990年版。

（汉）郑玄注，（唐）贾公彦疏：《仪礼注疏》，见（清）阮元校刻《十三经注疏》之五，上海古籍出版社1990年版。

（汉）郑玄注，（唐）孔颖达疏：《礼记正义》，见（清）阮元校刻《十三经注疏》之六，上海古籍出版社1990年版。

（汉）郑玄注，（唐）孔颖达正义，吕友仁整理：《礼记正义》，上海古籍出版社2008年版。

（汉）郑玄注，（唐）孔颖达疏：《春秋左传正义》，见（清）阮元校刻《十三经注疏》之七，上海古籍出版社1990年版。

（汉）郑玄注，（唐）孔颖达疏：《春秋左传正义》，北京大学出版社1999年版。

（魏）何晏等注，（宋）邢昺疏：《论语注疏》，见（清）阮元校刻《十三经注疏》之十一，上海古籍出版社1990年版。

（唐）杨倞注，耿芸标校：《荀子》，上海古籍出版社2014年版。

（宋）朱熹撰，赵长征点校：《诗集传》，中华书局2017年版。

（宋）朱熹：《论语集注》，齐鲁书社 1992 年版。
（宋）真德秀撰，朱人求校点：《大学衍义》，华东师范大学出版社 2010 年版。
（清）焦循注：《孟子正义》，上海书店 1986 年版。
（晋）郭璞注，王世伟校点：《尔雅》，上海古籍出版社 2015 年版。

史　　部

（战国）左丘明：《国语》，上海古籍出版社 2015 年版。
（汉）司马迁撰，（南朝宋）裴骃集解，（唐）司马贞索隐，（唐）张守节正义：《史记》，中华书局 1959 年版。
（唐）司马贞索隐，王璐、赵望秦整理：《史记索隐》，陕西师范大学出版社 2018 年版。
（东汉）班固撰，（唐）颜师古注：《汉书》，中华书局 1962 年版。
（南朝宋）范晔撰，（唐）李贤注：《后汉书》，中华书局 1965 年版。
（东汉）刘珍等撰，吴树平校注：《东观汉记校注》，郑州古籍出版社 1987 年版。
（晋）陈寿撰，（南朝宋）裴松之注：《三国志》，中华书局 2006 年版。
（晋）常璩撰：《华阳国志》，齐鲁书社 2010 年版。
（南朝梁）沈约：《宋书》，中华书局 1974 年版。
（南朝梁）萧子显：《南齐书》，中华书局 1972 年版。
（唐）房玄龄等：《晋书》，中华书局 1974 年版。
（北齐）魏收：《魏书》，吉林人民出版社 1995 年版。
（唐）李延寿：《南史》，中华书局 1975 年版。
（唐）姚思廉：《梁书》，中华书局 2000 年版。
（唐）魏征等撰：《隋书》，中华书局 1973 年版。
（唐）刘知几撰，（清）浦起龙通释，吕思勉评，李永圻、张耕华导读整理：《史通》，上海古籍出版社 2008 年版。
（唐）杜佑撰，王文锦等点校：《通典》，中华书局 1992 年版。
（五代）刘昫：《旧唐书》，中华书局 1975 年版。
（宋）王溥：《唐会要》，上海古籍出版社 2006 年版。
（宋）欧阳修、宋祁撰：《新唐书》，中华书局 1975 年版。
（宋）司马光主编，（元）胡三省注：《资治通鉴》，中华书局 1956 年版。
（宋）郑樵：《通志》，浙江古籍出版社 1988 年版。
（宋）孙逢吉：《职官分纪》，中华书局 1988 年版。

（宋）王溥：《唐会要》，上海古籍出版社2006年版。
（元）马端临：《文献通考》，中华书局1986年版。
（清）章学诚：《文史通义》，上海书店1988年版。
（清）侯康：《补三国艺文志》，中华书局1985年版。
（清）丁国均：《补晋书艺文志》，见《二十五史补编》，开明书店1936年版。
（清）黄逢元：《补晋书艺文志》，见《二十五史补编》，开明书店1936年版。
（清）姚振宗：《三国艺文志》，见《二十五史补编》，开明书店1936年版。
（清）姚振宗：《隋书经籍志考证》，见《二十五史补编》，开明书店1936年版。
（清）章宗源：《隋书经籍志考证》，见《二十五史补编》，开明书店1936年版。
（清）汤球辑：《九家旧晋书》，见《二十五史别史》，齐鲁书社2000年版。
（清）永瑢等：《四库全书总目提要》，中华书局1965年版。
（清）赵翼撰，王树民校证：《二十二史札记校证》，中华书局1984年版。
（清）王鸣盛：《十七史商榷》，商务印书馆1937年版。
（清）钱大昕撰，方诗铭、周殿杰点校：《二十一史考异》，上海古籍出版社2004年版。
（清）谢旻修，陶成等纂：《江西通志》，成文出版社1989年版。
卢弼：《三国志集解》，上海古籍出版社2012年版。
吴士鉴：《补晋书经籍志》，见《二十五史补编》，开明书店1936年版。
秦荣光：《补晋书艺文志》，见《二十五史补编》，开明书店1936年版。
文廷式：《补晋书艺文志》，见《二十五史补编》，开明书店1936年版。
张鹏一：《隋书经籍志补》，见《二十五史补编》，开明书店1936年版。

子　　部

（汉）董仲舒：《春秋繁露·三代改制质》，见程荣纂辑《汉魏丛书》，吉林大学出版社1992年版。
（晋）葛洪著，王明校笺：《抱朴子内篇校笺》，中华书局1985年版。
（战国）荀况著，（唐）杨倞注，耿芸标校：《荀子》，上海古籍出版社2014年版。

陈鼓应注译：《庄子今注今译》，中华书局 2009 年版。
（晋）葛洪著，杨明照校笺：《抱朴子外篇校笺》，中华书局 1991 年版。
（北齐）颜之推撰，（宋）赵敬夫注，颜敏翔校点：《颜氏家训集解》，上海古籍出版社 2017 年版。
（唐）徐坚等：《初学记》，中华书局 1962 年版。
（唐）欧阳询等：《艺文类聚》，上海古籍出版社 2013 年版。
（宋）魏庆之：《诗人玉屑》，中华书局 1978 年版。
（宋）李昉：《太平御览》，上海古籍出版社 2008 年版。
（清）何焯撰，崔高维点校：《义门读书记》，中华书局 1987 年版。
（清）皮锡瑞著，周予同注释：《经学历史》，中华书局 2008 年版。

集　部

（汉）王符著，汪继培笺：《潜夫论》，上海古籍出版社 1978 年版。
（汉）崔寔著，石声汉校：《四民月令》，中华书局 2013 年版。
（汉）徐干著，龚祖培校点：《中论》，辽宁教育出版社 2001 年版。
（南朝梁）萧统编，（唐）李善注：《文选》，中华书局 1977 年版。
（南朝梁）萧统编，（唐）李善注：《文选》，上海古籍出版社 1986 年版。
（唐）陆德明撰，黄焯汇校：《经典释文》，中华书局 1983 年版。
（唐）陆德明撰，张一弓点校：《经典释文》，上海古籍出版社 2012 年版。
（宋）杨侃：《两汉博闻》，中华书局 1985 年版。
（宋）王应麟著，栾保群、田松青校点：《困学纪闻》，上海古籍出版社 2015 年版。
（宋）王应麟，张三夕、杨毅点校：《汉制考·汉艺文志考证》，中华书局 2011 年版。
（宋）郭茂倩：《乐府诗集》，中华书局 1979 年版。
（明）张溥：《汉魏六朝百三家集题辞注》，中华书局 2007 年版。
（清）王夫之：《读通鉴论》，中华书局 2013 年版。
（清）张玉穀：《古诗赏析》，上海古籍出版社 2000 年版。
（清）陈沆：《诗比兴笺》，上海古籍出版社 1981 年版。
（清）严可均：《全汉文》，商务印书馆 1999 年版。
（清）严可均：《全后汉文》，商务印书馆 1999 年版。
（清）严可均：《全三国文》，商务印书馆 1999 年版。
（清）严可均：《全晋文》，商务印书馆 1999 年版。
（清）朱右曾辑，王国维校补：《古本竹书系年辑校》，辽宁教育出版社

1997年版。
（清）杨伦：《杜诗镜铨》，上海古籍出版社1980年版。
（清）仇兆鳌：《杜诗详注》，中华书局1979年版。
（唐）张怀瓘：《书断》，文渊阁四库全书全文电子检索版，上海人民出版社1999年版。
逯钦立辑校：《先秦汉魏晋南北朝诗》，中华书局1983年版。
刘永济校释：《文心雕龙校释》，武汉大学出版社2013年版。
王运熙、周锋：《文心雕龙译注》，上海古籍出版社2010年版。
（南朝梁）钟嵘撰，王叔岷笺证：《钟嵘诗品笺证稿》，中华书局2007年版。
（南朝梁）钟嵘撰，曹旭集注：《诗品集注》，上海古籍出版社1994年版。
余嘉锡笺疏：《世说新语笺疏》，中华书局1983年版。
徐震堮：《世说新语校笺》，中华书局1984年版。
（明）许学夷：《诗源辨体》，人民文学出版社1987年版。
（清）沈德潜选：《古诗源》，中华书局2006年版。
（晋）陆机撰，郝立权注：《陆士衡诗注》，人民文学出版社1958年版。
（晋）陆机撰，金涛声点校：《陆机集》，中华书局1982年版。
刘运好校注：《陆士衡文集校注》，凤凰出版社2007年版。
杨明校笺：《陆机集校笺》，上海古籍出版社2016年版。
（晋）陆云撰，黄奎点校：《陆云集》，中华书局1988年版。
（晋）潘岳撰，王增文校注：《潘黄门集校注》，中州古籍出版社2002年版。
（晋）潘岳撰，董志广校注：《潘岳集校注》，天津古籍出版社2005年版。
魏宏灿校注：《曹丕集校注》，安徽大学出版社2009年版。
肖占鹏：《隋唐五代文学理论汇编评注》，南开大学出版社2002年版。
（清）刘熙载：《艺概·赋概》，上海古籍出版社1978年版。
郭绍虞：《沧浪诗话校释》，人民文学出版社1983年版。
佚名：《唐钞文选集注汇存》，上海古籍出版社2000年版。

近人、今人论著

陈长琦：《六朝政治》，南京出版社2010年版。
陈寅恪：《崔浩与寇谦之》，见《金明馆丛稿初编》，生活·读书·新知三联书店 2015 年版。

陈寅恪撰，万绳楠整理：《魏晋南北朝史讲演录》，贵州人民出版社 2008 年版。

陈寅恪：《隋唐制度渊源略论稿》，上海古籍出版社 1982 年版。

戴燕：《魏晋南北朝文学史研究入门》，复旦大学出版社 2009 年版。

〔日〕宫崎市定：《九品官人法研究——科举前史》，韩昇、刘建英译，中华书局 2008 年版。

吕思勉：《吕思勉读史札记》，上海古籍出版社 1982 年版。

吕思勉著，马东峰主编：《两晋南北朝史》，北京理工大学出版社 2016 年版。

钱穆：《国史大纲》（修订本），商务印书馆 1994 年版。

牛润珍：《汉至唐初史官制度的演变》，河北教育出版社 1999 年版。

唐长孺：《魏晋南北朝史论丛》，商务印书馆 2010 年版。

田余庆：《东晋门阀政治》，北京大学出版社 2012 年第五版。

田余庆：《秦汉魏晋史探微》，中华书局 2004 年版。

王文清、许辉：《两晋史话》，北京出版社 1987 年版。

王永平：《汉晋间社会阶层升降与历史变迁》，社会科学文献出版社 2011 年版。

周一良：《魏晋南北朝史十二讲》，中华书局 2010 年版。

张国刚主编：《中国中古史论集》，天津古籍出版社 2003 年版。

张新科主编：《晋书解读》，华龄出版社 2006 年版。

章义和：《魏晋南北朝时期蝗灾述论》，见《魏晋南北朝史论文集》，巴蜀书社 2006 年版。

《中国魏晋南北朝史学会第八届年会暨缪钺先生百年诞辰国际学术研讨会——魏晋南北朝史论文集》，巴蜀书社 2006 年版。

朱希祖：《汲冢书考》，中华书局 1960 年版。

陈明：《儒学的历史文化功能——士族：特殊形态的知识分子研究》，学林出版社 1997 年版。

方北辰：《魏晋南北朝江东世家大族述论》，文津出版社 1991 年版。

何启民：《中古门第论集》，台湾学生书局 1978 年版。

唐长孺：《士族的形成和升降》，见唐长孺《魏晋南北朝史论拾遗》，中华书局 1983 年版。

王伊同：《五朝门第》，中华书局 2006 年版。

王永平：《六朝家族》，南京大学出版社 2003 年版。
吴正岚：《六朝江东世族的家学门风》，南京大学出版社 2003 年版。
钱穆：《略论魏晋南北朝学术文化与当时门第之关系》，见《中国学术思想史论丛》（第 2 册），安徽教育出版社 2004 年版。

孔毅：《魏晋名士》，巴蜀书社 1994 年版。
刘蓉：《汉魏名士研究》，中华书局 2009 年版。
罗宗强：《玄学与魏晋士人心态》，南开大学出版社 2003 年版。
马良怀：《魏晋士人讲演录》，广西师范大学出版社 2009 年版。
余英时：《士与中国文化》，上海人民出版社 2003 年版。
姜亮夫：《张华陆平原年谱》，古典文学出版社 1957 年版。
吴荣光：《历代名人年谱》，上海书店 1989 年版。
俞士玲：《陆机陆云年谱》，人民文学出版社 2009 年版。
张可礼：《三曹年谱》，齐鲁书社 1983 年版。

陈戍国：《中国礼制史》，湖南教育出版社 2002 年版。
程树德：《九朝律考》，商务印书馆 2010 年版。
吕建文：《中国古代宴饮礼仪》，北京理工大学出版社 2007 年版。
梁满仓：《魏晋南北朝五礼制度考论》，社会科学文献出版社 2009 年版。
唐长孺：《唐长孺社会文化史论丛》，武汉大学出版社 2001 年版。
万绳楠：《魏晋南北朝文化史》，东方出版中心 2007 年版。
王晓毅：《中国文化的清流——正始之音》，中国社会科学出版社 1991 年版。
许辉、邱敏、胡阿祥：《六朝文化》，江苏古籍出版社 2001 年版。

范子烨：《中古士人生活研究》，山东教育出版社 2001 年版。
毛汉光：《中国中古政治史论》，上海书店 2002 年版。
毛汉光：《中国中古社会史论》，上海书店 2002 年版。
宁稼雨：《魏晋风度——中古士人生活行为的文化意蕴》，东方出版社 1992 年版。
王瑶：《中古士人生活》，棠棣出版社 1951 年版。
朱大渭、刘驰、梁满仓、陈勇：《魏晋南北朝社会生活史》，中国社会科学出版社 1998 年版。

兰陵柳叶刀：《原来你是这样的西晋》，当代世界出版社 2018 年版。
张璟琳：《八王乱——西晋那时的权谋诡计》，江苏文艺出版社 2010 年版。
张文军：《乱世——血色西晋》，陕西人民出版社 2010 年版。

来新夏：《古典目录学》，中华书局 1991 年版。
王重民：《中国目录学史论丛》，中华书局 1984 年版。
余嘉锡：《目录学发微》，上海古籍出版社 2014 年版。
姚明达：《中国目录学史》，上海古籍出版社 2011 年版。
傅璇琮、谢灼华：《中国藏书通史》，宁波出版社 2001 年版。
刘跃进：《中古文学文献学》，江苏古籍出版社 1997 年版。
李致忠、周少川、张木早：《中国典籍史》，上海人民出版社 2004 年版。
孙钦善：《中国古文献学史简编》，高等教育出版社 2001 年版。
（清）王先谦撰集：《释名疏证补》，上海古籍出版社 1984 年版。
徐凌志：《中国历代藏书史》，江西人民出版社 2004 年版。

鲁迅：《而已集》，人民文学出版社 1976 年版。
鲁迅：《吃教》，见《准风月谈》，人民文学出版社 1977 年版。
钱钟书：《管锥编》，中华书局 1979 年版。
王国维：《观堂集林外二种》，河北教育出版社 2001 年版。

曹道衡：《汉魏六朝文学论文集》，广西师范大学出版社 1999 年版。
曹道衡、沈玉成：《中国文学家大辞典·先秦两汉魏晋南北朝卷》，中华书局 1996 年版。
曹道衡、沈玉成：《中古文学史料丛考》，中华书局 2003 年版。
陈钟凡：《汉魏六朝文学》，商务印书馆 1929 年版。
程章灿：《魏晋南北朝赋史》，江苏古籍出版社 2001 年版。
崔宇锡：《魏晋四言诗研究》，巴蜀书社 2007 年版。
丁福林：《东晋南朝的谢氏文学集团》，黑龙江教育出版社 1998 年版。
傅刚：《魏晋南北朝诗歌史论》，吉林教育出版社 1995 年版。
葛晓音：《八代诗史》，陕西人民出版社 1989 年版。
郭伯恭：《魏晋诗歌概论》，上海书店 1992 年版。
顾农：《左思三都赋及其序注综考》，见《文选论丛》，广陵书社 2007 年版。
胡阿祥：《魏晋本土文学地理研究》，南京大学出版社 2001 年版。

胡大雷:《中古文学集团》,广西师范大学出版社1996年版。
胡大雷:《中古赋学研究》,广西师范大学出版社2011年版。
胡德怀:《齐梁文坛与四萧研究》,南京大学出版社1997年版。
胡国瑞:《魏晋南北朝文学史》,上海文艺出版社1980年版。
黄亚卓:《汉魏六朝公宴诗研究》,华东师范大学出版社2007年版。
刘师培:《中国中古文学史讲义》,中国人民大学出版社2004年版。
刘运好:《魏晋哲学与诗学》,安徽大学出版社2003年版。
卢盛江:《魏晋玄学与中国文学》,百花洲文艺出版社2002年版。
罗宗强:《魏晋南北朝文学思想史》,中华书局1996年版。
梅家岭:《汉魏六朝文学新论》,北京大学出版社2004年版。
木斋:《古诗十九首与建安诗歌研究》,北京人民出版社2009年版。
聂石樵:《魏晋南北朝文学史》,中华书局2007年版。
钱志熙:《魏晋诗歌艺术原论》,北京大学出版社1993年版。
钱志熙:《魏晋南北朝诗歌史论》,北京大学出版社2005年版。
秦跃宇:《六朝士大夫儒玄兼治研究》,广陵书社2008年版。
渠晓云:《六朝文学与越地文化》,人民出版社2010年版。
阮忠:《中古诗人群体及其诗风演化》,武汉出版社2004年版。
蜀景慧:《魏晋诗人与政治》,中华书局2007年版。
孙宝:《儒学嬗变与魏晋文风建构》,人民文学出版社2014年版。
孙明君:《汉魏文学与政治》,商务印书馆2003年版。
唐翼明:《魏晋文学与玄学》,见《唐翼明学术论文集》,长江文艺出版社2004年版。
王洪军:《汉代博士士人群体与汉代文学》,中国社会科学出版社2010年版。
王锺陵:《中国中古诗歌史》,人民出版社2005年版。
翁礼明:《礼乐文化与诗学话语》,巴蜀书社2007年版。
萧涤非:《汉魏六朝乐府文学史》,人民文学出版社2011年版。
〔日〕兴膳宏:《六朝文学论稿》,彭恩华译,岳麓书社1986年版。
徐公持:《魏晋文学史》,人民文学出版社1999年版。
徐国荣:《玄学与诗学》,中国社会科学出版社2004年版。
徐家瑞:《中古文学概论》,上海亚东图书馆1925年版。
姚文铸:《汉魏六朝文学与儒学》,河北大学出版社1995年版。
叶嘉莹:《汉魏六朝诗讲录》,河北教育出版社1997年版。
詹福瑞:《汉魏六朝文学论文集》,河北大学出版社2001年版。

张廷银：《魏晋玄言诗研究》，台北文史哲出版社 2003 年版。

郭绍虞主编：《中国历代文论选》，上海古籍出版社 1979 年版。
何诗海：《汉魏六朝文体与文化研究》，北京大学出版社 2011 年版。
王运熙：《魏晋南北朝文学批评史》，上海古籍出版社 1989 年版。
郁沅、张明高：《六朝诗话钩沉》，中国广播电视出版社 1997 年版。

韩宁：《鼓吹横吹曲辞研究》，北京大学出版社 2009 年版。
梁海燕：《舞曲歌辞研究》，北京大学出版社 2009 年版。
刘怀荣、宋亚丽：《魏晋南北朝及乐府官署的演变与清商乐的早期发展》，商务印书馆 2010 年版。
罗根泽：《乐府文学史》，东方出版社 1996 年版。
钱志熙：《汉魏乐府艺术研究》，学苑出版社 2011 年版。
王福利：《燕射郊庙歌辞研究》，北京大学出版社 2009 年版。
王运熙、王国安：《汉魏六朝乐府诗》，上海古籍出版社 1986 年版。

邓仕梁：《两晋诗论》，香港中文大学出版社 1972 年版。
陆侃如：《中古文学系年》，中华书局 1985 年版。
高新民、朱允校：《傅玄〈傅子〉校读》，宁夏人民出版社 2008 年版。
葛兆光：《论典故》，见《汉字的魔方：中国古典诗歌语言学札记》，复旦大学出版社 2008 年版。
姜剑云：《太康文学研究》，中华书局 2003 年版。
李秀花：《陆机的文学创作与理论》，齐鲁书社 2008 年版。
李晓风：《陆机论》，中州古籍出版社 2007 年版。
刘治立：《傅子评注》，天津古籍出版社 2010 年版。
刘文忠：《左思刘琨》，春风文艺出版社 1999 年版。
马茂元：《古诗十九首初探》，陕西人民出版社 1981 年版。
孙明君：《两晋士族文学研究》，中华书局 2010 年版。
檀晶：《西晋太康诗歌研究》，中国社会科学出版社 2009 年版。
王绘洁：《傅玄及其诗文研究》，文津出版社 1997 年版。
王澧华：《两晋诗风》，上海古籍出版社 2005 年版。
吴文治：《中国文学史大事年表》，黄山书社 1987 年版。
徐传武：《左思左芬研究》，中国文联出版社 1999 年版。
徐公持：《浮华人生——徐公持讲西晋二十四友》，天津古籍出版社 2010

年版。
叶枫宇：《西晋作家的人格与文风》，上海三联书店2006年版。
俞士玲：《西晋文学考论》，南京大学出版社2008年版。
张爱波：《西晋士风与诗歌——以二十四友研究为中心》，齐鲁书社2006年版。
张可礼：《东晋文艺综合研究》，山东大学出版社2001年版。
郑训佐、张晨：《左思与左芬》，山东文艺出版社2004年版。
赵以武、魏明安：《傅玄评传附杨泉评传》，南京大学出版社1996年版。
〔日〕佐藤利行：《西晋文学研究》，周延良译，中国社会科学出版社2004年版。
傅刚：《〈昭明文选〉研究》，中国社会科学出版社2000年版。
胡大雷：《文选诗研究》，广西师范大学出版社2000年版。
张伯伟：《钟嵘诗品研究》，南京大学出版社1999年版。

郝虹：《魏晋儒学新论》，中国社会科学出版社2011年版。
贺昌群：《魏晋清谈思想初论》，辽宁教育出版社1998年版。
刘汝霖：《汉晋学术编年》，华东师范大学出版社2010年版。
刘振东：《中国儒学史》，广东教育出版社1998年版。
唐翼明：《魏晋清谈》，天地出版社2018年版。
汤用彤：《儒学佛学玄学》，江苏文艺出版社2009年版。
汤用彤：《魏晋玄学论稿》，上海古籍出版社2005年版。
夏增民：《儒学传播与汉晋南朝文化变迁》，华中科技大学出版社2009年版。
李泽厚：《美的历程》，广西师范大学出版社2000年版。
宗白华：《世说新语和晋人的美》，见《美学散步》，上海人民出版社1981年版。
许明主编，盛源、袁济喜著：《六朝清音》，见《华夏审美风尚史》（第4卷），河南人民出版社2001年版。

孙颖：《中国汉代舞蹈概论》，中国文联出版社2010年版。
吴钊、刘东升：《中国音乐史略》，人民音乐出版社1993年版。
萧亢达：《汉代乐舞百戏艺术研究》，文物出版社1991年版。
梁海燕：《舞曲歌辞研究》，北京大学出版社2009年版。

学术期刊

陈来：《如何看待儒家文化与中国传统文化》，《中国哲学史》2018 年第 1 期。

范子烨：《魏晋赋首：成公绥考论》，《国学研究》第十一卷。

方韬：《从〈晋辟雍碑〉看晋武帝立嗣》，《贵州文史丛刊》2011 年第 4 期。

冯源：《晋武帝华林园雅集对西晋诗风的启引》，《甘肃社会科学》2016 年第 5 期。

顾农：《博物志与拾遗记》，《古典文学知识》2012 年第 1 期。

贾丽娜、严可：《汉魏六朝〈鼓吹赋〉〈横吹赋〉音乐史料研究》，《齐鲁师范学院学报》2019 年第 4 期。

翦伯赞：《论西晋的豪门政治》，《大学》1947 年第 5 期。

胡克森：《西晋国子学建立原因初探》，《晋阳学刊》2003 年第 6 期。

胡根法：《从世子曹丕所受教育看曹操的儒学思想——以建安二十二年之前为中心》，《北京社会科学》2017 年第 4 期。

胡银秋：《西晋士人隐逸观》，《临沂师范学院学报》2002 年第 2 期。

华喆：《高贵乡公太学问〈尚书〉事探微——兼论"天命"理想在魏晋的终结》，《中国史研究》2018 年第 2 期。

李婷婷：《六"笙诗"考论》，《中国文学研究》2006 年第 2 期。

刘明辉：《山涛政治心态和政治人格再析》，《历史教学》2009 年第 1 期。

刘强：《从清谈误国到文化研究——魏晋清谈研究的历史回顾》，《学术月刊》2005 年第 10 期。

刘雅君：《试论两晋太子师傅制度》，《华东师范大学学报》2011 年第 3 期。

刘运好：《深化·拓展：西晋经学发展再考论》，《中原文化研究》2016 年第 6 期。

刘运好：《同源共生：论魏晋经学与玄学的关系》，《社会科学研究》2017 年第 1 期。

刘运好：《从崛起到鼎盛：魏晋经学"中衰"论辨正》，《浙江社会科学》2018 年第 4 期。

罗建伦：《华林园宴饮赋诗考》，《吉林师范大学学报》2011 年第 2 期。

牟世金、徐传武：《左思文学业绩新论》，《文学遗产》1988年第2期。

穆宇：《张斐法律思想述评》，《中外法学》1995年第5期。

彭世亮：《裴秀新论》，《黑龙江史志》2012年第5期。

钱志熙：《论蔡邕叙"汉乐四品"之第四品应为相和清商类》，《北京大学学报》2010年第3期。

仇鹿鸣：《魏晋易代之际的石苞》，《史林》2012年第3期。

渠传福：《〈山西定襄居士山摩崖碑为西晋胡奋重阳登高纪功碑〉补正》，《文物》2019年第5期。

宋展云等：《论张华与晋初诗风演变》，《扬州大学学报》2011年第3期。

孙德宣：《魏晋士风与老庄思想之演变》，《中德学志》1944年第1—2期。

唐明元：《魏晋"中经"考释》，《四川图书馆学报》2007年第1期。

汤淑君：《西晋辟雍碑》，《中原文物》1993年第3期。

万绳楠：《廓清曹操少年时代的迷雾》，《安徽师范大学学报》1988年第2期。

王淑梅：《曹魏缪袭鼓吹曲辞创作时间考辨》，《河北师范大学学报》2007年第5期。

王晓毅：《司马懿与曹魏政治》，《文史哲》1998年第6期。

王秀臣：《"三礼"的文学价值及其文学史意义》，《文学评论》2006年第6期。

王永平：《江东士人与陈敏之乱关系考实》，《江海学刊》1997年第1期。

王永平：《西晋时期士风之任诞及其批判与反省思潮》，《徐州师范大学学报》2010年第2期。

王媛：《〈博物志〉的成书、体例与流传》，《中国典籍与文化》2006年第4期。

项阳：《礼乐、雅乐、鼓吹乐之辨析》，《中央音乐学院学报》2010年第1期。

阎步克：《西晋"清议"呼吁之简析及推论》，《中国文化》1996年第2期。

跃进：《〈文选〉中的四言诗》，《古典文学知识》2011年第4期。

于文哲：《箫韶九成，凤皇来仪：韶乐舞考论》，《广西大学学报》2011年第4期。

余英时：《钱穆与新儒家》，《中国文化》1992年第1期。

张固也：《四部分类法起源于荀勖说新证》，《图书·情报·知识》2008年第3期。

张少康：《应、和、悲、雅、艳——陆机〈文赋〉美学思想琐议》,《文艺理论研究》1984年第1期。

张文昌：《中国礼典传统形成与礼官职能演变之关系——以魏晋南北朝为探索中心》,《兴大人文学报》2008年第40期。

周勋初：《左思〈三都赋〉成功经验之研讨》,《长春师范学院学报》1999年第3期。

朱霞欢：《论谯周》,《四川师范大学学报》2003年第5期。

学位论文

常为群：《西晋诗歌研究》,博士学位论文,南京大学,2007年。

贾宇：《儒玄思想影响下的两晋孝观念演变》,硕士学位论文,清华大学,2007年。

吕亭渊：《魏晋南北朝文论之物感说》,博士学位论文,北京大学,2013年。

张丑平：《西晋士人的人格与诗格》,硕士学位论文,南京师范大学,2003年。

曾毅：《西晋诗歌批评史》,博士学位论文,四川师范大学,2010年。

报　　纸

陈文忠：《深化接受史研究的三个问题》,《光明日报》2017年3月13日第13版。

吴成国：《从人名看魏晋南北朝的孝道文化》,《光明日报》2008年2月20日第4版。

后　　记

多年前，在新华书店的书架上看到同学的一本书，好生感慨、好生羡慕。同事说：以后你也会出书的。这个"以后"就到了十多年后的今天。

当时，觉得出书对自己而言是遥不可及的事。我一向没有太多的学术自信，总认为自己天分不够、能力有限。今天看到手中完成的书稿，我以为，能将不可能变成现实，这首先要归功于我的恩师胡大雷先生。

两千多年前，西汉的扬雄曾说"务学不如务求师"，强调了老师在学习过程中的重要作用。对此，后人亦深有感触。唐代韩愈就说"古之学者必有师"，宋代理学家程颐也说"学者必求师"，被中宣部、国家教委列为对中国历史有重大影响的"杰出思想家"的清初唐甄同样强调"学贵得师"。"有师"—"求师"—"得师"，自古及今每个求学者的记忆中都有难以忘怀的恩师，得遇良师真是人生一大幸事。

遇见老师是在二十年前，老师给我最大的帮助却是在近十年间。二十年前在老师身边读硕，还没能实现角色转换，带着中学教师的思维，总是缺少学术研究的自信。十年前再次跟随老师读博，老师特别注意培养我们的学术自觉与学术自信，有的放矢地鼓励我们从兴趣出发，大胆钻研探讨。博士毕业后，老师依然在学术道路上引领着我，从课题申报到选题视角，从学术观点到研究方法，老师总是不厌其烦地点拨、传授。十年春风化雨，老师让我突破了过去的自己。

这种突破不仅是在学术道路上，还表现在人生之路上。十年前读博，是我人生中心情最压抑的时候。我读博的初衷不是提高自己，而是调整心态。三年的读博，在老师身边的日子，或随老师外出交流，或在老师家中读书汇报，或与师母、师妹聚餐唠嗑……自己不但调整了心态，而且开始努力向学。如果没有三年的读博时光，我不知道自己在灰暗的心态中还要沉沦多久。

读博三年，老师没有刻意说教，却以他的睿智，在不经意间给了我许多有益的人生启迪，诸如"人不可能永远得意，也不可能永远倒霉。得意后会倒霉，倒霉以后也会得意""要学会接受，接受也是一种美德"等。

感谢老师，感谢有您！

我还要感谢我的另一位恩师、硕导张明非先生。二十年前，读硕三年，老师对我们进行了严格的学术训练和学习指导，打开了我面前的学术之门，使我明白了学术研究与中学教学的区别。每当翻看当年读书报告上老师密密麻麻的红笔批注和评语，心中都会肃然起敬，正是老师当年的严格为我日后的研究打下了坚实的基础。

犹记2010年的母亲节，自己再次来到师大参加博士考试。中午考博结束，按约定前往老师家。当老师在自家阳台上对着路上的我问道"是张梅吗？"，一种亲切的情感油然而生。硕士毕业八年后的母亲节，来到老师家，品尝着老师亲手烹制的菜肴，这个节日此生难忘啊！

入学后与老师见面的机会多了，读博的三年，无论是在学习还是生活中，都得到老师的关心照顾，和老师的每一次交往都如沐春风，成为珍贵的回忆。博士毕业后，老师一直关注着我的朋友圈，和我在微信上保持着联系，关心着我的喜和乐，也分享着她的喜和乐。这样的其乐融融真的让人深感温馨！

广西师大六年求学，除了两位恩师，还有王德明、杜海军、李乃龙、刘汉忠、韩晖等老师，他们都给了我有益的帮助。至今，乃龙师还经常在微信上和我分享他的奇思妙语。读之，每每赞赏不已。此外，还有一批硕博同学让我感受到学习生活中的友情。无论是生活中的关心照顾，还是资料的分享、观点的探讨，甚至是毕业论文的写作，我都从他们那里受益良多。真庆幸自己能在师大与他们美丽邂逅，因为他们，生命历程中对情谊有了更丰富、更动人的诠释。

面对书稿，最想感谢的是家中的四位老人。我的父亲母亲出生在农村，没有太多文化，但他们却以自己的方式理解我、支持我。女儿出生，他们就开始来帮我，一直到女儿上小学。六年前父亲离我而去，在他生病的日子里，看着我天天奔波买菜，他说道："大学老师天天这样，像话吗？"我知道父亲是用这样的言语来表达他的愧疚。实际上该愧疚的是我，父母给了我莫大的帮助，却从不要求我回报；一旦给我稍稍添点儿麻烦就会内疚自责。后来，父亲病情稳定，我去读书，父亲对我说，他有四个愿望，完成了就此生无憾，其中一个愿望就是看到我博士毕业。可惜我毕业后的第三年，父亲却突然过世，四个愿望中还留下一个未完成。如今母亲孤身一人，每每看到我忙就说：你忙你的，我还好，不要记挂我。

这就是我的父母，他们给予我的极多，享受我的却极少。虽没有太多的文化，但却有质朴无华的、疼爱子女的心。这样爱子女的父母还有我的公公、婆婆。

我去读博时，婆婆刚好退休。婆婆小学连跳两级，只读了两年就小学毕业了。她是一位出色的医生。我读博后，女儿的学习就完全落在婆婆身上（公公做饭），女儿的教育给婆婆增添了不小的压力。婆婆是个力求完美的人，每件事她都会努力做到最好。她希望把我的女儿教育好，不给我学习添负担。正是由于婆婆的用心，女儿学习打下了良好的基础，今年高考考出了不错的成绩。公公婆婆劳苦功高，可他们还屡屡说，没帮到我的忙。天下父母心，我何其有幸能遇上这样的公婆！

我和爱人自结婚就两地分居，尽管如此，他从未落下他的责任。每次周末回来，带孩子、孝敬父母，能做的他都做了，而且做得很好。对我的读书，他从无怨言。有了父母、公婆、爱人的体谅、帮助，我才能了无牵挂地看书、写文章。真的很惭愧，我的点滴收获都是家人付出的结果；也真的很幸运，自己有如此不计回报、无怨无悔、大度包容的父母与爱人。

给予我帮助的还有共事的领导和同事。我大学的两位老师吴长庚先生、胡松柏先生，他们是我大学时的班主任，也是我后来的领导，更是我走上学术之路的引路人。因为他们的信任和鼓励，我才有向学、向上之心。我博士毕业后申报课题、撰写论文，他们都给予了细心的指导。同事管正平教授为我提供了不少研究资料，所在文传学院领导的不时督促关心，同事兼好友的相互切磋……家庭式的集体给了我很好的学术环境，我庆幸自己生活在这样的集体，也感谢学院领导和同事们的照顾和帮助。

本书付梓之际，还要衷心感谢出版社的罗莉老师、刘艳老师，及为本书出版辛勤付出的老师。2016年6月经王顺贵教授介绍，我联系了罗老师，商量出书、申报后期资助事宜。7月罗老师准备退休，向我推荐了刘老师。虽然从未谋面，罗老师、刘老师却对本书的选题、申报、修改等问题尽心尽力，多次与我沟通。她们耐心、细致、负责的工作给了我极大的帮助。尤其是在书稿的校对过程中，我深切体会到刘老师及其他老师的辛勤付出与渊博学识。本书能获国家社科基金后期资助立项，能顺利完稿出版，众位老师功莫大焉！在此谨向各位老师表示深深的敬意与谢意。

2020 年 9 月 26 日